本书为教育部哲学社会科学重大课题攻关项目
"世界历史进程中多元文明互动与共生研究"
（项目批准号08JZD0037）的成果之一

北京市哲学社会科学"十二五"规划项目
"从'天下'到'世界'——汉唐时期的域外探索及其对世界的认知"
（项目编号：11LSB013）成果

世界历史进程中多元文明互动与共生研究丛书

刘新成 主编

从"天下"到"世界"：
汉唐时期的中国与世界

From "Tian Xia" to "World":
China and the World during Han and Tang Dynasty

王永平 著

中国社会科学出版社

图书在版编目（CIP）数据

从"天下"到"世界"：汉唐时期的中国与世界 / 王永平著.—北京：中国社会科学出版社，2015.4（2016.11重印）
ISBN 978 - 7 - 5161 - 2579 - 3

Ⅰ.①从… Ⅱ.①王… Ⅲ.①文化交流—文化史—研究—中国、外国—汉代 ②文化交流—文化史—研究—中国、外国—唐代 Ⅳ.①K234.03

中国版本图书馆 CIP 数据核字（2013）第 097137 号

出 版 人	赵剑英
选题策划	郭沂纹
责任编辑	安　芳
责任校对	王雪梅
责任印制	李寡寡

出　　版	中国社会科学出版社
社　　址	北京鼓楼西大街甲 158 号
邮　　编	100720
网　　址	http：//www.csspw.cn
发 行 部	010 - 84083685
门 市 部	010 - 84029450
经　　销	新华书店及其他书店
印　　刷	北京君升印刷有限公司
装　　订	廊坊市广阳区广增装订厂
版　　次	2015 年 4 月第 1 版
印　　次	2016 年 11 月第 2 次印刷
开　　本	710×1000　1/16
印　　张	23
插　　页	2
字　　数	384 千字
定　　价	69.00 元

凡购买中国社会科学出版社图书，如有质量问题请与本社营销中心联系调换
电话：010 - 84083683
版权所有　侵权必究

总　序

刘新成

当前,受全球化、"文明冲突"以及国际争端等诸多因素的影响,世界、文明和民族国家三者关系问题越来越受到关注。联合国将 2001 年定为"文明对话年",联合国教科文组织则发布了"保护文化多样性宣言"。文明对话也好,保护文化多样性也好,其实都指向一个根本性的问题,即"异同关系"问题:世界同一,而文明和国家各异,因此必须处理好"异"和"同"的关系。

西方的"异同观"曾颇为"直白":以异化同,亦即以西方文明同化世界,这与西方传统有关。西方自古典时代起就自视甚高,自称文明民族的同时,将毗邻的波斯人和日耳曼人等称为野蛮人。柏拉图设计的国家体制号称体现"普遍理想",罗马法则以标志"人类共识"的"自然法"冠名。基督教取代犹太教也具有用普世宗教替代民族宗教的性质。中世纪教会宣称,世间全部生命毫无例外地服从上帝意志,(信仰)异端即属异类。宗教改革后,西方新兴阶级又恃其财富自称"上帝的选民",睥睨所有"现世生活中的失败者"。1548 年西班牙人胡安·金斯·德·塞普尔维达写到,根据亚里士多德的学说,西方人的海外征服完全正义,因为在非正义君主统治下的印第安人并非完整意义上的人类,欧洲人是来解放他们的。在这些人看来,欧洲的海外扩张乃勉为其难的"白人负担"。启蒙运动后,宗教说教不再有市场,取而代之的是理性主义进步观和目的论,西方发展道路被说成人类发展必由之路,非西方文明与西方文明之间不再是类别之分,而是发展水平的差距,不仅西方对世界的同化理所当然,而且非西方文明的唯一出路就是向西方靠拢。总之,如某些西方学者所言,长期的唯我独尊加上近代以来视简化为美德的科学思维习惯,已经把西方导向"政治学摩尼教陷阱",在他们眼中,世界永远是"我方"与"对方"

对峙的世界。时至今日，虽然许多西方人对"西方中心论"已经有所警觉，但传统思维方式仍然存在，仅从近年出版的中译西著《国富国穷》（［美］戴维·S. 兰德斯，新华出版社 2010 年版）和《文明》（［英］尼尔·弗格森，中信出版社 2012 年版）等书中，就可以看到这一点。

在非西方世界，尽管如中国等有古代文明传统的国家在历史上不乏"求同存异""同无妨异""异不害同"等思想，但这些思想一般仅就本族内部而言，与营造"世界秩序"没有多大关系。事实上他们也不可能以这样的态度"看世界"。他们与世界"碰撞"的历史很大程度上是与被西方侵略的屈辱史连在一起的，他们从一开始认识世界，就陷于承认劣势又不甘于劣势，反感西方又不得不学习西方的矛盾之中，"体用心态"并非中国专利。从中国的"师夷制夷"到日本的"西方技术加日本精神"，从阿拉伯半岛的瓦哈比教到俄罗斯的民粹派，从沙特君主"要现代化，不要西化"的主张到 20 世纪 30 年代以后兴起的伊斯兰原教旨主义，尽管语言不同，说法各异，所产生的社会影响或运动后果也不尽一致，但都表达了一种二元对立的"世界定式"：在这个定式的一边是本土，另一边是西方。本土一方最初可能是某种文明，但随着时代进展越来越多指向民族国家。

有言道"读史使人明智"，但殊不知历史学本身也是时代的产物，受时代局限的史学有时非但不能使人明智，反而会制造认识误区。西方的世界史学就曾经起过误导作用。西方"现代历史科学"源于 19 世纪末的兰克学派。当时的欧洲民族主义盛行，唯心史观大行其道。黑格尔认为，人类历史就是一部理性发展史，但各民族理性发展不均衡，因而形成不同的民族精神，而理性发展到极致的民族精神（如日耳曼民族精神）则代表世界精神。按照这种历史观，只有理性民族才有历史可言（黑格尔认为东方民族尚未进入理性时代，所以没有历史），而世界历史就是理性民族史。黑格尔哲学中聚合不同民族精神而成的"想象世界"，在历史学演绎下成为以国家为本体的"历史世界"，这就意味着，西方历史学从一诞生就不承认"整体世界"的历史，而只承认"分割为不同民族和国家的世界"的历史。民族国家成为历史叙述的基本单位，所有人物、事件都在民族国家的背景下展开，国家之间彼此隔绝、互无联系，整体世界更无从谈起。这种"化整为零"的世界历史观凸显欧洲国家的理性先行者地位，与西方人长期以来的优越感相契合，与当时欧洲盛行的民族主义相呼应，是一种地道的西方产品，但是伴随西方的海外扩张和"文化殖民"，其影响遍及全球。今天，世界绝大多数国家的历史教育都采取本国史加外国史的模式，汤因比式的推崇民族文化纯洁性、视文化混杂为没落标志的"世界史"编纂方式在在留下痕迹，以至堆积国别、忽略整体成为世界历史叙述中的普遍现象，其结果是只见树木、不见森林，突出区别、淡化同一，呈现在人们眼前的多是一个分裂乃至对立和冲突的世界。

然而，20世纪特别是20世纪下半叶世界形势的发展却与世界史学叙述的传统脉络背道而驰。国际交往空前频繁，人员、商品、资本空前流动，国际组织、跨国组织空前活跃，现代化过程固有的规律限制了文化孤立存在和自我维护的机会，而以互联网为标志的科技发展简化了文化互动过程，静态的文明差异逐渐淡化，全球化趋势有目共睹。人们正是在对当代特点的思考和对现实世界的解释中，产生了对传统世界历史观的怀疑。德国学者哈贝马斯提出交往理论。他认为，人们的交往能力如同生产能力一样，也是推动社会发展的动力，"在实践知识、交往行动和用共识调解行为冲突的领域中，也存在着学习过程。……而且，只有这些学习过程才可能使新的生产力得到使用"。我国学者费孝通不失时机提出的"各美其美、美人之美、美美与共、天下大同"的思想，使我国传统文化中的"和而不同"观念具有了不同凡响的现代内涵。在国际史学界，布罗代尔、巴勒克拉夫、麦克尼尔、斯塔夫里阿诺斯等人或呼吁或力行，以宏观视野审视世界史，将世界作为一个整体而不是各部之和加以考察，所谓"全球史观"一时蔚然成风。全球史观内容繁复，"互动说"是其核心理念之一。该学说认为，人类属于为了生存不得不相互依存的物种，而他们为获得地球有限的能量必然彼此竞争，因此各人类群体不得不认真体会竞争与合作的关系；对合作与竞争理解最深入者通常可以获得最大限度的生存繁衍机会，与他人、他者、他方共处与交流能力是导致人类整体成功生存与繁衍的力量；在有文字以来的大部分时间里，推动历史变化的车轮是陌生人之间的接触，因为这种接触引起双方重新思考，在某种情况下甚至令其改变原有的行为方式，最初正是这类接触和反应导致文明的产生，此后文明之间或国际势力之间的互动乃是促成世界历史从文明的原初状态向当今状态演变的动力和基础，因此可以说，"世界历史的发展主要应归功于各文明、文化之间的相互交流，相互作用"。"互动说"容有不周之处，但它提供了一个全新的视角，从这种视角来审视世界历史，或许会带来新的启发。

  首都师范大学全球史研究中心成立于2004年。十余年来我们除译介全球史论著外，也尝试做些研究工作。2008年在前期研究基础上，该中心获得教育部资助，承担了"世界历史进程中多元文明互动与共生研究"重大攻关课题。本套丛书就是该课题的研究成果。在我们申请这个课题的时候，就有专家问我们：你们怎么解释世界历史上的冲突？强调"共生"是否掩盖了国际冲突？我们承认世界历史上冲突不断，并无掩盖之想。我们也不相信互联网理想主义者尼葛洛·庞蒂所说的，"互联网的普及将改变我们的国别概念，国家会像个樟脑丸从固体直接转为气体那样蒸发掉"，而对于当前国际上有关淡化民族利益的政治图谋，我们也保持足够的警惕。我们这些研究在重现历史上曾经发生却在世界历史学中被忽略的和平共处现象的同时，并不回避冲突，只是把冲突放在不同族群、不同文明之间的接触、相遇、碰撞、交往、交流、互动、共处、互容、相融等诸多方面中间来呈现，避免唯冲突论。

  我们处在一个全球化时代，"全球公民"如何相处是一个越来越现实的问题。"文明冲突论"所引发的反响与争议事实上已远远超出作者亨廷顿原书涉及的内容。如何认识所谓"全球社会"才是关键所在，杜维明先生说，当前，"从政治上和伦理上说，世界民族大家庭需要作出艰苦的努力，才能超越出自我利益辞藻之上，重获世界相互依靠的精神"。我国作为负责任的世界大国，已提出建立"和谐世界"的美好愿景。本套丛书倘能使读者对世界的同一性和世界各部分之间的关联性增加一点儿认识，我们就很满足了。

目　录

绪论 …………………………………………………………… (1)

上编　汉唐时期的中国对世界的探索与认知

第一章　中国中心观与自我中心意识:古代各文明对世界的基本认识 …………………………………………… (15)
第一节　天下观、华夷观与九州论:古代中国对世界的基本认识 ……………………………………… (15)
第二节　自我中心意识:古代其他文明对世界的基本认识 ……… (18)
余　论 ………………………………………………………… (24)

第二章　从"天下"到"世界":汉代中国对世界的探索与认知 ……… (26)
第一节　域外探索与文明互动:张骞通西域与汉代中国对世界认知范围的扩大 …………………………… (26)
第二节　从中国到罗马:班超对西域的经营与汉朝对世界认知范围的进一步扩大 …………………… (35)
第三节　自合浦到已程不国:海上丝绸之路的开辟与汉朝对南海诸国的认知 …………………………… (42)
第四节　中国与外国:汉朝认知世界的新视角 ………… (50)
结　论 ………………………………………………………… (59)

第三章　从"天下"到"世界":魏晋至隋唐时期中国对世界的探索与认知 …………………………………… (61)
第一节　魏晋南北朝时期中国对域外世界的探索与认知 ………… (62)

第二节　隋唐时期中国对域外世界的探索与认知 ………… (72)
　　第三节　传统变革与外来挑战：中古时期中国对世界
　　　　　　认知观念的变化 ……………………………………… (87)
　　小　结 …………………………………………………………… (96)

第四章　先秦至汉唐时期的西极地理观 …………………… (99)
　　第一节　先秦时期的西极地理观：从东方到西方 ………… (99)
　　第二节　汉晋南北朝时期的西极地理观：从条支到大秦 … (110)
　　第三节　隋唐时期的西极地理观：从大秦到拂菻 ………… (121)
　　小　结 …………………………………………………………… (131)

第五章　古代东方文献中关于世界诸王的论述 …………… (132)
　　第一节　中国皇帝与阿拉伯商人的对话 …………………… (132)
　　第二节　关于对话内容的分析 ……………………………… (134)
　　第三节　古代阿拉伯文献中关于世界诸王的其他记载 …… (141)
　　第四节　中国、印度和中亚流传的"四天子说" …………… (148)
　　余　论 …………………………………………………………… (153)

附录一　一位中国皇帝与阿拉伯商人的对话 ……………… (156)

下编　物种、技术和社会风俗、思想观念的交流与传播

第六章　汉唐外来文明中的驯象 …………………………… (161)
　　第一节　远古时期中国大陆曾广泛分布有大象 …………… (162)
　　第二节　汉唐时期中国境内大象分布区域 ………………… (164)
　　第三节　张骞"凿空"之后域外驯象的输入 ……………… (168)
　　第四节　唐代外来驯象的主要地区 ………………………… (177)
　　第五节　外来驯象与唐代文明 ……………………………… (182)
　　小　结 …………………………………………………………… (187)

第七章　"拂菻狗"东传：从拜占庭到中国
　　　　——兼论唐代丝绸之路上的物种传播 ………………… (188)

第一节 "拂菻狗"的东传路线 …………………………… (188)
第二节 "拂菻狗"源流 ………………………………… (192)
第三节 唐代图像资料中的"拂菻犬" …………………… (194)
第四节 唐代诗文中的"猧子" ………………………… (200)
余 论 …………………………………………………… (205)

第八章 马毬与唐代东西方文化交流 ………………… (210)
第一节 马毬在古代中国的兴起 ………………………… (211)
第二节 马球在中亚波斯、伊斯兰世界和拜占庭帝国 …… (214)
第三节 马球在南亚次大陆和吐蕃 ……………………… (220)
第四节 马毬与唐代东西方文化交流 …………………… (222)
小 结 …………………………………………………… (227)

第九章 从踏歌看唐代中外娱乐风俗 ………………… (228)
第一节 踏歌的起源及其在唐代的盛行 ………………… (228)
第二节 踏歌在周边少数民族地区的流行 ……………… (234)
第三节 古代世界各地的踏歌风俗 ……………………… (238)
第四节 踏歌的形式及其特点 …………………………… (245)
第五节 踏歌与唐代中外文化交流 ……………………… (251)
小 结 …………………………………………………… (256)

第十章 从《嘉兴绳技》看唐代中印文化交流 ………… (258)
第一节 嘉兴绳技:一场神奇的幻术表演 ……………… (258)
第二节 通天绳技:一种古老的印度幻术 ……………… (259)
第三节 天竺绳技在中国的流传 ………………………… (261)
余 论 …………………………………………………… (266)

第十一章 王玄策使印与天竺幻术在唐朝的传播 ……… (267)
第一节 王玄策使印所见天竺幻术 ……………………… (268)
第二节 天竺幻术在唐朝的传播 ………………………… (274)
小 结 …………………………………………………… (281)

第十二章 印度长生术与长生药的东传
　　　　　——以唐初二帝服饵丹药为中心 ………………………（283）
　第一节　唐太宗与那罗迩娑婆 …………………………………（284）
　第二节　唐高宗与卢迦逸多 ……………………………………（292）
　第三节　印度长生药和长生术的东传 …………………………（297）
　第四节　印度长生师入华 ………………………………………（308）
　小　结 ……………………………………………………………（314）

附录二　从"天下"到"世界"
　　　　——全球史观在中国古代史教学中的应用 ……………（316）

参考文献 ……………………………………………………………（322）

后记 …………………………………………………………………（357）

绪 论

汉唐时期是中国古代的盛世，经济繁荣，国力强盛，全社会普遍涌动着一股不可遏制的开拓进取精神，统治者积极鼓励和提倡对外开放，从而推动了对外探索热情的空前高涨。随着草原丝绸之路、丝绸之路、海上丝绸之路、滇缅印道和吐蕃—泥婆罗道的相继开辟，中国和域外世界展开了大规模、全方位的互动和交流。许多以往并不知晓或知之甚少的地区和国家，相继进入了中国的视野，这就使得古代中国对世界的认识逐渐突破了传统的"华夷"、"天下"界限，开始具有了一种相对开放的"世界"意识。

一 研究意义与价值

在中国古代，关于"世界"的认识主要体现为一种以自我为中心的"天下观"，那么究竟有没有产生和形成过"世界"意识呢？这却是一个令学术界非常纠结的话题。笔者认为，在古代中国曾经出现过"世界"意识，这是因为"天下观"产生于中国古代的早期，它是以文化为本位，强调以华夏为中心，向边缘的"蛮、夷、戎、狄"扩散的差序格局，也可以称为"华夷秩序"。这种认识带有很强的想象成分和理想色彩，这和早期对域外的探索十分有限、对外交通还很不发达、各文明之间的互动尚未大规模开展有关，因此对"世界"的认知也就显得非常模糊，但这并不意味着在古代中国没有产生和萌芽"世界"意识。其实，早在战国时期，阴阳家的著名代表人物邹衍就曾经提出过一种"大九州"的理论，他认为：天下有九州，中国只是其中之一，称为"赤县神州"，九州之外还有大海环绕。这种说法与传统"天下观"相比，似乎已经具有了一定的早期"世界"意识的萌芽。只不过这种对"世界"的认识还主要是以"想象"为出发点，而不是建立在对域外世界的广泛探索与认知的基础之上的。从"天下"观念到"世界"意识的逐渐出现和形成，是汉唐时期中国对域外世界不断探索和认知的结果。所以，研究汉唐时期的域外探索，对于更好地理解古代中国从"天下"观念到"世界"意识的转变，具有重要的理论意义。

"对外关系"是汉唐史研究的重要领域，向来备受学术界的关注。然而，以往的研究基本上都是站在传统中外关系史和中西交通史的角度展开的，研究的重点也多侧重于中外文化交流，而对古代中华文明与世界多元文明的互动与共生关系关注不够。笔者试图从全球史的宏观视角出发，在研究汉唐时期的域外探索与东西方文明互动与共生的基础之上，来解释中古时期的中国对"世界"的认知范围及其程度，以此来更好地理解古代中国是如何突破相对狭隘的传统"天下"观念，开始具有比较开放的"世界"意识的。

世界文明的发展是多元的，古老的中华文明只是其中非常重要的一支。早期中国曾经和古代希腊、罗马、阿拉伯、印度一样，都曾认为自己是世界文明的"中心"，环绕自己周边的都是落后的"蛮族"和"夷狄"。这种普遍存在于东西方的以自我为中心的"世界"观，反映了古代各文明对其他文明缺乏了解以及由此所产生的对自身文化优越性的肯定与放大。汉唐时期是中国历史上著名的对外开放时期，这一时期的中国积极对外开拓和进取，以开放的姿态探索和对待域外世界，了解到世界上除了以"中国"和"四夷"组成的"天下"之外，还有许多知名与不知名的"外国"，从而扩大了对"世界"的认知程度，这对中华文明的发展产生了至为深远的影响。改革开放30多年来的中国，取得了举世瞩目的经济奇迹，正在昂首阔步地登上国际政治、经济和文化的大舞台。研究汉唐时期的中国是如何通过对域外区域的探索，从而引发了古代中国从"天下"到"世界"的了解与认知过程，这对当代中国客观地认识世界多元文明，从而为建立一种和其他国家与地区平等相处、和谐共生的新型战略合作伙伴关系，具有重要的现实意义。

二 国内外研究的现状和趋势

研究汉唐时期的中国对世界的探索与认知涉及这一时期的对外关系，学术界在这方面的积淀非常深厚，经过几代学者的努力开拓与辛勤耕耘，已经取得了非常令人瞩目的成就。这些研究主要集中在汉唐时期的中外文化交流与中西交通史方面，尤其是对丝绸之路和海上丝绸之路的开辟、物质文化的交流、宗教和艺术文明的传播以及社会生活习俗的相互影响等许多方面，都有非常深入细致的研究。

从近代以来，西方和日本的汉学家就开始了有关中外关系史和交通史方面的研究，并且取得了很大的成就。比较著名的学者有：法国的沙畹（Emmanuel-Edouard Chavannes）、烈维（S. Levi）、伯希和（Paul Pelliot）、费琅（Gabriel Ferrand）、安田朴（Rene Etiemble）、布尔努瓦（Luce Boulnois）、勒内·格鲁塞（Rene Grousset）、戴仁（Jean-Pierre Drège）、让—诺埃尔·罗伯特（Jean-Noel Robert）、鲁保罗（Jean-Paul Roux）等，英国的裕尔（H. Yule）、斯坦因（Mark Aurel Stein）、G. F. 赫德逊（G. F. Hudson）、阿·克·穆尔（A. C. Moule）等，德国的夏德（Friedrich Hirth）、李希霍芬（Ferdinand von Richthofen）等，瑞典的斯文·赫定（Sven Anders Hedin）等，美国的劳费尔（B. Laufer）、谢弗（Edward Schafer）、梯加特（Frederick J. Teggart）、芮乐伟·韩森（Valerie Hansen）、拉铁摩尔（Owen Lattimore）等，许多学者都有很好的论述。① 日本学者羽田亨、藤田丰八、白鸟库吉、桑原骘藏、长泽俊和等也留下了不少

---

① [法] 沙畹：《西突厥史料》，冯承钧译，中华书局1958年版。[法] 费琅：《昆仑及南海古代航行考》，冯承钧译，中华书局2002年版。[法] 伯希和：《交广印度两道考》，冯承钧译，中华书局2003年版。[法] 烈维：《王玄策使印度记》，《西域南海史地考证译丛》第七编，冯承钧译，中华书局1957年版。[法] 布尔努瓦：《丝绸之路》，耿昇译，山东画报出版社2001年版。[法] 安田朴：《中国文化西传欧洲史》，耿昇译，中华书局2000年版。[法] 勒内·格鲁塞：《草原帝国》，蓝琪译，商务印书馆1998年版。[法] 戴仁：《丝绸之路——东方与西方的交流传奇》，吴岳添译，上海书店出版社1998年版。[法] 让—诺埃尔·罗伯特：《从罗马到中国：恺撒大帝时代的丝绸之路》，马军、宋敏生译，广西师范大学出版社2005年版。[法] 鲁保罗：《西域的历史与文明》，耿昇译，新疆人民出版社2006年版。[英] 裕尔撰、[法] 考迪埃修订：《东域纪程录丛——古代中国闻见录》，张绪山译，中华书局2008年版。[英] 斯坦因：《斯坦因西域考古记》，向达译，中华书局1936年版。[英] G. F. 赫德逊：《欧洲与中国》，王遵仲、李申、张毅译，中华书局1995年版。[英] 阿·克·穆尔：《一五五〇年前的中国基督教史》，郝镇华译，蒋本良校，中华书局1984年版。[德] 夏德：《大秦国全录》，朱杰勤译，大象出版社2009年版。[瑞典] 斯文·赫定：《丝绸之路》，江红、李佩娟译，新疆人民出版社1996年版。[美] 劳费尔：《中国伊朗编》，林筠因译，商务印书馆1964年版。[美] 谢弗：《唐代的外来文明》，吴玉贵译，中国社会科学出版社1995年版。[美] 费雷德里克·J. 梯加特：《罗马与中国——历史事件的关系研究》，丘进译，大象出版社2009年版。[美] 芮乐伟·韩森：《开放的帝国：1600年前的中国历史》，梁侃、邹劲风译，江苏人民出版社2007年版。[美] 拉铁摩尔：《中国的亚洲内陆边疆》，唐晓峰译，江苏人民出版社2010年版。

精辟的论著。①

中国学术界也非常关注汉唐对外关系史和交通史的研究,可谓名家辈出、硕果累累,其中尤以冯承钧、张星烺、向达三位先生的成就最大。

冯承钧先生在中外交通史研究方面的成果很多,比较重要的有《中国南洋交通史》、《西域地名》、《西域南海史地考证论著汇辑》等。另外,从 1934 年起,冯承钧先生还先后翻译出版了《西域南海史地考证译丛》九编,分别由商务印书馆(第 1—4 编)和中华书局(第 5—9 编)出版,对引进和介绍西方汉学家们的研究成果作出了很大的贡献。②

张星烺先生是享誉海内外的著名中外交通史研究的开拓者和奠基者之一,他在中西交通史料收集、整理和研究方面贡献卓著,他所编注的《中西交通史料汇编》(共六册),早在 1930 年便已问世。该书将 17 世纪中叶(明末)以前中外史籍中有关中西交通的史料按地区、年代先后进行汇辑,并加以详细注释和考订,创见甚多。由于该套书内容丰富,资料比较集中,成为中外关系史研究的重要参考资料。③

向达先生也是研究中外文化交流与交通史的著名学者,他的代表作有《唐代长安与西域文明》、《中外交通小史》、《中西交通史》等。④《唐代长安与西域文明》初版于 1933 年,由哈佛燕京学社《燕京学报》专号之二刊出,后于 1957 年收入他的同名论文集。该文从入华胡人及其所传来的音乐舞蹈、绘画、宗教、社会生活等各个方面论述了唐代社会所受到的西域文明的影响。翌年,他又出版《中西交通史》,对古代中西交通的主要路线以及文化交流进行了简明扼要的论述。他的成果受中外学界的

---

① [日] 羽田亨:《西域文明史概论(外一种)》,耿世民译,中华书局 2005 年版。[日] 藤田丰八:《中国南海古代交通丛考》,何健民译,商务印书馆 1936 年版;《西北古地研究》,杨炼译,商务印书馆 1944 年版。[日] 白鸟库吉:《塞外史地论文译丛》(第 1、2 辑),王古鲁译,商务印书馆 1938、1940 年版。[日] 桑原骘藏:《唐宋元代中西通商史》,冯攸译,商务印书馆 1930 年版;《中国阿拉伯海上交通史》,冯攸译,商务印书馆 1934 年版;《张骞西征考》,杨炼译,商务印书馆 1935 年版。[日] 长泽俊和:《丝绸之路史研究》,钟美珠译,天津古籍出版社 1990 年版。

② 冯承钧:《中国南洋交通史》,商务印书馆 1937 年版;《西域地名》,中华书局 1955 年版;《西域南海史地考证论著汇辑》,中华书局 1957 年版。译著:《西域南海史地考证译丛》(第 1—4 编),商务印书馆 1962 年重印第 1 版、(第 5—9 编),中华书局 1956—1958 年版。

③ 张星烺编注、朱杰勤校订:《中西交通史料汇编》(全四册),中华书局 2003 年版。

④ 向达:《中外交通小史》,商务印书馆 1932 年版;《中西交通史》,中华书局 1934 年版;《唐代长安与西域文明》,生活·读书·新知三联书店 1957 年版。

绪　论　　　　　　　　　　　　　5

瞩目。

另外，陈垣、岑仲勉、齐思和、方豪、季羡林、饶宗颐、白寿彝、周一良、马雍、朱杰勤、阎宗临、陈竺同、章巽、陈炎、何芳川、张广达、姜伯勤、蔡鸿生、安作璋、林悟殊、余太山、陈佳荣、耿昇、王邦维、沈福伟、林梅村、张国刚、荣新江、王小甫、葛承雍、丘进、杨建新、卢苇、李明伟、黄盛璋、张维华、张绪山、石云涛、李志夫、马骏琪、王介南、李喜所、杨晓霭、彭小平、李云泉等人，[①] 都从不同方面和角度论述

[①] 陈垣：《火祆教入中国考》、《摩尼教入中国考》、《基督教入华史》、《回回教入中国史略》，收入《陈垣学术论文集》第1集，中华书局1980年版。岑仲勉：《中外史地考证》、《西突厥史料补阙及考证》、《汉书西域传地里校释》，中华书局2004年版。齐思和：《中国和拜占庭帝国的关系》，上海人民出版社1956年版。方豪：《中西交通史》，岳麓书社1987年版。季羡林：《佛教与中印文化交流史》，江西人民出版社1990年版；《中印文化交流史》，新华出版社1993年版；《中印文化关系史论文集》，生活·读书·新知三联书店1982年版。饶宗颐：《梵学集》，上海古籍出版社1993年版；《饶宗颐二十世纪学术论文集》第10册第7卷《中外关系史》，新文丰出版股份有限公司2003年版。白寿彝：《中国交通史》，商务印书馆1937年版；《中国伊斯兰史存稿》，宁夏人民出版社1983年版。周一良主编：《中外文化交流史》，河南人民出版社1987年版。马雍：《西域史地文物丛考》，文物出版社1990年版。朱杰勤：《中外关系史论文集》，河南人民出版社1984年版；《中国和伊朗关系史稿》，新疆人民出版社1988年版；《东南亚华侨史》，高等教育出版社1990年版。阎宗临：《中西交通史》，广西师范大学出版社2007年版。陈竺同：《两汉和西域等地的经济文化交流》，上海人民出版社1957年版。章巽：《我国古代的海上交通》，商务印书馆1985年版。陈炎：《海上丝绸之路与中外文化交流》，北京大学出版社1996年版。何芳川：《古代中外文明的交汇》，香港城市大学出版社2003年版；《古代中西文化交流史话》（与万明合著），商务印书馆1998年版。张广达：《文本、图像与文化流传》、《文书、典籍与西域史地》、《史家、史学与现代学术》，广西师范大学出版社2008年版；《天涯若比邻——中外文化交流史》（与王小甫合著），中华书局1988年版。王小甫：《唐、吐蕃、大食政治关系史》，北京大学出版社1992年版；《古代中外文化交流史》（与范恩实、宁永娟等编著），高等教育出版社2006年版。姜伯勤：《敦煌吐鲁番文书与丝绸之路》，文物出版社1994年版；《中国祆教艺术史研究》，生活·读书·新知三联书店2004年版。蔡鸿生：《唐代九姓胡与突厥文化》，中华书局1998年版；《中外交流史事考述》，大象出版社2007年版。安作璋：《两汉与西域关系史》，齐鲁书社1979年版。林悟殊：《中古三夷教辨证》，中华书局2005年版；《唐代景教再研究》，中国社会科学出版社2003年版。余太山：《嚈哒史研究》，齐鲁书社1986年版；《塞种史研究》，中国社会科学出版社1992年版；《两汉魏晋南北朝与西域关系史研究》，中国社会科学出版社1995年版；《两汉魏晋南北朝正史西域传研究》，中华书局2003年版；《两汉魏晋南北朝正史西域传要注》，中华书局2005年版；《古族新考》，中华书局2006年版；《早期丝绸之路文献研究》，上海人民出版社2009年版。陈佳荣：《中外交通史》，香港学津书店1987年版。沈福伟：《中西文化交流史》，上海人民出版社1985年版；《中国与西亚非洲文化交流志》，上海人民出版社1998年版。林梅村：《西域文明——考古、民族、语言和宗教新论》，东方出版社1995年版；《汉唐西域与中国文明》，文物出版社1998年版；《古道西风——考古新发现所见中西（见下页）

了汉唐时期中外文化交流与中西交通的盛况。这些成果为本书的研究奠定了深厚的学术基础。

本书主要是通过研究汉唐时期的域外探索及其对"世界"的认知，来解释中古时期的中国是如何突破相对狭隘的"天下"观念，开始具有比较开放的"世界"意识的。目前学术界还很少有从这个角度出发来进行研究的。但是，国内外有关中国古代"天下观"、"华夷秩序"、"世界秩序"及其相关问题的研究，还是受到很多学者重视的。其中比较有代表性的成果有：安部健夫的《中国人の天下观念——政治思想史的试论》认为，中国人的"天下"观念在绝大多数情况下，是指中国;[①]渡边幸一郎的《中国古代の王权と天下秩序：日中比较史の视点かろ》也主张"天下"以中国为根本，同时提出了古代中国是"天下型"国家的政体概念;[②]杨联陞的《从历史看中国的世界秩序》(Historical Note on the Chinese World Order)，认为中国的世界秩序既有虚构的层面，也有现实的层

（接上页）文化交流》，生活·读书·新知三联书店2000年版;《松漠之间——考古新发现所见中外文化交流》，生活·读书·新知三联书店2007年版。张国刚：《中西文明的碰撞》，华夏出版社、广东人民出版社1996年版；张国刚、吴莉苇：《中西文化关系史》，高等教育出版社2006年版。荣新江：《中古中国与外来文明》，生活·读书·新知三联书店2001年版。葛承雍：《唐韵胡音与外来文明》，中华书局2006年版。丘进：《中国与罗马——汉代中西关系研究》，黄山书社2008年版。杨建新、卢苇：《历史上的欧亚大陆桥——丝绸之路》，甘肃人民出版社1992年版。卢苇：《中外关系史》，兰州大学出版社1996年版；《中外关系史研究》，兰州大学出版社2000年版。李明伟：《隋唐丝绸之路——中世纪的中国西北社会与文明》，甘肃人民出版社1994年版；《丝绸之路贸易史》，甘肃人民出版社1997年版。黄盛璋：《中外交通与交流史研究》，安徽教育出版社2002年版。张维华：《中国古代对外关系史》，高等教育出版社1993年版。张绪山：《中国与拜占庭帝国关系研究》，中华书局2012年版。石云涛：《早期中西交通与交流史稿》，学苑出版社2004年版；《三到六世纪丝绸之路的变迁》，文化艺术出版社2007年版。李志夫：《中西丝路文化史》，宗教文化出版社2010年版。马骏骐：《碰撞·交融：中外文化交流的历史轨迹与特点》，贵州人民出版社2006年版。王介南：《中外文化交流史》，书海出版社2004年版。李喜所主编：《五千年中外文化交流史》，世界知识出版社2002年版。杨晓霭：《瀚海驼铃——丝绸之路的人物来往与文化交流》，甘肃人民出版社1999年版。彭小平：《中国走向世界的历史轨迹——中国海外旅行与文化交流》，湖南人民出版社1999年版。李云泉主编：《中西文化关系史》，泰山出版社1997年版。

① [日] 安部健夫：《中国人の天下观念——政治思想史的试论》，京都：燕京·同志社·东方文化讲座委员会1956年版。后收入氏著《元代史の研究》，东京：创文社1972年版。

② [日] 渡边幸一郎：《中国古代の王权と天下秩序：日中比较史の视点かろ》，东京：校仓书房2003年版。中译本为徐冲译：《中国古代的王权与天下秩序——从日中比较史的视角出发》，中华书局2008年版。

面,中国虽然有歧视外夷的传统,但并不否定中国以外其他文明国家的存在,并且在许多时期(如汉唐)还能以平等的态度对待邻近的民族国家(如匈奴、突厥、吐蕃)。[①] 高明士的《天下秩序与文化圈的探索》中提出"天下秩序"的原理,即包含德、礼、刑、政四要素相结合的天下秩序运作的原理和内臣、外臣、不臣地区的三层同心圆天下秩序结构。[②] 张国刚在《中西文化关系史》中指出:"中国古代对人类居住的'天下'(世界)的认识有三个不同层次:第一层次仅指'中华',所谓'天下兴亡,匹夫有责','天下'就是中国。第二层次,包括中华和四裔(夷狄),共同组成中国古代的天下观,这个'天下'的秩序就是通过朝贡来维系,第二层次的'天下'大体相当于今日的东亚世界。第三个层次是包括了'绝域',绝域一般指遥远的西方世界,但是绝对不包括东亚各国各地区。尽管中国人主要在第一和第二种意义上使用'天下'的概念,但是,不能否定中国人对西方世界(绝域)的朦胧认识。"他认为:"中国古代有一个'东亚世界'和'西方世界'(绝域)的概念,东亚世界都是笼罩在中国文化圈之内、是中国人'天下观'的主要内容。"[③] 赵汀阳的《"天下体系":世界制度哲学导论》一书认为,"天下"就是中国人的世界秩序观,它包含地理意义、所有人和制度三层含义,对正确确立世界秩序具有重要意义。[④] 何芳川的《"华夷秩序"论》提出,"华夷秩序"是中国以自我为中心的古代类型的国际关系体系,它贯穿了整个中国古代社会,是古代发展的最为完整、最先进和具有最高水平的国际关系体系。[⑤] 此外,还有李文森(Joseph R. Levenson)、山田统、堀敏一、金子修一、钱穆、余英时、王明珂、许倬云、甘怀真、王健文、邢义田、罗志田、金观涛、刘青峰、葛兆光、张文、李大龙、陈玉屏、于逢春、单纯、李扬帆、何新华、安树彬、陈鸿燕、赵丹、张鹤耀、张其贤、游逸飞

---

① John k. Fairbank ed. *The Chinese World Order: Traditional China's Foreign Relations*. Cambridge Mass, Harvard University Press, 1968, pp. 20—33. 中译本见 [美]费正清主编《中国的世界秩序——传统中国的对外关系》,杜继东译,中国社会科学出版社2010年版,第18—28页。又见杨联陞《国史探微》,新星出版社2005年版,第1—13页。
② 高明士:《天下秩序与文化圈的探索——以东亚古代的政治与教育为中心》,上海古籍出版社2008年版。
③ 张国刚、吴莉苇:《中西文化关系史》,高等教育出版社2006年版,第5页。
④ 赵汀阳:《"天下体系":世界制度哲学导论》,江苏教育出版社2005年版。
⑤ 何芳川:《"华夷秩序"论》,《北京大学学报》1998年第6期。

等人,① 从不同的角度都对中国古代的"天下观"及其相关的问题进行过论述。这些论述有的强调中国古代没有明确的世界观念与主权国家观念,甚至连种族观念也较薄弱;有的认为对世界的认识主要体现为以"华夷秩序"为中心的"天下观"。还有的对这种"世界"图景进行了论证,认为这主要是因为中国长期处于东亚儒家文化圈、东亚朝贡体系之中心地位所决定的。直到近代,由于受到欧风美雨的冲击和洗礼,传统"天下观"才开始崩解,重新审视并建构现代意义上的"世界"秩序。这些研究反映了古代中国在处理对外关系时的思维模式,对本课题的研究也具有重要的参考价值。

从以上相关研究状况可以看出,无论是外国学者,还是中国学者,在

---

① Joseph R. Levenson, Tien-hsia and Kuo, and the "Transvaluation of Values", *The Far Eastern Quarterly* (New York), 11:4, 1952, pp. 447—451. [日]山田统:《天下という観念と国家の形成》,收入《山田统著作集》第1卷,明治书院1981年版。[日]崛敏一:《中国と古代东アジア世界——中华的世界と诸民族》,岩波书店1993年版。[日]金子修一:《古代中国と皇帝祭祀》,汲古书院2001年版。钱穆:《国与天下》,收入氏著《晚学盲言》,广西师范大学出版社2004年版。余英时:《汉代中国的世界秩序》,见[英]崔瑞德主编《剑桥中国秦汉史》,杨品泉等译,中国社会科学出版社1992年版,第406—413页。王明珂:《华夏边缘:历史记忆与族群认同》,社会科学文献出版社2006年版。许倬云:《观世变》、《历史大脉络》,广西师范大学出版社2008、2009年版。甘怀真主编:《东亚历史上的天下与中国概念》,台湾大学出版中心2007年版。王健文:《奉天承运——古代中国的"国家"概念及其正当性基础》,台北东大图书股份有限公司1995年版。邢义田:《天下一家——传统中国天下观的形成》,载《中国文化新论·根源篇:永恒的巨流》,台北联经出版社事业公司1981年版;《从古代天下观看秦汉长城的象征意义》,《燕京学报》新第13期,北京大学出版社2002年版。罗志田:《先秦的五服制与古代中国的天下观》,《学人》第10辑,江苏文艺出版社1996年版。金观涛、刘青峰:《从"天下"、"万国"到"世界"——兼谈中国民族主义的起源》,收入氏著《观念史研究:中国现代重要政治术语的形成》,法律出版社2009年版。葛兆光:《古代中国人的天下观念》,《九州》第4辑,商务印书馆2007年版。张文:《论古代中国的国家观与天下观——边境与边界形成的历史坐标》,《中国边疆史地研究》2007年第3期。李大龙、陈玉屏:《略论中国古代的"天下""国家"与"中国观"》,《民族研究》2005年第1期。于逢春:《疆域视域中"中国"与"天下"、"中原王朝"与"中央政权"之影像》,《云南大学学报》2010年第1期。单纯:《略论中华民族的"天下观"》,《东方论坛》2001年第3期。李扬帆:《"天下"观念考》,《国际政治研究》2002年第1期。何新华:《试析古代中国的天下观》,《东南亚研究》2006年第1期。安树彬:《从传统天下观到近代国家观》,《华夏文化》2004年第1期。陈鸿燕、赵丹:《中国人的世界观——对"天下"观念思考》,《大庆师范学院学报》2007年第4期。张鹤耀:《西汉人的"天下观"》,曲阜师范大学硕士学位论文,2009年。张其贤:《"中国"概念与"华夷"之辨的历史探讨》,台湾大学博士学位论文,2009年。游逸飞:《四方、天下、郡国——周秦汉天下观的变革与发展》,台湾大学硕士学位论文,2009年。

研究汉唐时期的对外关系时，主要是从中西交通、中外文化交流的角度出发，站在中国历史和文化的平台上来理解世界的。从国际史学界发展的趋势来看，利用全球史的理论来对古代世界历史上多元文明的互动与共生的研究，正在受到越来越多的学者的关注。笔者认为，汉唐时期的对外关系，不应只是"单边"的中外文化交流，而应该是"双向"的互动与共生关系。笔者希望通过对汉唐时期中外文明的互动与共生关系的研究，来重新审视当时人们对域外探索的目的、意义及其对"世界"认知的态度，以此来更好地理解和把握中古时期从"天下"到"世界"意识的形成与转变过程。

三 研究目标、方法、资料选择和主要内容

汉唐时期是东西方文明相互接触、交流与认知的重要时期，随着丝绸之路与海上丝绸之路的相继开通，古代中国对世界的了解与认识发生了很大的变化。笔者无意对中西交通的开辟和中外文化的交流等以往学术界研究较多的问题进行过多的重复叙述，而是试图在借鉴这些已有研究成果的基础之上，重新审视汉唐时期的中国是如何随着对域外探索视野的逐渐扩大，开始突破传统的"天下"、"华夷"观念，出现和形成了一些新的"世界"意识，并以此来说明对外开放的重要性和迫切性的。

从"天下"到"世界"的研究，是一个比较宏大的主题，如何从汉唐时期中外文明纷繁复杂的历史现象中来把握古代中国对世界认知的发展变化规律，这不是仅靠传统的历史研究方法就能很好地解决的。因此，笔者在研究中除了坚持用马克思主义唯物史观为指导，应用其关于人类社会发展的理论及研究方法，通过对汉唐时期的域外探索及其对"世界"认知的总体研究，来总结古代中国是如何从"天下"到"世界"的发展变化规律外，还主要应用和借鉴了全球史的理论与方法。

全球史观是一种新兴的历史学研究理论，它是用"全球化"的视角和宏观历史学的研究方法，从总体上来考察历史的方法。全球史观主张以长时段、动态的历史观察方法、跨学科的综合研究方法来研究历史，将历史研究从传统的"国家史"或"民族史"的模式扩展到以跨文化和跨国界为基础的对历史联系的重构，从而大大拓展了历史研究的范畴。全球史

观的核心理念是互动，① 它注重跨文化和跨国界的交流，即文化在不同地区间的流动和传播，认为人类历史上曾经存在各种类型的"交往网络"或"共生圈"，不同的人群"相遇"之后，文化的影响具有相互性和双向性；它还注重探讨历史上不同"区域"与整体"世界"的关系，主张把区域性的历史事件放在全球整体运动的背景下重新考察，认为某个"区域"所发生的事件有可能在世界范围内引起连锁反应。笔者试图超越传统中外关系史和中西交通史研究的视野，将汉唐时期的中国对域外世界的探索放在全球史观下来进行考察，以此来探讨古代中国对世界认知观念的逐渐变化。笔者认为在汉唐时期的对外关系史中发生的一系列重大事件，如丝绸之路和海上丝绸之路的开通，以及张骞通西域、班超经营西域、法显、玄奘、义净、慧超等人西行求法、杜环漫游亚非等地的壮举，都不是个别的孤立现象，而是发生在公元前2世纪至9世纪欧亚大陆上各文明普遍展开对世界探索这样一个大的历史背景之下的。在公元前2世纪前后，欧亚大陆上各文明中心都普遍开始出现了一种对外开拓与探索的冲动，这样就大大加强了不同人群"相遇"与了解的机会，使得各种文明的交流与影响呈现出相互性与双向性，极大地拓展开阔了彼此的视野。在这种互动下，欧亚大陆上东西两端的各主要文明通过各种类型的"交往网络"，形成不同的文化"共生圈"（如中华文化圈、伊斯兰文化圈、基督教文化圈、印度文化圈等），把这片古老的大陆连为一体，可以说这种互动是自近代以来逐渐形成的全球化的前奏，是"古典版的全球化"（archaic globalization）。也正是在这种"古典全球化"的背景下，中国和其他各文明都开始了对世界的重新认知，并形成了不同于传统观念的"世界"意识。

本书主要依据传世基本文献，如正史、游记、文集、笔记小说、类书等进行研究，同时注意收集和利用相关的考古资料及其研究成果，另外对域外相关研究成果及资料予以特别关注，如对古希腊、罗马、波斯、阿拉伯、印度文献以及近代以来研究中西交通、中外关系的成果的利用。

全书分为上、下两编，由12篇相对独立而又有联系的论文组成。

---

① 刘新成：《互动：全球史观的核心理念》，载《全球史评论》第2辑，中国社会科学出版社2009年版，第3—12页。

上编的主题是汉唐时期的中国对世界的探索与认知，由5篇论文组成，分别从三个方面进行了论述：中国中心观与自我中心意识、从"天下"到"世界"、古代东方文献中关于世界诸王的论述。笔者认为，汉唐时期的中国之所以能够从早期相对狭隘的"天下观"发展到具有相对比较开放的"世界"意识，主要是和这个时期对域外世界的探索与认知分不开的。古代中国对世界的了解大体经历了一个从想象到互动、再到逐步认知的过程。早期中国的世界观更多的是建立在一种对域外世界缺乏深入了解，甚至是道听途说基础之上的主观想象，无论是以"华夷秩序"为核心的"天下观"，还是以中国只居其一的"大九州说"，莫不如此。汉唐时期是东西方文明相互接触、了解和认知的重要时期，以汉代张骞和班超通西域为标志，掀起了古代中国对域外世界进行大规模探索和认知的高潮。到魏晋南北朝时期，中国虽然陷入了分裂战乱之中，但是并未停止对域外世界的探索，来往于东西方之间的各国使节、商队似乎比两汉时更为频繁；特别值得一提的是，由于宗教（尤其是佛教）的传播，还带动了许多僧人不辞艰险、西行求法的热情，仅中国内地远涉境外有姓名可考者就多达140余人，至于那些入华的域外僧人有姓名可考者也多达120余人，形成了古代中西探索中的一大奇观。到隋唐时期，中国与外部世界的交流越来越频繁，来往于丝绸之路上的各国使节、商队、僧侣、留学生、旅行家等各色人群更是络绎不绝，各文明之间的冲突与战争、交流与融合不断发生，有力地冲击了传统中国对世界认知的固有思维模式。汉唐时期的中国虽然还坚守着传统的"天下"、"华夷"观念，但随着对"世界"认知地理范围的逐渐扩大，已经将视野突破了传统的东亚世界，延伸到中亚、南亚、西亚，甚至远达欧洲、非洲等地，认知的内容和层次也越来越丰富和具体，以致产生了一些新的世界观念，如"外国"观念的出现与流行、印度"中心"说、"四天子"说与"五主"说、"世界"观念的传入与流行等，标志着古代中国从"天下"到"世界"意识的萌芽与形成。

下编的主题是丝绸之路上的物种、技术、方法和社会风俗与思想观念的交流与传播。著名全球史学者杰里·H.本特利非常注重物种的传播和交流，他认为"物种传播和交流一直在突破民族、政治、地域和文化等界限"，从而成为跨文化互动进程中"最生动有力"的内容，"具有极其深刻的影响"，"离开这些传播进程，我们将无法理解个体社会发展或者世界历史的大范围进程"①。其实不只是物种的传播与交流，而且在技术、方法和社会风俗、思想观念等其他方面也莫不如此。本编由 7 篇论文组成，大致可以分为四组：第一组是《汉唐外来文明中的驯象》和《"拂秣狗"的东传》，论述了丝绸之路上的物种传播。第二组是《马毬与唐代东西方文化交流》和《踏歌与唐代中外娱乐风俗》，论述了古典时代社会风俗的形成与相互影响。第三组是《从"嘉兴绳技"看唐代中印文化交流》、《王玄策使印与天竺幻术在唐朝的传播》，论述了古代中印艺术的交流与传播。第四组是《印度长生术与长生药的东传》，从宗教观念、养生思想、医药理论与方法等方面论述了中印文化的交流。需要指出的是，在跨文化和跨国界的文化交流中，丝绸之路发挥了特别重要的桥梁作用，正如有的学者所说的那样："自中原通往中亚以及西亚、南亚、欧洲的陆上丝绸之路，作为一条中西方之间的商业通道虽然在很早以前就已自然地存在，但其真正的辉煌与繁荣及其世界历史意义的体现，则始于汉唐时期。从此，中国逐步走向世界，同时，中国也以海纳百川的胸怀接纳了世界，中西交流的序幕正式拉开。"② 因此，研究汉唐时期丝绸之路上的物种、技术、方法和社会风俗与思想观念的交流与传播，对于理解当时中国对于世界的了解与认知也具有重要的意义。

---

① ［美］杰里·H. 本特利：《新世界史》，周诚慧译，收入夏继果、杰里·H. 本特利主编《全球史读本》，北京大学出版社 2010 年版，第 44—65 页。

② 张国刚、吴莉苇：《中西文化关系史》，高等教育出版社 2006 年版，第 39 页。

上　编

汉唐时期的中国对世界的
探索与认知

第一章

中国中心观与自我中心意识:古代各文明对世界的基本认识

在古代,各文明在对世界的认识过程中大多形成了一种以自我为中心的"世界观",这种观念反映了早期各文明区域对域外世界缺乏了解以及由此所产生的对自身文化优越性的肯定与放大。他们在建构自己心目中的世界图景时,都是以"自我"为文明坐标,而将其他族群视作"他者"(the Other),总是有意或无意地加以贬低或妖魔化。这种情形不唯中国所独有,而且在其他文明中也很常见,由此形成了古代各文明对世界的一种基本认识。

第一节 天下观、华夷观与九州论:古代中国对世界的基本认识

在汉代张骞通西域和丝绸之路正式开通之前,虽然早已存在着中外交通与交流的客观事实,[①] 但由于早期中国对域外的探索毕竟还十分有限,

---

[①] 丝绸之路最早是由德国地理学家费迪南·冯·李希霍芬(Ferdinand Paul Willelm Frieherr von Richtoven)提出的连接中国和罗马之间的古代商路。虽然丝绸之路的正式开通一般是以张骞通西域为标志的,然而考古证明,从中国到欧洲的道路大约早在公元前2000年就已被打通。参见[美]芮乐伟·韩森《开放的帝国:1600年前的中国历史》,梁侃、邹劲风译,江苏人民出版社2007年版,第155—157页。又马雍、王炳华还认为:"在公元前七至前二世纪期间,横贯欧亚大陆的交通线是从中国由蒙古草原的河套附近向西北,越过阿尔泰山,沿额尔齐斯河,穿过南西伯利亚草原,再往西,到达当时居住在里海北岸的斯基泰地区。"见[匈牙利]哈尔马塔主编《中亚文明史》第2卷,徐文堪译,中国对外翻译出版公司2002年版,第172页。据王治来先生引述美国学者乔治·比尔的报告说:"在联邦德国南部斯图加特西北20公里霍克杜夫村发掘出一个2500年前的古墓,内藏珍贵文物多件。值得注意的是,发掘者在死者的骸髅上发现有中国丝绸衣服的残片。这也足以证明在先秦时代,中国同欧洲已有交通。"见王治来《中亚通史》上册(古代卷),新疆人民出版社2004年版,第62—63页。

对外交通也很不发达,各文明之间的互动尚未大规模展开,因此对世界的认知也就显得非常模糊,主要体现为一种以自我为中心的"天下观"。

关于"天下观"的认识,论者大多认为开始出现和形成于先秦时期。但是对于"天下"的内涵,学者们则有各自不同的理解与诠释。有的从地理范围来考虑,有的从族群分布来分析,还有的从政治视角来观察,分别论证了"天下观"的意义。[1] 笔者认为"天下观"是古代中国对世界的一种基本认识,它包含有多层含义在里边,既具有地理范围上的指向性,又反映了古代族群分布的大致格局,同时还涵盖了政治理念等多种因素在其中;另外,中国古代的"天下观"还是一个发展变化着的概念,在不同时期、不同语境下,古人关于"天下"的表述还分别代表着不同的意思。

从地理范围上来说,早期中国的"天下观"反映在对世界的认知上形成了一种"九州说"。这在《尚书·禹贡》中有具体的描述:"禹别九州岛,随山浚川,任土作贡。……九州攸同,……东渐于海,西被于流沙,朔南暨声教,讫于四海。"九州为冀、兖、青、徐、扬、荆、豫、梁、雍。通过对"九州"的描述,可知大禹所划分的"九州"大致都在中国的范围之内,这也反映了在当时人们的眼中,世界与中国是等同的观念。不过,由这"九州"所构成的世界,也是一个有区别、分层次的世界,这就是由所谓的甸、侯、绥、要、荒"五服"组成的差序世界。这种学说为"大九州"理论的提出奠定了基础。

到战国时期,阴阳家的著名代表人物邹衍提出了"大九州"理论。他"先列中国名山大川,通谷禽兽,水土所殖,物类所珍,因而推之,及海外人之所不能睹"。认为:天下有九州,中国名曰"赤县神州","于天下乃八十一分居其一分耳";"赤县神州内自有九州,禹之序九州是也,不得为州数。中国外如赤县神州者九,乃所谓九州也","有大瀛海环其外,天地之际焉"[2]。这种说法将"天下"扩展到了世界,与传统的"天下观"和"九州论"相比,似乎已经具有了一定的早期"世界"意识的

---

[1] 关于"天下观"的出现与形成及其内涵问题,中外学者论述多矣。2009年,台湾大学邢义田教授指导的游逸飞硕士学位论文《四方、郡国与天下——周秦汉天下观的变革与发展》一文,对中国大陆、中国港台、欧美、日本等地学术界关于"天下观"问题研究中的代表性成果进行了综述,并在此基础上对该问题作了进一步的研究,可资参阅。

[2] 《史记》卷七十四《孟子荀卿列传》,中华书局1982年版,第7册,第2344页。

萌芽，应该是早期中国与外部世界的交往正在不断扩大的一种反映，因此给当时人们带来了一些有关"世界"认识上的新思维。只不过这种对"世界"的认识主要还是以"想象"为出发点推衍出来的，而不是建立在对域外世界的广泛探索与深入认知的基础之上的。所以一直到东汉时，连博学的王充都认为："此言诡异，闻者惊骇"，真伪难辨，而将其说斥之为奇谈怪论。①

从族群分布上来说，传统"天下观"在"九州"、"五服说"的基础上进而又构建起了一个"华夏居中，蛮、夷、戎、狄居四方"的"华夷"五方格局。这一理论在《礼记·王制篇》中有比较系统而全面的阐述：

> 中国戎夷五方之民，皆有性也，不可推移。东方曰夷，被发文身，有不火食者矣。南方曰蛮，雕题交趾，有不火食者矣。西方曰戎，被衣皮，有不粒食者矣。北方曰狄，衣羽毛穴居，有不粒食者矣。中国、夷、蛮、戎、狄，皆有安居、和味、宜服、利用、备器。五方之民，言语不通，嗜欲不同。达其志，通其欲。②

这种认识虽然带有很强的想象成分和理想色彩，但它却总结了先秦时期的各族群风俗以及地理分布特征，反映了当时人们对外部世界认识的粗浅水平。③

从政治理念上来说，传统"天下观"中的"华夷"五方格局还强调以中原王朝（或曰正统王朝）为中心向边缘扩散的差序格局，也可以称为"华夷秩序"④。《诗经·小雅·北山》中有句颇具代表性的话说："普天之下，莫非王土；率土之滨，莫非王臣。"⑤ 这句脍炙人口的名言，就明显传递出中国传统"天下观"中的浓厚政治意识，也反映了当时人们对于世界的理解，即整个世界就是"天下"，而此"天下"仅指中原王朝及其周边的"四夷"区域，也就是"王土"。

---

① 黄晖：《论衡校释》卷十一《谈天篇》，中华书局1990年版，第2册，第473—474页。
② 王文锦译解：《礼记译解》，中华书局2000年版，上册，第176页。
③ 安介生：《"华夷"五方格局论之历史渊源与蜕变》，《历史教学问题》2000年第4期。
④ 关于"华夷"秩序的论述可参见何芳川《"华夷秩序"论》，《北京大学学报》1998年第6期。
⑤ 程俊英、蒋见元注：《诗经注析》，中华书局1991年版，下册，第643页。

这一世界秩序是由于中国长期以来处于东亚文明的核心和领先地位所决定的,正如美国著名历史学家费正清(John King Fairbank)所说:

> 中国因其地大物博,历史悠久,自然成为东亚世界的中心。而在地理上,中国又与西亚和南亚隔绝,使它成为特殊的大文化区。照欧洲人的说法,这里就是"远东"。但以中国人的说法,这个"远东"世界是以中国为中心的。由天子统率的所谓的"天下"(普天之下)有时包括中国以外的整个世界。但在习惯上,一般是指中华帝国。无论如何,它包括了当时人们所知道的世界的主要部分。[①]

它在政治和经济上体现为东亚朝贡贸易体系的形成与确立,在文化上表现为"华夏文化优越",从而"和合"与"同化"周边"四夷"的模式。"华夏"和"夷狄"之分既非建立在征服的基础之上,亦不在于种族之分,不仅"夷狄"接受了"华夏"文化就是华夏,而且"华夏"失去了自己的文化也会沦为"夷狄"。因此,"华夷秩序"不但指代中原华夏与周边"四夷"族群,同时也具有地理方位上的指向性,这样就构成了当时人们眼中的"四夷"环绕"中华"的世界图景。这种认识还形成了传统文化中根深蒂固的"贵中华、贱夷狄"的思维范式,也成为古代中国对待"我者"与"他者"的标准。

第二节 自我中心意识:古代其他文明对世界的基本认识

从全球史的角度而言,世界文明的发展是多元的,古老的中华文明只不过是其中非常重要的一支而已,但是"古代民族在观察世界时,一般无法避免一种'自我中心'的视阈,就是以自己为中心进行定位,对其他民族的认识是从与自己的关系来出发的"[②]。早期中国"天下观"所表

[①] [美]费正清:《一种初步的构想》,载氏编《中国的世界秩序——传统中国的对外关系》,杜继东译,中国社会科学出版社2010年版,第1—2页。
[②] 方汉文:《比较文明史——新石器时代至公元5世纪》,东方出版中心2009年版,第235页。

现出来的"自我中心"意识绝不是中国所独有的文化现象，而是在古代世界几乎所有古老的文明体系，如埃及、希腊、罗马、两河流域古国、阿拉伯、印度等地都曾出现过类似的认识，正如美国著名汉学家史华慈（Benjamin I. Schwartz）所指出的那样："在所有这些文明（美索不达米亚、埃及、印度、中美洲文明）中，都曾出现过一种现象：在一个较大的地区产生一定程度的军政结合，使主要的权力争夺者在被他们误认为是整个文明世界的区域内寻求某种独一无二的普遍权力。这样的普遍权力自有其宗教和宇宙观基础。在这方面，古代中国并不是唯一的。"[①] 这种"独一无二的普遍权力"就是自我中心意识，其核心思想就是标榜自己是世界文明的"中心"，环绕自己周边的都是落后的"外族"、"蛮族"或"边地"。

　　在东亚世界，由于长期受中国文化的影响，自我中心意识亦曾在周边国家出现。任教于日本东北文化学园大学的高士华就说："历史上，不只是中国的王朝喜欢自夸'普天之下，莫非王土；率土之滨，莫非王臣'，认为自己是'天下'的中心，诸如朝鲜、日本、越南的王朝或政权也都曾经或多或少地抱有'小中华'意识，认为自己至少在某一历史时期，亦成为东亚文明的中心。在人类群体交流相对隔绝的时代区域，这种'夜郎'现象都曾经存在过，只不过是'夜郎'大小的不同。而且，作为地区性中心，这种所谓的'自大'，也有一定的合理性。中心和边缘的关系不是绝对的，不是固定不变的，从不同的角度也会得出不同的结论。"[②] 如在历史上，朝鲜曾以"小中华"自居，而日本则自称"中国"或"华夏"，将其他少数族群和周边国家，如虾夷称为北狄，隼人称为西戎，新罗、渤海称为"蕃"或"诸蕃"；越南也曾称柬埔寨为蛮夷。

　　受中国文化和印度文化的双重影响，暹罗的自我中心意识也很强烈。暹罗国王与中国皇帝一样，从理论上讲也拥有两种特性，即宗教性和政治特性。依宗教性而言，暹罗国王是转世神灵，转轮圣王，或是天下皇帝、

[①] ［美］史华慈：《中国的世界秩序观：过去和现在》，载［美］费正清编《中国的世界秩序——传统中国的对外关系》，杜继东译，中国社会科学出版社2010年版，第295页。

[②] 高士华：《〈中国的世界秩序〉总序》，载［美］费正清编《中国的世界秩序——传统中国的对外关系》，杜继东译，中国社会科学出版社2010年版，第2—3页。

宇宙之君主。此外，他还是一位必定要成佛的菩萨。他的权力至高无上，他本人是神圣的，高不可攀的。在古代印度政治理论中，转轮圣王"被认为是王中之王、最高君主"。他也被认为是"世界皇帝，其作用堪比宇宙秩序的统治者"。在却克里王朝（1782年建立至今）第四世孟固国王（1851—1868年）时，曾自述："受普天之下超级政府之护佑，吾乃暹罗王国之桂冠国王，邻近地区所有藩属国之君主。"①

在古埃及，"埃及人在整体上一直对其优越性保持着绝对的信心"②。他们很早就出现了有关"外族"的概念，在古埃及人的观念中，只有埃及才是被造物主纳入有序的造物范围之中，所以埃及人是高贵的和文明的，而外族则被看作是落后的和未开化的，需要治理甚至应当是被消灭的混乱之源。③

古希腊、古罗马也都以自己为世界中心，"在对'东方'诸民族与文明的认知中体现出一种东方主义特征"④。在古希腊神话传说中，主神宙斯确定的世界中心就在希腊毗邻科林斯湾的德尔菲古城，因此这里也被称作"地球中心"⑤。受希腊文化的影响，在古罗马帝国，"自公元前2世纪起，罗马人就觉得众神选择并指引罗马人成为世界中心"⑥。而流传至今的古谚语"条条大路通罗马"，更是折射出古罗马人的世界中心主义意识。在古希腊、罗马史家的笔下，都认为自己是文明的民族，而其他族群则大多是落后的"蛮族"。有"历史学之父"雅称的古希腊著名历史学家希罗多德，在其名著《历史》中就开门见山地向世人展示了一个由希腊人和蛮族人（barbaroi）相互对立的两部分所组成的世界，⑦ 古罗马最伟

---

① ［美］马克·曼考尔：《清代朝贡制度新解》，载［美］费正清编《中国的世界秩序——传统中国的对外关系》，杜继东译，中国社会科学出版社2010年版，第62—63页。

② ［美］史华慈：《中国的世界秩序观：过去和现在》，载［美］费正清编《中国的世界秩序——传统中国的对外关系》，杜继东译，中国社会科学出版社2010年版，第299页。

③ 金寿福：《古代埃及人的外国观念》，《世界历史》2008年第4期。

④ 黄洋：《古代希腊罗马文明的"东方"想象》，《历史研究》2006年第1期。

⑤ 陈恒：《失落的文明：古希腊》，华东师范大学出版社2001年版，第81—82页。

⑥ ［法］让－诺埃尔·罗伯特：《从罗马到中国：恺撒大帝时代的丝绸之路》，马军、宋敏生译，广西师范大学出版社2005年版，第67页。

⑦ 商务印书馆汉译名著中译本将barbaroi一词译作"异邦人"（见［古希腊］希罗多德著《历史》，王以铸译，商务印书馆1959年版，第1页），有人指出其未能反映原意（见黄洋《希罗多德：历史学的开创与异域文明的话语》，《世界历史》2008年第4期）。

大的历史学家塔西佗（Tacitus Cornelius Publius）在《日耳曼尼亚志》（*De Germania*）中全面介绍了日耳曼蛮族的历史，[①] 甚至在古罗马人的眼中所有非罗马帝国的臣民都是"野蛮人"（即"蛮族"）。

古代两河流域兴起的诸王朝，都自认为是世界的中心，如古巴比伦帝国的著名君主汉谟拉比（公元前1792—前1750年在位），就自称"世界四方之王"；其后兴起的亚述帝国，其末代国王巴尼拔（公元前668—前627年在位）也自称为"伟大英明及世界之王"，在一块考古发现的泥版文书上，刻着这样一首诗："我是亚述巴尼拔／伟大的国王／非凡的国王／宇宙之王／亚述之王／周边世界之王／王中之王／亚述的统帅／无敌的君主／支配着大海从高到低／所有的诸侯都匍匐在我脚下。"[②] 波斯帝国"征服米底亚之后，居鲁士占有了米底亚王国，并改用米底王的正式称号：'大王，王中之王，大地之王'"[③]；萨珊波斯（224—651年）的君主们也自称"众王之王"（Shāhāanshāah），"被认为是琐罗亚斯德教及其最高创造神奥尔穆兹德（阿维斯塔语作阿胡拉·马兹达）在人间的代表和对应者。结果，琐罗亚斯德教的国王作为伊朗和整个尘世的君主，是神所指定的保护者、宗教和世俗的权威、物质生产的指导者。他在尘世就像奥尔穆兹德一样，是物质和神世界的普世主宰。在印度和中国也可以发现相同的或类似的王权神圣的观念"[④]。古代阿拉伯地理书《道里邦国志》在叙述各地诸王的称号时也说："伊拉克王（指波斯萨珊王朝）的通行称号是库思老，也就是沙罕沙赫（Shāhāanshāah，波斯语'王中之王'）。"[⑤] 后来兴起的阿拉伯帝国，更被认为是"王权所及最广的王，因为这个王（国）处于世界的中心，其余的王（国）都围绕着它。这个王，我们称他为

[①] ［古罗马］塔西佗：《阿古利可拉传·日耳曼尼亚志》，马雍、傅正元译，商务印书馆1959年版。

[②] 陈晓红、毛锐：《失落的文明：巴比伦》，华东师范大学出版社2001年版，第87—89页。

[③] ［匈牙利］哈尔马塔主编：《中亚文明史》第2卷，徐文堪译，中国对外翻译出版公司2002年版，第17页。

[④] ［俄］B.A.李特文斯基主编：《中亚文明史》第3卷，马小鹤译，中国对外翻译出版公司2003年版，第3页。

[⑤] ［古代阿拉伯］伊本·胡尔达兹比赫：《道里邦国志》，宋岘译注，中华书局1991年版，第17页。

'诸王之王'"①。由此可见，两河流域诸古国的"自我世界中心意识"是何其的强烈！

在古印度也很早就有极强的"自我世界中心意识"。佛教徒称佛所生国迦毗罗卫城是"天地之中央也"②，恒河中流一带的中印度则为"中国"（Madhya-desa），而以远方之地为"边地"（Mleccha-desa），人为"边人"或"边地人"③。据三国孙吴时康泰《扶南传》载："昔范旃时，有嘽杨国人家翊梨，尝从其本国到天竺，展转流贾至扶南，为旃说天竺土俗，道法流通，金宝委积。山川饶沃，恣所欲。左右大国，世尊重之。旃问云：'今去何时可到？几年可回？'梨言：'天竺去此，可三万余里，往还可三年逾。及行，四年方返。以为天地之中也。'"④ 在笈多王朝（Gupta Dynasty，约320—540年）时期，"诸王采用高贵的帝国头衔——'伟大的诸王之王，至高无上的主'等等"⑤，旃陀罗笈多一世（Candragupta I，约319—335年或350年）在死后还得到了"王中之大王"的显贵尊号。⑥《道里邦国志》也说："大印度的国王叫白勒海拉（Balharā），即众王之王。"⑦

在中亚，"印度—希腊人的国王们以及贵霜诸王，都从波斯和中国借来了用以抬高帝国的头衔，例如'Maharajatiraja'（诸王之王）和'Daiva Putra'（天子），以及都把已故国王们抬高到神的地位并设立供奉他们的庙宇，借以维护帝国的神化"⑧。在印度河地区最早的塞克统治者是毛厄斯（莫加，moga），其时属公元前1世纪的第一个25年。毛厄斯铸造的银币上刻有希腊文"Basileos Basileon Megalou Mauou"，意为"诸王之王

---

① ［古代阿拉伯］《中国印度见闻录》，穆根来、汶江、黄倬汉译，中华书局1983年版，第103页。

② （唐）道宣著，范祥雍点校：《释迦方志》卷上《中边篇》，中华书局2000年版，第7页。

③ （东晋）法显撰，章巽校注：《法显传校注》，中华书局2008年版，第27页。

④ （北魏）郦道元著，陈桥驿校证：《水经注校证》卷一《河水》，中华书局2007年版，第7页。

⑤ ［印度］R. 塔帕尔：《印度古代文明》，林太译，浙江人民出版社1990年版，第145页。

⑥ ［俄］B. A. 李特文斯基主编：《中亚文明史》第3卷，马小鹤译，中国对外翻译出版公司2003年版，第3页。

⑦ ［古代阿拉伯］伊本·胡尔达兹比赫：《道里邦国志》，宋岘译注，中华书局1991年版，第17页。

⑧ ［印度］R. 塔帕尔：《印度古代文明》，林太译，浙江人民出版社1990年版。第99页。

毛厄斯",而相应的佉卢文的俗语版则是"rajatirajasa mahātasa Moasa"。"诸王之王"的称号还由其后的阿泽斯王朝(约公元前 50—公元 30 年,为印度—斯基泰王朝,统治着以旁遮普与印度河流域为基础的一个帝国)的统治者阿泽斯一世、阿济利塞斯(Azilises)及阿泽斯二世所使用。继阿泽斯王朝之后建立的帕腊瓦王朝(约公元前 50 年在中亚南部、伊朗东北部建立的政权),亦即贡多法腊斯(Gondophares)的印度—帕提亚王国,他们也自称印度河流域各省的"诸王之王"[①]。约在 1 世纪至 3 世纪兴起的贵霜帝国的钱币上,刻有伊兰语"万王之王"(Shah of Shahs),[②]据说其君王们也"接受了流行于印度和中国的'王权神授'观念",在塔克西拉的银卷铭文(阿泽斯纪年 136 年)中提到一位无名的国王,称为"大王、诸王之王、天子,贵霜"。这位无名王的高贵称衔与早期贵霜钱币上的称号相同:"诸王之王、伟人、救世主",这种钱币的年代可置于贡多法勒斯钱币以及丘就却所发行的地方钱币之后,但处于阎膏珍的标准统一货币之前。[③] 丘就却是贵霜帝国的首位皇帝(约公元 50—100 年),他就采用了"大王"(Mahārāja)、"王中之王"(Rājātirājā)和"天子"(Devaputra)的头衔。他的继承人阎膏珍采用"大地之主"(Mahīsvara)、"世界之主"(sarvaloga-īsvara)之类的称号。后来的迦腻色伽二世也自称"大王"(Mahārāja)、"王中之王"(Rājātirājā)、"天子"(Devaputra)和"恺撒"(Kaisar),这是因为他自以为非常强大,因而可以借用印度、伊朗(波斯)、中国和罗马的帝王称号。[④] 法国学者葛乐耐(Frantz Grenet)还根据屈霜你迦(即中亚昭武九姓中的何国,位于撒马尔罕和布哈拉之间)和撒马尔罕的壁画以及摩尼教文书残片,证明了直到公元 8 世纪时中亚还存在以粟特自我为中心的世界观,这种中心观的模式是直接从萨珊波斯的皇家宣传那里借用来的。[⑤]

[①] [匈牙利]哈尔马塔主编:《中亚文明史》第 2 卷,徐文堪译,中国对外翻译出版公司 2002 年版,第 189、147 页。
[②] [美] W. M. 麦高文:《中亚古国史》,章巽译,中华书局 1958 年版,第 147 页。
[③] [匈牙利]哈尔马塔主编:《中亚文明史》第 2 卷,徐文堪译,中国对外翻译出版公司 2002 年版,第 144、189、203 页。
[④] [印度] A. K. 纳拉因:《贵霜王国初探》,王辉云译,《中外关系史译丛》第 2 辑,上海译文出版社 1985 年版,第 159—174 页。
[⑤] [法]葛乐耐(Frantz Grenet):《粟特人的自画像》,毛民译,载荣新江等主编《粟特人在中国——历史、考古、语言的新探索》,中华书局 2005 年版,第 305—323 页。

这种普遍存在于东西方的以自我为中心的"世界"观,反映了早期古代各文明对域外世界缺乏了解以及由此所产生的对自身文化优越性的肯定与放大。他们在建构自己心目中的世界图景时,都是以自我为文明坐标,而将其他族群视作"他者"(the Other),总是有意无意地加以贬低或妖魔化。正如著名学者萨义德(Edward Wadie Said)在他的名著《东方学》(Orientalism,又译作《东方主义》)中所指出的那样,东方是西方凭空想象出来的作为自我对立面的一个"他者"形象而建构的,是为西方提供着优越的自我意识的一面"镜像"①。虽然萨义德所说的是近代西方的"东方主义",但他的论述对于分析古代各民族关于"世界"的想象与认知同样具有重要的意义。

余　论

　　在古代世界文明史上,几乎每个民族与国家都曾或多或少地出现过自我中心意识,它们大都把自己当作天下之中心、世界之中心,甚至宇宙之中心,这主要是由于早期各文明区域处于相对隔绝的状态而缺乏了解所形成的一种惯性思维。历史上"夜郎自大"的故事虽然早已成为笑谈,但这显然是从中原王朝的角度出发来看待此问题时造成的一个历史误会,夜郎王向汉使者发问"汉孰与我大?"的同样问题还出自滇王之口,史家分析其原因时说:"以道不通故,各自以为一州主,不知汉广大。"也即由于古代交通不便,处于相对封闭状态中的西南夷与中原王朝远隔千山万水而又缺乏相互了解造成的。其实在一定的历史时期与地理空间范围内,也很难说"夜郎自大"就没有其相对合理性。司马迁就曾说:"西南夷君长以什数,夜郎最大。"② 在彝文文献《夜郎史传》里还提到,夜郎国的开国之君夜郎朵,也同汉家天子一般,自命为"代高天掌权,为大地守境"的"天地子",到夜郎王多同弥时,"自称天地代,说是天之子","开辟了新天,开创了大地",甚至宣称"唯我独尊君,唯我享盛名!"传到武夜郎(即武益纳)时,"比先辈威武,比先辈刚强,他经常带兵,不断地

---

① [美]爱德华·W.萨义德:《东方学》,王宇根译,生活·读书·新知三联书店1999年版。

② 《史记》卷一一六《西南夷列传》,第9册,第2991—2996页。

征战。一下去东征,一下去南战,全都打胜仗,屡屡建奇功。……武夜郎君长,他似高天上,日月的光辉,西南西北方,都是他管辖。武夜郎君长,成人间的君,成世间的王,人间的万事,世间的一切,都是他来管"①。由此可见,夜郎作为西南夷"最大"的国家,产生自我中心意识也就不足为怪了。这实际上也是古代各文明在认识世界的过程中所出现的一种共同现象。

---

① 王子尧、刘金才编译:《夜郎史传》,四川民族出版社1998年版,第5—32页。

第二章

从"天下"到"世界":汉代中国对世界的探索与认知

古代中国对世界的了解大体经历了一个从想象到探索、再到逐步认知的过程。传统中国的世界观更多的是建立在一种想象基础之上的观念世界,这就是所谓的"天下秩序"与"华夷格局"。早期中国对世界的了解与认知更多的是将客观认识与主观想象,甚至是一些道听途说或传闻结合在一起。随着汉代丝绸之路的开通,中国与外部世界的互动越来越频繁与深入,来往于丝绸之路上的各国使节、质子、行商、僧侣、留学生等各色人群络绎不绝,冲突与战争、交流与融合的规模更加扩大,这些都大大地促进了各文明之间的互动与认知。汉代中国虽然还在坚守着传统的"天下"观念,但随着人们对世界的认知范围逐渐扩大,认知的层次也越来越丰富和具体,已经开始突破了传统的"华夷"界线,出现并形成了一些新的世界观念,极大地改变了传统中国对世界的认识。

第一节 域外探索与文明互动:张骞通西域与汉代中国对世界认知范围的扩大

中国对于世界的认知是随着对域外探索活动的开展而逐渐清晰起来的。在公元前后两个世纪,欧亚大陆上各主要文明中心都普遍开始出现了一种积极对外开拓与探索的冲动,这样就大大加强了不同人群"相遇"与了解的机会,使得各文明之间的互动变得日益频繁起来,从而极大地拓展与开阔了彼此的视野。互动是"全球史观的核心理念","互动乃人类社会组织的存在形式和世界历史发展的动力,互动在于相遇、联结、交流、交往、相互影响,而不是一方主导、引导甚至塑造对方和整个世界"①。在这种互动中,欧亚大陆上各主要文明中心通过各种类型的"交往网络",形成不同的"共生圈",逐渐把这片古老的大陆连为一体,有人将这种互动称作是自近代以来逐渐形成的全球化的前奏,是"古典版的全球化"(archaic globalization)。② 正是在这种"古典全球化"的背景下,中国和其他各文明都开始了对世界的重新认知,并逐渐形成了不同于传统观念的"世界"意识。

中国大规模地进行域外探索开始于汉代,以张骞通西域和丝绸之路的正式开通为标志,从此开启了中国与外部世界互动与认知的新时代。③

张骞通西域是在汉朝全面展开反击匈奴的大背景下进行的。④ 汉朝建立以后,长期遭受匈奴的威胁。汉武帝为了打击匈奴、断其"右臂",曾派遣著名的外交家、探险家、旅行家张骞先后两次出使西域,到达了许多前所未知的地区和国家,取得了很大的外交成就,极大地丰富了汉朝对外部世界的了解与认知。

张骞首次出使在汉武帝建元三年(公元前138年),此行的目的是为了联合大月氏,夹击匈奴。原来汉朝从匈奴降人的口中得知,大月氏曾游牧于河西走廊一带,后来因为受到匈奴的攻击,被迫西迁,对匈奴恨之入骨,只因势单力薄,一直未能报仇。汉武帝获悉这一重要信息后,决定募人出使大月氏。不过,当时汉朝对于月氏以及西域和其他外部世界的情况,显然不是很清楚的,所以这次出使带有一定的探险性质。张骞应募出使,途中被匈奴扣留长达十年,后来乘机逃脱,辗转到达大月氏时已经是元光六年(公元前129年)。这时大月氏的情形已经发生了很大的变化,

---

① 刘新成:《互动:全球史观的核心理念》,《全球史评论》第二辑,中国社会科学出版社2009年版,第3页。

② A. G. Hopkins (ed.), *Globalization in World History*, Pimlico, 2002.

③ 王治来先生认为,张骞通西域只是一个历史标志而已,在此之前,丝绸之路或中西交通实际上就早已存在,中国的丝绸也早已行销到了中亚、西亚、西伯利亚和印度。但这种贸易都是转手贸易,由许多民族与国家辗转贩运才得以实现。不过,在这以前,中国对中亚和西方是几乎不了解的,或者说了解是很模糊的。同样,西方(包括希腊、罗马)对帕米尔以东的中国也是不了解的。张骞通西域是内地人亲自了解西域和中亚之始。随后又有中亚各国使者来汉朝报聘,具体地了解了中国。参见王治来《中亚通史》(古代卷),新疆人民出版社2004年版,上册,第107—108页。

④ 关于张骞出使西域的研究,受到国内外学术界的高度重视,研究成果很多,本文在参考已有研究成果的基础之上,主要从全球史的视角出发,对张骞出使西域所带来的中国对外部世界的了解与认知问题进行探讨。

由于受到乌孙的进攻,它们由伊犁河、楚河流域迁居到中亚的阿姆河流域,并征服了大夏国。这里土地肥沃,户口殷盛,人民安居乐业,促使其社会经济也迅速由游牧转为农耕定居,"又自以远汉,殊无报胡之心"。因此,这次出使的目的没有达到。虽然如此,但此行却取得了意想不到的收获,"骞身所至者大宛、大月氏、大夏、康居,而传闻其旁大国五六,具为天子言"①。过去许多未知的区域进入了汉朝的视野,从而激发起了汉人对域外世界探索的热情。

张骞第二次出使约在元狩四年(公元前119年),这时汉朝反击匈奴的战争已经了取得了重大胜利,匈奴在屡遭重创后向西北退却,汉通西域的门户已经被打开。但是匈奴仍然依靠西域各附属国的力量,继续和汉朝对抗。于是汉武帝决定采纳张骞的建议,派他再次出使,联络乌孙,共抗匈奴。乌孙,最初游牧于哈密一带,处月氏之西,月氏受到匈奴攻击西迁时,与乌孙发生冲突,其王被杀。后来,乌孙余部得到匈奴的支持,进攻月氏,将月氏人赶走,占领了伊犁河、楚河流域。张骞这次出使,率领了一个庞大的使团,仅随员就有300多人,每人各配备马两匹,其中"多持节副使",以便在途中分使其他国家,所携带的牛羊有数万头以及价值数千万的金银丝帛。当张骞到达乌孙时,正值其国内乱,加之乌孙本已服属匈奴,其大臣皆畏惧之,又以离汉太远,不知汉之大小虚实,不愿远徙。因此,这次出使的目的又未实现。不过,这次出使却扩大了第一次出使的成果,"骞因分遣副使使大宛、康居、大月氏、大夏、安息、身毒、于窴、扜采及旁国"。后来,张骞返回时,这些国家都派出使者随同汉使回访了中国。

张骞两次出使西域带回了许多有关外部世界的新情报,从而成为古代中国重新认识世界的开端。羽田亨先生就说:"汉朝的张骞奉汉武帝的命令,出使西域十三年,到公元前126年才回来。从此中国方知西域之事。这是东西交通的发端,中国史上有名的事件。"②

他到达的第一个国家是大宛,在此之前,汉朝对大宛几乎一无所知,所以司马迁说:"大宛之迹,见自张骞。"大宛位于今中亚乌兹别克斯坦

---

① 《史记》卷一二三《大宛列传》,中华书局1982年版,第10册,第3157—3160页。
② [日]羽田亨:《西域文明史概论(外一种)》,耿世民译,中华书局2005年版,第6页。

的费尔干纳盆地,在亚历山大东征时,大宛曾为中亚希腊化国家之一。张骞归来后描述:"其俗土著,耕田,田稻麦。有蒲陶酒。多善马,马汗血,其先天马也。有城郭屋室,其属邑大小七十余城,众可数十万。其兵弓矛骑射。其北则康居,西则大月氏,西南则大夏,东北则乌孙,东则扜罙、于窴。"在历史上,大宛是丝绸之路上的重要国家之一。大宛对汉朝的了解似乎要早于汉朝对大宛的了解,在张骞到达大宛之前,大宛就听说了汉朝,"闻汉之饶财,欲通不得,见骞,喜"①。所以,当张骞以利相诱时,就顺利地得到了大宛的帮助,经康居,抵达大月氏。当张骞第二次西使时,还派副使再次访问了该国。

康居(在今哈萨克斯坦境内),在大宛西北,东界乌孙,西达奄蔡,南接大月氏,约在今巴尔喀什湖和咸海之间,王都卑阗城。其社会经济为游牧与农耕相混杂,其鼎盛时,"控弦者八九万人"。康居人擅长经商,经常到世界各地去进行贸易。康居是西域最早与汉朝交通的国家,早在张骞通西域之前,汉朝就已经听说过康居。然而,张骞所经过的康居之地,据研究不是其本土,应为其属地索格底亚那。② 所以张骞归来后,在向汉武帝的报告中,对康居的描述非常简略,远没有对大宛和大月氏的了解程度深。但在张骞第二次出使西域时,也派副使访问了康居。

大夏,希腊人称为巴克特里亚(Bactria),也是亚历山大东征时建立的中亚希腊化国家之一。大夏原来是波斯帝国的一个行省,后隶属于亚历山大帝国及塞琉古帝国,公元前255年,巴克特里亚总督狄奥多图斯一世(Diodotus I)宣告独立,建立巴克特里亚王国(约公元前255—前145年)。其地在兴都库什山以北与阿姆河以南地区(今阿富汗北部),都巴克特拉(Bactra),中国称为"蓝市城"。据说大夏居民主要是吐火罗人,原来亦居住在中国的西北地区,后西迁。当张骞西使到达大月氏时,大夏已经被月氏人征服而亡国。③ 虽然如此,由于大夏正处于东西方"文明的十字路口",所以仍然给张骞留下了深刻的印象,他在归来后的报告中说:"大夏在大宛西南二千余里妫水南。其俗土著,与大宛同俗。无大君

---

① 《史记》卷一二三《大宛列传》,第10册,第3157—3160页。
② 参见余太山《两汉魏晋南北朝与西域关系史研究》上编《西汉与西域》,中国社会科学出版社1995年版,第6页。
③ 关于张骞到达的大夏,请参见杨共乐《张骞所访大夏考》,氏著《早期丝绸之路探微》,北京师范大学出版社2011年版,第184—187页。

长,往往城邑置小长。其兵弱,畏战。善贾市。及大月氏西徙,攻败之,皆臣畜大夏。大夏民多,可百余战。其都曰蓝市城,有市贩贾诸物。其东南有身毒国。"① 张骞第二次西使时,也派副使再访该地。

张骞首次出使还听说了五六个大国,有乌孙、奄蔡、安息、条支(也作条枝)、黎轩、身毒等。第二次出使的目的地除了乌孙之外,张骞还派遣副使访问了安息、身毒等国。

安息(Arsacid),即帕提亚王朝(Parthia),是位于今伊朗高原的古国。这里先后经历了波斯帝国、亚历山大帝国和塞琉古帝国的统治。帕提亚之名源自伊朗高原北部南下的一支古老的游牧民族帕尔尼(Parni)人。公元前247年,帕提亚乘机独立,帕尔尼人部落首领阿尔萨息(Arsacids)自称国王,建立了阿尔萨息王朝(公元前247—226年)。中国史书因其王朝名称而简称为安息。其全盛时,疆域北至里海,南临波斯湾,东接大夏、身毒,西至两河流域,成为欧亚大陆上与汉帝国和罗马帝国并列的大帝国。当张骞首次出使西域时,就听说了一些安息的情况:"安息在大月氏西可数千里。其俗土著,耕田,田稻麦,蒲陶酒。城邑如大宛。其属大小数百城,地方数千里,最为大国。临妫水,有市,民商贾用车及船,行旁国或数千里。以银为钱,钱如王面,王死辄更钱,效王面焉。书革旁行以为书记。"② 张骞再次西使时,曾派遣副使访问了安息,当时正是米特拉达梯二世(Mithradates Ⅱ,公元前124—前87年在位)统治期间。他非常重视汉使的来访,隆重接待了这位首次踏上安息国土的汉朝使臣,据《史记·大宛列传》载:"初,汉使至安息,安息王令将二万骑迎于东界。东界去王都数千里。比行至,过数十城,人民相属甚多。"一般认为当汉使抵达时,正值米特拉达梯二世征讨塞人入侵,并占领中亚重镇木鹿(Merv,今土库曼斯坦马里),将帝国的东界扩展至阿姆河一线之时,所以才会有大军迎接汉使入境之盛举。

身毒,是汉代中国对印度的称谓,梵文为 Sindhu,古波斯语讹为 Hindhu,古希腊语更转为 Indus。张骞首次西使时就听说有身毒国,归来后,他向汉武帝报告说:"臣在大夏时,见邛竹杖、蜀布。问曰:'安得此?'大夏国人曰:'吾贾人往市之身毒。身毒在大夏东南可数千里。其

---

① 《史记》卷一二三《大宛列传》,第10册,第3164页。
② 同上书,第3162页。

俗土著,大与大夏同,而卑湿暑热云。其人民乘象以战。其国临大水焉。'以骞度之,大夏去汉万二千里,居汉西南。今身毒又居大夏东南数千里,有蜀物,此其去蜀不远矣。今使大夏,从羌中,险,羌人恶之;少北,则为匈奴所得;从蜀宜径,又无寇。"① 汉朝本来早就有交通西南夷的打算,在听说了张骞的报告之后,武帝"以骞言为然,乃令骞因蜀犍为发间使,四道并出",勘察自蜀通身毒的道路。但四道间使"皆各行一二千里",或沿途受到阻挠,或遭遇寇盗被掠杀,而"终莫能通"。虽然汉朝派出的四道间使没有走通这条道路,但从蜀地到身毒之间的民间商贸往来却早已有之,"在公元前3世纪至前2世纪期间,一些原产中国的货物在印度使用,它们的名称显然是从中文来的:例如'中国布'叫'China Patta','竹'称为'Kichaka',这是与汉语'Ki-chok'联系在一起的"②。汉使还获得了有关西南交通的更多信息,"然闻其西可千余里有乘象国,名曰滇越,而蜀贾奸出物者或至焉,于是汉以求大夏道始通滇国"。滇越国据说位于今缅甸北部地区,其东与云南相毗连,其西即印度东北部地区,汉使既然听说有蜀商至滇越贸易,这说明从蜀地经云南、缅甸到达印度的通道应该早就存在了。张骞在大夏所见的蜀货,应该就是通过这条号称"西南丝绸之路"的"蜀滇缅印"道,辗转到达大夏的。不过,张骞第二次西使时,派遣到身毒的副使并不是走的这条道,而是从西域前往的。

奄蔡是古代西域游牧民族,亦作阖苏,或阿兰,大致分布在今咸海、里海以北一带地区。在古希腊、罗马文献中屡见其名,称为 Aorsoi,或 Alanorsi。张骞首次出使时就听说过此国,归来后在报告中说:"奄蔡在康居西北部可二千里,行国,与康居大同俗。控弦十余万。临大泽,无崖,盖乃北海云。"③"行国"指游牧民族建立的国家,"大泽"大概指咸海。可见这是一个在咸海到里海一带建立的游牧民族国家。

条枝和黎轩也都是张骞首次出使西域时听说过的大国,他在报告中描述道:"条枝在安息西数千里,临西海。暑湿。耕田,田稻。有大鸟,卵如瓮。人众甚多,往往有小君长,而安息役属之,以为外国。国善眩。安

---

① 《史记》卷一二三《大宛列传》,第10册,第3166页。
② [印度] R. 塔帕尔:《印度古代文明》,林太译,浙江人民出版社1990年版,第119页。
③ 《史记》卷一二三《大宛列传》,第10册,第3161页。

息长老传闻条枝有弱水、西王母，而未尝见。"① 而对黎轩，只是在报告中提到在安息北；在张骞第二次西行，派副使出使安息归国时，安息使节也随同来访，并以大鸟卵及黎轩善眩人献于汉。关于条枝和黎轩的具体位置究竟在何处？历来众说纷纭，未有定论。② 关于条枝，分歧点主要集中在对"西海"位置的不同理解上，一种观点认为，"西海"即指波斯湾，所以条枝应在波斯湾附近；另一种观点则认为"西海"是指地中海，所以条枝应即塞琉古帝国的叙利亚地区。根据张骞报告所说的"条枝在安息西数千里"的情形而言，这时的条枝不应该在波斯湾，因为在张骞出使西域之前不久，帕提亚帝国（即安息）的米特拉达梯一世（Mithradates Ⅰ，公元前171年—前138年在位）已经攻占了塞琉古帝国在两河流域的最主要城市——底格里斯河上的塞琉西亚（Seleucia），将其势力赶到幼发拉底河以西，巴比伦尼亚归入安息版图。既然条枝还在其西，那么是指地中海东岸的叙利亚地区的可能性较大。不过，张骞又说条枝役属于安息，以为外国，所以将安息刚夺取的塞琉古帝国的巴比伦尼亚地区称作条枝也不无道理，这样张骞所说的条枝所临的西海就是指波斯湾。至于黎轩（《汉书·西域传》作"黎靬"），由于记载不多，且互有出入，中外学者更是聚讼纷纭，莫衷一是。③ 司马迁在《史记》中说黎轩在安息北，而班固在《汉书》中说：乌弋山离国（在今伊朗与阿富汗交界地区的锡斯坦）西与黎轩、条枝接。这样关于黎轩的方位就有地中海沿岸的塞琉古帝国、托勒密朝的埃及王国、米底亚的 Regha 或 Rhaga（此地位于今伊朗北部的德黑兰）、罗马帝国、伊朗高原捷詹河流域的特莱西那（Traxiane）等多种说法，其中尤以第二种说法影响较大，论者以为黎轩即托勒密朝埃及王国的首都亚历山大城（Alexandria）的缩写。④ 不过，也有学者认为黎轩并不是特指某一地方，因为据说在亚历山大东征之后，曾在中亚、西亚和

---

① 《史记》卷一二三《大宛列传》，第10册，第3163—3164页。
② 龚缨晏：《20世纪黎轩、条枝和大秦研究述评》，《中国史研究动态》2002年第8期。
③ 张绪山：《近百年来黎轩、大秦问题研究综述》，《中国史研究动态》2005年第3期。
④ 日本学者白鸟库吉、法国学者伯希和和中国学者余太山等均持此观点。参见白鸟库吉《大秦国与拂菻国考》，见王古鲁译《塞外史地论文译丛》第一辑，商务印书馆1939年版，第17—18页；伯希和：《黎轩为埃及亚历山大城说》，冯承钧译《西域南海史地考证译丛》第7编，中华书局1957年版，第34—35页；余太山《条枝、黎轩和大秦》，《塞种史研究》附录，中国社会科学出版社1992年版，第182—209页。

北非的广大地区建立过以他名字命名的城市 70 多座,"经考证和发掘核实的已有近 40 座,分布在从地中海海滨一直到阿富汗、印度边陲的广大地区。但汉代西行的使节和此后的史家并不了解这一点,所以在他们传闻和记述的黎轩往往不在一外,但却使用同一名称"①。不管何种说法,条枝和黎轩成为张骞出使归来后,当时中国对域外世界了解的最远地区了,尽管这种认识还很模糊。

张骞出使西域具有重要的历史意义,"这几次出使大大增进了中国人对西域地区的了解与兴趣"②。极大地鼓舞了古代中国对世界进行大规模探索的热情。在张骞之后,为了更好地与外国往来,"汉始筑令居以西,初置酒泉郡以通西北国。因益发使抵安息、奄蔡、黎轩、条枝、身毒国。而天子好宛马,使者相望于道。诸使外国一辈大者数百,少者百余人,人所赍操大放博望侯(张骞)时。其后益习而衰少焉。汉率一岁中使多者十余,少者五六辈,远者八九岁,近者数岁而反"。张骞的壮举,刺激了许多人探险的欲望,"自博望侯开外国道以尊贵,其后从吏卒皆争上书言外国奇怪利害,求使。天子为其绝远,非人所乐往,听其言,予节,募吏民毋问所从来,为具备人众遣之,以广其道。来还不能毋侵盗币物,及使失指,天子为其习之,辄覆案致重罪,以激怒令赎,复求使。使端无穷,而轻犯法。其吏卒亦辄复盛推外国所有,言大者予节,言小者为副,故妄言无行之徒皆争效之。其使皆贫人子,私县官赍物,欲贱市以私其利外国"。汉朝使者在探索域外世界的同时,还试图对黄河的源头进行探索,"汉使穷河源,河源出于寘,其山多玉石,采来,天子案古图书,名河所出山曰昆仑云"③。虽然这种认识有误,但其探索精神则是很可贵的。

张骞出使还开启了中国与外部世界互动与认知的新时代。张骞出使西域之后,外国使者也纷纷来到汉朝,开展外交活动,从而极大地促进了彼此之间的互信与了解。张骞第二次出使返回时,乌孙也派遣数十名使者,携带数十匹马到汉朝答谢,"其后岁余,骞所遣使通大夏之属者皆颇与其人俱来,于是西北国始通于汉矣。然张骞凿空,其后使往者皆称博望侯,以为质于外国,外国由此信之"。汉朝派往帕提亚帝国的使节返回时,帕

---

① 石云涛:《早期中西交通与交流史稿》,学苑出版社 2004 年版,第 334—335 页。
② [美]费正清:《中国:传统与变迁》,张沛译,世界知识出版社 2002 年版,第 74 页。
③ 《史记》卷一二三《大宛列传》,第 10 册,第 3170—3173 页。

提亚帝国也派出使节随同来访,"观汉广大,以大鸟卵及黎轩善眩人献于汉。及宛西小国驩潜、大益,宛东姑师、扜罙、苏薤之属,皆随汉使献见天子。天子大悦"。此后,"西北外国使,更来更去"。这些频繁的外交活动都是双向进行的,通过互派使节,加深了彼此之间的了解,如乌孙来使,"因令窥汉,知其广大。……既见汉人众富厚,归报其国,其国乃益重汉"。而汉朝也了解到:"自大宛以西至安息,国虽颇异言,然大同俗,相知言。其人皆深眼,多须髯,善市贾,争分铢。俗贵女子,女子所言而丈夫乃决正。"① 这种互动与认知尽管还都比较粗浅,但都是在张骞"凿空"、丝绸之路开通之后带来的成果。

　　张骞出使与丝绸之路的开通,还促进了国际商贸活动的开展。正如有的学者所指出的那样:"尽管张骞的外交努力没有成功,但他的出使却产生了深远的影响,同时,张骞还带回了大量的具有商业价值的信息。……张骞在出使西域的过程中所获得的一些信息对打开丝绸之路和建立中国与西方的联系起到了关键作用,而丝绸之路作为一种商业通道连接了中国和罗马帝国的广大地区。"② 汉朝使节出使时,往往携带有大量金银丝帛及牛羊马匹,所到之处除了用于外交馈赠外,还于所在国开展贸易交换活动,"及至汉使,非出币帛不得食,不市畜不得骑用。……而汉多财物,故必市乃得所欲"。汉武帝非常喜欢大宛马,称为"天马","使壮士车令等持千金及金马以请宛王贰师城善马"。为了取得大宛马,汉武帝不惜发大军与其开战,最终迫使大宛"乃出其善马,令汉自择之。……汉军取其善马数十匹,中马以下牡牝三千余匹"。之后,"汉发使十余辈至宛西诸外国,求奇物"。由于汉朝派往大夏等地的外交使者兼贸易商队很多,以致"外国益厌汉币,不贵其物"③。

　　张骞出使与丝绸之路的开通,还带来了物种与技术的广泛交流与传播。葡萄和苜蓿传入中国就是张骞出使西域之后所带来的重要物种,"宛左右以蒲陶为酒,富人藏酒至万余石,久者数十岁不败。俗嗜酒,马嗜苜蓿。汉使取其实来,于是天子始种苜蓿、蒲陶肥饶地。及天马多,外国使

---

① 《史记》卷一二三《大宛列传》,第 10 册,第 3169—3173 页。
② [美]杰里·本特利、赫伯特·齐格勒:《新全球史》(第三版)上册,魏凤莲等译,北京大学出版社 2007 年版,第 307—308 页。
③ 《史记》卷一二三《大宛列传》,第 10 册,第 3171—3179 页。

来众,则离宫别观旁尽种蒲陶、苜蓿极望"。葡萄,旧称蒲陶或蒲桃,据说原产于西亚和埃及一带,西传希腊、罗马、高卢,东传大宛,再传至中国。苜蓿原生于伊朗波斯、高加索南部及大宛等地,后传入希腊、罗马,张骞通西域后,传入中国。此外,还有棉花、胡麻、核桃(胡桃)、胡瓜(黄瓜)、安石榴(石榴)、胡萝卜、胡荽(芫荽)、胡椒、胡蒜(大蒜)、胡豆(包括蚕豆、豌豆)、红蓝花、番红花、无花果等许多植物品种相继传入了中国。① 而丝绸、漆器和汉朝先进的铁器铸造技术则通过丝绸之路传播到中亚及其更远的广大地区,大宛以西,"其地皆无丝漆,不知铸铁器。及汉使亡卒降,教铸作他兵器。得汉黄白金,辄以为器,不用为币"②。物种与技术的交流与传播促进了世界范围内文明的发展与进步。

总之,张骞通西域对域外世界的探索,取得了极大的成就,他不但促进了中国与其他古典社会的联系与互动,而且扩大了汉代中国对世界认知的范围。从此,中国从一个相对封闭的东亚世界中走出来,开始面向更加广阔的世界。

第二节 从中国到罗马:班超对西域的经营与汉朝对世界认知范围的进一步扩大

在汉代进行大规模域外探索的过程中,对罗马帝国的了解与认识,代表了当时中国对世界认知的最高水平。汉帝国与罗马帝国分处丝绸之路的东西两端,遥相辉映,都发展出了极高的文明水平。在张骞通西域和丝绸之路正式开通之后,汉朝开始了大规模的域外探索活动;与此同时,罗马帝国也积极地向东方发展。这样,就在公元前后的一两个世纪中,随着汉朝中国人西去的脚步和罗马人东来的足迹,汉与罗马间的互动从无到有,彼此间的认识也从朦胧到逐渐清晰,从而把欧亚大陆甚至到遥远的北非和东非等广大地区连接在一起,在东半球的古典社会形成了一个巨大的世界性交往网络。

在张骞通西域归来后所作的报告中,谈到他所到达的地区和听说的大国中,还没有明确提到罗马帝国。但是,有的历史学家认为:"无论如

---

① [美]劳费尔:《中国伊朗编》,林筠因译,商务印书馆2001年版。
② 《史记》卷一二三《大宛列传》,第10册,第3173—3174页。

何,从公元前140年或120年起,中国人和西方人明显都互相有所了解了。"① 不过,汉朝对罗马的真正了解与认识,应该是在班超对西域所进行的经营过程中逐渐得到的。

西汉末东汉初,匈奴利用中原混乱之际,乘机扩大势力,重新控制了西域,再次成为汉帝国的威胁,丝绸之路也被迫中断。东汉光武帝建武二十四年(48年),匈奴分裂为南北两部;不久南匈奴奉表称臣,北匈奴则继续控制西域,与东汉王朝为敌。为了解除北匈奴的威胁、重开丝路,东汉王朝决定在对北匈奴进行军事打击的同时,重新恢复对西域的经营。从明帝永平十六年(73年)到和帝永元二年(90年)的17年间,东汉王朝对匈奴前后进行了多次战争。班超就是在这种形势下出使西域,开始了他长达31年经营西域的事业。

班超出使西域的使命,是联络西域各地的君长,脱离匈奴,亲附东汉。他先后降服了鄯善、于阗、莎车、车师、焉耆、疏勒、龟兹、尉犁、危须等,迫使西域50余国皆遣使纳质,内附于汉。东汉政府在西域设置都护及戊己校尉,镇抚西域。至此,丝绸之路重新开通。

班超出使西域时,还遣使结好乌孙、月氏等国。尤其是月氏,这时已经发生了很大变化。大月氏在征服巴克特里亚(大夏)以后,将其地分属五部"翕侯"。约在公元1世纪中叶,贵霜部翕侯丘就却(Kujula Kadphises),消灭了其他翕侯,统一了五部,建立起贵霜帝国(Kushan EmpIre)。到他的儿子阎膏珍(Vima Kadphises)继位后,帝国的版图进一步扩大。到迦腻色迦(Kanishka)统治时期(约公元1世纪末),贵霜帝国达到鼎盛,② 拥有人口上百万、战士20万人,疆域西起伊朗东境,东至恒河中游,北起锡尔河、葱岭,南至纳巴达河,成为一个纵贯中亚与南亚的庞大帝国,被认为是当时与汉朝、帕提亚(安息)与罗马并列的欧亚四大帝国。章帝建初九年(84年),班超派人出使贵霜,赠予大量锦帛;贵霜曾出兵助汉攻车师,"贡奉珍宝、符拔(羚羊一类的珍奇动物)、师(狮)子",并请求通婚,但遭到了班超的拒绝,因而引起了贵霜王的怨恨。永元二年(90年),贵霜遣其副王谢(Kshatrap)率领7万大军,越

---

① [法]安田朴:《中国文化西传欧洲史》,耿昇译,中华书局2000年版,第42页。
② [美]W. M. 麦高文:《中亚古国史》,章巽译,中华书局1958年版,第146页。

过葱岭进攻班超，结果受挫，"月氏由是大震，岁奉贡献"①。大约因为班超一直不知贵霜王名，仅以"月氏王"呼之。

班超对西域的经营，使丝绸之路全线畅通，有力地促进了东汉王朝与域外诸国间的互动与认知。"沿着丝绸之路，贸易和宗教一起把希腊—罗马艺术带来了。"② 永元六年（94年），就在班超大破焉耆、威服西域50余国纳质内附之后，"其条支、安息诸国至于海濒四万里外，皆重译贡献"。九年（97年），班超又派遣副使甘英出使大秦，最远到达安息西界，"穷临西海而还。皆前世所不至，《山经》所未详，莫不备其风土，传珍怪焉。于是远国蒙奇、兜勒皆来归服，遣使贡献"③。关于甘英西使所到达的西海，究竟是指波斯湾，还是地中海？学术界向来就有争议。

至于条支，学术界对其地理位置也多有争论，或说在地中海东岸，或说在古波斯湾头。据《后汉书·西域传》载："条支国城在山上，周回四十余里。临西海，海水曲环其南及东北，三面路绝，唯西北隅通陆道。土地暑湿，出师（狮）子、犀牛、封牛、孔雀、大雀。"有学者根据这段描述认为，与《史记》、《汉书》相比，其侧重点已不是"条枝国"本身，而是甘英西使所得"条枝国城"的情况了。因此他们认为此条枝国城，即曾为塞琉古帝国的都城安条克（Antioch，又译作安提阿）的缩译。塞琉古叙利亚王国已于公元前64年亡于罗马大将庞培之手，成为罗马帝国的一个行省，该城这时也已经成为罗马帝国叙利亚行省的首府了。④ 不过，正像亚历山大喜欢在他所征服的地区建立以他名字命名的70多座城市一样，塞琉古一世也曾以建造了9个塞琉西亚、16个安条克和6个老底嘉而闻名。虽然现在还无法最终认定条支的准确地理位置，但通过这段记载的描述可知，甘英对西使所到达的这个国家应该是有相当的了解的，他所带给当时人们有关这一遥远地区的知识和情报也远比西汉时期要更加准确、丰富与深入。

至于安息，也即帕提亚帝国，《汉书·西域传》称"其王治番兜城"，

---

① 《后汉书》卷四十七《班超传》，中华书局1965年版，第6册，第1579—1580页。
② ［法］勒内·格鲁塞：《草原帝国》，蓝琪译，商务印书馆1998年版，第79页。
③ 《后汉书》卷八十八《西域传》，第10册，第2910页。
④ 余太山：《条枝、黎轩和大秦》，见《塞种史研究》附录，第182—209页。

《后汉书·西域传》则称"安息国居和椟城"。关于番兜和和椟,中外史家大多根据其对音来释读,至今还无统一认识。一般认为就是安息早期都城,即希腊、罗马作家笔下的赫卡托普洛斯(Hekatompylos),意为"百门之城"①。安息曾于"章帝章和元年(87年),遣使献师(狮)子、符拔。符拔形似麟而无角"。永元十三年(101年),其王"满屈复献师(狮)子及条支大鸟,时谓之安息雀"②。条支大鸟即鸵鸟。满屈即帕提亚王帕科罗斯二世(Pacorus Ⅱ,约78—105年在位)。虽然有关汉朝与帕提亚帝国之间交往的记载不是很多,但双方间的商贸活动应该是非常频繁的。这主要是因为帕提亚地处中国与罗马两大强国之间,几乎控制了中西陆路交通在西亚的全部路线,通过丝路贸易能够获取巨大利润,所以它也就千方百计地应用各种手段来阻遏罗马与中国间的直接沟通,③ 据《后汉书·西域传》载:"其王(大秦)常欲通使于汉,而安息欲以缯彩与之交市,故遮阂不得自达。"甘英西使大秦时,至安息西界,抵条支,临大海欲渡,安息船人以大海之险相劝阻,甘英闻之乃止。

虽然中国与罗马帝国的直接交往受到安息人的重重阻隔,但中西之间的接触与了解很早就开始了。早在亚历山大东征之前,远在欧亚大陆两端的两大文明中心——希腊和中国就互有传闻。④ 希腊人称中国为"赛里斯"(Serce,或 Seres),意即丝国或丝国人,最早提到"赛里斯人"的是公元前4世纪的希腊作家克泰夏斯,到公元前1世纪左右,在希腊、罗马作家的笔下关于"赛里斯"的记载逐渐多了起来,像著名诗人维吉尔、霍拉赛、普罗佩赛、奥维德,地理学家斯特拉波、梅拉,哲学家赛内克,博物学家普林尼等人的相关记述中都提到了"赛里斯"⑤。尽管古典作家们关于它的具体地理位置说法不一,但位于遥远的东方且为产丝之国则成为他们的共识。甚至有一位罗马历史学家佛劳鲁斯(Florus)还记载,在罗马皇帝奥古斯都在位时(公元前27—公元14年,即西汉成帝河平二年

---

① [德]夏德:《大秦国全录》,朱杰勤译,大象出版社2009年版,第17页。
② 《后汉书》卷八十八《西域传》,第10册,第2918页。余太山认为章和元年献师(狮)子、符拔者为月氏,并非安息。参见氏著《两汉魏晋南北朝与西域关系史研究》上编《东汉与西域》,第92页。
③ 丘进:《中国与罗马——汉代中西关系研究》,黄山书社2008年版,第90—96页。
④ 杨巨平:《亚历山大的东征与丝绸之路的开通》,《历史研究》2007年第4期。
⑤ [法]戈岱司编:《希腊拉丁作家远东文献辑录》,耿昇译,中华书局1987年版。

至新莽天凤元年），在前来寻求友谊的各国使团中，就有来自赛里斯国的使者。① 不过，由于当时中国正处于西汉末年到王莽篡汉时期，朝廷尚且自顾不暇，不可能派遣外交使团到如此遥远的国度，加之此事在中国史籍中没有任何记载，所以学者们多认为此使节或许是到访罗马的中国商人或旅行者。

中国人也早已听说罗马的存在，法国学者戴仁（Jean-Pierre Drège）认为，至晚在"公元初年，中国人对远至罗马帝国的西方，已经有所认识。不过，他们所知道的一切，都是从使节和商人那里听来的"②。汉人称罗马帝国为"大秦"。据《后汉书·西域传》载："大秦国一名犂鞬，以在海西，亦云海西国。"犂鞬，《史记》作"黎轩"，《汉书》作"黎靬"、"骊靬"、"犂靬"。一般认为张骞西使所传闻的大国中应当有"黎轩"，但其是否就是指罗马帝国，历来就有争议，因为这毕竟只是一种道听途说，又经多方辗转，才被张骞所知，所以在他归来后对所见闻诸国的报告中，不但没有专门讲到黎轩，甚至连其具体方位都搞错了，认为是在安息北；而班固在《汉书·西域传》中说的"黎靬"，在乌弋山离国西，虽然方位大致相当，但亦没有对其进行具体介绍。又在同书《地理志》中提到张掖郡有"骊靬县"，在《张骞传》中也说："初置酒泉郡，以通西北国。因益发使抵安息、奄蔡、犂靬、条支、身毒国。"颜师古注曰："犂靬即大秦国也。张掖骊靬县盖取此国为名耳。骊、犂声相近，靬读与轩同。"据此还有学者认为地处河西走廊的骊靬县就是汉朝安置被俘的罗马军团余部之城，③ 对

---

① [英] 裕尔撰，[法] 考迪埃修订：《东域纪程录丛——古代中国闻见录》，张绪山译，中华书局2008年版，第14—15页。又见张星烺《中西交通史料汇编》，中华书局2003年版，第1册，第121页。
② [法] Jean-Pierre Drège：《丝绸之路——东方与西方的交流传奇》，吴岳添译，上海书店出版社1998年版，第24页。
③ [美] 德效骞：《古代中国的一座罗马人城市》，丘进译，《中外关系史译丛》第4辑，上海译文出版社1988年版，第364—373页。氏著认为：公元前53年，克拉苏率领的罗马军团在卡尔莱战役中惨败，克拉苏战死，几乎全军覆没，部分突围的罗马军团下落不明。公元前36年，汉朝将军陈汤发西域诸国兵，奔袭千里，攻破郅支城，擒杀郅支单于。在陈汤攻破郅支城时，俘虏了一支会布置"鱼鳞阵"的防卫部队，就属于罗马军团。随后，汉王朝设置骊靬城安置这些投降的罗马军团。美国学者费正清也认为，公元前42年汉朝军队再次越过帕米尔，深入前希腊粟特王国，在那里打了胜仗并俘虏回一些罗马士兵。参见[美]费正清《中国：传统与变迁》，张沛译，世界知识出版社2002年版，第75页。

此也有学者提出质疑。① 还有学者提出，骊靬为汉以来安置从埃及亚历山大里亚城移居而来的非洲侨民，当时在河西走廊一带有许多流寓中国的黑皮肤非洲人和罗马人。② 不过，"到了公元前 90 年左右，……罗马军团挥戈东进，一直挺进到当时尚不为人所知的陌生之地，也就是在同一时代，传统的中国突然间茅塞顿开，如梦方醒般地发现了西方的存在。事实上，考古学家们已经发现，在亚历山大征服和希腊化王国时代，希腊的影响就已经渗透到东方遥远的地方"③。张骞西使曾经到达过中亚希腊化国家大宛、大夏等地，他所听说的条枝和黎轩也都是重要的希腊化国家与地区，有可能他已经接触到希腊化文化，"所以张骞回到中国，随身带回了粟特往日希腊文化遗物"④，只不过当时对它们的认识还比较模糊而已。

就在公元 97 年班超派遣的副使甘英出使大秦受阻而返之后不久，据说罗马帝国的使团就于公元 100 年左右到达中国。据《后汉书·西域传》记载："于是远国蒙奇、兜勒皆来归服，遣使贡献。"⑤ 此事又在同书《和帝纪》中有载：永元十二年（100 年），"冬十一月，西域蒙奇、兜勒二国遣使内附，赐其王金印紫绶"⑥。有人认为蒙奇即 Macedonia，即马其顿的音译，在今希腊半岛，当时为罗马帝国的一个行省；兜勒为地中海东岸城市 Tyle（推罗）的音译，为罗马帝国东方行省的重要港口城市，在今黎巴嫩提尔城。⑦ 尽管学术界对于此事还有诸多疑问，⑧ 但是在公元 2 世纪希腊著名的地理学家托勒密的著作《地理志》中，转述了另一位地理学家推罗（Tyle）的马利努斯（Marinos）的话说，一位以经商为业的马

---

① 莫任南：《汉代有罗马人迁来河西吗——骊靬县的起源问题》，载《中外关系史论丛》第 3 辑，世界知识出版社 1991 年版，第 231—238 页。

② 林梅村：《西京新记——汉长安城所见中西文化交流》，载氏著《古道西风——考古新发现所见中西文化交流》，生活·读书·新知三联书店 2000 年版，第 169—193 页。

③ [法] 布尔努瓦：《丝绸之路》，耿昇译，山东画报出版社 2001 年版，第 24—25 页。

④ [英] G. F. 赫德逊：《欧洲与中国》，王遵仲、李申、张毅译，中华书局 1995 年版，第 36 页。

⑤ 《后汉书》卷八十八《西域传》，第 10 册，第 2910 页。

⑥ 《后汉书》卷四《和帝纪》，第 1 册，第 188 页。

⑦ 林梅村：《公元 100 年罗马商团的中国之行》，《中国社会科学》1991 年第 4 期。英译见 *Social Sciences in China*, No. 2, 1992. 该文后来又收入氏著《西域文明——考古、民族、语言和宗教新论》，东方出版社 1995 年版，第 11—32 页。

⑧ 参见张绪山《关于"公元 100 年罗马商团到达中国"问题的一点思考》，《世界历史》2004 年第 2 期。

其顿人马埃斯（Maes）又名蒂蒂亚诺斯（Titianos）曾记载从幼发拉底河到中亚石塔、再到赛里斯国（Seres，古希腊、罗马对中国的称呼）首都赛拉城（Sera）的路程；马埃斯本人虽然从未到达赛里斯国，但他曾派遣自己手下的一批人到过那里。① 这表明两个位于欧亚大陆东西两端的大帝国约在同时期都开始积极地探知对方。

此后，东汉王朝与罗马帝国之间的交往在史籍中的记载开始多了起来。如东汉安帝永宁元年（120年），大秦国幻人随掸国王雍由的使者来到中国，"能变化吐火，自支解，易牛马头，又善跳丸，数乃至千。自言我海西人，海西即大秦也。掸国西南通大秦"②。幻人，又称眩人，即杂技演员或魔术师，张骞出使西域之后，就有犁靬善眩人随安息使者献于汉的记载，当时安息与掸国都与大秦之间有密切的往来，所以才会有大秦幻人随两国使者来中国的事情。到桓帝延熹九年（166年），"大秦王安敦遣使自日南徼外献象牙、犀角、瑇瑁，始乃一通焉"③。这是中国文献中记载最早的两国之间的正式友好往来。此所谓安敦王，即罗马帝国安东尼王朝的国王Marcus Aurelius Antoninus（马克·奥里略·安东尼），于公元161年至180年在位，安敦即Antoninus的音译，现在多写作安东尼。不过，也有论者以为桓帝时来华的罗马使节或许也是商人假冒，其实并不是罗马国王所派遣。④ 还有学者甚至认为："公元166年踏上中国国土的人们被称作罗马人，其实他们可能既不是来自罗马，也非来自意大利，而是一个覆盖整个西方庞大帝国的臣民。"⑤ 不管如何，这次汉与罗马之间的交往仍然具有里程碑式的重要意义，受到中外学者的一致重视。

甘英西使虽然最终没有能够到达罗马帝国，但从马埃斯的手下和自称安敦王的使者的东来，却反映了从罗马到中国之间的陆路与海路交通都已经开辟。罗马这个位于遥远的西方世界的庞大帝国的信息，通过各种渠道源源不断地传入中国。在此之前，无论是西汉时期司马迁所撰的《史

---

① [法]戈岱司编：《希腊拉丁作家远东古文献辑录》，耿昇译，中华书局1987年版，第20—21页。
② 《后汉书》卷八十六《西南夷传》，第10册，第2851页。
③ 《后汉书》卷八十八《西域传》，第10册，第2920页。
④ 方豪：《中西交通史》上册，岳麓书社1987年版，第166页。
⑤ [法]让－诺埃尔·罗伯特：《从罗马到中国：恺撒大帝时代的丝绸之路》，马军、宋敏生译，广西师范大学出版社2005年版，第183页。

记》，还是比甘英西使仅仅早5年而去世的班固（32—92年）所写的《汉书》中都没有正式记载罗马帝国的情况，而从《后汉书·西域传》开始，在中国官方承认的正史中首次列有《大秦传》，介绍了罗马帝国的位置、都城建筑、宫室设施、政治制度、皇室礼仪、经济生活、商业贸易、服饰、物产、珍宝、风俗、道路以及从汉到罗马的交通、传说等内容，其详细程度超过了该传中的其他许多国家。虽然其中有些叙述似是而非、模糊不清，甚至还有想象、附会和误读之处，但它却表明汉代中国对世界的认知范围进一步扩大。

第三节　自合浦到已程不国：海上丝绸之路的开辟与汉朝对南海诸国的认知

两汉时期，除了张骞和班超通西域正式开辟了陆上丝绸之路外，中国与外部世界的联系还可以通过海上交通来实现，这就是从东南沿海出发，经南海、印度洋、阿拉伯海、红海、地中海而到达罗马的路线，这条路线习惯上被称为海上丝绸之路。

《汉书》卷二十八下《地理志》"粤地"条，具体记述了汉武帝以后船舶出海、汉使西行的路线，曰：

> 自合浦（今广西合浦）、徐闻（今广东徐闻）南入海，得大州（今海南岛），东西南北方千里，武帝元封元年（前110年），略以为儋耳、珠崖郡。……自日南（今越南广治）障塞、徐闻、合浦船行可五月，有都元国；又船行可四月，有邑卢没国；又船行可二十余日，有谌离国；步行可十余日，有夫甘都卢国。自夫甘都卢国船行可二月余，有黄支国，民俗略与珠崖相类。其州广大，户口多，多异物，自武帝以来皆献见。有译长，属黄门，与应募者俱入海市明珠、璧流离、奇石异物，赍黄金杂缯而往。所至国皆禀食为耦，蛮夷贾船，转送致之。亦利交易，剽杀人。又苦逢风波溺死，不者数年来还。大珠至围二寸以下。平帝元始中（1—5年），王莽辅政，欲耀威德，厚遗黄支王，令遣使献生犀牛。自黄支船行可八月，到皮宗；船行可（八）[二]月，到日南、象林（今越南会安）界云。黄支之

南，有已程不国，汉之译使自此还矣。①

这里涉及许多古地名，对这些地名的具体位置，学术界众说纷纭，中外学者曾不厌其烦地进行过许多考订，② 但因为航程与所记国名的对音，很难一一确考，所以至今尚无定论。下面试作一一叙述：

都元国，故地有苏门答腊、马来半岛和越南南部等诸说。日本学者藤田丰八认为即《通典》所载之"都昆"，其具体方位应在今苏门答腊的北岸，系 Kataha 一词的对音。许云樵的观点与此相类，认为都元即"都昆"，但其地在加里曼丹岛，也即杜黎美地理书上之 Satyrorumins 岛。章巽则认为，都元国在今苏门答腊岛西北部八昔河（Pasei）附近。岑仲勉认为在马来半岛东岸克老（Kra）地峡北之 Htayan（今属泰国）。沈福伟也认为，在克拉地峡尖喷（春蓬）附近，南去万伦湾不远，离横越马来半岛的东西水道很近。周连宽、张荣芳认为，都元国应在马来半岛中南部的著名商港北大年。张星烺也认为在今马来半岛沿岸。劳幹认为都元在菲

---

① 《汉书》卷二十八下《地理志》八下，中华书局 1962 年版，第 6 册，第 1670—1671 页。
② [法]费琅：《昆仑及南海古代航行考》，冯承钧译，2002 年版，第 56—57 页。[日]藤田丰八：《前汉时代西南海上交通之记录》，载氏著《中国南海古代交通丛考》，何健民译，商务印书馆 1936 年版，第 83—117 页。温雄飞：《南洋华侨通史》，上海东方印书馆 1929 年版。张星烺编著：《中西交通史料汇编》，中华书局 2003 年版，第 4 册，第 1853—1855 页。朱杰勤：《汉代中国与东南亚和南亚海上交通线初探》，载氏著《中外关系史论文集》，河南人民出版社 1984 年版，第 70—77 页。岑仲勉：《西汉对南洋的海路交通》、《南海昆仑与昆仑山最初译名及其附近诸国》，载氏著《中外史地考证》，中华书局 1962 年版，上册，第 89—107、115—150 页。劳幹：《论汉代之陆运与水运》，载《历史语言研究所集刊》，第 16 册，1948 年版，第 61—91 页。谭彼岸：《汉代与南海黄支国的交通》，《社会经济学报》1951 年第 2 期。沈福伟：《两汉三国时期的印度洋航业》，《文史》，中华书局 1986 年版，第 26 辑，第 35—56 页。苏继庼：《〈汉书·地理志〉已程不国即锡兰说》，韩槐准：《旧柔佛之研究》，许云樵：《古代南海航程中的地峡与地极》，载《南洋学报》第 5 卷第 2 辑，1948 年版。苏继庼：《黄支国究在南海何处？》，载《南洋学报》第 7 卷第 2 辑，1951 年。周连宽、张荣芳：《汉代我国与东南亚国家的海上交通和贸易关系》，《文史》，中华书局 1980 年版，第 9 辑，第 15—30 页。章巽：《我国古代的海上交通》，商务印书馆 1985 年版。程爱勤：《西汉时期南海中西航线之我见》，《社会科学战线》1994 年第 6 期。谢光：《都元国考》，《世界历史》1988 年第 6 期；后收入氏著《泰国与古代东南亚史地丛考》时改名为《汉书地理志都元国即碧武里考》，中国华侨出版社 1997 年版，第 36—59 页。蒋国学：《〈汉书·地理志〉中的都元国应在越南俄厄》，《东南亚研究》2006 年第 6 期。韩振华：《公元前 2 世纪至公元 1 世纪间中国与印度东南亚的海上交通——〈汉书·地理志〉粤地条末段考释》，《厦门大学学报》1957 年第 2 期，后收入氏著《中国与东南亚关系史研究》，广西人民出版社 1992 年版，第 1—52 页。

律宾境内。温飞雄认为,都元国为越南的沱瀼,系 Touran 的对音。朱杰勤亦持此说,认为沱瀼有一个海角,从海角就可以直入沱瀼,其地即现在的岘港。韩振华认为,都元的方位应在今越南南圻宾海地区。程爱勤亦赞同此说。蒋国学认为,都元国应在越南安江省话山县俄厄(Oc Eo)。谢光认为,都元即《旧唐书》的陀洹,也就是现在泰国的碧布里府地区。

邑卢没国,藤田丰八认为大约位于缅甸或东印度边,亦即唐朝史料中所称的拘蒌密国,也就是今缅甸直通(Thathong)附近。章巽认为,邑卢没在今缅甸南部勃固(Prgu)附近。张星烺认为邑卢没之"邑",似为"色"之误,而色卢没与科斯麻士之萨罗柏塔那(Salapatana)前三字音相近,为印度嘛啰拔(Malabor)沿岸商港之一。温飞雄认为邑卢没应为"吉蔑"(Khmer)一词的异译。劳幹认为邑卢没应在婆罗洲,即今天的加里曼丹岛。许云樵认为,邑卢没应位于暹罗(泰国)境内,尤其是它的东南滨海地区。岑仲勉认为,邑卢没应在苏门答腊某地。朱杰勤认为,邑卢没之故地应在"暹罗湾最大入口处 Rathari(今之叻丕)"。韩振华认为,邑卢没应在暹罗湾上附近于湄南河入海处求之。蒋爱勤亦持类似的观点。周连宽、张荣芳认为,邑卢没应在今爪哇的雅加达。沈福伟认为邑卢没是 7 世纪时婆露斯的古称,汉使登岸的具体地点应在巴鲁蒙河口班年(Pani),古称 Pannai。学术界多数认为其故地在缅甸的勃生(Bassein)、勃固(Pegu)至萨尔温江下游一带。①

谌离国,藤田丰八认为在今缅甸,即唐代贾耽所称之悉利城,位于伊洛瓦底江上游,即今天的 Sillah。章巽认为,谌离古音拟测为 djinlia,当即今缅甸伊洛瓦底江西边之一港,古名 Temala 之对音。岑仲勉认为,谌离国应在今缅甸仰光附近的沙廉(Syriam)。张星烺认为,即印度西海岸之夏离耶忒港(Shaliyat)。温飞雄认为,谌离国在马来半岛东岸,以音似之,或今之尊蓬(Champam)。劳幹认为,谌离也许应该位于加里曼丹岛。许云樵认为,谌离国应为梵文之 Sri 和暹罗文之 Cri 的对音,应在克拉地峡地区,即今天的丹那沙林(Tenasserin)。朱杰勤赞同此说,并作了进一步的补充,认为即梁代的"顿逊"(亦作"典孙")。蒋爱勤也持相同的观点,认为其具体方位应该定在从尖喷到万伦一带。周连宽、张荣芳认为,谌离应在爪哇岛中部的海港三宝垄。沈福伟认为,谌离国应在中南

---

① 陈佳荣、谢方、陆峻岭:《古代南海地名汇释》,中华书局 1986 年版,第 421 页。

半岛南端、向着安达曼海的塔库巴（Takupa）。韩振华认为，谌离国似为暹罗湾头之佛统。

夫甘都卢国，一般认为在今缅甸西南部一带，或以为即蒲甘（Pagan），古称 Pugandhara 的译音。法国学者费琅（Gabriel Ferrand）即持此观点，认为其地当为蒲甘（Pagan）古城，其遗址在今伊洛瓦底江（原作 Irrawaddy River，今作 Ayeyarwady River）东岸。藤田丰八的观点与此类似，认为夫甘都卢似系 Pagandhara，即唐代的室利察泹罗（Crikhettra）、宋代的蒲甘。苏继顷亦持类似的观点，认为夫甘都卢国与唐代的室利察泹罗均系缅甸语 Criksstra。岑仲勉、韩振华、章巽等亦赞同"蒲甘"说。张星烺认为夫甘都卢为印度地名，其原音或为 Bha Candra，但其地尚不可考。温雄飞认为，夫甘都卢国就是多里美地理书中所称的 Balongs，亦即玄奘《大唐西域记》中的"迦摩郎迦国"与《梁书》中的"狼牙修"。劳榦认为，夫甘都卢国应在加里曼丹岛上。韩槐准认为，夫甘都卢国在马来半岛东岸。谭彼岸认为，夫甘都卢应分为两个地名来研究，并称都卢国，位于马来半岛北部。朱杰勤亦赞同此说法，认为夫甘应为卑谬（Prome）。周连宽、张荣芳认为，夫甘都卢应在诃陵西南方海岸的某地。沈福伟认为，夫甘都卢（Pakchan Tulayu）的意思是都卢人的夫甘国，并称其应为帕克强的古译。

黄支国，费琅认为应在印度境内，当为 Kanci 之译音，其地即今日之 Canjervaram（康契普腊姆），在 Madras（今印度东海岸马德拉斯，1996 年改名为 Chennai，即金奈，但是旧称马德拉斯仍被广泛使用）西南，亦即玄奘《大唐西域记》之建志补罗（Kancipura）。目前学术界一般都倾向于赞同他的观点。

皮宗，费琅认为即 Pulaw Pisan 岛，华言甘蔗岛也，在今马来半岛西南沿岸。藤田丰八也持类似的观点，认为皮宗乃马来语中香蕉（Pusang）的对音，与以后的"比蒿"、"比宋"等均系同一地方，其方位在今马来半岛西岸的 Pulau Pisang。张星烺说，皮宗即印度斯河（Indus），希腊人称为肥孙河（Phison）。许云樵认为，皮宗应该是柔佛。韩振华认为，皮宗应在苏门答腊。朱杰勤认为，皮宗就是越南滨海的 Binson（平山）的对音。程爱勤认为，皮宗的方位应该在越南南圻的头顿群港或胡志明市一带。

已程不国，藤田丰八认为"已程"似 Kuta 之对音，"不"系 Pure 之对音,也即《新唐书》之"磨腊"(摩腊),贾耽之"没来",《大唐西域记》之"秣罗矩吒"(Malayakūta),位于印度极南之地。岑仲勉认为,已程不国在印度马达拉斯(Madras)西南,即Chingleput或Chengalper,属黄支管辖,即其海口。韩槐准认为,已程不国应是苏门答腊或爪哇岛上的一个国家。张星烺认为,已程不国即希腊人所称的依梯俄皮亚(Ethiopia,即埃塞俄比亚)之译音,位于东非。苏继顾认为,已程不国应该位于锡兰岛(即今斯里兰卡),为巴利语名Sihadipa之对音,意即狮子洲。朱杰勤、韩振华、沈福伟等都赞同此说。目前,此说已经成为学术界普遍接受的观点。

从《汉书·地理志》的这段记载来看,汉代自合浦、徐闻、日南起航到已程不国的海上交通路线已经开辟,但由于当时的造船技术和航海能力有限,不适宜在风浪巨大的深海航行,只能沿近海走走停停,甚至船行至马来半岛的克拉地峡时,还需舍舟登岸,向北陆行至今缅甸境内的夫甘都卢国,再沿海岸线西航,经孟加拉湾抵达印度东南部以及斯里兰卡一带,这是汉使到达的最远之地,然后采购得明珠、璧琉璃、奇石、异物等就折返了。

自从这条航路开辟以后,中国人便正式加入了中西间海上的交通和交流活动。中国的商船往来于南中国海和印度洋之间,将中国的丝绸、瓷器等货物运输到印度、斯里兰卡,再将印度、波斯、东非,甚至罗马的奇珍异宝运送回中国。沙特学者阿里·本·易卜拉欣·哈米德·阿班教授曾说:"一些史料表明海上丝路运抵印度的中国货物是由中国和印度船只运输的","中国人自公元前各时期以来航行在印度洋水域,他们的船只在中国港口和西印度港口之间进行远航。阿拉伯人也是如此,他们的船只从阿拉伯海湾和也门沿岸起航,前往西印度港口和印度南部沿岸,在那里同中国商人会合,从中国商人和印度商人那里获得中国和印度的商品,并向他们出售阿拉伯半岛出产的贵重商品,其中最贵重的商品有香料、铸铜、乳香、珍珠等"[①]。

当汉代中国人西行至印度和斯里兰卡一带时,罗马人也正在积极开辟东方海上交通航线,他们发现并利用季风,扬帆东行,到达印

[①] 转引自石云涛《早期中西交通与交流史稿》,学苑出版社2004年版,第235、240页。

度,"与安息、印度交市于海中"①,甚至远达缅甸,史称"掸国西南通大秦"②。约成书于公元1世纪末的佚名作者《厄立特里亚海航行记》,可能是一位定居在埃及贝雷尼塞(位于埃及的红海岸边)的希腊商人或海员所作,他是罗马帝国的公民,专门从事埃及和印度的海上贸易与航行,此书大概是航海日志或商业指南之类的记载。该书所说的"厄立特里亚海"包括今天的红海、阿拉伯海乃至印度洋。书中描述了四条航线:第一条顺着红海的非洲海岸航行直到卡尔达富角的南端;第二条路线从红海的阿拉伯海岸出发绕阿拉伯半岛直至波斯湾深处;第三条沿印度海岸航行;第四条路线不十分明确,大概因为作者也没有亲身探察过这条通向中国的路线。当时罗马商人从埃及出发,经过红海,绕过阿拉伯半岛,直奔尤岱蒙(亚丁)、卡内、西亚格罗(Syagros)角,最后抵达印度的穆萨港。③ 书中提到印度的一些地理情况时说:"在那些利穆利(Limurie)或北方人登陆的当地市场和港口中,最重要的是吉蔑(Kamara)、波杜克(Podoukê)、索巴特马(Sopatma)等著名市场,这几个地方互为毗邻。……那些驶往金洲或恒河河口的帆船,十分庞大,人称为'科兰迪亚'(Kolandia)。"又说:"经过印度东海岸之后,如果直向东驶,那么右边就是大洋。若再沿着以下地区前进,并让这些地区始终在自己左方,那就可以到达恒河及位于其附近的一片地区——金洲,这是沿途所经各地中最东部的地方。恒河是印度所有江河中最大的一条,其潮汐涨落的情况与尼罗河相同。恒河之滨也有一个同样称为'恒伽'的市场。香叶、恒河甘松茅、固着丝以及号称恒河麻布的优良麻织品等,都在那里转口。……河口附近有一海岛,这是东部一带有人居住地区的边际,正当旭日升起的地方,名叫金洲。……经过这一地区之后,就已经到达了最北部地区,大海流到一个可能属于赛里斯国的地区,这一地区有一座很大的内陆城市叫秦尼(Thinai)。那里的棉花、丝线和被称为 Sêrikon(意为丝国的)纺织品被商队陆行经大夏运至婆卢头羯车(Baryg aza),或通过恒河而运至穆利。要进入该国(赛里斯国)并非易事,从那里

---

① 《后汉书》卷八十八《西域·大秦国传》,中华书局 1965 年版,第 10 册,第 2919 页。
② 《后汉书》卷八十六《西南夷传》,第 10 册,第 2851 页。
③ [法]让—诺埃尔·罗伯特:《从罗马到中国——恺撒大帝时代的丝绸之路》第七章《越海之路》,马军、宋敏生译,广西师范大学出版社 2005 年版,第 165—169 页。

来的人也极为稀少罕见。"① 所谓秦尼（Thinai），本自印度人对中国的称谓"秦"（Cina）。在《摩诃婆罗多》、《罗摩衍那》、《摩奴法典》等各种各样的古代印度作品中，提到中国人，都称作"Cina"（China）。② 在距离 Canjervaram（康契普腊姆）不远的沿海城市附近阿里卡梅杜（Arikamedu）发现了罗马时代的海港遗址，出土了古希腊、罗马的陶器、玻璃器和钱币等，也发现了来自印度中部或南部各地的香料、宝石、珍珠等，还发现有中国的瓷器，据说这就是希腊、罗马作家笔下的印度东海岸著名商港波杜克（Podoude），可能也就是《汉书·地理志》中提到的"黄支国"的范围之内的某港口城市。这里早在公元前第 1 千年后期已形成商埠，而从公元前 1 世纪后半叶罗马皇帝奥古斯都（公元前 27—14 年在位）时代起到公元 2 世纪末，成为印度与罗马海上贸易的重要中心。③

  2 世纪，希腊著名地理学家托勒密（约 90—168 年）在《地理志》中，保存了推罗（Tyle）的马利努斯（Marinos）的一份记载，他根据一位名叫亚历山大的罗马人从孟加拉湾绕过马来半岛到达了一个叫卡蒂加拉（Kattigara）地方的经历以及其他一些旅行商人和航海家的报告，描述了印度、金洲和卡蒂加拉的情况："马利努斯没有报道过从金洲到卡蒂加拉之间的节数，但他说亚历山大曾记载过，从金洲国开始，整个陆地都面向南方；沿着此地航行，在二十天内即到达扎拜城（Zabai）；然后再从扎拜城向南稍偏左航行'若干天'，即可到达卡蒂加拉。"又说："我们从航海家们那里也搜集到了关于印度及其所属各省以及该地内部直至金洲，再由金洲直至卡蒂加拉的其他详细情况。据他们介绍说，为了前往该地，必须

---

  ① ［法］戈岱司编：《希腊拉丁作家远东古文献辑录》，耿昇译，中华书局 1987 年版，第 17—18 页。

  ② ［印度］Haraprasad Ray 著：《从中国至印度的南方丝绸之路——一篇来自印度的探讨》，江玉祥译，曾媛媛校，载段渝主编《南方丝绸之路研究论集》，巴蜀书社 2008 年版，第 476—490 页。

  ③ 林梅村：《中国与罗马的海上交通》，载氏著《汉唐西域与中国文明》，文物出版社 1998 年版，第 307—321 页。印度学者 R. 塔帕尔也说：阿利卡米杜（即阿里卡梅杜）即古希腊地理书《厄立特里亚海航行记》中提到的波杜克，这是一个相当规模的罗马人居住地、贸易站和港口，"阿利卡米杜超出了作为在去马来亚和中国航路上的一个港口的作用，因为，不仅印度的货物送来此地并由此装船运出，而且某些商品，例如平纹细布，大概是按罗马人的口味和规格，在阿利卡米杜生产，然后用船运回罗马的。从罗马的陶器、珠子、玻璃以及赤陶的类型判断，可以看出罗马人是在公元前 1 世纪到公元 2 世纪初，使用着阿利卡米杜"。参见［印度］R. 塔帕尔《印度古代文明》，林太译，浙江人民出版社 1990 年版，第 113 页。

向东航行；从该处返航，须向西驶。另外，人们还认识到全航程的时间是经常变化的、无规律的。他们声称赛里斯国及其首都位于秦奈以北，……这些人进一步补充说，从秦奈首都到卡蒂加拉港口的路是向西南方走的。"① 据考证，卡蒂加拉即汉文史料中的交趾，位于红河入海口附近，今河内城郊。扎拜则为占婆（Champa）之音转，位于今柬埔寨西岸的贡布（Kampot）附近。金洲（Khrysē 或 Chrysē）的确切位置难以确定，大约在缅甸、马来半岛或苏门答腊岛范围之内。② 在今越南西海岸发掘的古港奥埃奥（Oc Eu）废墟中，曾发现有罗马安东尼时期的钱币。③ 至此，罗马航海家们的旅行已经到达了汉代中国南方的交趾一带。所以魏晋间人鱼豢在《魏略》"大秦国"条中说："大秦道既从海北陆通，又循海而南，与交趾七郡外夷比，又有水道通益州、永昌，故永昌出异物。前世但论有水道，不知有陆道。……自葱岭西，此国最大。"④ 所谓前人但知有水道，就是因为汉与罗马之间的交通最早是由罗马人经过海道走通的。

由此可见，从中国出发，经南海进入印度洋，到达印度、斯里兰卡，再经阿拉伯海，绕过阿拉伯半岛，进入红海，到达埃及，最后经地中海到达罗马的这条海上丝绸之路，早在两汉时代就已经开辟。东汉安帝永平元年（120 年）随掸国使节来华的大秦国幻人，就是先循海路到达孟加拉湾东岸，然后由滇缅路进入中国的；桓帝延熹九年（166 年）自称为大秦王安敦的使者，则是从海上取道安南到达中国的。这些事例都表明两汉时期海上丝绸之路已经开辟，从而极大地拓展了汉代中国的海外地理范围及其知识。

---

① [法] 戈岱司编：《希腊拉丁作家远东古文献辑录》，耿昇译，中华书局 1987 年版，第 27—30 页。
② 张绪山：《罗马帝国沿海路向东方的探索》，《史学月刊》2001 年第 1 期。
③ [英] 理查德·温斯泰德：《马来亚史》，姚梓良译，商务印书馆 1974 年版，上册，第 34 页。
④ 《三国志》卷三十《魏书·乌丸鲜卑东夷传》注引，中华书局 1982 年版，第 3 册，第 861—862 页。

第四节　中国与外国：汉朝认知世界的新视角

由于张骞通西域和班超对西域的进一步经营，促使汉代掀起了对域外世界进行大规模探索的高潮，从而极大地促进了中国与其他文明之间的互动与了解。随着汉朝对世界认知范围的不断扩大，也带来了对世界认知观念的新变化，这就是在传统的"中国"与"四夷"观之外，又出现了"敌国"、"外国"与"西域"等观察世界的新视角。

"中国"一词很早就出现了，在先秦时期（主要是战国）的文献中就已经比较常见，其含义有多种多样，其中有指为国境之内、诸夏之领域、中央之国之意，后来各朝代竞相共称中国，不过是其滥觞而已。[①] 传统"中国观"是与"华夷观"紧密联系在一起的，这种观念认为"华夏"居天下之中，故为"中国"，由此古人还构筑起了一个从黄帝到夏、商、周和春秋战国时期的"诸夏"都称作"中国"的正统观念；而蛮、夷、戎、狄居四方边疆，是为外族。这种观念虽然也强调"诸夏"与"夷狄"之内外有别，如《春秋公羊传·成公十五年》所说的"内诸夏而外夷狄"，但由"诸夏"与"夷狄"共同组成的天下世界则是那时人们的普遍认识。

秦汉时期是大一统的王朝，自然也是"中国"。在对待周边民族时，则沿袭旧称，是为"外夷"，或"四夷"。传统"天下观"仍然是汉朝人认识世界的基本思路，尤其是在张骞通西域之前，汉朝人心目中的世界仍然是由"中国"和"四夷"组成的"天下"，在《史记·陆贾传》中提到了"天下"、"中国"与"蛮夷"等一系列概念，可以帮助我们更好地理解汉朝人的这种天下世界观。首先该传说陆贾"以客从高祖定天下"，此"天下"是包括"中国"与周边"四夷"在内的"天下"；接着说"高祖时，中国初定"，陆贾受命出使南越国，赐其王尉他（又作尉佗）

[①] 参见中国台湾学者王尔敏《"中国"名称溯源及其近代诠释》，载氏著《中国近代思想史论》，社会科学文献出版社 2003 年版，第 370—400 页。文中考察了先秦时期的 53 种载籍，其中出现"中国"一词的有 25 种，共计 178 次，归纳其含义约有五种：一为京师之意，二为国境之内之意，三为诸夏之领域之意，四为中等之国之意，五为中央之国之意。其中尤以第三种诸夏之领域之意占绝大多数，凡 145 次，占全部数量的 83%。另外，还有学者认为"中国"一词还有一些其他含义，其概念在战国时期就大致定型了。可参见张其贤《"中国"观念与"华夷"之辨的历史探讨》，台湾大学博士学位论文，2009 年。

南越王印,并劝其归顺曰:"足下中国人,亲戚昆弟坟在真定。今足下反天性,弃冠带,欲以区区之越与天子抗衡为敌国,祸且及身矣。"尉他闻言,谢陆贾曰:"居蛮夷中久,殊失礼义。"陆贾又说:"皇帝起丰沛,讨暴秦,诛强楚,为天下兴利除害,继五帝三王之业,统理中国。中国之人以亿计,地方万里,居天下之膏腴,人众车舆,万物殷富,政由一家,自天地剖泮未始有也。今王众不过数十万,皆蛮夷,崎岖山海间,譬若汉一郡,王何乃比于汉!"尉他大笑曰:"吾不起中国,故王此。使我居中国,何渠不若汉?"由于陆贾的出色表现,受到尉他的大加赞赏,尉他接受了汉朝封赐的南越王印,并促使他上表称臣,表示愿意接受汉朝的册封。① 此处多次提到"中国",都是指汉王朝统治下的广大区域,而南越国则似乎不在中国之内,是为"蛮夷"。所谓中国"居天下之膏腴",正是为了突出汉朝作为"中国"的中心地位,以与南越的"蛮夷"地位相对应。在班固《汉书·叙传下》中甚至将南越当作"外夷",说:"西南外夷,种别域殊。南越尉佗,自王番禺。"② 由此可见,无论是"中国",还是"蛮夷",其实都是"天下"的组成部分。在这种天下世界格局中,"中国"与周边诸民族之间的交往,是以一种独特的"国际关系"而存在的。"中国的周边诸国多被中国王朝授予爵位、官号等,形式上是中国王朝的臣下。这种国际性的君臣关系被称为册封关系,以册封关系为基轴而成立的国际体制被称为册封体制。"③ 这种册封体制成为制约东亚世界的国际体制。

不过,汉初的这种天下世界格局,也有例外,那就是陆贾所说的与"中国"天子相抗衡的"敌国"(地位或势力相等的国家)的存在,正如著名美籍华裔学者杨联陞先生所说的那样,在历史上,中国并不总是以一种居高临下的姿态来对待周边民族的,而是有许多时期,中国在政治上、军事上对待邻近民族如平等之敌国,譬如汉与匈奴。④ 汉初,周边诸民族

---

① 《史记》卷九十七《陆贾传》,第 8 册,第 2697—2698 页。
② 《汉书》卷一百下《叙传下》,第 12 册,第 4268 页。
③ [日] 金子修一:《中国皇帝和周边诸国的秩序》,载 [日] 沟口雄三、小岛毅主编《中国的思维世界》,孙歌等译,江苏人民出版社 2006 年版,第 441—465 页。
④ [美] 杨联陞:《从历史看中国的世界秩序》,载氏著《国史探微》,新星出版社 2005 年版,第 1—13 页。原题为:"Historical Notes on the Chinese World Order",收于 John K. Fairbank ed. *The Chinese World Order*, Cambridge Mass, Harvard University Press, 1968, pp. 20—33. 由邢义田译出。

中势力最为强大的是匈奴。见诸记载的匈奴第一代首领为头曼单于（？—前209年），约与秦始皇在位时间差不多。① 头曼其义为"一万"或"无数"，常被用为个人或部落的名字。他的称号是"撑犁孤塗单于"，义为"天之骄子"，和中国皇帝之称"天子"极相似。② 冒顿单于在位时，乘楚汉相争之机，东破东胡，西攻月氏，北征丁零、坚昆等部（约在今蒙古至西伯利亚一带），南灭楼烦、白羊（约在今内蒙古南部），重新占领了河套地区，控制了北部、东北部和西北部的广大地区，控弦三十余万，"而南与中国为敌国"。汉六年（公元前201年），冒顿单于发兵围攻马邑（今山西朔州），韩王信投降，次年又攻晋阳（今山西太原），汉高祖闻讯，亲率30万大军迎战，被匈奴围困于平城白登山（今山西大同东南），达七天七夜。后来用陈平计，向单于阏氏行贿，才得脱险，这就是历史上著名的"白登之围"（又名"平城之围"）。白登之围后，汉朝为了维持边境的和平，汉高祖采纳了娄敬的"和亲"建议，双方约为兄弟之国，汉室把公主嫁给单于，此外还要每年送给匈奴大批丝绸、粮食、酒等，名义上是经济援助，事实上就是朝贡。文帝时，汉匈双方曾多次互致国书，文帝的国书通常是以"皇帝敬问匈奴大单于无恙"开头。单于的回书则以"天所立匈奴大单于敬问皇帝无恙"或"天地所生、日月所置匈奴大单于，敬问汉皇帝无恙"开头。双方在国书中都强调"二主之约"、"兄弟之亲"，从其内容和形式来看，汉匈双方是处于平等和对等地位的。老上单于即位后，文帝用长一尺一寸的牍写了一份国书，单于则用比汉更长的一尺二寸的牍和更大的印封回书，显示出匈奴的自大傲慢态度，但双方关系基本上还是处于平等地位的。后元二年（公元前162年），文帝又致书老上单于，除了惯用的问候语之外，国书中还说："二国已和亲，两主欢说（悦），寝兵休卒养马，世世昌乐，阖然更始。……朕与单于俱由此道，顺天恤民，世世相传，施之无穷，天下莫不咸便。汉与匈奴邻国之敌，……今天下大安，万民熙熙，朕与单于为之父母。……

---

① 陈序经：《匈奴史稿》，中国人民大学出版社2007年版，第174页。
② ［美］拉铁摩尔：《中国的亚洲内陆边疆》，唐晓峰译，江苏人民出版社2010年版，第309页。据《汉书》卷九十四上《匈奴传》上曰："单于姓挛鞮氏，其国称之曰'撑犁孤塗单于'。匈奴谓天为'撑犁'，谓子为'孤塗'，单于者，广大之貌也，言其象天单于然也。"第11册，第3725页。

使两国之民若一家子。"① 在这份国书中，文帝反复强调汉匈为"两国"、"两主"、"兄弟"、"敌国"的对等地位，而且"天下"也是由"两主"共治、同为万民之父母的格局，所以要达成"天下大安"的局面，首先是要巩固双方的"和亲"关系和"兄弟之欢"。

这种状态到汉武帝时开始被打破了。武帝曾几次派军队大举反击匈奴，取得了决定性的胜利。结果，匈奴的力量大为削弱，已无力继续与汉抗衡，"是后匈奴远循，而幕（漠）南无王庭"②。尽管如此，匈奴还试图保持与汉朝的"敌国"状态。元封元年（公元前110年），汉武帝派遣使者郭吉出使匈奴，敦促单于臣服于汉朝。单于大怒，扣留了汉使。元封四年（公元前107年），匈奴提出和亲。汉朝的大臣们认为匈奴已经衰弱，可以乘机让其臣服，于是派遣杨信出使匈奴。杨信见到单于后说："即欲和亲，以单于太子为质于汉。"单于则对杨信说："非故约。故约，汉常遣翁主，给缯絮食物有品，以和亲，而匈奴亦不扰边。今乃欲反古，令吾太子为质，无几矣。"③ 由此可见，匈奴虽然处于劣势，已失去以往盛气凌人之势，但仍然要求双方平等对待。这样，汉朝要求匈奴臣服，匈奴要求双方平等，所以很难达成议和。征和三年（公元前90年），贰师将军李广利兵败降匈奴，单于气焰重新嚣张，第二年致书汉朝说："南有大汉，北有强胡。胡者，天之骄子也，不为小礼以自烦。今欲与汉闿大关，取汉女为妻，岁给遗我蘖酒万石，稷米五千斛，杂缯万匹，它如故约，则边不相盗矣。"④ 汉武帝虽然拒绝了这一要求，但也对匈奴无可奈何。这种局面一直维持到昭帝时出现转机，匈奴发生了五单于争立事件，接着分裂为南北两部。宣帝甘露三年（公元前51年），南匈奴呼韩邪单于降汉来朝，有的大臣提出，根据"先诸夏而后夷狄"的原则，应该待以臣礼；太傅萧望之则独排众议，认为匈奴单于虽非"正朔所加"，但称"敌国"，"宜待以不臣之礼"而羁縻之。宣帝采纳了他的建议，"待以客礼"，称藩臣而不名。⑤ 北匈奴郅支单于则被迫西迁，后被汉西域都护甘延寿和副校尉陈汤所杀。呼韩邪单于在汉朝的帮助下，重新统一了匈奴。

---

① 《史记》卷一一〇《匈奴列传》，第9册，第2889—2903页。
② 《汉书》卷九十四上《匈奴传上》，第11册，第3770页。
③ 《史记》卷一一〇《匈奴列传》，第9册，第2913页。
④ 《汉书》卷九十四上《匈奴传上》，第11册，第3780页。
⑤ 《汉书》卷七十八《萧望之传》，第10册，第3282页。

新莽时期，匈奴再次和中国敌对，东汉初又屡次入侵中国北部边境。光武帝建武二十四年（48年），匈奴因内讧再次分裂为南北二支，南匈奴内附于汉，北匈奴则继续与汉敌对。东汉王朝经过多次战争，击溃了北匈奴，迫使其主力西迁，最终解除了匈奴对中国北部边界的威胁。定居在长城沿线的南匈奴在加速汉化的过程中，也最终被纳入了华夷秩序之下的册封朝贡体制。

张骞通西域和班超对西域的经营就是发生在汉朝对匈奴展开全面反击的大背景之下的。张骞通西域带回了许多前所未知的地区和国家的信息，极大地激发了汉朝人对域外世界进行大规模探索的热情，扩展了汉朝人认知世界的视野，从而引起了中国人对世界认知观念的新变化，这就是在传统的"中国"和"四夷"观之外，出现了"外国"的新观念。司马迁在《史记》中，立有《大宛列传》，是中国最早记载边疆和域外地理的专篇，其内容主要是根据张骞出使西域归来后的汇报写成的。张骞西使到达的第一个国家就是大宛（今中亚乌兹别克斯坦的费尔干纳盆地一带），在此之前，汉朝对大宛的情况似乎一无所知，司马迁就说："大宛之迹，见自张骞。"张骞第一次出使时，曾以大宛为活动中心，所以他在汇报各地的位置与距离时，也大都以大宛为准，故用大宛为篇名。但其所记内容并不仅仅局限于大宛，而是涉及乌孙、康居、奄蔡、大月氏、安息、条枝、大夏、身毒等中亚、南亚、西亚等国家和地区，叙述了这些地区的地理和历史情况，包括位置、距离、四邻、农牧业、物产、人口、兵力与城邑等内容，言简意赅。从中不仅可以看出丝绸之路开辟之艰辛历程，并且反映了汉朝域外地理知识与认知视野的不断扩大。尤其值得注意的是他在叙述诸国情况时，多次使用了"外国"的概念。为了方便与《汉书》相比较，用数字标识如下：

  1. 条枝在安息西数千里，临西海。……人众甚多，往往有小君长，而安息役属之，以为外国。

  2. 乌孙使既见汉人众富厚，归报其国，其国乃益重汉。其后岁余，骞所遣使通大夏之属者皆颇与其人俱来，于是西北国始通于汉矣。然张骞凿空，其后使往者皆称博望侯，以为质于外国，外国由此信之。

  3. 汉始筑令居以西，初置酒泉郡以通西北国。因益发使抵安息、奄蔡、黎轩、条枝、身毒国。而天子好宛马，使者相望于道。诸使外国一辈大者数百，少者百余人，人所赍操大放博望侯时。

4. 北道酒泉抵大夏，使者既多，而外国益厌汉币，不贵其物。

5. 自博望侯开外国道以尊贵，其后从吏卒皆争上书言外国奇怪利害，求使。……其吏卒亦辄复盛推外国所有，言大者予节，言小者为副，故妄言无行之徒皆争效之。其使皆贫人，私县官赍物，欲贱市以私其利外国。外国亦厌汉使人人有言轻重，度汉兵远不能至，而禁其食物以苦汉使。汉使乏绝积怨，至相攻击。而楼兰、姑师小国耳，当空道，攻劫汉使王恢等尤甚。而匈奴奇兵时时遮击使西国者。使者争遍言外国灾害，皆有城邑，兵弱易击。于是天子以故遣从骠侯破奴将属国骑及郡兵数万，至匈河水，欲以击胡，胡皆去。其明年，击姑师，破奴与轻骑七百余先至，虏楼兰王，遂破姑师。因举兵威以困乌孙、大宛之属。还，封破奴为浞野侯。王恢数使，为楼兰所苦，言天子，天子发兵令恢佐破奴击破之，封恢为浩侯。于是酒泉列亭鄣至玉门矣。

6. 是时上方数巡狩海上，乃悉从外国客，大都多人则过之，散财帛以赏赐，厚具以饶给之，以览示汉富厚焉。于是大觳抵，出奇戏诸怪物，多聚观者，行赏赐，酒池肉林，令外国客遍观仓库府藏之积，见汉之广大，倾骇之。

7. 西北外国使，更来更去。宛以西，皆自以远，尚骄恣晏然，未可诎以礼羁縻而使也。

8. 自乌孙以西至安息，以近匈奴，匈奴困月氏也，匈奴使持单于一信，则国国传送食，不敢留苦；及至汉使，非出币帛不得食，不市畜不得骑用。所以然者，远汉，而汉多财物，故必市乃得所欲，然以畏匈奴于汉使焉。宛左右以蒲陶为酒，富人藏酒至万余石，久者数十岁不败。俗嗜酒，马嗜苜蓿。汉使取其实来，于是天子始种苜蓿、蒲陶肥饶地。及天马多，外国使来众，则离宫别观旁尽种蒲萄、苜蓿极望。自大宛以西至安息，国虽颇异言，然大同俗，相知言。其人皆深眼，多须髯，善市贾，争分铢。俗贵女子，女子所言而丈夫乃决正。其地皆无丝漆，不知铸钱器。及汉使亡卒降，教铸作他兵器。得汉黄白金，辄以为器，不用为币。

9. 其夏，汉亡浞野之兵二万余于匈奴。公卿及议者皆愿罢击宛军，专力攻胡。天子已业诛宛，宛小国而不能下，则大夏之属轻汉，而宛善马绝不来，乌孙、仑头易苦汉使矣，为外国笑。

10. 而汉发使十余辈至宛西诸外国，求奇物，因风览以伐宛之威德。而敦煌置酒泉都尉；西至盐水，往往有亭。而仑头有田卒数百人，因置使者护田积粟，以给使外国者。①

以上10条史料，除了第1条讲的是安息以条枝为"外国"外，其他9条都是以张骞通西域之后所了解到的西北诸国为"外国"。其实就是第一条所讲的安息与条枝，对汉朝来讲也是"外国"。从这个意义上来讲，《史记·大宛列传》应该是中国史籍中的第一部"外国传"。这些"外国"显然是指汉朝以及周边四夷之外的国家，由此可见汉朝人对世界的认知已经发生了重大变化。

班固著《汉书》虽然将《大宛列传》改为《西域传》，但他在记载乌孙、康居等西域诸国时基本上沿用了《史记》的说法，也是将西域诸国当作"外国"来看待的。在《史记·大宛列传》中有关"外国"的10条史料，分见于《汉书》之《西域传》和《张骞李广利传》。其中《西域传》有3条：

1. 汉兴至于孝武，事征四夷，广威德，而张骞始开西域之迹。其后骠骑将军击破匈奴右地，降浑邪、休屠王，遂空其地，始筑令居以西，初置酒泉郡，后稍发徙民充实之，分置武威、张掖、敦煌，列四郡，据两关焉。自贰师将军伐大宛之后，西域震惧，多遣使来贡献。汉使西域者益得职。于是自敦煌西至盐泽，往往起亭，而轮台、渠犁皆有田卒数百人，置使者校尉领护，以给使外国者。

2. （从乌弋山离国）行可百余日，乃至条支。国临西海，……人众甚多，往往有小君长，安息役属之，以为外国。

3. 又发（数）[使]十余辈，抵宛西诸国求（其）[奇]物，因风谕以（代）[伐]宛之威。宛王蝉封与汉约，岁献天马二匹。汉使采蒲陶、目宿种归。天子以天马多，又外国使来众，益种蒲陶、目宿离宫馆旁，极望焉。

---

① 《史记》卷一二三《大宛列传》，第10册，第3157—3180页。

第二章 从"天下"到"世界":汉代中国对世界的探索与认知　　57

从以上3条史料可以看出,第1条是综合了《史记·大宛列传》的第3、10条,第2条则与第1条相同,第3条是改编自第8条。

《张骞、李广利传》有5条:

　　1. 天子数问骞大夏之属。……拜骞为中郎将,将三百人,马各二匹,牛、羊以万数,赍金币帛直数千巨万,多持节副使,道可便遣之旁国。骞既至乌孙,致赐谕指,未能得其决。语在《西域传》。骞即分遣副使使大宛、康居、月氏、大夏。乌孙发译道送骞,与乌孙使数十人,马数十匹,报谢,因令窥汉,知其广大。

　　骞还,拜为大行。岁余,骞卒。后岁余,其所遣副使通大夏之属者皆颇与其人俱来,于是西北国始通于汉矣。然骞凿空,诸后使往者皆称博望侯,以为质于外国,外国由是信之。

　　2. 自(张)骞开外国道以尊贵,其吏士争上书言外国奇怪利害,求使。……其吏卒亦辄复盛推外国所有,言大者予节,言小者为副,故妄言无行之徒皆争相效。其使皆私县官赍物,欲贱市以私其利。外国亦厌汉使人人有言轻重,度汉兵远,不能至,而禁其食物,以苦汉使。汉使乏绝,责怨,至相攻击。楼兰、姑师小国,当空道,攻劫汉使王恢等尤甚。而匈奴奇兵又时时遮击之。使者争言外国利害,皆有城邑,兵弱易击。于是天子遣从票侯破奴将属国骑及郡兵数万以击胡,胡皆去。明年,击破姑师,虏楼兰王。酒泉列亭障至玉门矣。

　　3. 是时,上方数巡狩海上,乃悉从外国客,大都多人则过之,散财帛赏赐,厚具饶给之,以览视汉富厚焉。大角氐,出奇戏诸怪物,多聚观者,行赏赐,酒池肉林,令外国客遍观各仓库府臧之积,欲以见汉广大,倾骇之。

　　4. 而外国使更来更去。大宛以西皆自恃远,尚骄恣,未可诎以礼羁縻而使也。

　　5. 其夏,汉亡浞野之兵二万余于匈奴,公卿议者皆愿罢宛军,专力攻胡。天子业出兵诛宛,宛小国而不能下,则大夏之属渐轻汉,而宛善马绝不来,乌孙、轮台易苦汉使,为外国笑。

以上5条史料,前4条见《张骞传》,后1条见《李广利传》。其中第1

条与《史记·大宛列传》的第2条同,第2条与第5条同,第3条与第6条同,第4条与第7条同,第5条与第9条同。

此外,《西域传》中还有5条不见于《大宛列传》:

1. (西域)都护督察乌孙、康居诸外国动静,有变以闻。

2. (昭帝)元凤四年(公元前77年),大将军霍光白遣平乐监傅介子往刺其王。介子轻将勇敢士,赍金币,扬言以赐外国为名。

3. (宣帝)元康二年(公元前64年),……天子自临平乐观,会匈奴使者、外国君长大角抵,设乐而遣之。

4. 初,贰师将军李广利击大宛,还过扜弥,扜弥遣太子赖丹为质于龟兹。广利责龟兹曰:"外国皆臣属于汉,龟兹何以得受扜弥质?"

5. 元康元年(公元前65年),(龟兹)遂来朝贺。王及夫人皆赐印绶。夫人号称公主,赐以车骑旗鼓,歌吹数十人,绮绣杂缯琦珍凡数千万。留且一年,厚赠送之。后数来朝贺,乐汉衣服制度,归其国,治宫室,作檄道周卫,出入传呼,撞钟鼓,如汉家仪。外国胡人皆曰:"驴非驴,马非马,若龟兹王,所谓骡也。"

在这5条史料中,除了第4条所述内容发生在司马迁生前之外,其余4条都发生在司马迁身后,[①] 所以不可能出现在《大宛列传》中。但由此可以看出,从司马迁开始使用"外国"的概念,不仅为后来的班固所完全接受,并且得到延续。这也说明《西域传》也相当于一部"外国传"。

"西域"是汉代继"外国"之后出现的又一个新观念,在《史记》中尚不见有其名,到班固著《汉书》,始立《西域传》,其名才正式确定下来。西域有广义与狭义之分,狭义指玉门关以西、葱岭(即今帕米尔高原)以东、巴尔喀什湖以东及以南的广大地区;广义则包括葱岭以西、亚洲中部、西部、南亚及欧洲东部、非洲北部一带。在张骞通西域之前,

---

① 关于司马迁的生卒年代,史无明文。近人王国维《太史公行年考》认为司马迁生于汉景帝中元五年(公元前145年),一说生于汉武帝建元六年(公元前135年);大约卒于汉昭帝始元元年(公元前86年),一说卒于汉武帝后元二年(公元前87年),又一说卒于汉武帝征和三年(公元前90年)。

汉朝对外部世界的状况了解甚少。张骞通西域激发了汉朝人对域外世界进行大规模探索的热情，从此以后西部世界正式进入了汉朝人的视野。班固在《汉书·西域传》中说："西域以孝武时始通，本三十六国，其后稍分至五十余，皆在匈奴之西，乌孙之南。南北有大山，中央有河，东西六千余里，南北千余里。东则接汉，阸以玉门、阳关，西则限以葱岭。"表明其所指为今新疆南疆地区。但从其所述内容来看，却远远超出了这个范围，包括了天山以北和葱岭以西的许多中亚、西亚和南亚国家，如乌孙、安息、康居、大月氏、罽宾、条支、乌弋山离国等。而阳关和玉门关显然是被当作中、外分界线的，在此之外则是"乌孙、康居诸外国"①，以东则被称为中国。

自从班固始立《西域传》以后，历代正史大都设有《西域传》，计有：《后汉书·西域传》、《魏书·西域传》、《隋书·西域传》、《南史·西域诸国传》、《北史·西域传》、新旧《唐书·西域传》、《宋史·西域传》、《明史·西域传》等。此外，尚有《晋书·西戎传》、《梁书·西北诸戎传》，名称稍异，而其实也是记载有关西域情况的，另有《周书·异域传》则包括有西域的内容。

总之，"敌国"、"外国"与"西域"观念的出现与流行是汉朝人认知世界的一种新视角，在传统"华夷观"支配下形成的"中国"与"四夷"的天下格局，为"中国"、"四夷"与"敌国"并存的新型天下观所打破，尤其是"中国"与"外国"观念的并存，更是为古代中国人认知世界构筑起了一种新型图景。

结　论

"敌国"、"外国"与"西域"观念的出现与流行对传统"天下观"造成了巨大冲击。本来在汉初以匈奴为代表的"敌国"的存在就使中国是"天下唯一"的观念受到挑战，在一定程度上动摇了人们对传统"华夷秩序"的普遍性和"天下以中国为中心"的认识，而"外国"和"西域"观念的出现更是给古代中国人重新认识世界提供了另外一个新视角。

司马迁在编撰《史记》时，除了设有《大宛列传》外，对周边其他

---

① 《汉书》卷九十六《西域传》，第 12 册，第 3874 页。

重要的国家与民族也大多直接使用其名称设传,如《匈奴列传》、《朝鲜列传》、《东越列传》、《南越列传》等,基本没有套用蛮、夷、戎、狄的传统说法,仅针对西南少数民族设有《西南夷列传》,这与他对"敌国"的认识有关,也表现出一个史家治学的审慎态度。班固《汉书》基本上遵循了司马迁的处理原则,仅将《大宛列传》改为《西域传》。《史记》和《汉书》对周边民族和国家的编排办法,是对传统的"华夷"五方格局论的一大突破,尤其是在西域问题的认识上更是反映了这一点。[①] 在张骞"凿空"以前,中国对西域的认知非常模糊,因此在传统的"四夷观"中并不包括这一未知的区域。秦汉以来,随着中原王朝疆域的不断拓展,中国人的视野也大为开阔,对周边民族和地区的认识也在逐步深化,尤其是张骞通西域和班超对西域的进一步经营所带来的对西部世界的新认识,对中国传统的"华夷秩序"观的冲击很大。从此以后,除"华夷观"之外,"外国"、"西域"等认知世界的新视角逐渐得到了后世学者的认同。

[①] 参见安介生《"华夷"五方格局论之历史渊源与蜕变》,《历史教学问题》2000年第4期。

第三章

从"天下"到"世界":魏晋至隋唐时期中国对世界的探索与认知[*]

魏晋至隋唐时期中国对域外探索的热情持续高涨,与外域的交往异常频繁,来往于丝绸之路上的各国使节、质子、行商、僧侣、留学生、旅行者等各色人群络绎不绝,文化的相互影响与文明的双向互动,极大地促进了中国对世界的认知。这一时期对域外的探索延续了汉代传统,即最为重视的是在西域方面。当时在欧亚大陆上分别形成的几大主要文明中心都在中国的西部:南亚印度、中亚和西亚相继兴起了萨珊波斯和阿拉伯大食帝国、丝路的西端则是罗马以及后来的拜占庭帝国。此外,还有许多大大小小的政权和国家,如在欧亚大草原上曾先后兴起嚈哒、突厥、回纥等,东亚主要有高句丽、百济、新罗、日本等,南亚、东南亚主要有狮子国、林邑(后改称环王)、扶南、真腊、骠国、室利佛逝、尼婆罗等,中亚则有昭武九姓国、吐火罗等,西亚、北非也有许多知名与不知名的政权与国家。这一时期的中国在继承前代对域外探索与认知成果的基础之上,又取得了更大的成就,这主要体现在对世界认知范围和认知内容的进一步扩大和丰富上。魏晋至隋唐时期对域外的探索与了解的途径很多,大致说来主要是通过两种形式来实现的:一种是直接接触,这主要是通过派遣使节以及行商、求法僧人、旅行者等各色人群对域外世界的直接了解与探索来实现的;另一种是得自传闻,这主要是从来华的外国人那里了解世界各国的风土人情。

---

[*] 本章系作者根据参加 2011 年 7 月 3—6 日在武汉大学召开的中国唐史学会第十一届年会提交的论文《从"天下"到"世界":晋唐时期的中国对世界的认知》修改而成。

第一节　魏晋南北朝时期中国对
域外世界的探索与认知

魏晋南北朝时期派往域外的使节非常频繁。这些使节不但肩负着域外探索与文明互动的重大使命，而且也是中古中国了解和认知域外世界的主要信息来源。

魏晋南北朝时期对域外世界的探索与了解，最重要的是对南海诸国乃至南亚地区的进一步探索与认知。两汉时期，中国对域外世界的探索与认知主要集中在西域地区，对南海与印度洋地区，虽然已经开辟了海上丝绸之路，汉使以及中国商人已经可以远航进入印度洋，到达东印度以及斯里兰卡一带，但在史书中关于东南亚和南亚诸国情况的记载却非常少见。到魏晋南北朝时期，随着大批的使节和商人、僧侣扬帆远航，中国对南海诸国以及印度洋地区的探索与认知进入了一个高潮。

孙吴时期，积极开展对东南亚地区的友好交流。据《三国志·吴书·吕岱传》载："岱既定交州，复进讨九真，斩获以万数。又遣从事南宣国化，暨徼外扶南、林邑、堂明诸王，各遣使奉贡。权嘉其功，进拜镇南将军。"[①] 吕岱平交州为黄武五年（226年）之事，随即他就派人"南宣国化"，可能到过东南亚诸国或某地，宣示中华文化，结果导致扶南等国遣使来贡。到245—251年，孙权正式派遣中郎康泰和宣化从事朱应出使扶南（今越南、柬埔寨一带），"这是史书所载我国首次派遣专使和南海诸国交通往来的一件大事，其意义实不亚于两汉时期张骞、班超之通西域"[②]。康泰、朱应所到之处，不但积极了解当地的人文、历史、地理、风俗等情况，而且对于当地的风俗的改变还产生了一定的积极影响。据《梁书·海南诸国·扶南传》载："吴时，遣中郎康泰、宣化从事朱应使于寻国（范寻统治时期的扶南），国人犹裸，唯妇人著贯头。泰、应谓曰：'国中实佳，但人亵露可怪耳。'寻始令国内男子著横幅。横幅，今干漫也。大家乃截锦为之，贫者乃用布。"康泰、朱应在扶南时还曾会见

[①]《三国志》卷六十《吴书·吕岱传》，中华书局1982年版，第5册，第1385页。
[②] 陈佳荣：《朱应、康泰出使扶南和〈吴时外国传〉考略》，《中央民族学院学报》1978年第4期。

过出使扶南的中天竺国使者,了解到其国的路程以及风俗等情况。据同书《中天竺国传》载:"中天竺国,在大月氏东南数千里,地方三万里,一名身毒。……吴时扶南王范旃遣亲人苏物使其国,从扶南发投拘利口,循海大湾中正西北入历湾边数国,可一年余到天竺江口,逆水行七千里乃至焉。天竺王惊曰:'海滨极远,犹有此人。'即呼令观视国内,仍差陈、宋等二人以月支马四匹报旃,遣物等还,积四年方至。其时吴遣中郎康泰使扶南,乃见陈、宋等,具问天竺土俗,云:'佛道所兴国也。人民敦庞,土地饶沃。其王号茂论。所都城郭,水泉分流,绕于渠堑,下注大江。其宫殿皆雕文镂刻,街曲市里,屋舍楼观,钟鼓音乐,服饰香华,水陆通流,百买交会,奇玩珍玮,恣心所欲。左右嘉维、舍卫、中波等十六大国,去天竺或二三千里,共尊奉之,以为在天地之中也。'"康泰等人回国后所撰写的见闻录《外国传》(或称《吴时外国传》),是当时我国了解和认识东南亚乃至南亚、西亚各国历史、地理、风俗习惯以及南海交通的重要资料,据《梁书·海南诸国传》序称:"海南诸国,大抵在交州南及西南大海州上。……及吴孙权时,遣宣化从事朱应、中郎康泰通焉。其所经及传闻,则有百数十国,因立记传。"① 可惜的是该书早已亡佚,仅散见于《水经注》、《北堂书钞》、《艺文类聚》、《初学记》、《太平御览》等诸书。

西晋统一虽然非常短暂,但"武帝受终衰魏,廓境全吴,威略既申,招携斯广,迷乱华之议,矜来远之名,抚旧怀新,岁时无怠,凡四夷入贡者,有二十三国"②。形成了晋唐时期中外交流史上的一个小高潮。当时西晋王朝派往域外的使节比较有名的是杨颢使团,"太康六年(285年),武帝遣使杨颢拜其王蓝庚为大宛王。蓝庚卒,其子摩之立,遣使贡汗血马"③。杨颢出使大宛是丝绸之路上具有重要意义的活动。④

北魏时期在中外交流史上形成了又一个高潮。北魏王朝派往域外的使节很多,如太延元年(435年)五月,太武帝"遣使者二十辈使西域";

---

① 《梁书》卷四十八《诸夷·海南传》,中华书局1973年版,第3册,第783、789、798—799页。
② 《晋书》卷九十七《四夷传·大宛国》,中华书局1974年版,第8册,第2531页。
③ 同上书,第2544页。
④ 石云涛:《三到六世纪丝绸之路的变迁》,文化艺术出版社2007年版,第144页。

次年八月,"遣使六辈使西域"①;太平真君五年(444年)三月,"遣使者四辈使西域"②。其中比较著名的有王恩生、许纲使团和董琬、高明使团等。

王恩生、许纲等人出使西域,始及流沙,即为柔然所阻挠,此行未能完成任务。其后,董琬、高明受命出使,到达乌孙、破洛那(Farghana,今费尔干纳盆地)、者舌(Chaj,今塔什干)等中亚诸国。董琬等人回朝后,向朝廷汇报了西使见闻,"具言凡所经见及传闻傍国",使北魏对西部世界的变化有了一个新的了解和认识。他们把西域分为四个区域,"自葱岭以东、流沙以西为一域;葱岭以西、海曲以东为一域;者舌以南、月氏以北为一域;两海之间、水泽以南为一域"③。关于此"四域"的划分及其范围的理解,学术界争议很多。有一种意见认为董、高所谓的"四域",第一域指帕米尔以东,塔里木盆地和天山以北地区,是北方游牧部族的势力范围;第二域指兴都库什山以西、地中海以东地区,是波斯及其势力范围;第三域指索格底亚那、吐火罗斯坦和西北次大陆的部分地区,是介乎前两大势力之间的缓冲地带,因而不是被波斯人便是被南下游牧部族所控制;第四域指黑海以南、以意大利半岛为中心的地中海周围地区,是罗马及其势力范围。④ 这种划分反映了当时中国对西部世界的认知状态。董琬、高明的西行还带来了对西域交通道路变化的新认识,据《魏书》卷一〇二《西域传》序称:"其出西域本有二道,后更为四:出自玉门,度流沙,西行两千里至鄯善为一道;自玉门度流沙,北行二千二百里至车师为一道;从莎车西行一百里至葱岭,葱岭西一千三百里至伽倍为一道;自莎车西南五百里葱岭,西南一千三百里至波路为一道。"这里所说的"四道"尽管可能只是汉代所说的南北两道的延伸或细化,但他们对西域交通道路的认识显然比前代更进一步。董琬、高明的西使极大地促进了中西之间的交往,使中西文明互动形成了一个新高潮,"自后(外国使节)相继而来,不间于世,国使亦数十辈矣"。所以,余太山先生认为他

---

① 《魏书》卷四上《世祖纪》上,中华书局1974年版,第1册,第85、87页。
② 《魏书》卷四下《世祖纪》下,中华书局1974年版,第1册,第97页。
③ 《魏书》卷一〇二《西域传》序,中华书局1974年版,第6册,第2260—2261页。
④ 余太山:《两汉魏晋南北朝与西域关系史研究》,中国社会科学出版社1995年版,第154页。

们的西行堪与张骞、甘英相媲美。①

之后,北魏更是频繁遣使域外,仅留下姓名的使团就有出使嚈哒(中国史书称滑国,西方史学家称白匈奴)的高徽、出使波斯的韩羊皮、张道义等。②其中"波斯使主"张道义尤其引人注目,据《周书·令狐整传》载:"令狐整字延保,敦煌人也,本名延,世为西土冠冕。……顷之,魏孝武西迁,河右扰乱,……寻而城民张保又杀刺史成庆,与凉州刺史宇文仲和构逆,规据河西。晋昌人吕兴等复害郡守郭肆,以郡应保。……(令狐整)先定晋昌,斩吕兴,进军击(张)保。……于是乃推波斯使主张道义行州(瓜州)事。"张保杀瓜州刺史成庆事,在西魏大统十二年(546年)。③瓜州即敦煌。当时滞留敦煌的"波斯使主"张道义,曾在动荡政局中暂时代理瓜州事。在此前后,波斯正值库思老一世(Khosrau I Anushirvan,531—579年在位)统治期间,萨珊王朝达到极盛。540年,库思老一世忽然发动对拜占庭帝国的战争,夺取叙利亚首都安条克(Antioch),此后,挥师东进,与西突厥联合,约在558年击溃嚈哒,瓜分得乌浒河以西地区。据古代阿拉伯史家马苏第的《黄金草原》记载:在此期间,库思老一世在首都泰西丰(Ctesiphon, Taysifun,位于今伊拉克首都巴格达东南迈达因,底格里斯河西岸)接见了中国皇帝派来的使者,并接受了进献的礼物:一匹完全是用一块块排起来的宝石制作的马,马上还有一位骑士,双眼是用深红色的尖晶石制成,刀柄则是由一块加镶宝石的翡翠加工而成,还有一块用金线织在天青石色蓝底上的丝绸工艺品,上面有头戴王冠的国王坐在宫殿中的图像,旁边还站着一位手执麈拂的侍女。这块丝绸放在由一名妙龄女郎手捧的金匣钵中,少女的面部漂亮得鲜艳夺目,由其长长的青丝遮住了面庞。此外,还有其他各种各样

---

① 余太山:《两汉魏晋南北朝与西域关系史研究》,中国社会科学出版社1995年版,第152页。关于董琬、高明西使详见余太山著《董琬、高明西使考》,载《嚈哒史研究》附录三,齐鲁书社1986年版,第217—244页。

② 高徽事见《魏书》卷三十二《高湖传》载:"延昌中(512—515年),假员外散骑常侍,使于嚈哒,西域诸国莫不敬惮之。"同行者还有高吞。中华书局1974年版,第3册,第754页。韩羊皮事见《魏书》卷一〇二《西域传》载:"朝廷遣使者韩羊皮使波斯,波斯王遣使献驯象及珍物。"第6册,第2263页。张道义事见《周书》卷三十六《令狐整传》,中华书局1971年版,第3册,第642页。

③ 《周书》卷三十二《申徽传》,中华书局1971年版,第2册,第556页。

的奇珍异宝。① 张星烺先生引马尔柯姆（Malcolm）之《波斯史》（History of Persia i, 144 - 5）也说：库思老一世时，"中国皇帝遣使献假豹一只，全以珍珠络成，两眼以红宝石嵌之。天青色绣锦袍一件，光彩华丽夺目，上有金丝绣群臣朝见波斯王图，袍以金箱盛之。又美人图一幅，面貌非常之美，惜为长发披下所掩，然自暗中视之，其光四射，美不可言"。这两处记载所述之事非常相似，故张先生又说："《周书》记波斯王遣使来献文物，而波斯史又记中国献文物于波斯。当时两国确有通好之使可无疑也。"② 姜伯勤先生推测说："今所考之'波斯使主'张道义，或即张星烺先生所欲追寻之西魏北周遣往波斯的使节。"③

在巴基斯坦境内洪扎河畔还发现有北魏使者出使中亚的题记："大魏使谷魏龙今向迷密使去。"④ 谷魏龙不见于史载。迷密，仅见于拓跋魏时期，据《魏书·西域传》载："迷密国，都迷密城，在者至拔西，去代一万二千六百里。正平元年（451年），遣使献一峰黑橐驼。其国东有山，名郁悉满，山出金玉，亦多铁。"⑤ 隋朝改译为米国，玄奘《大唐西域记》又译作弥秣贺，而自注云"唐言米国"⑥，为中亚粟特昭武九姓城邦国之一。中亚粟特古城片治肯特遗址（又译作喷赤干，在今塔吉克斯坦片治肯特城东南约15公里处，位于撒马尔罕以东约70公里），即为唐代米国都城钵息德城。⑦ 马雍先生推测，谷魏龙是从北魏的代都（今山西大同）出发，取道罽宾、乌弋山离旧道，前往迷密（片治肯特），途中经过洪扎河畔，留下了石刻题记。

---

① ［古代阿拉伯］马苏第：《黄金草原》第一卷第24章，青海人民出版社1998年版，第335页。

② 张星烺：《中西交通史料汇编》，中华书局2003年版，第2册，第1053页。

③ 姜伯勤：《敦煌吐鲁番文书与丝绸之路》，文物出版社1994年版，第50—54页。

④ 马雍：《巴基斯坦北部所见"大魏"使者的岩刻题记》，载《西域史地文物丛考》，文物出版社1990年版，第129—216页。又见（Germany）Thomas O. Hollman（［德］赫尔曼）. Chinese Rock Inscriptions in the Indus Valley（North Pakistan）（《印度河流域的汉字岩石碑文［北巴基斯坦］》），载《十世纪前的丝绸之路和东西方文化交流——沙漠路线考察乌鲁木齐国际讨论会（1990年8月19—21日）》，新世界出版社1996年版，第425—436页。

⑤ 《魏书》卷一○二《西域传》，中华书局1974年版，第6册，第2269页。

⑥ （唐）玄奘、辨机原著，季羡林等校注：《大唐西域记校注》卷一，中华书局2000年版，上册，第89—91页。

⑦ 马小鹤：《米国钵息德城考》，载《中亚学刊》，中华书局1987年版，第2辑，第65—75页。

在魏晋南北朝时期的对外探索活动中，有一个特别突出的现象，就是求法僧人往来于西域南海的道途中，对于开拓与丰富域外世界的认知厥功甚伟。这一时期，随着佛教的传播，佛教徒们纷纷西行求法，成为这个时期开展域外探索的一大特色。

早在曹魏时期，就有朱士行于甘露五年（260年），从长安出发，西渡流沙，至于于阗，最后病逝于于阗。[①] 朱士行虽然未能西越葱岭，到达印度，但他作为中土西游求法的先行者，对后世产生了深远的影响。[②]

两晋南北朝时期，许多僧人不辞艰险、西行求法。生活在4世纪后半叶和5世纪上半叶的希腊作家巴拉迪尤斯（Palladius，365—430年）曾到过印度，他在其《论婆罗门教》中说："沿恒河两岸居住有来自印度和赛里斯国的婆罗门。"[③] 他所谓赛里斯的婆罗门大概就是指从中国来印度的僧人。有人统计仅中国内地远涉境外者就多达140余人，[④] 形成了西行求法史中的一个高潮。其中最为著名者，首推东晋时期的法显。法显是已知最早完成陆路和海路探索的旅行家，他于姚秦弘始元年（东晋安帝隆安三年，399年），从长安出发，沿丝绸之路，历经艰险，翻越葱岭，到达印度，游历了迦维罗卫城（佛诞生地）及天竺各地。后来，他取道海路回国，在途中，到过狮子国（今斯里兰卡）和耶婆提国（今印度尼西亚的苏门答腊）。法显西游前后长达14年，回国后著有《佛国记》（又名《法显传》），记述了古代中亚、印度、南海诸国的地理、历史、风土人情，是当时描写域外世界的著名游记，对促进中国与这些地区和国家的互动与认知作出了重大贡献。[⑤]

与法显约同时期赴印度礼佛的僧人还有智猛。智猛于姚秦弘始六年（404年），从长安出发，同行者有15人，在翻越葱岭时有9人退返，1

---

① （梁）释慧皎撰，汤用彤校注：《高僧传》卷四《朱士行传》，中华书局1992年版，第145页。

② 孟楠：《中原西行求法第一人——朱士行》，《新疆大学学报》1993年第1期。张虹萍：《开创对外文化交流的第一汉僧——朱士行》，《烟台师范学院学报》2005年第2期。

③ ［法］戈岱司编：《希腊拉丁作家远东古文献辑录》，耿昇译，中华书局1987年版，第74页。

④ 方豪：《中西交通史》，岳麓书社1987年版，第211—212页。

⑤ 贺昌群：《古代西域交通与法显印度巡礼》，湖北人民出版社1956年版。［日］长泽俊和：《法显之入竺求法行》，见氏著《丝绸之路史研究》，钟美珠译，天津古籍出版社1990年版，第446—469页。

人病逝，实际到达天竺的有 5 人，后来返国时又有 3 人病逝于途中，最后只剩下 2 人回国。他们西行的路线大约与法显相同，"度雪山，渡辛头河，至罽宾国，……奇沙国，……迦维罗卫国，……华氏国……，以甲子岁（424 年）发天竺，同行三伴，丁路无常，唯猛与昙纂俱返。……于元嘉十四年（437 年）入蜀"①。他们西行求法前后经历 20 余年，仅在天竺逗留的时间就长达 18 年，是当时西行诸贤中耗时最长者。由于智猛等人在天竺停留的时间比法显长约两倍，后来又是经陆路归国，所以他在印度各地访问了相当多的佛迹，甚至可能还游历了印度西北部的犍陀罗、乌吉亚纳和纳加拉哈拉等地。②回国后，他曾撰有《游行外国传》一书，③"记所游历"，该书也是当时人认知中亚、南亚等地的重要资料，惜已亡佚。

　　北魏时的宋云和慧生（又作惠生）的西行壮举也是颇为值得称道的。宋云、慧生于熙平元年（516 年）受诏出使西域，④实际上直到神龟元年（518 年）才正式起程。⑤他们从洛阳出发，经赤岭（今青海日月山）、鄯善、于阗，在汉盘陀国（今新疆塔什库尔干）翻越葱岭，进入钵和国（今阿富汗的瓦罕溪谷），有人认为宋云和慧生在这里分道扬镳，宋云径直西行至嚈哒（都城在乌浒河南），谒见其国王，递交了国书，然后南下，与先期到达乌苌国（今巴基斯坦印度河上游及斯瓦特河流域）的慧生会合、一起游历了乾陀罗国（都城在今巴基斯坦白沙瓦）等地，广礼佛迹。⑥他们归来后，各著有行记，《慧生行传》一卷⑦、宋云《魏国以

---

①　（梁）释慧皎撰，汤用彤校注：《高僧传》卷三《智猛传》，第 125—1236 页。
②　[日] 长泽和俊：《释智猛之入竺求法行》，见氏著之《丝绸之路史研究》，钟美珠译，天津古籍出版社 1990 年版，第 470—489 页。
③　《隋书》卷三十三《经籍志》二："《游行外国传》一卷，沙门释智猛撰。"第 4 册，第 983 页。《新唐书》卷五十八《艺文志》二："僧智猛《游行外国传》一卷。"第 5 册，第 1505 页。
④　《魏书》卷一一四《释老志》载："熙平元年（516 年），诏遣沙门惠生使西域，采诸经律。正光三年（522 年）冬，还京师。"又同书卷一〇二《西域传》载："初，熙平中，肃宗遣王伏子统宋云、沙门法力等使西域，访求佛经。时有沙门慧生者亦与俱行，正光中还。"
⑤　[日] 内田吟风：《后魏宋云慧生西域求经记考证序说》，见《塚本博士颂寿纪念佛教史学论集》，京都：塚本博士颂寿纪念会 1961 年版，第 113—124 页。
⑥　[日] 长泽和俊：《论所谓的〈宋云行记〉》，见氏著《丝绸之路史研究》，钟美珠译，天津古籍出版社 1990 年版，第 490—511 页。
⑦　《隋书》卷三十三《经籍志》二，第 4 册，第 985 页。

西十一国事》一卷（又名《宋云行记》），① 惜今皆已失传，只在杨衒之的《洛阳伽蓝记》中略有征引，另外《魏书·西域传》的朱居国、渴槃陁国、钵和国、波知国、乌苌国、乾陀国等条也是根据他们的行记撰写而成的。② 这无疑对当时域外地理的认知具有很大的补益。

这一时期前往域外的求法僧侣显然不止上述诸家，写有游记者也大有其人。仅《隋书·经籍志二》就记载有：释昙景撰《外国传》五卷、释法盛撰《历国传》二卷、释僧祐撰《世界记》五卷等。③ 这些游记对当时人了解和认识世界产生了很大的影响，杜佑在《通典》卷一九一《边防七·西戎总序》中就曾说："诸家纂西域事，皆多引诸僧游历传记，如法明《游天竺记》、支僧《载外国事》、法盛《历诸国传》、道安《西域志》。"此外，他还提到"《佛国记》、昙勇（景）《外国传》、智猛《外国传》、支昙谛《乌山铭》、翻经法师《外国传》之类"。④ 由此可见，这些求法僧人的游历和撰述也成为中古时期的人们了解和认知域外世界的另一重要信息来源。

值得注意的是，东晋时期著名道教学者葛洪曾游历扶南，⑤ 并做了多方面的考察，主要考察了那里的特产，包括自然界的出产和人工制品，为他后来的著述取得了重要材料。⑥ 他还对南海及海上丝路沿线诸国及航行里程做了详细记载，其文保留在《太清金液神丹经》卷下里。他说："洪曾见人撰南方之异同，记外域之奇生，虽粗该近实，而所履盖浅，甚不足甄四遐之妖逸，铭殊方于内目哉。洪既因而敷之，……邹阳书曰：今之九

---

① 《新唐书》卷五十八《艺文志》二，第5册，第1505页。［法］沙畹：《宋云行记笺注》，冯承钧译：《西域南海史地考证译丛六编》，中华书局1956年版，第1—68页。
② 《魏书》卷一〇二《西域传》载："初，熙平中，肃宗遣王伏子统宋云、沙门法力等使西域，访求佛经。时有沙门慧生者亦与俱行，正光中还。慧生所经诸国，不能知其本末及山川里数，盖举其略云。"中华书局1974年版，第6册，第2279页。
③ 《隋书》卷三十三《经籍志二》，第5册，第982—987页。
④ （唐）杜佑撰，王文锦等点校：《通典》卷一九一《边防》七《西戎总序》，中华书局1988年版，第5册，第5199页。
⑤ 陈国符：《中国外丹黄白术考论略稿》，载氏著：《道藏源流考》附录五，中华书局1963年版，下册，第378页。陈说："光熙元年（二十四岁），往广州，遂停南土，尝由日南（即今越南之顺化一带）往扶南。(扶南国即今柬埔寨与越南极南部)（其后因所闻见，记晋代南洋产砂之国，附于《太清金液神丹经》之后）后返里。"又见冯汉镛《葛洪曾去印支考》，载《文史》第39辑，中华书局1994年版，第59—69页。
⑥ 卢英：《葛洪评传》，南京大学出版社2006年版，第33—34页。

州,非天下之州,所谓九之一耳,四极之中,复有其八。世之学者,盖以为虚。余少欲学道,志游遐外,昔以少暇,因旅南行,初谓观交岭而已,有缘之便,遂到扶南。扶南者,地方千余里,众以亿计,包山带海,邈乎其畿,意亦以为南极之国,齐此而已。至于中夏之月,凯风时动。又有自南而来者,至若川流,问其地土,考其国俗,乃云:自天竺、月支以来,名邦大国,若扶南者十有几焉。且自大奈(秦)、拂林地各方三万里,其间细国,往往而处者,不可称数也。名字处所,既有本末,且观士女,信各不同,乃知夫乾壤之间,广矣!……至于邹子所云,陋而非实。但余所闻,自彼诸国,已什九州,其余所传闻而未详者,岂可复量。浩汗荡漫,孰识其极,乃限其数云有八哉!"所谓"邹阳"当即战国诸子阴阳家的代表人物邹衍,他提出了"大九州"理论,认为天下共分为九州,中国不过是其中之一,称为赤县神州。虽然邹衍的理论是先秦时期人们对世界的认知方面最接近实际状况的一种观点,但葛洪仍认为其说不免狭隘:"古圣人以中国神州,以九州配八卦,上当辰极,下正地心,故九州在此耳,其余虽广,非此列云。"葛洪之所以有这样的认识,这是和两汉以来到孙吴时期,海上交通日益发达,人们的眼界大开,"世界观"自然也得到扩展有关。该书记载了从象林(汉属日南郡,在今越南岘港以南,西晋时北移至今越南顺化附近)出发,到林邑、西图的路线和从日南寿灵浦出发,到扶南、典逊、杜薄(占婆)、无伦、林阳、句稚、歌营、加陈、师汉、扈犁、斯调、隐章、大秦、古努斯调、察牢、叶波、罽宾、月支、安息、优钱等国。饶宗颐、韩振华先生曾对这些古国名进行过详细考证,揭示了该经与南海地理及海上丝路航线之关系。[①]

该经还记载了中国商人到扶南,从扶南乘船欲到古努国,结果漂流到大秦的航行经历,颇为令人注目:

> 昔中国人往扶南,复从扶南乘船,船入海,欲至古奴国,而风转

---

① 饶宗颐:《〈太清金液神丹经〉(卷下)与南海地理》,载氏著《饶宗熙二十世纪学术文集》第十册,第七卷《中外关系史》,台北新文丰出版有限公司2003年版,第5—78页。韩振华:《魏晋南北朝时期海上丝绸之路的航线研究——兼论横越泰南、马来半岛的路线》,载联合国教科文组织海上丝绸之路综合考察泉州国际学术讨论会论文集《中国与海上丝绸之路》,福建人民出版社1991年版,第234—245页;又见氏著《中国与东南亚关系史研究》,广西人民出版社1992年版,第53—73页。

第三章 从"天下"到"世界":魏晋至隋唐时期中国对世界的探索与认知

不得达,乃他去。昼夜帆行不得息,经六十日乃到岸边,不知何处也。上岸索人而问之,云是大秦国。此商人本非所往处,甚惊恐,恐见执害,乃诈扶南王使,诣大秦王,王见之,大惊曰:"尔海边极远,故复有人。子何国人乎?来何为?""扶南使者"答曰:"臣北海际扶南王使臣,来朝王庭阙,北面奉首矣。又闻王国有奇货珍宝,并欲请乞玄黄,以光敝邑也。"……(大秦王)乃付紫金、夜光、五色玄珠、珊瑚、神璧、白和、朴英、交颈神、玉琼虎、金刚诸神珍物,以与使者,发遣便去。……还,四年乃到扶南。……使既归,具说本末,如此自是以来无敢往复至大秦者。商旅共相传如此。①

扶南的首都一度曾是毗耶陀补罗,即"猎人城"。它在现今柬埔寨的波罗勉省的巴山和巴南村附近。它的港口奥埃奥,位于暹罗湾畔湄公河三角洲沿海边缘地区。经考古发掘,该地是一个工商业中心,在它的遗址中有和暹罗湾沿岸、马来亚、印度尼西亚、印度、波斯乃至还直接或间接地和地中海地区通航的迹象。它正位于当时中国与西方之间航海大道上。②据该经载:"大秦国,在古努斯调西可四万余里。"又曰:"扈犁国,古努斯调国西南,入大湾中七八百里,有大江,源出昆仑,西北流东南注大海,自江口西行,距大秦国万余里,乘大舶载五六百人,张七帆,时风一月乃到大秦国。"据饶宗颐先生考证,古努斯调国在缅甸西南沿岸,大湾即孟加拉湾。扈犁在印度恒河河口附近,恒河(Ganges)别称 Bhāgīrathī,跋扈犁即其对音,扈犁是其省称。韩振华先生则认为,古努斯调即 Karna-su (varna)-dvi (pa) 的省译,也即玄奘所说的羯罗拏苏伐剌那国,在印度恒河下游及其出海处。扈犁即恒河大江江口支流 Hoogly,昔日在扈利河岸有耽摩栗底国,是远航出海的东西交会的贸易中心、交通枢纽。

关于罗马帝国和古代中国交往的历史早在汉代就已经开始,到魏晋南北朝时期,双方的交往更加频繁。三国时期,大秦国商人秦论来到孙吴,这是入华的第一位留下姓名的罗马人。据《梁书·诸夷传》载:"汉桓帝

---

① 《太清金液神丹经》下卷,载《道藏》,文物出版社、上海书店、天津古籍出版社 1988 年版,第 18 册,第 757—762 页。关于这个传说中的"大秦",究竟是不是欧洲的罗马,抑或是罗马在东方的属地,学术界有争论。

② [英] D. G. E. 霍尔:《东南亚史》,中山大学东南亚历史研究所译,商务印书馆 1982 年版,上册,第 47—48 页。

延熹九年（166年），大秦王安敦遣使自日南徼外来献，汉世唯一通焉。其国人行贾，往往至扶南、交趾，其南徼诸国人少有到大秦者。孙权黄武五年（226年），有大秦贾人字秦论来到交趾，交趾太守吴邈遣送诣权，权问方土谣俗，论具以事对。时诸葛恪讨丹阳，获黝、歙短人，论见之曰：'大秦希见此人。'权以男女各十人，差吏会稽刘咸送论，咸于道物故，论乃径还本国。"① 又《晋书·四夷传》载：武帝太康年间（280—289年），大秦王又遣使贡献。② 张星烺先生说："《晋书》载武帝太康中，大秦王遣使贡献事，亦与西史所载相合也。罗马将奥雷利诺斯（Aurelianus）于安都（Antioch）城及爱德沙（Edessa）城两战，皆击败才努比亚（Zenobia）之军，下叙利亚，毁柏尔米拉城（Palmyra），克复埃及诸部。又公元282年到283年，罗马皇帝喀鲁斯（Craus）征波斯，陷克泰锡封城。两役皆在武帝太康年间，波斯湾头之交通，得以恢复也。"③ 虽然关于这位飘游到大秦的中国商人到达的确切地点尚有争论，但这个故事则反映了中国商人的足迹已经远涉阿拉伯海，甚至东罗马帝国一带。

这一时期，前往异域的行商沽客应该不少，只是不见有他们留下有关自己行踪和见闻的撰述，但他们的种种神奇经历和传说也对开阔古代中国对世界的了解和认知视阈大有助益。

第二节　隋唐时期中国对域外世界的探索与认知

隋唐时期是中国古代社会的盛世，尤其是隋及唐前期形成了大一统的局面，经济繁荣、国力强盛，对外交通的孔道空前畅通，因此在域外探索和认知方面开创了新局面。

隋祚虽短，但在对外探索方面却建树颇多。大业初，炀帝派遣侍御史韦节、司隶从事杜行满出使中亚、南亚诸国。他们先后到达罽宾

---

① 《梁书》卷五十四《诸夷传》，中华书局1973年版，第3册，第798页。又见《南史》卷七十八《夷貊传》上，中华书局1975年版，第6册，第1961页。

② 《晋书》卷九十七《四夷·西戎·大秦国传》，中华书局1974年版，第8册，第2545页。又（唐）欧阳询撰，汪绍楹校：《艺文类聚》卷八十五《布帛部·布》引晋殷巨《奇布赋》曰："惟泰康二年，安南将军广州牧腾侯作镇南方，余时承乏，忝备下僚。俄而大秦国奉献琛，来经于州，众宝既丽，火布尤奇。"上海古籍出版社1999年版，下册，第1463页。

③ 张星烺：《中西交通史料汇编》，中华书局2003年版，第1册，第147页。

(Kachemire，克什米尔）、王舍城（Rājgarh，今印度比哈尔邦巴特那南）、史国（今乌兹别克斯坦撒马尔罕南）、安国、康国（今乌兹别克斯坦撒马尔罕）和挹怛（吐火罗斯坦，在葱岭以西，阿姆河以南一带）等地。韦节等人在归国后，著有《西蕃记》一书，记述了所访问过的国家的政治、经济情况及风俗习惯。① 此外，炀帝还曾派云骑尉李昱出使波斯。② 日本学者长泽和俊推测李昱有可能是同韦节等一起出使的，在途中分为两路，一路以韦节为中心南下印度，另一路以李昱为中心赴伊朗地区。③ 炀帝还常想通使拂菻，终未成功。④

在南海交通方面，隋与林邑是近邻，虽然双方曾发生过军事冲突，但很快就恢复了通使往来关系。史载：文帝末年，"群臣言林邑多奇宝者。仁寿末（606年），上遣大将军刘方为驩州道行军总管，率钦州刺史宁长真、开府秦雄步骑万余及犯罪者数千人击之。其王梵志率其徒乘巨象而战，……方纵兵击之，大破之。（梵志）频战辄败，遂弃城而走。方入其都，获其庙主十八枚，皆铸金为之，盖其有国十八叶矣。方班师，梵志复其故地，遣使谢罪，于是朝贡不绝"⑤。这次冲突的起因非常简单，且隋军在攻克其都城后，就很快撤军，但却使隋朝对林邑的历史传承有了更加清晰的了解。大业三年（607年），炀帝又派遣屯田主事常骏、虞部主事王君政等出使赤土国，"赤土国，扶南之别种也。在南海中，水行百余日而达所都。土色多赤，因以为号"⑥。关于赤土国的位置历来说法不一，或以为即印尼苏门答腊岛之巨港（Palembang），或以为在马来半岛的泰国宋卡（Songkhla）、北大年（Patani）一带，其地土多赤色。⑦ 这次出使加

---

① （唐）杜佑撰，王文锦等点校：《通典》卷一九三《边防典·西戎》康居、嚈哒（挹怛同）条引用了韦节《西蕃记》，作"悒怛"，中华书局1988年版，第5册，第5256、5260页。
② 《隋书》卷八十三《西域传》，中华书局1973年版，第6册，第1841、1857页。
③ ［日］长泽和俊：《韦节、杜行满之出使西域》，见氏著《丝绸之路史研究》，钟美珠译，天津古籍出版社1990年版，第515—516页。
④ 《旧唐书》卷一九八《西戎·拂菻传》曰："隋炀帝常将通拂菻，竟不能致。"第16册，第5314页。又据《新唐书》卷二二一上《西域上·天竺国传》曰："隋炀帝时，遣裴矩通西域诸国，独天竺、拂菻不至为恨。"第20册，第6227页。
⑤ 《隋书》卷八十二《南蛮·林邑国传》，第6册，第1832—1833页。
⑥ 《隋书》卷八十二《南蛮·赤土国传》，第6册，第1833—1835页。
⑦ 陈佳荣、谢方、陆峻岭：《古代南海地名汇释》，中华书局1986年版，第408页。

强了隋朝与南海诸国的联系,常骏等人归国后,撰有《赤土国记》二卷,① 对当时人了解南海诸国的地理状况具有重要的价值。后人评价:其时"威震殊俗,过于秦汉远矣"②。

在谈到隋代对域外世界的了解与认知时,还不应该忽略裴矩的贡献。裴矩足迹所至,虽最远不过伊吾(今新疆哈密),但他为了配合炀帝经营西域的战略规划,被派往河西,往来于武威、张掖等地,"时西域诸藩,多至张掖,与中国交市。帝令矩掌其事。矩知帝方勤远略,诸商胡至者,矩诱令言其国俗山川险易,撰《西域图记》三卷,入朝奏之"。该书虽然早已亡佚,难知其详,但其序称:由于隋朝实行了对外开放的政策,"无隔华夷,率土黔黎,莫不慕化。风行所及,日入以来,职贡皆通,无远不至"。裴矩曾"因抚纳,监知关市,寻讨书传,访采胡人,或有所疑,即详众口。依其本国服饰仪形,王及庶人,各显容止,即丹青摹写,为《西域图记》,共成三卷,合四十四国。乃别造地图,穷其要害。从西顷以去,北海之南纵横所亘,将二万里。谅由富商大贾,周游经涉,故诸国之事罔不偏知。……今者所编,皆馀千户,利尽西海,多产珍宝"。该书从地理范围上来说,遍及当时中国已知的欧亚大陆甚至更广区域,从内容上说,不仅仅是文字叙述,而且有地图、人物、服饰、风俗图等,其资料来源则皆得之于各国的商胡和旅行家,亦比较可靠。尤其难能可贵的是,他还介绍了当时中西交通的三条最主要的路线:

> 发自敦煌,至于西海,凡为三道,各有襟带。北道从伊吾,经蒲类海(今新疆巴里坤湖)、铁勒部,突厥可汗庭,度北流河水(今锡尔河),至拂菻国,达于西海。其中道从高昌(今新疆吐鲁番)、焉耆、龟兹(今新疆库车),度葱岭(今帕米尔),又经钹汗(今费尔干纳盆地),苏对沙那国(今塔吉克斯坦乌腊提尤别)、康国(今阿姆河到锡尔河之间)、曹国、何国(今乌兹别克斯坦撒马尔罕西北)、大、小安国、穆国,至波斯,达于西海。其南道从鄯善(今新疆若羌)、于阗(和国)、朱俱波(叶城)、喝槃陀(塔什库尔干),度葱

---

① 《新唐书》卷五十八《艺文志》二,中华书局1975年版,第5册,第1505页。
② 《隋书》卷八十二《南蛮传》,第6册,第1838页。

岭，又经护密（今瓦汗）、吐火罗（今阿姆河、兴都库什山以北地区）、挹怛、忛延（今巴米扬）、漕国，到北婆罗门（今印度北部），达于西海。其三道诸国，亦各自有道，南北交通。其东女国、南婆罗门国等，并随其所往，诸处得达，故知伊吾、高昌、鄯善，并西域之门户也。总凑敦煌，是其咽喉之地。①

这就是著名的丝绸之路南、北、中三道。其中北道正是东罗马帝国皇帝查士丁二世（565—578年在位）派遣蔡马库斯（Zemarchus）于公元569年出使西突厥之道。②

在对外交往发展的基础上，涌现出了一批记叙域外地理的著作，除了裴矩《西域图记》（《隋西域图》）、韦节《西蕃记》、常骏《赤土国记》外，还有彦琮《大隋西国传》（或《西域传》）③、《大隋翻经婆罗门法师外国传》五卷、《西域道里记》三卷、《诸番国记》十七卷，等等。④ 考虑到隋朝历时短暂，在数量上已大大超出了前代，虽然这些书籍多已散佚，但它反映了隋代对外交通的高度发展，同时也促进了当时人们对外部世界的了解与认知。⑤

唐代派往域外的使节更是络绎不绝，其中最值得称道的是唐初杰出的

---

① 《隋书》卷六十七《裴矩传》，第6册，第1577—1584页。

② ［英］裕尔撰，［法］考迪埃修订：《东域纪程录丛——古代中国闻见录》，张绪山译，中华书局2008年版，附录ⅤⅢ《弥南德〈希腊史残卷〉所记突厥和拜占庭帝国的交往》，第170—176页。又张星烺《中西交通史料汇编》曰："历代史书所记，自汉迄唐通大秦或拂菻之路，皆在安息、波斯以西，取道里海之南。独《隋书》所言度北流河而至拂菻，最为奇特而有兴味。此道乃东罗马蔡马库斯奉使西突厥之道也。"中华书局2003年版，第1册，第164页。

③ （唐）释道宣：《续高僧传》卷二《达摩笈多传》："有沙门彦琮，内外通照，华梵并闻，预参传译，偏承提诱。以笈多游履，俱历名邦，见闻陈述，事逾前传，因著《大隋西国传》一部，凡十篇：本传、一方物、二时候、三居处、四国政、五学教、六礼仪、七饮食、八服章、九宝货、十盛列山河国邑人物。斯即五天之良史。"又见同书同卷《彦琮传》曰："仁寿二年下敕更令撰众经目录，……寻又下敕，令撰《西域传》。"见《中华大藏经》（汉文部分），中华书局1993年版。

④ 《隋书》卷三十三《经籍志二》，第4册，第986页。按：日本学者长泽和俊怀疑《诸番国记》也许就是韦节《西蕃记》。见氏著《韦节、杜行满之出使西域》，载《丝绸之路史研究》，钟美珠译，天津古籍出版社1990年版，第515—516页。

⑤ 李斌城主编：《唐代文化》，中国社会科学出版社2002年版，下册，第1682—1685页。

外交活动家王玄策。王玄策曾数次奉使印度,[1] 第一次于太宗贞观十七年至二十一年（643—647年）。原来早在贞观十五年（641年），摩伽陀（Magadha）国王尸罗逸多（戒日王）就遣使携带国书访问唐朝,太宗命云骑尉梁怀璥持节到该国报聘,这是中国使者第一次到达该国。尸罗逸多非常重视这次外交活动,又派出使者随同唐使一起回访中国。太宗对该国使者十分优待,又派卫尉丞李义表为正使,时任融州黄水县令的王玄策作为副使,送天竺使节返国,并游历了天竺各地,还在灵鹫山勒铭、摩诃菩提寺立碑。[2] 第二次在贞观二十一年至二十二年（647—648年），王玄策以右卫率府长史的身份再次出使中天竺,时值其国中大乱,玄策得吐蕃和泥婆罗（今尼泊尔）发兵相助,平定其乱。[3] 第三次在高宗显庆二年至龙朔元年（657—661年），"敕使王玄策等往西国送佛袈裟,至泥婆罗国西南……"[4] 第四次在龙朔三年至麟德二年（663—665年），追玄照法师回京,寻长年婆罗门卢迦溢多和长年药。[5] 王玄策出使印度,曾取道新开辟的吐蕃—泥婆罗道。1990年，在我国西藏吉隆县靠近尼泊尔边境的阿瓦呷英山口发现了王玄策留下的摩崖碑刻《大唐天竺使出铭》,该碑刻于显

---

[1] 关于王玄策出使印度的次数,有三次说、四次说,甚至五次说。三次说主要依据《法苑珠林》中有关 "唐国使人王玄策已三度至彼"、"大唐使人王玄策等,前后三回往彼"、"(王玄策)使至西域,前后三度" 等记载,冯承钧先生就持此说,见氏著《王玄策事辑》,载《西域南海史地考证论著汇编》,中华书局1957年版,第102—128页。一般介绍性著作也多持此说。孙修身先生经过严密考证,得出王玄策曾四次出使印度说,见氏著《王玄策出使印度的次数》,载《王玄策事迹钩沉》,新疆人民出版社1998年版,第4—14页。目前此说已得到学术界大多数学者的认可。李宗俊则提出王玄策或有第五次出使说,见氏著《唐敕使王玄策使印度事迹新探》,《西域研究》2010年第4期。

[2] 《新唐书》卷二二一上《西域上·天竺国传》,第20册,第6237—6238页。(唐)释道世撰,周叔迦、苏晋仁校注:《法苑珠林校注》卷二十九引《王玄策传》云:"粤以大唐贞观十七年三月内爰发明诏,令使人朝散大夫行卫尉寺丞上护军李义表、副使前融州黄水县令王玄策等,送婆罗门客还国,其年十二月至摩伽陀国。" 中华书局2003年版,第2册,第911页。

[3] 《新唐书》卷二二一上《西域传》上 "天竺国" 条载:"二十二年,遣王玄策使其国,以蒋仁师为副。" 第20册,第6238页。

[4] (唐)释道世撰,周叔迦、苏晋仁校注:《法苑珠林校注》卷十六引王玄策《西国行传》,中华书局2003年版,第2册,第538页。

[5] (唐)义净著,王邦维校注:《大唐西域求法高僧传校注》卷上《太州玄照法师》,中华书局1988年版,第9—12页。

庆三年（658年），应该是他第三次出使时所刻下的。① 他曾撰有《中天竺国行记》十卷，② 是了解南亚印度史地的重要文献，法国著名的东方学家烈维评价："其原书之价值，当不减于玄奘之记述也。"③ 可惜该书早已亡佚，仅见于唐初僧人道世编撰的《法苑珠林》、《诸经要集》等书中节引有若干条。另外，王玄策还访问过大夏（今阿富汗），据《续高僧传》卷四《玄奘传》说："使既西返，又敕王玄策等二十余人随往大夏，并赠绫帛千有余匹。"这次出使或许与高宗时曾遣使分往中亚诸国康国、吐火罗等地"访其风俗物产，画图以闻"有关。显庆三年（658年），根据使臣见闻，由宰相许敬宗领衔，诏史官编撰成《西域国志》60卷。④ 这次遣使的背景是显庆二年（657年），平定西突厥，于中亚石国俘虏阿史那贺鲁之后，唐高宗遣使分往中亚诸国，册封部族和政权首领，设置了一批羁縻府州。这些使节见于记载的有光禄卿卢承庆、董寄生、王名远等。卢承庆，见《旧唐书》卷一九四下《突厥传》下记载的一道唐高宗给西突厥首领阿史那弥射的诏书，称："贺鲁父子既已擒获，诸头部落须有统领。……卿宜与卢承庆等准其部落大小，位望高下，节级授刺史以下官。"董寄生，见《唐会要》卷九十九"康国"条载："显庆三年，高宗遣果毅董寄生列其所居城为康居都督府，仍以其王拂呼缦为都督。"王名远，见《通典》卷一九三《边防》九"吐火罗"条："龙朔元年（661年），吐火罗置州县使王名远进《西域图记》，并请于阗已西、波斯已东十六国分置都督府及州八十、县一百、军府百二十六，仍于吐火罗国立

---

① 西藏文管会文物普查队：《西藏吉隆县发现唐显庆三年〈大唐天竺使出铭〉》，《考古》1994年第7期。相关研究见霍巍《〈大唐天竺使出铭〉及其相关问题的研究》，《东方学报》（京都），第66册，1994年；又见《〈大唐天竺使出铭〉相关问题再探》，《中国藏学》2001年第1期；孙修身：《大唐天竺使出铭》，载氏著《王玄策事迹钩沉》，新疆人民出版社1998年版，第225—238页。林梅村：《〈大唐天竺使出铭〉校释》，《汉唐西域与中国文明》，文物出版社1998年版，第420—442页。

② 《新唐书》卷五十八《艺文志》二，中华书局1975年版，第5册，第1505页。该书又名《王玄策行传》、《西国行传》或《西域行记》，唐代官修巨著《西国志》就取材于该书和玄奘的《大唐西域记》。

③ ［法］烈维：《王玄策使印度记》，冯承钧译：《西域南海史地考证译丛》第七编，中华书局1957年版，第1页。

④ 《新唐书》卷五十八《艺文志》二，第5册，第1506页。

碑，以记圣德，帝从之。"① 此外，在这次充使中亚的使节中似乎还有仕唐的波斯侨民阿罗憾，据《阿罗憾墓志》载："君讳阿罗憾，族望波斯国人。显庆年中，高宗天皇大帝以功绩可称，名闻□□，出使召来至此，即授将军，北门□领，侍卫驱驰。又差充拂林国诸蕃招慰大使，并于拂林西界立碑。"② 据林梅村先生考证，"名闻□□"，似为"名闻西域"，当也与显庆遣使中亚有关。③

另外，唐代还有许多派往域外的使节，如达奚弘通和杨良瑶等。达奚弘通在上元年间，④ 被派往海外出使，他归来后著有《海南诸蕃行记》（又作《西南海诸蕃行记》、《诸蕃行记》）一卷。⑤ 据《中兴书目》著录云："《西南海诸蕃行记》一卷，唐上元中唐州（治今河南泌阳）刺史达奚弘通撰。弘通以大理司直使海外，自赤土到虔那，凡经三十六国，略载

---

① 又分见《旧唐书》卷一九八《西戎·波斯传》，中华书局1975年版，第16册，第5313页；《新唐书》卷四十三下《地理志》七下，第4册，第1135页。两书载王名远为陇州南由县令选为使臣。李宗俊认为王名远就是王玄策，见氏著《唐敕使王玄策使印度事迹新探》，《西域研究》2010年第4期

② 《大唐故波斯国大酋长右屯卫将军上柱国金城郡开国公波斯君丘之铭》，见周绍良主编《唐代墓志汇编》景云〇〇一，上海古籍出版社1992年版，上册，第1116页。

③ 林梅村：《洛阳出土唐代犹太侨民阿罗憾墓志跋》，《西域文明——考古、民族、语言和宗教新论》，东方出版社1995年版，第94—110页。他还认为，"于拂林西界立碑"的"拂菻"即东罗马帝国，阿罗憾出使拂林时，正值东罗马皇帝君士坦兹二世在阿拉伯军队咄咄逼人的攻势下，一度将宫廷从君士坦丁堡迁到意大利，阿罗憾大概是在意大利宫廷见到这位东罗马皇帝，并立碑纪念。但有学者对此提出怀疑，参见张绪山《唐代拜占庭帝国遣使中国考略》，《世界历史》2010年第1期。又如日本学者榎一雄和意大利学者富安敦都认为，此拂菻并非东罗马帝国，而可能是指中亚另一个叫"忽懔"的地方之别称。"忽懔"，即Khulm，位于缚叱（Balkh）和阿缓（Warwāliz）之间。657年苏定方在伊塞克湖（Issyk—Kul）附近击败西突厥后，王名远在中亚设立行政管理机构，建议在中亚立碑，就是阿罗憾在"拂菻西界"立下的石碑，二者应为同一回事。参见榎一雄《唐代の拂菻国に関する一問題（波斯国酋长阿罗憾丘铭中の拂菻国）》，《北亚细亚学报》1943年第2期。富安敦（Antonio Forte）撰，黄兰兰译：《所谓波斯亚伯拉罕——一例错误的比定》，载林悟殊著：《唐代景教再研究》附录，中国社会科学出版社2003年版，第231—270页。还有学者对《阿罗憾墓志铭》进行了更为细致的研究，考证出此处的"拂菻"乃指吐火罗而言。参见马小鹤《唐代波斯国大酋长阿罗憾墓志考》，载荣新江、李孝聪主编《中外关系史：新史料与新问题》，科学出版社2004年版，第99—127页。

④ 唐代有两个上元年号，一个是在高宗时（674—676年），一个在肃宗时（760—761年）。论者大多认为达奚弘通出使海外当在高宗上元年间。

⑤ 《新唐书》卷五十八《艺文志》二，第5册，第1508页。

其事。"① 赤土即隋代常骏出使之地，位于今印尼苏门答腊或马来半岛一带，或以为在今马来半岛西部之吉打（Kedah）以南，虔那或还原为Ka-na，位于今阿拉伯半岛南部之 Bandar Hisn Ghorah，②似为达奚弘通所至西南海之终点，惜其书已亡佚，但在残留的记载中保存了唐朝使臣直航阿拉伯的宝贵记录。

杨良瑶，出身宦官，曾被派往大食出使，但其事不见于传统史籍，却在其《神道碑》中留下来了弥足珍贵的记载：

> 贞元初，既靖寇难，天下乂安，四海无波，九泽入觐。昔使绝域，西汉难其选；今通区外，皇上思其人。比才类能，非公莫可。以贞元元年（785年）四月，赐绯鱼袋，充聘国使于黑衣大食，备判官、内傔，受国信、诏书。奉命遂行，不畏乎远。届乎南海，舍陆登舟。䫻迻无悸险之容，凛然有必济之色。义激左右，忠感鬼神。公于是剪发祭波，指日誓众。遂得阳侯敛浪，屏翳调风。挂帆凌汗漫之代，举棹乘灏溔之气。黑夜则神灯表路，白昼乃仙兽前驱。星霜再周，经过万国。播皇风于异俗，披声教于无垠。德返如期，成命不坠。③

杨良瑶出使黑衣大食，应该与当时唐王朝试图联合大食、天竺、南诏、回纥等共同抗击吐蕃的战略决策有关。"安史之乱"后，吐蕃趁机夺取了唐朝的河西、陇右之地，切断了唐与西域的联系。代宗广德元年（763年），吐蕃一度攻陷唐都长安，对唐王朝形成了极大的威胁。到大历（766—779年）后期，吐蕃在西面开始受到大食的压迫，因其不能同时在两条战线作战，军力减弱，减少了对唐朝边境的侵扰。到780年（德宗建中元

---

① （宋）王应麟辑：《玉海》卷十六《地理·异域图书》引，江苏古籍出版社、上海书店1987年版，第1册，第301页上栏。

② （元）汪大渊著，苏继庼校释：《岛夷志略校释》"叙论"，中华书局1981年版，第6页。

③ 《杨良瑶神道碑》，转引自张世民《杨良瑶：中国最早航海下西洋的外交使节》，《咸阳师范学院学报》2005年第3期。早在1998年张世民先生就曾对该碑进行过研究，见《中国古代最早下西洋的外交使节杨良瑶》，载《唐史论丛》第7辑，陕西师范大学出版社1998年版，第351—356页。

年）左右，吐蕃的大部分军队集中在西线，以对抗大食。① 韩滉曾上疏指出："吐蕃盗有河湟，为日已久。大历以前（766—779 年），中国多难，所以肆其侵轶。臣闻近岁已来，兵众浸弱，西迫大食之强，北病回纥之众，东有南诏之防。"② 所以李泌建议德宗"北和回纥，南通云南，西结大食、天竺"，以困吐蕃。他还说："大食在西域为最强，自葱岭尽西海，地几半天下，与天竺慕中国，代与吐蕃为仇，臣故知其可招也。"③ 而史载："贞元中，（大食）与吐蕃为勍敌。蕃军太半西御大食，故鲜为边患，其力不足也。"④ 有人注意到，从大历五年（770 年）以后到贞元初年（785 年）这一段时间，吐蕃与唐朝之间争战的激烈程度确实大不如广德、大历间那些年。而且，建中二年（781 年）以后，唐朝中央与其西域守将间联系较多，有关"蕃军太半西御大食"的说法应该是有来由的。⑤ 由此可见，杨良瑶出使黑衣大食应该是唐王朝在实施这一战略决策过程中的一次重要的外交活动。杨良瑶的出使虽然没有留下较多的文字记载，但他归来后必定会带回大量的有关阿拉伯的信息。

隋唐时期，由于对外交通道路的空前畅通，西行求法的僧人更加众多。仅据义净《大唐西域求法高僧传》记载，自唐太宗贞观十五年（641 年）至武则天天授二年（691 年），由唐朝本土出发前往印度和南海求法的僧人就多达 57 位，⑥ 形成了西行求法史中的又一个高潮。其中最杰出者有玄奘、义净、慧超、悟空等高僧。

玄奘是古代伟大的旅行家和探险家，他西游取经的故事经过后世小说家的渲染早已家喻户晓。他于贞观元年（627 年），从长安起程去天竺游学，沿着丝绸之路，途经高昌（今新疆吐鲁番）、碎叶（今吉尔吉斯斯坦托克马克附近）、昭武九姓、吐火罗等地，翻山越岭，饱经风霜，历尽艰险，最后到达了古印度，游历了五天竺，足迹遍及南亚各地。他在游学

---

① ［法］张日铭：《唐代中国与大食穆斯林》，姚继德、沙德珍译，宁夏人民出版社 2002 年版，第 98—101 页。
② 《旧唐书》卷一二九《韩滉传》，中华书局 1975 年版，第 11 册，第 3601 页。
③ 《资治通鉴》卷二三三德宗贞元三年（787 年）九月条，中华书局 1957 年版，第 16 册，第 7501—7505 页。
④ 《旧唐书》卷一九八《西戎·大食传》，中华书局 1975 年版，第 16 册，第 5316 页。
⑤ 王小甫：《唐、吐蕃、大食政治关系史》，北京大学出版社 1992 年版，第 209 页。
⑥ 参见王邦维《大唐西域求法高僧传校注》附录一《求法僧一览表》的统计，中华书局 1988 年版，第 247—252 页。

19年之后，于贞观十九年（645年）回国，撰写了《大唐西域记》十二卷，详细记载了自己亲身游历和听说过的138个城邦、地区和国家的风土、人情、物产、气候、交通、信仰和历史传说等情况，其所记载的域外地理知识之丰富，达到了前所未有的水平，成为当时人们了解中亚、南亚等国的历史、地理和中西交通的宝贵资料。

玄奘之后，又涌现出了另一位著名的旅行家义净。义净于唐高宗咸亨二年（671年），从番禺（今广州）出发，搭乘波斯商船，从海道远赴印度，途经室利佛逝（今印度尼西亚苏门答腊的巨港附近）、末罗瑜（今苏门答腊的占碑附近）、羯荼（今马来半岛的吉打）、裸人国等地，到达东印度的耽摩梨底国，开始巡礼释迦胜迹，历时25年，游历30余国，最后又从海道回国。他所撰写的《南海寄归内法传》和《大唐西域求法高僧传》，记录了南亚和东南亚许多国家的历史、地理和风俗习惯等情况，是当时人们了解和认知这些地区的珍贵资料。

慧超（又作惠超）是一位来自新罗的僧人。他约于开元十一年（723年），从广州泛海赴印度巡礼，在游历了五天竺之后，最后辗转经中亚各地，于开元十五年（727年）返抵安西。慧超归来后，撰有《往五天竺国传》，记述了他在天竺和中亚各地巡游的经历，是8世纪上半叶了解和认知南海、印度和中亚各国历史、地理的重要资料。可惜该书已多亡佚，幸赖敦煌石室中保留下来的残本，使后人得以窥见他在印度游历及归来的大致路线。①

悟空，俗姓车，名奉朝，原来并非僧人。他早年从军，于天宝十载（751年），随中使张韬光率领的40余人的使团出使罽宾，经安西，逾葱岭，到达犍陀罗，受到其国王的礼遇。就在使团要返回时，他因病滞留，于是出家为僧，因得到北天竺、中天竺各处巡游佛迹。其后经吐火罗，由龟兹过北庭，于唐德宗贞元六年（790年）回到长安，前后长达40年。他亦撰写有行纪，但很简略，不过亦可以据此略知犍陀罗等地的情况。②

---

① （唐）释慧超著，张毅笺释：《往五天竺国传笺释》，中华书局2000年版。
② 日本学者长泽和俊曾对悟空入天竺求法的事迹有详细考证，可参见［日］长泽和俊《释悟空之入竺求法行》，见氏著《丝绸之路史研究》，钟美珠译，天津古籍出版社1990年版，第544—572页。

隋唐时期前往域外的求法僧侣很多,他们的游历和撰述也成为中古时期的人们了解和认知域外世界的另一重要信息来源。

隋唐时期,前往域外游历的旅行家也当不在少数,最值得一提的是杜环。杜环是杜佑的族子,他曾于唐玄宗天宝十载(751年),随唐朝名将高仙芝统帅的大军西征。在怛逻斯(今哈萨克斯坦江布尔城附近)之战中被大食军所俘,在阿拉伯地区生活了11年,远游中亚、西亚的许多地方,行踪直到地中海和东北非一带。直到唐肃宗宝应元年(762年),杜环才乘船从阿拉伯半岛经海道由波斯湾、阿曼湾、印度洋,过马六甲海峡、南中国海回到祖国。这是一条海上丝绸之路,也是当时中国海外交通贸易的最远航路。杜环回国后,将自己这段不平凡的经历以及在西域、西亚等地的见闻,撰写成《经行记》一书。该书早已亡佚,所幸在杜佑《通典》中摘引了几段,才使后人有可能了解到该书的大致面貌。从这些残存的文字来看,该书记述了8世纪中叶前后域外世界的政治、经济、文化、地理、历史、风土人情等状况,是极为珍贵的原始资料。所记有拔汗那国(今乌兹别克斯坦费尔干纳)、康国(今乌兹别克斯坦撒马尔罕)、师(狮)子国(今斯里兰卡)、拂菻国(即东罗马帝国)、摩邻国(今厄立特里亚)、波斯国(今伊朗)、石国(今乌兹别克斯坦塔什干附近)、碎叶、大食(阿拉伯帝国)、末禄国(今土库曼斯坦)、苫国(今叙利亚)等,许多内容和见闻都是他第一次记述。杜环作为中古时期最伟大的旅行家,他走过了当时东西方陆路和海路两条丝绸之路,全程约计八万里。他的行踪范围之广,游历时间之长,在中国和世界历史上都是少有的。他是中国最早到达西亚、北非和地中海的旅行家,对增进当时人们对世界的认知与了解作出了巨大贡献。

隋唐时期,往来于东西方之间的行商沽客也很多,他们的种种神奇经历和传说也对开阔古代中国对世界的了解和认知视阈大有助益。这一时期,中国商人的足迹已经远涉阿拉伯海,甚至到达东非海岸,中国和阿拉伯帝国之间的商船往来也不断,中国的商船已经到达阿拉伯海、波斯湾,甚至上溯到幼发拉底河,从这里进而前往拜占庭帝国。阿拉伯古代旅行家马苏第在《黄金草原》一书中就提到:"当时中国的船只就驶往阿曼、锡拉夫、法尔斯和巴林海岸、乌布拉(Obolla)和巴士拉,而这些地区的船只也直接航行中国。"① 他还说：幼发拉底河"注入了印度洋，该洋在这一时代一直到达今天叫做奈杰夫的遗址。来自中国和印度的那些前往希腊国王地区的船只就到达那里"②。当时印度在东西方贸易中也扮演了一个至关重要的角色，"（印度）东海岸各港口耽摩栗底、伽塔什拉（Ghantashala）和卡陀拉（Kadura）操纵了北印度和东南亚的贸易，而西海岸各港口布罗奇、乔尔（Chaul）、卡利安（Kalyan）和坎贝（Cambay）与地中海和西亚贸易。……中国丝绸大量进口，埃塞俄比亚的象牙也是这样。……此时，印度的商船定期横跨阿拉伯海、印度洋和中国海，并在这些地区的所有港口出现。……中国的商人们也在东非诸港口竞争着"③。这些漂洋过海的商人带回的见闻必然极大地丰富了古代中国对世界的了解与认知。

唐德宗时的宰相贾耽曾任鸿胪卿，主持外交事宜，"好地理学，凡四夷之使及使四夷还者，必与之从容，讯其山川土地之终始。是以九州之夷险，百蛮之土俗，区分指画，备究源流"。他曾自述："弱冠之岁，好闻方言，筮仕之辰，注意地理，究观研考，垂三十年。绝域之比邻，异蕃之习俗，梯山献琛之路，乘舶来朝之人，咸究竟其源流，访求其居处。阛阓之行贾，戎貊之遗老，莫不听其言而掇其要，闾阎之琐语，风谣之小说，亦收其是而芟其伪。"④ 他曾撰写有《皇华四达记》十卷、《海内华夷图》及《古今郡国县道四夷述》四十卷等，详细记录了当时从广州前往大食的南海航线"广州通海夷道"：

> 广州东南海行，二百里至屯门山，乃帆风西行，二日至九州石（七洲列岛）。又南二日至象石（大洲岛）。又西南三日行，至占不劳

---

① ［古代阿拉伯］马苏第：《黄金草原》，耿昇译，青海人民出版社1998年版，第182页。又见［法］费琅编《阿拉伯波斯突厥人东方文献辑注》，耿昇、穆根来译，中华书局1989年版，上册，第114页。
② ［古代阿拉伯］马苏第：《黄金草原》，耿昇译，青海人民出版社1998年版，第131页。所谓"希腊国王地区"当时在拜占庭帝国统治之下。
③ ［印度］R. 塔帕尔：《印度古代文明》，林太译，浙江人民出版社1990年版。第149—150页。
④ 《旧唐书》卷一三八《贾耽传》，中华书局1975年版，第12册，第3784页。《新唐书》卷四十三下《地理志七下》也载："贞元宰相贾耽考方域道里之数最详，从边州入四夷，通译于鸿胪者，莫不毕纪。"中华书局1975年版，第4册，第1146页。

山（今越南占婆岛），山在环王国东二百里海中。又南二日行至陵山。又一日行，至门毒国（今越南归仁）。又一日行，至古笪国（今越南芽庄）。又半日行，至奔陀浪洲（越南藩朗）。又两日行，到军突弄山（越南昆仑岛）。又五日行至海峡（马六甲海峡），蕃人谓之"质"，南北百里，北岸则罗越国（马来半岛南部），南岸则佛逝国（苏门答腊岛）。佛逝国东水行四五日，至诃陵国（爪哇岛），南中洲之最大者。又西出硖，三日至葛葛僧祇国（位于伯劳威斯群岛），在佛逝西北隅之别岛，国人多钞暴，乘舶者畏惮之。其北岸则箇罗国。箇罗西则哥谷罗国。又从葛葛僧祇四五日行，至胜邓洲（日里附近）。又西五日行，至婆露国（巴鲁斯）。又六日行，至婆国伽蓝洲（尼科巴群岛）。又北四日行，至师（狮）子国（斯里兰卡），其北海岸距南天竺大岸百里。又西四日行，经没来国（印度奎隆），南天竺之最南境。又西北经十余小国，至婆罗门西境。又西北二日行，至拔䫻国（印度纳巴河口布罗奇附近）。又十日行，经天竺西境小国五，至提䫻国（印度河口巴基斯坦卡拉奇附近提勃尔），其国有弥兰太河，一曰新头河，自北渤昆国来，西流至提䫻国北，入于海。又自提䫻国西二十日行，经小国二十余，至提罗卢和国（波斯湾头伊朗阿巴丹附近），一曰罗和异国，国人于海中立华表，夜则置炬其上，使舶人夜行不迷。又西一日行，至乌剌国（波斯湾头之奥布兰），乃大食国之弗利剌河（幼发拉底河），南入于海。小舟泝流，二日至末罗国（伊拉克巴士拉附近），大食重镇也。又西北陆行千里，至茂门王所都缚达城。[①]

贾耽所记航路的终点"茂门王所都缚达城"，就是大食阿拔斯王朝的国都巴格达。巴格达为阿拔斯王朝的第二任哈里发曼苏尔在位时（754—775年）营建的新都，他曾指着这里兴奋地说："这个地方是一个优良的营地。此外，这里有底格里斯河，可以把我们和老远的中国联系起来。"[②]

[①] 《新唐书》卷四十三下《地理志七下》，中华书局1975年版，第4册，第1153—1154页。文中所对应的今地名据吴玉贵撰写的《唐代文化》第十编《对外文化交流篇》第二章《海路交通与唐朝对外文化交流》，中国社会科学出版社2002年版，下册，第1754—1756页。又法国学者伯希和曾对贾耽所叙"广州通海夷道"进行过考证，可资参考。见伯希和《交广印度两道考》，冯承钧译，中华书局2003年版。

[②] [美] 希提：《阿拉伯通史》，马坚译，商务印书馆1990年版，上册，第340页。

贾耽所记的从广州前往大食国都巴格达的海上交通线,在大约为同时期的阿拉伯人伊本·胡尔达兹比赫所著的《道里邦国志》中也有详细记载:"从巴士拉至哈莱克(Khārrak)岛为50法尔萨赫(1法尔萨赫约合6.24公里)","从哈莱克岛至拉旺(Lāwān)岛为80法尔萨赫","再至艾布隆(Abrūn)岛为7法尔萨赫","再至海音(Khayn)岛为7法尔萨赫","再至钦斯(Kis)岛为7法尔萨赫","再至伊本·卡旺(Lbn Kāwān)为18法尔萨赫","从伊本·卡旺岛到乌尔木兹(Urmūz,即霍尔木兹,今伊朗阿巴斯港一带)为7法尔萨赫,再至沙拉(Thārā)为7日程,沙拉是波斯和信德的分界。从沙拉至代义布勒(Al—Daybul)为8日程。从代义布勒至米赫朗(Mihrān,信德河,贾耽称之为弥兰太河)的入海口,须行海路2法尔萨赫","从米赫朗至乌特金(Utkin)须行四日","从乌特金至库利(Kūli)为2法尔萨赫。从库利至信丹(Sindān)为18法尔赫萨","从信丹至穆拉(Mulā,没来国)为5日程","从穆拉至布林(Bullin)须行2日程","谁想往中国去,就需从布林转弯,经塞兰布迪(师子国)的左侧至艾兰凯巴鲁斯(Alankabālūs,即今尼科巴群岛),其间有10日至15日程","从艾兰凯巴鲁斯复前行6日,即抵凯莱赫(Kalah,即箇罗国)岛","再向凯莱赫的左方前行2日即达巴陆斯(Bālūs,即婆罗洲,今加里曼丹)岛","从此岛至加巴岛(即爪哇,诃陵国)为2法尔萨赫","从此处再行15日,即抵香料园之国(即香料群岛,今马鲁古群岛),此国将加巴和玛仪特(Māyt)隔开","从玛仪特出发,向左行至梯优麦赫(Tiyūmah)岛","从此岛至垓玛尔(Qamār)有5日程","从垓玛尔至海岸上的栓府(Al—Sanf,环王国)为3日程","从栓府至中国第一个港口鲁金(Lūqin,即龙编,在今越南河内一带),陆路、海路皆为100法尔萨赫","从鲁金至汉府(Khānfū,即广州),海路为4日程,陆路为20日程。汉府是中国最大的港口"①。贾耽和伊本二人所记的航线一来一往,但沿途所经之地大致相同,二者正好可以相互印证。

　　贾耽还专门记载了从波斯湾航行到非洲"三兰国"的航线,他说:"自婆罗门南境,从没来国至乌刺国,皆缘海东岸行。其西岸之西,皆大

---

① [古代阿拉伯]伊本·胡尔达兹比赫:《道里邦国志》,宋岘译注,中华书局1991年版,第64—72页。

食国,其西最南谓之三兰国。自三兰国正北二十日行,经小国十余,至设国(南也门之席赫尔)。又十日行,经小国六七,至萨伊瞿和竭国(阿曼之卡拉特),当海西岸。又西六七日行,经小国六七,至没巽国(阿曼北部苏哈尔港)。又西北十日行,经小国十余,至拔离謌磨难国(波斯湾西岸之巴林岛)。又一日行,至乌剌国,与东岸路合。"① 关于"三兰国"的地望,众说纷纭,有索马里北部"泽拉港"说、坦桑尼亚"达累斯萨拉姆"说、"桑给巴尔"说及"亚丁说"等。② 学术界基本倾向于其地应在东非沿海某地。

从广州至波斯湾头的乌剌国约需 87 天,从东非沿海至乌剌国约需 48 天。贾耽对当时南海航线记载的详细和精确程度,都远远超过了前代,这反映了当时海上交通的异常发达。③

史念海先生曾说:"正是由于这样一些使人和僧侣,以及其他有关的人等,向域外各国作了无尽的探索与了解,这就使当时中土人士对于世界的认识再次得到扩大。"④ 隋唐时期通过对域外世界的大规模探索,对"世界"的认知范围越来越大,除了传统的东亚世界外,对中亚、南亚、西亚,甚至欧洲、非洲等地都有了更深入的了解与认知。认知的内容也越来越丰富,包括对地理环境(地域方位及其道里远近、气候、水文、土壤、植被、物产等)的差异性、人种体质(肤色、发型、体质等)上的差异性、风俗习惯(婚姻丧葬、岁时节令等)上的差异性、制度上的差异性、经济方式上的差异性、宗教、思想以及群体记忆(如对远古祖先事迹的追溯)上的差异性、文物与文化符号(语言、文字等)上的差异

---

① 《新唐书》卷四十三下《地理志七下》,中华书局 1975 年版,第 4 册,第 1153—1154 页。文中对应的今地名据吴玉贵撰写的《唐代文化》第十编《对外文化交流篇》第二章《海路交通与唐朝对外文化交流》,中国社会科学出版社 2002 年版,下册,第 1754—1756 页。

② 关于"三兰国"的地望,陈公元主"泽拉港"说,见氏著《从贾耽的"通海夷道"看唐代中非关系》,《西亚非洲》1983 年第 3 期;岑仲勉主"达累斯萨拉姆"说,见氏著《自波斯湾头至东非中部之唐人航线》,载《中外史地考证》,中华书局 1962 年版,下册,第 401—414 页。许永璋主"桑给巴尔"说,见氏著《三兰国考》,《西亚非洲》1992 年第 1 期。日本学者家岛彦一主"亚丁说",他发现亚丁的波斯语名 Samran,三兰即其对音,见氏著《南阿拉伯的东方贸易港》,《东方学》第 31 辑,1965 年。

③ 李斌城主编:《唐代文化》,中国社会科学出版社 2002 年版,下册,第 1754—1756 页。

④ 史念海:《隋唐时期域外地理的探索及世界认识的再扩大》,载氏著《唐代历史地理研究》,中国社会科学出版社 1998 年版,第 496—533 页。

性等方面的认知。这表明古代中国对"世界"的认知的层次也越来越分明和具体。

第三节 传统变革与外来挑战：中古时期中国对世界认知观念的变化

随着魏晋南北朝隋唐时期的中国对"世界"的认知范围越来越扩大，认知的内容越来越丰富，认知的层次越来越分明和具体，认知观念也发生了很大的变化，这主要体现在传统观念的变化和外来观念的影响两个方面。具体而言，从以下几个方面反映出来：

一 传统的"中国"中心观念受到挑战

传统"中国观"是与"天下观"紧密联系在一起的，传统的"中国观"认为"华夏"居天下之中，故为"中国"，蛮、夷、戎、狄居四方。大约从战国时期开始，人们把从黄帝到夏、商、周和春秋战国时期的"诸夏"都称作"中国"，秦汉时期是大一统的王朝，自然也不例外，也是"中国"。但是到中古时期，随着佛教在社会上的广泛传播与流行，佛教信徒越来越多，许多中国人盲目崇拜古印度，因为那里是佛祖的老家，所以出现了把中天竺或印度称为"中国"（Madhya-desa），而把传统"中国"称为"边地"（Mleccha-desa），生活在这里的人们也被称为"边人"或"边地人"的现象。[①]

中古时期的印度按照区域分为东、西、南、北、中五大部分，合称"五天竺"。在古代印度，一般把中天竺称为"中国"。陈桥驿先生说："这个'中国'，在梵语作 Madhyadesa，是由梵语 Madhya（意谓中间的）和 Desa（意为国家）二词合成。……这个所谓'中国'，其实就是古代恒河中游的中印度。"他还引艾德尔（E. J. Eitel）《中国佛教手册》（Hand-

---

[①] 关于这个问题中外许多学者曾有过相关的论述。王邦维：《佛教的"中心观"对中国文化优越感的挑战》，载李景源等主编《东方哲学思想与文化精神》，中国社会科学出版社2009年，第169—181页。何方耀：《晋唐时期南海求法高僧群体研究》，宗教文化出版社2008年版，第94—111页。谭世宝：《印度中天竺为世界和佛教中心的观念产生与改变新探》，《法音》2008年第2期。李四龙：《论中国佛教的民族融合功能》，《中国宗教》2009年第6期。［日］森安孝夫：《唐代における胡と佛教の世界地理》，《东洋史研究》第66卷第3号，2007年。

book of Chinese Buddhism Bing a Sankrit — Chinese Dictionary with Vocabularies of Buddhist Term）对于这个地名的解释："中国，中部的王国，印度中部的一般称谓（Madhya-desa, The Middle Kingdom, Common Term for Central India）。"①

在汉文佛典中，这一说法大约最早见于汉末三国时期。约东汉建安年间（196—220年）西域三藏竺大力共康孟详译《修行本起经》卷上《现变品》第一云："迦夷卫者，三千日月万二千天地之中央也，过去来今诸佛，皆生此地。"吴月支优婆塞支谦译《佛说太子瑞应本起经》卷上也曰："迦维罗卫者，三千日月、万二千天地之中央也。佛之威神，至尊至重，不可生边地。地为倾邪，故处其中，周化十方。往古诸佛兴，皆出于此。"很显然这里把释迦牟尼佛的诞生地迦毗罗卫国描绘成宇宙的永恒中心。过去、现在、未来诸佛都只能生于此国，而不能生边地，否则大地将会倾斜。牟子《理惑论》（又称《治惑论》）被看作是中国人所写的第一部佛学专著，其中讲道："（佛陀）所以生天竺者，天地之中，处其中和也。"他还援引中国传统的星象学说曰："北辰之星，在天之中，在人之北。由此观之，汉地未必为天中也。"②他明确否定了"汉地"是世界中心的说法，这种观念在以后的中国佛教界变成了一种"边地"和"边国"意识，把印度看成是他们心目中的"中国"，九死一生，西行求法。这种边地意识，还促使中国人放眼看世界，突破了原有的华夏文化优越感和狭隘的民族主义。③

孙吴时期的康泰《扶南传》也说："天竺去此（扶南），可三万余里，……以为天地之中也。"④但是，汉魏时期，由于佛教尚处于初传东土之时，中原地区的信众还不是很多，所以这一观念还没能广泛深入地流传开来。

到晋宋之际，汉地僧人开始主动掀起西行求法的高潮，由于受古印度思想的影响，原有的"中心—边缘"观念发生了很大的变化。东晋时法

---

① 陈桥驿：《梵语地名》，见氏著《郦学札记》，上海书店出版社2000年版，第223—224页。
② （梁）释僧祐编：《弘明集》卷一，上海古籍出版社1991年影印本，第2页上栏、第4页上栏。
③ 李四龙：《论中国佛教的民族融合功能》，《中国宗教》2009年第6期。
④ （北魏）郦道元著，陈桥驿校证：《水经注校证》卷一《河水》，中华书局2007年版，第7页。

显一行离开长安,远赴天竺求法,当他们一踏上天竺的土地,原来的"中国"观念由于受到强烈的宗教情感的影响和冲击,很快表现出极大的心理落差,产生了"中心—边缘"时空置换的心理变化,以致他后来撰写的《佛国记》中处处将天竺当作他心目中的"中国"来描写。据《佛国记》记载:当他们来到"陀历国"(今克什米尔西北部),回答当地僧人的问话时,就开始自称"边人";当他继续前行,到达乌苌国(故地在今巴基斯坦北部斯瓦脱河流域)时记述:"度河便到乌苌国。乌苌国是正北天竺也。尽作中天竺语,中天竺所谓中国。俗人衣服、饮食,亦与中国同。"当他来到"摩头罗国"(今印度北方邦西)时又记述:"从是以南,名为中国。中国寒暑调和,无霜、雪。人民殷乐,无户籍官法,唯耕王地者乃输地利,欲去便去,欲住便住。"当他来到"拘萨罗国舍卫城"(今印度北方邦北),看到释迦牟尼曾经居住过25年的祇洹精舍时,睹物生情,心中更加惆怅:"自伤生在边地,共诸同志游历诸国,而或有还者,或有无常者,今日乃见佛空处,怆然心悲。彼众僧出,问显等言:'汝从何国来?'答云:'从汉地来。'彼众僧叹曰:'奇哉!边地之人乃能求法至此!'自相谓言:'我等诸师和上相承已来,未见汉道人来到此也。'"他们一行人在瞻礼佛迹之后,感叹地说:"此中国有九十六种外道,皆知今世、后世,各有徒众。"当他来到恒河中游最著名的大国摩羯提国的巴连弗邑(今印度比哈尔邦之巴特那)时,又说:"凡诸中国,唯此国城邑为大。民人富盛,竞行仁义。"当他游历到伽耶城(今印度比哈尔邦之伽雅城)时,又说:"中国寒暑均调,树木或数千岁,乃至万岁。"后来法显一行欲归国时,随他同去的道整:"既到中国,见沙门法则,众僧威仪,触事可观,乃追秦土边地,众僧戒律残缺。誓言:'自今已去到得佛,愿不生边地。'"竟终生留在他心目中的"中国"天竺,虔诚地学习戒律。当法显到达师(狮)子国时说:"其国前王遣使中国,取贝多树子,于佛殿旁种之。"当他最后踏上故国,总结他的天竺之行时还说:"法显发长安,六年到中国,停六年,还三年达青州。"① 这里所提到的"中国"都是指他心目中的天竺。所以《四库提要》提到该书时批评道:

---

① (东晋)法显撰,章巽校注:《法显传校注》,第23、27—28、46、62—63、88、103、129、150页。

"其书以天竺为中国,以中国为边地,盖释氏自尊其教,其诞谬不足与争。"①

到唐代,僧人道宣在《释迦方志》中专辟"中边篇",所谓"中",指"中国"、"中心";所谓"边",则指"边地"、"边缘"。在这篇文字中,道宣集中讨论了在他看来的世界的"中心"和"边缘",中心在哪里,中国处在世界的什么位置上等一系列问题。他的意见,很有代表性,它完整地反映了当时接受印度佛教"中心观"的一部分中国人对问题的理解。②他从"名"(诠名)、"里"(地理)、"时"(时令、气候)、"水"(水系分布)、"人"(人种分布)五个方面论证了天竺为"天下之中",他引证佛经说:佛所生国迦毗罗卫城,"天地之中央也。佛之威神,不生边地,地为倾斜故。中天竺国如来成道树下有金刚座,用承佛焉。据此为论,约余天下以定其中"。关于如何从五个方面入手判别"中国"与"边地",他又写道:

> 所言名者,咸谓西域以为中国,又亦名为中天竺国。此土名贤谈邦之次,复指西宇而为中国。……夫以八难所标,边地非摄,出凡入圣,必先中国。故大夏亲奉音形,东华晚开教迹,理数然矣。
> 二言里者,夫此一洲大分三量。二分以北,土旷人稀,獯狁所居,无任道务。一分以南,尽于三海,人多精爽,堪受圣化,故约道胜大圣都焉。……观此通摄,取其退迩齐致,以定厥中,其理易显。
> 三言时者,谓雪山以南名为中国,坦然平正,冬夏和调,卉木常荣,流霜不阡。自余国边鄙,安足语哉?
> 四言水者,此洲中心有一大池,名阿那陀苔多,唐言无热恼,即经所谓阿耨达池,在香山南大雪山北,居山顶上,非凡所至。……故此一池分出四河,各随地势而注一海。故葱岭以东水注东海,达嚫以南水注南海,雪山以西水注西海,大秦以北水注北海。故地高水本注下,是其中。此居海滨,边名难夺。……

---

① (清)永瑢等撰:《四库全书总目》卷七十一《史部》二十七《地理类》四《佛国记》条,中华书局1965年影印本,上册,第630页中栏。
② 王邦维:《佛教的"中心观"对中国文化优越感的挑战》,载李景源等主编《东方哲学思想与文化精神》,中国社会科学出版社2009年版,第169—181页。

五言人者，不出凡圣。凡人极位，名曰轮王；圣人极位，名曰法王。盖此二王不生则已，生必居中。……以洲定中轮王为王，居中王边，古今不改。此土（指中国）诸儒滞于孔教，以此为中，余为边摄。别指洛阳以为中国，乃约轩辕五岳以言，未是通方之巨观也。又指西蕃例为胡国，然佛生游履，雪山以南名婆罗门国，与胡隔绝，书语不同。故五天竺诸婆罗门书为天书，语为天语。……神州（指中国）书语，所出无本。……不比五天，书语一定。

以上五义以定中边，可以镜诸。①

由此可见，作者在这部专门记录佛门教徒关于世界道理行程的著作中，极力宣扬释教地理的优越性而贬抑其他地区。道宣还撰有《释迦氏谱》一书，其中也讲到类似的内容。以印度为中心或主张印度是世界的中心，魏晋以来，当然不只是道宣，道宣不过是对这种说法进行了总结，使它显得更为系统化和具备一种理论的基础。②

总之，由于强烈的宗教情感，这种源自古印度佛教徒心目中的"中心—边地"分野，对中国社会产生了很大的影响，"自西汉末年佛教传入中国，这种'天竺中心论'的思想也传入了中国，日渐被广大虔诚的佛教徒所接受，并且无可避免地与中国传统的'华夏中心说'发生较量与矛盾冲突"③。"这对一向自视为世界和文化中心的中国士大夫来说，不啻为一个石破天惊的异端邪说，但它却被佛门视为一项基本的常识。显然，视中国为'边地'，视天竺为'中国'的'边地意识'，成了汉唐佛门一种文化心理意识，一种与儒家士大夫之'中国意识'全然相反的文化心理意识。"④ 这势必对传统"中国"观造成挑战。正如葛兆光先生所说：佛教世界观，"曾经使中国文明天下唯一的观念受到冲击。在佛教传来的

---

① （唐）道宣著，范祥雍点校：《释迦方志》卷上《中边篇》，中华书局2000年版，第7—12页。
② 王邦维：《佛教的"中心观"对中国文化优越感的挑战》，载李景源等主编《东方哲学思想与文化精神》，中国社会科学出版社2009年版，第169—181页。
③ 谭世宝：《印度中天竺为世界和佛教中心的观念产生与改变新探》，《法音》2008年第2期。
④ 何方耀：《晋唐时期南海求法高僧群体研究》，宗教文化出版社2008年版，第99页。

时候，一些中国人不能不承认'华夏文明不是唯一'，'天下不是中国正中'。"①

二 "外国"观念的进一步流行对传统"天下观"的冲击

传统的"天下观"强调以自我为中心向边缘扩散的差序格局，将世界想象成一幅四夷环绕中华的"华夷秩序"图景。古代中国在处理与周边民族与国家的关系时，遵循"华夷秩序"的思路，逐渐形成了一整套册封、羁縻、朝贡的办法和制度，这套制度在东亚世界表现得尤其显著。②魏晋南北朝隋唐时期的中国也不例外，仍然还坚守着传统的"天下"、"华夷"观念，但这并不意味着"中国毫无其他文明国度存在的观念"③。随着对域外探索区域的逐渐扩大和认知，中古时期的人们认识到世界上除了"中国"和"四夷"之外，还有许多知名与不知名的"外国"，有些"外国"还和中国一样拥有同样高度发达的文明。

"外国"作为称呼本国以外国家的一个词汇早在汉代就已经出现了，到魏晋南北朝隋唐时期这一概念得到进一步流行和普及。孙吴时期，康泰和朱应出使扶南（今越南、柬埔寨）归来，撰写的见闻录《外国传》（或称《吴时外国传》），大概是目前所知我国第一部为"外国"所作的专传，这说明"外国"的观念已经广泛深入人心，它不仅仅指两汉时代的西域，而且扩大到了南海诸国。是当时我国了解和认识东南亚各国历史、地理、风俗习惯以及南海交通的重要资料，可惜的是该书早已亡佚。

晋人张华在撰《博物志》时，专列有"外国"门，"中国"与"外国"的界限非常明确，"中国之域，左滨海，右通流沙，方而言之，万五千里。东到蓬莱，西至陇右"；"自敦煌西涉流沙，往外国"④。在他的认

---

① 葛兆光：《思想史研究课堂讲录：视野、角度与方法》，生活·读书·新知三联书店2005年版，第183页。

② [日]崛敏一：《隋唐帝国与东亚》，韩昇、刘建英译，云南人民出版社2002年版，第1—12页。[日]金子修子：《中国皇帝与周边诸国的秩序》，[日]沟口雄三、小岛毅主编：《中国的思维世界》，孙歌等译，江苏人民出版社2006年版，第441—465页。

③ [美]杨联陞：《从历史看中国的世界秩序》，《国史探微》，新星出版社2005年版，第1页。

④ （晋）张华撰，范宁校证：《博物志校正》卷一、八，中华书局1980年版，第8、96页。

识中,从陇右、敦煌以西就到"外国"了,这与汉以来人们对"外国"的认识和理解是大致相同的。这一时期,还涌现出来一大批关于"外国"的字书、地理和音乐的著作,如字书有:《外国书》四卷;① 地理书有:沙门释智猛撰《游行外国传》一卷、释昙景撰《外国传》五卷、大隋翻经婆罗门法师《外国传》五卷、《交州以南外国传》一卷、释法盛撰《历国传》二卷②、支僧载《外国事》;③ 音乐书有:《外国伎曲》三卷、《外国伎曲名》一卷④等。到《旧五代史》时,在官修正史中正式出现了《外国传》,这表明关于中、外的观念已经完全深入人心。

三 "世界"观念的出现与"世界"意识的萌芽

"世界"一词最早来源于佛经。世指时间,界指空间,涵盖了时间与空间不可分割的道理。据《楞严经》卷四说:"何名为众生世界?世为迁流,界为方位。汝今当知,东、西、南、北、东南、西南、东北、西北、上、下为界。过去、未来、现在为世。"佛教中的"世界"一词,并非仅仅指地球,而是指整个宇宙。所以佛教又有"三千世界"、"大千世界"等种种说法。按照葛兆光先生的说法,佛教世界观是不同于古代中国的另外的"天下观念",它包括两个关于空间的观念:佛教的整体世界观和佛教的世界中心观。按照佛教的说法,世界并不是以中国为中心的一大块,而是四大洲,中国只是其中一洲。这和中国传统的天下观念有很大的不同,中国不再是唯一的天下了,天下要比传统的想象大得多,这倒是和邹衍说的"大九州"有一点像,所以后来这种四洲、九洲的说法,成了古代中国人接受新世界图像的一个资源。⑤

在今天,"世界"通常是指人类生活和居住的地球。在中国古代,相当于现代"世界"意义的词汇有天下、人间、世间、世上等,其中最常见的是"天下"。但是"天下"一词有很大的局限性,并不能准确地表述

---

① 《隋书》卷三十二《经籍志》一,第4册,第945页。
② 《隋书》卷三十三《经籍志》二,第4册,第985—986页。
③ (唐)杜佑撰,王文锦等点校:《通典》卷一九一《边防》七《西戎总序》,中华书局1988年版,第5册,第5199页。
④ 《旧唐书》卷四十六《经籍志》上,第6册,第1976页。
⑤ 葛兆光:《宅兹中国——重建有关"中国"的历史论述》,中华书局2011年版,第111—116页。

"世界"的观念。

中古时期，随着佛教的广泛流播，人们对"世界"这个外来词汇已经非常熟悉，并且经常应用。如唐代诗人岑参在《与高适、薛据登慈恩寺浮图》诗云："登临出世界，磴道盘虚空。"[1] 这里的"世界"指的是人间、世间。在《隋书·经籍志》地理类中记载了一部南朝齐梁时期僧人释僧祐（445—518年）编撰的《世界记》五卷，[2] 该书虽然早已亡佚，但在作者的另一部著作《出三藏记集》中留下了该书的序文和篇目，从中可略知其内容。据他所说作此书的目的是为了"区辩六趣"[3]，所谓"六趣"是佛教用语，亦称"六道"，佛教所说众生根据生前善恶行为有六种轮回转生的趋向，即：地狱、畜生、饿鬼、阿修罗、人、天。其序称：

> 夫三界定位，六道区分，麁妙异容，苦乐殊迹。观其原始，不离色心；检其会归，莫非生灭。生灭轮回，是曰无常；色心影幻，斯谓苦本。……
> 寻世界立体，四大所成，业和缘合，与时而兴，数盈灾起，复归乎灭。所谓寿短者谓其长，寿长者见其短矣。夫虚空不有，故厥量无边，世界无穷，故其状不一。然则大千为法王所统，小千为梵主所领，须弥为帝释所居，铁围为藩墙之域，大海为八维之浸，日月为四方之烛。总总众生，于兹是宅，琐琐含识，莫思涂炭。沉俗而观，则迂诞之奢言，大道而察，乃掌握之近事耳。但世宗周孔，雅伏经书。然辩括宇宙，臆度不了。《易》称天玄，盖取幽深之名；庄说苍苍，近在远望之色。于是野人信明，谓旻青如碧，儒士据典，谓乾黑如漆。青黑诚异，乖体是同，儒野虽殊，不知一也。是则俗尊天名，而莫识天实，岂知六欲之严丽，十梵之光明哉！至于准步地势，则虚信章亥；图度日月，则深委箅术。未值一隅，差以千里。虽复夏革说地，不过户牖之间；邹子谈天，甫在奥突之

---

[1] （唐）岑参著，陈铁民、侯忠义校注：《岑参集校注》卷二，上海古籍出版社2004年版，第130页。

[2] 《隋书》卷三十三《经籍志二》，第4册，第986页。

[3] （梁）释僧祐撰，苏晋仁、萧𬘓子点校：《出三藏记集》卷十二《释僧祐法集总目录序》，中华书局1995年版，第458页。

第三章 从"天下"到"世界":魏晋至隋唐时期中国对世界的探索与认知

内。炼石既诬,鳖足亦诡。俗书徒繁,竟无显说,世士蒙昧,莫详厥体。是以冯惠独虑,闵六合之相持;桓谭拒问,率五藏以为喻。通人硕学,思郁理穷,况乃墙见,其能辩乎!……祐以庸固,志在拾遗,……撰为五卷,名曰《世界集记》。将令三天阶序,焕若披图;六趣群分,照如临镜。

其目录为:

  第一卷:三千大千世界名数记第一(出《长阿含》)
     诸世界海形体记第二(出《华严经》)
     大小劫名譬喻记第三(出《楼炭经》)
     劫初世界始成记第四(出《长阿含》)
     大海须弥日月记第五(出《长阿含》)
     四天下地形人物记第六(出《长阿含》)
     劫初四姓种缘记第七(出《长阿含》)
  第二卷:转轮王圣记第八(出《长阿含》)
     欲界六天记第九(出《长阿含》)
     色界十八天记第十(出《长阿含》)
     无色界四天记第十一(出《长阿含》)
     乾闼婆甄那罗记第十二(出《长阿含》)
  第三卷:阿须轮斗战记第十三(出《长阿含》)
     世界诸神及饿鬼记第十四(出《长阿含》)
     龙金翅象师子十二兽记第十五(出《大集经》)
  第四卷:大小地狱阎罗官属记第十六(出《长阿含》)
  第五卷:世界云雨雷电记第十七(出《长阿含》)
     世界树王华药记第十八(出《长阿含》)
     小劫饥兵疫三灾记第十九(出《长阿含》)
     大劫火水风三灾记第二十(出《长阿含》)[1]

从其篇目和序文内容来看,这应该是一部反映佛教世界观的著作,其中包

---

[1] 《出三藏记集》卷十二《世界记目录序》,第 463—465 页。

含关于佛教地理观的内容。其内容不但与同它并列的裴矩的《西域图经》等地理书不同,而且与同它并列的僧人释昙勇所写的《外国传》、法显《佛国记》、智猛《游行外国传》等游记也不一样,所以该书虽然名曰《世界记》,且被《隋书·经籍志》列入"地理类"中,但还不能被看作是一部关于"世界"的地理书。

不过随着"世界"一词为人们的广泛使用,具有一定的早期"世界意识"也开始萌芽。人们在应用这个词汇时越来越多地表达出"世界"之意,如孟云卿《放歌行》诗有:"吾观天地图,世界亦可小。落落大海中,飘浮数洲岛。"① 吴涵虚《上升歌》:"我向大罗观世界,世界即如指掌大。"② "世界观念"和"世界意识"的出现与萌芽毕竟是不同于以往"天下"之类的传统观念,这对以"华夷"与"天下"观念为主的古代中国世界观造成了一定程度的冲击。

小 结

魏晋南北朝隋唐时期,习惯上又称为中古时期。中古中国对域外世界的探索与认知更加扩大和加深,尤其是对南亚和东南亚的认知方面取得了前所未有的成就。

首先,对南亚和印度的全面认识与深入了解。汉代张骞出使西域时,虽然听说过有身毒和号称"西南丝绸之路"的"蜀滇缅印"道,但他"把通往印度仅仅认为是到达大夏的一种手段"而已,"当时中国人对于印度的广大与重要性还毫无观念"③。随着佛教大举进入中国并迅速得到传播,中国人对于这个佛祖的故乡的了解与认识的热情空前高涨。从三国时期,朱士行西行求法开始,到晋唐时期形成了一个高潮,涌现出来了像法显、玄奘、义净等一大批求法高僧,他们不但游历了印度各地,而且还留下来了一大批游记,详细记述了古代南亚的各种人文地理、交通、历史、风俗等知识,从而使中国对印度的了解与认识达到了前所未有的广度

---

① 《全唐诗》卷一五七,第 5 册,第 1607 页。
② 《全唐诗》卷八六一,第 24 册,第 9729 页。
③ [英] G. F. 赫德逊:《欧洲与中国》,王遵仲、李申、张毅译,中华书局 1995 年版,第 37 页。

与深度。此外，中国还有不断出使印度各国的使节，尤其是唐初敕使王玄策数次西使，更是加深了对印度的了解与认识。与此同时，古代印度有关世界认识的一些观念，如四天子说、印度中心说、佛教地理观等，也传入中国，影响到中国人对世界的认识，并对传统"天下观"和"中国中心观"形成了一定程度的冲击。

其次，加深了对南海诸国暨东南亚地区的了解与认识。两汉时期，中国对域外世界的探索与认知主要集中在西域地区，虽然南海航行和贸易早已存在，但相对而言，对南海诸国的了解还是比较少的，史书中关于东南亚诸国情况的记载也很少。到中古时期，随着大批的使节和商人、僧侣扬帆远航，中国对南海诸国的探索与认知也进入了一个高潮。自两汉以降，史书中关于南海诸国的专门记载越来越多，仅《通典》著录的南海诸国就有：林邑、扶南、真腊、赤土、哥罗、顿逊（典逊）、毗骞、干陁利、狼牙修、婆利、盘盘、丹丹、罗刹、投和、边斗（班斗）、都昆（都军）、拘利（九离）、比嵩、杜薄、薄刺、诃陵、陁洹、火山、无论、室利佛誓、堕婆登（婆登）、阇婆、骠国等。这说明中古时期对南海诸国暨东南亚地区的了解与认知，无论从广度还是从深度上来说，都远远超过前代。

最后，对西域的认识与了解也更加深入。对西域的探索与认知一直是汉唐时期的中国认识世界的主要方向，自从汉代张骞通西域和班超进一步经营西域之后，中国与西域各国的互动与认知就不断加深。中古时期，由于欧亚大陆上民族冲突和迁徙异常频繁，西域的国际政治格局不断发生变化，这就需要对西域的认知也应与时俱进。位于丝绸之路西端的罗马帝国分裂为东、西两部分，中国与欧洲的接触主要是通过以君士坦丁堡为中心的东罗马帝国（拜占庭帝国，中国史书上称为"拂菻"）。位于西亚的安息帝国则被萨珊波斯所取代，后来又兴起了阿拉伯帝国（中国史书称为"大食"），灭亡了萨珊王朝。中亚地区政治局势的重大变化则是贵霜王朝的衰落和嚈哒、突厥、回鹘等民族和粟特昭武九姓国的相继兴起。中国的中原王朝在经历了魏晋南北朝隋唐的兴衰更替，对西域民族和国家的了解与认知也在不断更新与加深。

总之，中古时期中国对"世界"认知的范围越来越大，认知的内容也越来越丰富，认知观念也发生了很大的变化，认知的层次也越来越分明与具体。除了两汉时期对西域的探索之外，又加深了对南亚、东南亚、甚至非洲等地了解与认知。对世界的认知内容涉及对所在国的地理环境

(地域方位及其道里远近、气候、水文、土壤、植被、物产等)、人种体质(肤色、发型、体质等)、风俗习惯(婚姻丧葬、岁时节令等)、经济方式(农耕、游牧、商业贸易)、宗教、思想以及群体记忆(如对远古祖先事迹的追溯)以及文物与文化符号(语言、文字等)等方面。这些认知与了解都是通过与域外世界的互动以及探索取得的,它对中国"世界意识"的出现与形成产生了重大影响。

第四章

先秦至汉唐时期的西极地理观*

"西极"是与"四极"联系在一起的。所谓"四极",如顾颉刚先生所言:"就是在当时(笔者注:战国时期)的世界里东西南北四方各寻出一个最远的地点作为那一方的极。"[①]而"西极",自然就是西方最远的地点;"西极地理观"就是古代中国人对"西极"所在之地的认知和观念。而中国古代的西极地理观自先秦时期就已在东方初步形成,此后在汉唐时期中国人与西方日益频繁的互动中逐渐西扩,并进一步发展。

第一节 先秦时期的西极地理观:从东方到西方

古代中国人对于天下的描述是有层次的,这在先秦古籍《山海经》[②]中就有集中体现。《山海经》一书以四海为界,由内而外、由近及远的将天下分为海内、海外、大荒三个层次,其中,大荒中就有东、西、南、北四极,这对中国古代的世界观、天下观产生了深远的影响。

《大荒西经》提及的七座日月所入之山,即大荒之山、常阳之山、鏊

---

* 本章作者为赵丽云,是我指导的 2010 级博士研究生。她参加了我主持的本课题的研究,这是根据她的同名论文修改而成的。为了避免掠人之美之嫌,特此说明。

① 顾颉刚、童书业:《汉代以前中国人的世界说与域外交通的故事》,《顾颉刚古史论文集》卷五,中华书局 2011 年版,第 87 页。

② 对于《山海经》的成书时间,历来众说纷纭,但也形成一些共识,如其主体部分成书于战国时期。《大荒经》五篇成书最早,《山经》成书较晚,为缘图成文之书,其中某些内容在民间的产生和流传早于其成书年代等。参见蒙文通《略论〈山海经〉的写作年代及其产生地域》,《中华文史论丛》第一辑,中华书局 1962 年版,第 43—62 页;袁珂《〈山海经〉写作的时地及篇目考》,载氏著《神话论文集》,上海古籍出版社 1982 年版,第 1—25 页;袁珂《略论〈山海经〉的神话》,载氏著《神话论文集》,上海古籍出版社 1982 年版,第 26—44 页;刘宗迪《失落的天书——〈山海经〉与古代华夏世界观》,商务印书馆 2006 年版。

鏖钜、日月山、龙山、丰沮玉门、方山，即为时人眼中的西极所在，① 其中，叙及日月山时，更是直接与西极联系起来。②

已有学者指出，《大荒经》中这七对东西日月出入之山，是古人据以观测日月运行以确定季节和时日的天文坐标系统。③ 而《大荒经》虽成书于战国时，但它反映的以东、西山峰为参照、观象授时的制度，却可上溯到公元前2500年以泰山为中心的大汶口文化（即文献中的东夷文化），也就是传说中的尧舜禹时代。④ 有学者认为，最先跨入文明门槛的是东夷民族，甚至可以说五帝时代（距今4000—5000年之间）中华文明的重心不在中原而在山东。⑤ 因此，《大荒经》古图及据此成文的《大荒经》所描述的"世界"是在人眼的视力范围之内，应该是东夷地区的一个部落或小国。确然，上古时代，先民为视野所限，对天下四极的认识主要是目之所及的结果，西极自然就是日月所没之处了。

可以说，先民对西极的地理认知是比较原始的。而随着《山海经》成书于战国时期，在当时东、西方的交流互动中，东方之人所获得的西部地区的信息混合着他们的想象，乃至误解被附加于西方，东方人观念中的西海、流沙、昆仑山、西王母等也作为西极地理坐标不断西移。但值得注意的是，按《山海经》的整体划分来说，四极理应置身于大荒世界，但由于中国古代传统思维的笼统性、模糊性，同一事物既可出现在《大荒经》，亦可出现在《海外经》，甚至《海内经》及《山经》。因此，大荒世界中的流沙、昆仑山、西王母以及被当成西方内外分界线的西海也会出现在《海内西经》、《西山经》等篇。

《山海经》中关于西海、流沙、昆仑山、西王母的记载较多，现以如下几例作一说明：

《大荒西经》记载：

---

① 相应的，《大荒东经》也有七对日月所出之山，为时人眼中的东极所在。
② 即为："大荒之中，有山名日月山，天枢也。吴姖天门，日月所入。……下地是生噎，处于西极，以行日月星辰之行次。"参见袁珂《山海经校注》，上海古籍出版社1980年版，第402页。
③ 郑文光：《中国天文学源流》，科学出版社1979年版，第52页；刘宗迪：《失落的天书——〈山海经〉与古代华夏世界观》，商务印书馆2006年版，第5—11页。
④ 刘宗迪：《失落的天书——〈山海经〉与古代华夏世界观》，第419—430页。
⑤ 江林昌：《五帝时代中华文明的重心不在中原——兼谈传世先秦秦汉文献的某些说偏见》，《东岳论丛》2007年第2期。

第四章 先秦至汉唐时期的西极地理观

西有王母之山、壑山、海山。有沃之国，沃民是处。①

西海之南，流沙之滨，赤水之后，黑水之前，有大山，名曰昆仑之丘。……有人，戴胜，虎齿，有豹尾，穴处，名曰西王母。②

《海内西经》记载：

流沙出钟山，西行又南行昆仑之虚，西南入海黑水之山。
海内昆仑之虚，在西北，帝之下都。③

《海内北经》亦载：

西王母梯几而戴胜杖。其南有三青鸟，为西王母取食。在昆仑虚北。④

《西山经》亦载：

又西二百五十里，曰䗚山，是錞于西海，无草木，多玉。
西南四百里，曰昆仑之丘，实惟帝之下都，……
西水行四百里，流沙二百里……
又西三百五十里，曰玉山，是西王母所居也。⑤

其中，《大荒经》中的西海，或为虚指。上文曾指出《大荒经》与上古东夷文化之间的渊源关系，而1941年胡厚宣先生发表的《甲骨文四方

---

① 此处"西有王母之山"当为"有西王母之山"。参见袁珂《山海经校注》，第397页。
② 袁珂：《山海经校注》，第407页。
③ 同上书，第292、294页。
④ 同上书，第306页。此外，这段文字传统上载于《海内北经》，但系错简，应移入《海内西经》，参见袁珂《山海经校注》，第305页注2。
⑤ 袁珂：《山海经校注》，第32、47、50页。

风名考证》一文，还揭示《大荒经》与殷商文化的渊源关系①。此外，《山海经》极有可能出自齐人之手②，而东夷文化、殷商文化、齐文化又具有密切关系。由此可知，不论从《山海经》的文化渊源还是从其成书时代、地区来看，《山海经》中的"北海"应为今渤海，"东海"应为今黄海和东海，"南海"即为今南海，且北海、东海应是齐人亲眼所见，南海虽未必有齐人足迹，但齐人对之也应有一定的了解。因此，《山海经》中的北海、东海、南海应皆是实指，而西海起初则很可能是由此三海推测、想象出来的，并非实指，而到《山经》成书时，西海即因战国时期人们日渐扩展的地理知识而被落实到青海。③

昆仑山所在，其说甚多。顾颉刚《昆仑传说与羌戎文化》一文，根据历代史料，详细考察了昆仑山的地理源流，虽终未确定昆仑山的具体位置，但认为是《山海经》最先记载了昆仑。④ 刘宗迪则据《海经》考证"昆仑的原型是明堂，而非自然之山，因此它就可以出现在任何地方，在《山海经》中，昆仑的位置就是变动不居的"，"泰山，历史上必定在很长的一段时期内发挥了明堂的作用，泰山也许就是最初的昆仑"。因而"《海经》中的昆仑，最初的昆仑，只能是东方神山，而与西方毫不相干"、"在《海经》中，昆仑只是在字面意义上才属于西方"⑤。但《海经》本身关于昆仑的记载已使真相不显，而其后《山经》的作者则开后世误解之先河，即误认《大荒经》、《海内经》为天下地理的叙述，《大荒西经》、《海内西经》所述即为西方世界的地理，因此就把昆仑安排到了西方的山岭中，即今酒泉南山。⑥

关于流沙，《海经》中的流沙起初也许并非确指，应是当时的东方之

---

① 胡厚宣：《甲骨文四方风名考证》，载氏著《甲骨学商史论丛初集》，河北教育出版社2002年版，第265—273页。

② 沈福伟：《说〈山海经〉是中国第一部地理志结集》，载黄留珠主编《周秦汉唐文化研究》第2辑，三秦出版社2003年版，第4—9页；刘宗迪：《失落的天书——〈山海经〉与古代华夏世界观》，第605页。

③ 谭其骧：《论〈五藏山经〉的地域范围》，载氏著《长水粹编》，河北教育出版社2000年版，第318页。

④ 顾颉刚：《昆仑传说与羌戎文化》，载氏著《古史辨自序》，河北教育出版社2000年版，下册，第646—879页。

⑤ 刘宗迪：《失落的天书——〈山海经〉与古代华夏世界观》，第507、508、515页。

⑥ 谭其骧：《论〈五藏山经〉的地域范围》，载氏著《长水粹编》，第319页。

人约略知道西部某地有"流沙"这一颇具特色的自然景观。而成书较晚的《山经》中的流沙，则被落实在今额济纳沙碛。①

关于西王母，一般认为西王母是西域某一部落的酋长或女神，而刘宗迪认为《西山经》中的西王母沿自《大荒西经》、《海内北经》，而《大荒经》中的西王母位于东方，即中国境内东部，由于《山经》作者相信《大荒经》为实证性的天下地理，认为西王母在西方，因此也将西王母安排到西方群山中，又因《大荒经》中西王母所在的沃之野有璇瑰、瑶碧等美玉，所以就让她住在"玉山"②。西王母由此自东向西迁移，并在此后成为西极的地理标志之一。而西王母的原型则是"秋收庆典蒸尝祭祖仪式上扮演始祖母的神尸，始祖母者，崇高神圣之母也，是谓'王母'，谓之'西王母'，则是人们将岁时图中的秋天场景误解为西方风情的结果"③。而西王母神话就是以西王母信仰为背景的，这一信仰也是自东向西传播的。④

上述可知，《山海经》中日月所入、西海、昆仑山、西王母等说，都源出我国东方，而《山海经》一书蕴涵的西极地理观对战国时期的中国人产生了极大的影响，时人述及西极时，往往以其为蓝本，且有所发展，这首先体现在《穆天子传》一书中。

顾颉刚先生认为《穆天子传》为战国赵人所作，其著作背景即是赵武灵王的西北略地，而穆天子西行路线中的河套以东，正是赵武灵王西北拓地所走过的路线，有其实际性，而自此以西，则采《山海经》名词并加以作者的想象，但因有商旅往来，也可获知一些真实的消息。⑤

《穆天子传》对《山海经》西极地理观的沿袭主要表现在以昆仑、西王母、流沙等为西极标志。

关于昆仑，《穆天子传》卷二的记载主要如下：

    吉日辛酉，天子升于昆仑之丘，以观黄帝之宫。而丰□隆之葬，

---

① 谭其骧：《论〈五藏山经〉的地域范围》，载氏著《长水粹编》，第337页。
② 刘宗迪：《失落的天书——〈山海经〉与古代华夏世界观》，第536—537页。
③ 同上书，第564页。
④ 同上书，第543—549页。
⑤ 顾颉刚：《〈穆天子传〉及其著作年代》，载氏著《顾颉刚民俗学论集》，上海文艺出版社1998年版，第1—21页。

以诏后世。癸亥，天子具蠲齐牲全，以禋□昆仑之丘。①

这里的昆仑，可能与《西山经》所指相同，即今酒泉南山。

到过昆仑之丘后，周穆王又往北到达珠泽、舂山、群玉之山等，历时约一个月，之后又经一月西行到达西王母之地。

关于西王母，《穆天子传》卷三记载主要如下：

> 吉日甲子，天子宾于西王母。乃执白圭玄璧以见西王母，……天子遂驱升于弇山，乃纪丌迹于弇山之石，而树之槐，眉曰："西王母之山。"②

西王母所在之地，难以确指，大约还是在祁连山一带，顾颉刚认为从昆仑到西王母，"这一条路似乎是顺着祁连山走的，祁连山出玉，所以有群玉山"③。而在《穆天子传》中，玉山，即群玉之山与西王母也分离了，西王母还在群玉山之西。不过，在此，西王母倒是与弇山联系了起来。弇山，即《西次四经》的崦嵫之山，由《大荒西经》中的西海之神"弇兹"化来，亦是《山海经》西极的一种标志，所以在此就和西王母联系起来，弇山变作西王母之山了。

流沙之地，是穆王东还路上所经，《穆天子传》卷三、卷四分别有如下记述：

> 天子乃遂东征，南绝沙衍。辛丑，天子渴于沙衍，求饮未至。七萃之士高奔戎刺其左骖之颈，取其青血以饮天子。④
>
> 壬寅，天子饮于文山之下。文山之人归遗乃献良马十驷、用牛三

---

① 佚名撰，（晋）郭璞注，王根林校点：《穆天子传》，见《汉魏六朝笔记小说大观》，上海古籍出版社 2011 年版，第 10 页。
② 同上书，第 14 页。
③ 顾颉刚：《〈穆天子传〉及其著作年代》，载氏著《顾颉刚民俗学论集》，上海文艺出版社 1998 年版，第 21 页。
④ 佚名撰，（晋）郭璞注，王根林校点：《穆天子传》，《汉魏六朝笔记小说大观》，第 15 页。

百、守狗九十、牝牛二百以行流沙。①

　　流沙之地并非一处，但以赵人所有的地理知识而论，流沙应在河套以西的沙漠地带。

　　此外，《穆天子传》中春山（钟山）、赤水、洋水、黑水、群鸟解羽、长沙山等也出自《山海经》，且多与西极有关。

　　与《穆天子传》同时出土于战国魏墓的《竹书纪年》，对于周穆王的西征也有记载：

　　　　穆王北征，行流沙千里，积羽千里。
　　　　穆王西征，至于青鸟所解。
　　　　周穆王十七年，王西征昆仑丘，见西王母。其年来见，宾于昭宫。②

　　《竹书纪年》所记的穆王西征似乎不止一次，且又将"西征"细化为"北征"，但在这段不算长的记载中，可以更加清晰地看到此书中的西极地理标志主要是昆仑、西王母、流沙。《海内北经》又载："西王母梯几戴胜杖，其南有三青鸟，为西王母取食。在昆仑虚北。"③可知，三青鸟是为西王母取食的神鸟，所以"青鸟所解"实亦与西王母有关。

　　周穆王西征的传说，《列子·周穆王篇》中也有所载：

　　　　周穆王时，西极之国有化人来。……王大悦。不恤国事，不乐臣妾，肆意远游。……遂宿于昆仑之阿，赤水之阳，别日升昆仑之丘，以观黄帝之宫；而封之以诒后世。遂宾于西王母，觞于瑶池之上。西王母为王谣，王和之，其辞哀焉。西观日之所入。④

　　可见，《列子》的这段记述很可能是《穆天子传》的一个缩写，而此

---

① 佚名撰，（晋）郭璞注，王根林校点：《穆天子传》，《汉魏六朝笔记小说大观》，第17页。
② 方诗铭、王修龄：《古本竹书纪年辑证》，上海古籍出版社1981年版，第46—47页。
③ 袁珂：《山海经校注》，第306页。
④ 杨伯峻：《列子集释》，中华书局1985年版，第90—98页。

处的西极地理标志仍旧主要是昆仑、西王母、日入之处。而"西观日之所入"的记述,较之《穆天子传》的弇山,也更为清楚地说明西王母处就是《列子》作者心目中的西极所在。对于穆王的西游,《列子·汤问篇》也简短提及:"周穆王西巡狩,越昆仑,下至弇山。"① 此处西极乃是昆仑、弇山,实与《周穆王篇》所记同。

战国时期,对《山海经》西极地理观的沿袭,或者说与《山海经》西极地理观同出一源的有关论述还可见于《尚书》、《楚辞》、《孟子》、《墨子》等。

《尚书·尧典》中有这样一段文字:

> 分命羲仲宅嵎夷曰旸谷,寅宾出日,平秩东作。日中、星鸟,以殷仲春。厥民析,鸟兽孳尾。
> 申命羲叔宅南交,平秩南为。敬致,日永星火,以正仲夏。厥民因,鸟兽希革。
> 分命和仲宅西曰昧谷,寅饯纳日,平秩西成。宵中、星虚,以殷仲秋。厥民夷,鸟兽毛毨。
> 申命和叔宅朔方曰幽都,平在朔易。日短、星昴,以正仲冬。厥民隩,鸟兽鹬毛。②

这一记载是上古时期四方配四时制度的反映,与殷墟卜辞及《山海经》具有渊源关系。③ 同时,这段文字也是对四极的表述,即东、南、西、北四极分别是:旸谷、南交、昧谷、幽都。可见,《尧典》的西极是昧谷,即日落之地,这与《山海经》以日落之山为西极的地理观是一致的。而《尧典》沿用的这段上古资料,与《山海经》沿用且保持原貌相比,时间要晚一些。④

《尧典》这一段文字自然成为后人追述尧时四极,包括西极的根据。如《墨子·节用中》载:"古者尧治天下,南抚交阯,北降幽都,东西至

---

① 杨伯峻:《列子集释》,第179页。
② 顾颉刚、刘起釪:《尚书校释译论》,中华书局2005年版,第1册,第32页。
③ 刘宗迪:《失落的天书——〈山海经〉与古代华夏世界观》,第11—17页。
④ 胡厚宣:《甲骨文四方风名考证》,载氏著《甲骨学商史论丛初集》,河北教育出版社2002年版,第265—272页。

日所出入,莫不宾服"①;《韩非子·十过篇》载:"昔尧有天下,……其地南至交趾、北至幽都,东西至日月所出入者,莫不宾服。"② 其中,两处西极皆为日月所入之处。

《尧典》还以三危为西极:"(舜)流共工于幽洲,放驩兜于崇山,窜三苗于三危,殛鲧于羽山,四罪而天下咸服。"③ 与之相似的还有《孟子》、《庄子》、《吕氏春秋》中的有关记载。如《孟子·万章上》载万章曰:"舜流共工于幽州,放驩兜于崇山,杀三苗于三危,殛鲧于羽山"④;《庄子·在宥篇》亦载:"尧于是放讙兜于崇山,投三苗于三峗,流共工于幽都。"⑤

三危,《西山经》云:"(符惕之山)又西二百二十里曰三危之山,三青鸟居之。"⑥ 可见,三危上住着为西王母取食的三青鸟,与西王母有关,因此,三危也就成了西极的象征。

《尚书·禹贡》是战国时人对已知天下的描述,其最西方即为"雍州",其中就有黑水、弱水、三危、昆仑等地名,而这些名词皆应来自《山海经》。但《禹贡》与《山海经》及《穆天子传》等著作的不同,前者以实证地理为写作目标,后两者则是神话地理与实证地理相混合。因此,除黑水外,这段文字中提及的地名如三危、弱水、昆仑等都能基本得以落实。如弱水,在张掖;⑦ 昆仑,"其地当在今青海境内"⑧。而三危,"原即从神话中来,自不需落实其地。然《尧典》已把它作为西裔窜逐之处,《禹贡》又列于最西之雍州,而九州之境当时认为是可知的天下,则在当时人心目中,可流放罪人的西方边裔之地,就会认为只有雍州最西的敦煌之地的三危了"⑨。也就是说,至《禹贡》成书之时,战国人已知的西极已扩至敦煌。《吕氏春秋·离俗览》亦以三危为西极:"北至大夏,

---

① 吴毓江撰,孙启治点校:《墨子校注》,中华书局1993年版,第255页。
② (清)王先慎撰,钟哲点校:《韩非子集解》,中华书局1998年版,第70页。
③ 顾颉刚、刘起釪:《尚书校释译论》,第1册,第163页。
④ (清)焦循撰,沈文倬点校:《孟子正义》,中华书局1987年版,第628页。
⑤ (魏)王弼、(晋)郭象注,章行标校:《庄子》,上海古籍出版社1995年版,第125页。
⑥ 袁珂:《山海经校注》,第54页。
⑦ 顾颉刚、刘起釪:《尚书校释译论》,第1册,第740页注2。
⑧ 同上书,第757页。
⑨ 同上书,第183页。

南至北户,西至三危,东至扶木"①,这里的三危应与《禹贡》相同。

《尚书·禹贡》末尾对四极还有另一种表述:"东渐于海,西被于流沙,朔南暨。"② 以流沙为西极,还是沿用了《山海经》的名词,"显见古人印象中黑水以西之地全是沙漠,才这样说。因而今新疆地区沙漠,古人可目为雍州西境。到知有盐海以东沙漠,也以为雍州之西"③。

上述西极地理观,多受《山海经》那种在上古东夷地区实际地理基础上演变成的虚拟地理的影响,而战国时人又极力将这种他们以为真实的地理——落实到西部地区,因此可以说,这种西极地理观具有虚实参半的特点。至此,先秦时期的西极地理观,经过战国学者的继承和发展已经形成。而这种虚实参半的西极地理观,又因具有很大的弹性,继续为后世所沿用,不仅成为后世追叙古圣先王足迹西至说法的源头,也为后世认知更远的西方提供了原型④。

此外,上述可知,作为先秦西极地理标志的西海、昆仑、流沙、西王母等主要在今青海湖北至祁连山、张掖及其以北沙漠地带,而这一地区应是战国人确切了解的最远的西部地区。而再往西,比如今新疆以及阿尔泰地区,已超出时人确知的地理范围,但对于其间的地理情况,战国人也有一定程度上的了解,这一点已为现代考古发现所证实。

据研究,史前时期,中西文化就有互传的信息和迹象。⑤ 夏商西周时期,中西交通和文化交流又有所进展,如在夏代,"先秦文献所言造车工具的完整组合在公元前2000—前1800年左右已在中国北方草原初步形成,这套工具很快传入夏王朝统治中心地区"⑥;至于商代,1976年,河南安阳殷墟妇好墓被发掘,出土750多件玉器,经过鉴定,其中很多玉石

---

① 许维遹撰,梁运华整理:《吕氏春秋集释》,中华书局2009年版,第533页。
② 顾颉刚、刘起釪:《尚书校释译论》,第1册,第821页。
③ 同上书,第739—740页。
④ 需要说明的是,昆仑山在汉武帝时被固定在于阗南山,如《史记·大宛列传》所载:"汉使穷河源,河源出于阗,其山多玉石,采来,天子案古图书,名河所出山曰昆仑云。"此后,昆仑就很少被当成西极的地理标志了。
⑤ 沈福伟:《中西文化交流史》,上海人民出版社1985年版,第7页;石云涛:《早期中西交通与交流史稿》,学苑出版社2003年版,第31—47页。
⑥ 林梅村:《青铜时代的造车工具与中国战车的起源》,载氏著《古道西风——考古新发现所见中西文化交流》,生活·读书·新知三联书店2000年版,第65页。

来自新疆和田；① 而之后西周所用的玉石，其中也有来自新疆昆仑的软玉。② 可见，中原王朝很早就与西北地区有经济文化上的交流、互动。而且，自新疆和田昆仑山至黄河中游地区的商道，是吐火罗系统的月氏人开辟的，这一商道起初是为运玉，后来逐渐发展成中西交通的主要路线——丝绸之路。③ 春秋战国时期，中原地区与西方地区的联系愈加紧密。据考古调查和发掘，春秋战国时期，塔里木盆地的古代遗存中已经普遍出现丝织品和漆器等汉文化因素；④ 中国春秋战国时代的丝织品、漆器、青铜镜等在中亚阿尔泰边区巴泽雷克也有发现，⑤ 而阿尔泰地区是欧亚草原之路东西两段的交会点，其西段在公元前7世纪就有希腊人走过，⑥ 可见春秋战国时期，以阿尔泰地区的游牧民族为中介，中西间通过草原之路可能会有所交流。

　　由此可知，史前至春秋战国时期，新疆地区及阿尔泰地区与我国东方，包括中原及东部地区已有了经济文化上的交流，获得一些关于西部及西北地区的知识，这就为东方人在西方打开了一片广阔的视野，促使他们将其本来平常但后来神秘化的西极象征，如昆仑山、西王母等附会到西方。但也不可讳言，这种东西方的交流还是以吐火罗系统的月氏人等游牧民族为中介的间接交流，所以对于这种交流的密切程度也不能估计过高。因此，至春秋战国时期，东方人对西方地理的准确认知还不能远推至新疆和田。或许正是在这个意义上，西汉张骞出使西域、获得西部地区及中亚确切的地理知识后，才被称作"凿空"。而此后，汉唐时代中国人眼中的西极经历了从条支到大秦再到拂菻的转变，而时人这种对西极地理的认知和观念也被列入史籍，昭示后人，古代中国人已具有认可世界文明多元性的观念。

---

① 中国社会科学院考古研究所编：《殷墟玉器》，文物出版社1982年版，第11—19页。
② 闻广、荆志淳：《沣西西周玉器地质考古学研究》，《考古学报》1993年第2期，第251—279页。
③ 林梅村：《开拓丝绸之路的先驱——吐火罗人》，载氏著《西域文明——考古、民族、语言和宗教新论》，东方出版社1995年版，第6—8页。
④ 同上书，第4页。
⑤ [苏联] C.N.鲁金科：《论中国与阿尔泰部落的关系》，《考古学报》1957年第2期。
⑥ 张绪山：《三世纪以前希腊—罗马世界与中国在欧亚草原之路上的交流》，《清华大学学报》2000年第5期，第67页。

第二节　汉晋南北朝时期的西极
地理观:从条支到大秦

汉晋南北朝时期，中西间的三条主要交通孔道：草原之路、绿洲之路（即狭义上的丝绸之路）、海上丝绸之路都已开通。其中，中西交通的主导路线，即绿洲之路西段的开通，即自地中海东岸到中亚地区，可从公元前5世纪波斯王大流士修筑驿道算起，而马其顿国王亚历山大的东征进一步扩大此路线；而公元前139—前119年张骞的两出西域以及此后西汉对西域的经营，打通了丝绸之路的东段，即长安至西域一段。自此，丝绸之路全线贯通，中国人开始获得关于西方的比较准确的知识，成为司马迁撰写《史记·大宛列传》直接的资料来源。张骞的西使也使汉朝的声威和汉文化的影响传播到更远的西方地区，汉朝与西域各国就此开始了比较频繁的交往与互动。正是在这一背景之下，条支即今叙利亚成为西汉时期的西极所在。

东汉时期，班超经营西域30余年，确保了丝绸之路的畅通，中西方开始了直接的交往、互动。就中国方面而言，其对西方了解的增多首先表现在获得比条支更远的国家——大秦，即罗马帝国的消息，此后，大秦就取代条支成为时人眼中的西极所在。永元九年（97年），班超又派甘英出使大秦，而甘英最终抵达条支。甘英西使虽未到达大秦，但其足迹却已超越了前代汉使，扩大了汉人对于西方地区的认知，并增强了与西方诸国的联系。《后汉书·西域传》记载甘英西使之后，曰："于是远国蒙奇、兜勒皆来归服，遣使贡献。"[1] 据考证这与公元100年罗马商团来华问题有关。"蒙奇、兜勒"应为一个完整的名称，即"马其顿人"的希腊文译音，因中国古代语言不习惯于外来多音节名称，而惯于以两个音节表示外国的地名和人名，因此，这种习惯很容易使古人将蒙奇兜勒断为两国；而公元100年的罗马商团极可能是一位以经商为业的马其顿人梅斯·提提阿努斯所派，来华进行丝绸贸易，但他们并未到达洛阳，而仅是到达了西域都护。[2] 但此事仍说明希腊罗马世界与中国在100年已有了

---

[1] 《后汉书》卷八十八《西域传》，中华书局1965年版，第10册，第2910页。
[2] 张绪山：《关于"公元100年罗马商团到达中国"问题的一点思考》，《世界历史》2004年第2期。

直接的交流、互动。此后，班超长子班勇继承父业，于延光二年（123年）为西域长史，恢复了东汉与西域的交通，并留下大量关于西域的撰述。班超父子经营西域所获得远方的信息为汉晋时人认识西域，包括大秦提供了不可多得的资料，如《后汉书·西域传》所言："班固记诸国风土人俗，皆已详备前书。今撰建武以后其事异于先者，以为西域传，皆安帝末班勇所记云。"[1]

曹魏时期，与西域仍然保持着密切的联系，但这一时期，通过陆路来到洛阳的西域国家，最远的只是康居。五胡十六国时期，由于动乱，丝绸之路的交通出现过衰落趋势，但前秦以及河西走廊上的"五凉"割据政权以其地理优势，仍继续保持与西域的往来，在当时的中西交通中发挥重要作用。而由于拜占庭帝国与萨珊波斯在5世纪中叶达成和平协议，北魏时期绿洲丝绸之路畅通；同时，草原之路也很兴盛。[2]

海上丝绸之路的西段，即希腊与印度的交通，至少可以追溯到公元前5世纪；而其东段，即中国与印度在海路上的联系，可追溯到汉武帝时代。[3] 之后，中西间的海上交流日渐增多了，而且也有直接来往。《后汉书·西域传》记载："至桓帝延熹九年（166年），大秦王安敦遣使自日南徼外献象牙、犀角、瑇瑁，始乃一通焉。"[4] 似乎是东汉与罗马的第一次官方往来，但学者大多认为这些使者是罗马商人为了其商业利益而冒充的，"但这件事说明，罗马人在掌握了印度洋航路以后，终于通过南海航道，与中国建立了直接联系"。[5] 三国时，罗马商人与孙吴也有直接交流，如《梁书·诸夷传》载："孙权黄武五年（226年），有大秦贾人字秦论来到交趾。太守吴邈遣送诣权。权问方土风俗。论具以事对。时诸葛恪讨丹阳，获黝、歙短人。论见之曰：'大秦希见此人。'权以男女各十人，差吏会稽刘咸送论。咸于道物故，论乃径还本国。"[6] 其中，"权问论方土风俗。论具以事对"的记述，表明孙吴与大秦商人秦论的此次交往也获

---

[1] 《后汉书》卷八十八《西域传》，第10册，第2912—2913页。
[2] 石云涛：《三至六世纪丝绸之路的变迁》，文化艺术出版社2007年版，第143—146、232页。
[3] 张绪山：《〈中国与拜占庭帝国关系研究〉前言》，中华书局2012年版，第Ⅶ、Ⅺ页。
[4] 《后汉书》卷八十八《西域传》，第10册，第2920页。
[5] 石云涛：《早期中西交通与交流史稿》，第363页。
[6] 《梁书》卷五十四《诸夷传》，中华书局1973年版，第3册，第798页。

得一些关于大秦的信息。

西晋武帝太康年间（280—289年），大秦王也"遣使贡献"[1]，且很可能经由海路来华，[2] 中西仍有直接交往。而南北朝时期，西罗马帝国已经灭亡，拜占庭帝国主要取道绿洲之路和草原之路与北方政权交往。

正是在中西方日渐增多的交往与互动中，汉晋南北朝时期的中国人的西极地理观在继承前代观念的基础上，得以进一步的发展。

西汉时期，人们认识到的西方最远地区是条支（也作条枝）。关于条支所在，常常与西海联系起来。西海之说，主要有里海、黑海、波斯湾、地中海之说，而前两种说法，今人已很少提及。主张地中海之说的学者，多认为条支是叙利亚，如日本学者宫崎市定[3]、小川琢治、国内学者余太山[4]等；主张波斯湾说的学者，则求条支于波斯湾旁，如德国学者夏德（F. Hirth）[5]、日本学者藤田丰八[6]、白鸟库吉、铃木治[7]等。此外，也有以阿拉伯半岛为条支的，如张星烺。[8]

而中国史籍中的西海、条支，究竟在何地，还要做具体判断。余太山从张骞西使前后中亚、西亚和有关地区的历史以及《史记》、《汉书》中的相关记述，认为《史记》和《汉书》中的条枝指塞琉古朝叙利亚王国，条枝（dyô-tjie），还可以认为是叙利亚王国的都城 [An] tiochi [a] 的缩

---

① 《晋书》卷九十七《四夷传》，中华书局1974年版，第8册，第2545页。
② 张绪山：《〈中国与拜占庭帝国关系研究〉前言》，第X页注5。
③ [日]宫崎市定：《条支和大秦和西海》，刘俊文主编《日本学者研究中国史论著选译》（第四卷），中华书局1992年版，第409页。
④ 余太山：《条枝、黎轩和大秦》，载氏著《塞种史研究》，中国社会科学出版社1992年版，第182—206页。
⑤ 夏德认为巴比伦（Babylonia）或卡尔提阿（Chaldaea）就是中国史书上的条支，《后汉书》中的条支国城在卡尔提阿湖中的半岛上。参见夏德著、朱杰勤译《大秦国全录》，大象出版社2009年版，第18—20页。
⑥ 藤田丰八基本赞同夏德关于条支的观点，但同时也认为"惟安息领内之极西界，其临波斯湾之地方，决不若氏（夏德）所言，仅有Chaldæa（卡尔提阿）而已也。"继而又考证"所谓条支、条枝者，完全为Taôkê之对音也。"参见[日]藤田丰八著、杨炼译《条支国考》，《西北古地研究》，商务印书馆1935年版，第112、126页。
⑦ 余太山：《条枝、黎轩和大秦》，载氏著《塞种史研究》，第182页。
⑧ 张星烺：《中西交通史料汇编》，第一册，中华书局2003年版，第113页。

译,① 这一说法确有道理。据《史记·大宛列传》载:

> 条枝在安息西数千里,临西海,……安息长老传闻条枝有弱水、西王母,而未尝见。②

上述记载表明张骞出使西域后,西汉人所认识到的西方最远地区就是条枝。这仍是把古代中国人心目中固有的西极观念附会于条枝,表明汉人对西方的认知仍然具有《山海经》那种想象地理的特点。这里的"西海",不管是地中海,抑或为波斯湾,而其名显然也源自《山海经》。

《汉书·西域传》所记"条支"与《史记·大宛列传》类似,应是基本照搬前史,只最后多了"自条支乘水西行可百余日,近日所入云"③一句。日落处本也是西极的标志,此句既"可以认为是班固所描述的时代对条枝知识的增进,即知道由此更可远航"④,也可以认为是在《史记·大宛列传》所载"传闻条枝有弱水、西王母"基础上的进一步附会。但这也说明至班固修史之时,汉人眼中的西极仍是条支。

《后汉书·西域传》对条支的地理记载略微详细一些:

> 条支国城在山上,周回四十余里,临西海,海水曲环其南及东北,三面路绝,唯西北隅通陆道。

同传还载甘英抵达条支的事件:

> 和帝永元九年,都护班超遣甘英使大秦,抵条支。临大海欲度,而安息西界船人谓英曰:"海水广大,往来者逢善风三月乃得度,若遇迟风,亦有二岁者,故入海人皆赍三岁粮。海中善使人思土恋慕,数有死亡者。"英闻乃至。⑤

---

① 余太山:《条枝、黎轩和大秦》,载氏著《塞种史研究》,第183—187页。
② 《史记》卷一百二十三《大宛列传》,中华书局1959年版,第10册,第3163—3164页。
③ 《汉书》卷九十六上《西域传上》,中华书局1962年版,第12册,第3888页。
④ 余太山:《条枝、黎轩和大秦》,载氏著《塞种史研究》,第187页。
⑤ 《后汉书》卷八十八《西域传》,第10册,第2918页。

可见，《后汉书》对条支记载的重点已不是"条支国"，而是甘英西使到达的"条支国城"，而且这里的条支也已不是塞琉古朝叙利亚王国了。

塞琉古王国是公元前323年马其顿王国亚历山大大帝去世后，其部将塞琉古所建，因统治中心在叙利亚，又称叙利亚王国。极盛时所统治区域包括小亚细亚、叙利亚、美索不达米亚、伊朗、印度河流域的大片地区，但不久就陆续失去。公元前3世纪中叶后，王国的东方领土已丧失殆尽。公元前190年，小亚细亚也被罗马吞并。此后，剩地中海东北一隅，最终在公元前64年为罗马所灭。① 张骞西使时，塞琉古王国尚在，而当时中东地区最强大的国家是帕提亚波斯，两国之间曾发生战争，且以前者的失败告终。至甘英西使时，塞琉古王国已亡于罗马，不复存在，因此，《后汉书》中的条支不可能是地中海东岸的叙利亚。而"条支"或曰"条枝"，"乃'安条克'Antiochia 的译音。以此名见称的地方有两个，一个在叙利亚境内，另一个在波斯湾的湾头。由于甘英到达的'条支'位于波斯（安息）的西部边界，而叙利亚境内的'条支'当时在罗马帝国版图之内，所以甘英到达的'西海'应为波斯湾，'条支'即波斯湾头的 Antiochia"②。自先秦时期形成的以"西海"等为标志的西极地理观本就具有很大的模糊性，在汉代中国人的眼中，地中海、波斯湾都可以是"西海"，因此我们对于"西海"的判定要作具体分析。而两个"西海"、"条支"的存在也说明东汉时人对于西极地理虽已有了一些了解，但其认知在总体上还是模糊、笼统的。

而从上文《后汉书·西域传》对条支的记载来看，此时的条支，除了"临西海"一句与古代中国人的西极地理观有关外，总体上已经没有西汉时期的传说色彩。这除了与甘英抵达条支的经历有关外，也应与东汉人视野进一步西扩，大秦即罗马帝国成为此时的西极所在有关。

中国史籍中的大秦，很早就被认为是罗马帝国，至今仍基本被学界接

---

① 余太山：《条枝、黎轩和大秦》，见氏著《塞种史研究》，第183页。
② 张绪山：《整体历史视野中的中国与希腊——罗马世界》，《全球史评论》第一辑，商务印书馆2008年版，第219页。

受。但其说也各有侧重，主要有罗马东部说、罗马本土说①、而前者又有叙利亚说②、阿美尼亚说③、埃及说④等。从汉魏史书对大秦国的记载来看，大秦应指罗马本土，但也不可否认，当时中国虽与罗马帝国有了直接交往，但更多的却是通过中介民族、地区的间接来往，因此，中国方面对大秦的认知应更多地来自其东部。

对于大秦的地理位置，《后汉书·西域传》记载如下：

> 大秦国一名犁鞬，以在海西，亦云海西国。……或云其国西有弱水、流沙，近西王母所居处，几于日所入也。《汉书》云"从条支西行二百余日，近日所入"，则与今书异矣。⑤

此处"西海"即为地中海，而以西海为界，且云大秦"在海西"，即符合了罗马帝国统治中心——罗马的地理位置，也是先秦西极地理观的影响，而这一影响在西域传末"或云其国西有弱水、流沙，近西王母所居处，几于日所入也"的叙述中表现得更为清晰。《后汉书》对大秦地理位置的描述以及对《汉书》所记条支地理的批判，清楚地表明此时的大秦已取代条支成为中国人心目中的西极所在。

《后汉书·西域传》所记虽为东汉时事，但却是成于南朝刘宋时人范晔之手，而曹魏时人鱼豢所撰《魏略·西戎传》成书时间要早于《后汉书·西域传》，更多地保存了汉魏时期所获大秦的原始资料，现摘引其关于大秦地理位置的叙述如下：

---

① F. Richthofen, China, I, Berlin 1877, pp. 469—473；[日]宫崎市定：《条支和大秦和西海》，刘俊文主编：《日本学者研究中国史论著选译》第四卷，第 385—410 页；张星烺：《中西交通史料汇编》第一册，第 114 页；岑仲勉：《黎轩、大秦与拂懔之语义及范围》，《西突厥史料补缺及考证》，中华书局 1958 年版，第 226 页；余太山：《条枝、黎轩和大秦》，《塞种史研究》，第 199 页；D. D. Leslie 和 K. H. J. Gardiner: The Roman Empire in Chinese Sources, Rome, 1996 年。
② [德]夏德：《大秦国全录·自序》，朱杰勤译，第 2 页。
③ 同上书，第 105 页。
④ [日]白鸟库吉：《大秦国及拂菻国》、《大秦传中的中国思想》、《大秦传中的西域地理》，《塞外史地论文译丛》第一辑，王古鲁译，商务印书馆 1939 年版；[法]伯希和：《黎轩为埃及亚历山大城说》，冯承钧编译，《西域南海史地考证译丛七编》，中华书局 1957 年版，第 34—35 页。
⑤ 《后汉书》卷八十八《西域传》，第 10 册，第 2919—2920 页。

前世谬以为条支在大秦西，今其实在东。前世又谬以为强于安息，今更役属之，号为安息西界。前世又谬以为弱水在条支西，今弱水在大秦西。前世又谬以为从条支西行二百余日，近日所入，今从大秦西近日所入。

大秦国一号犁靬，在安息、条支西大海之西，从安息界安谷城乘船，直截海西，遇风利二月到，风迟或一岁，无风或三岁。其国在海西，故俗谓之海西。……大秦西有海水，海水西有河水，河水西南北行有大山，西有赤水，赤水西有白玉山，白玉山有西王母，西王母西有修流沙，流沙西有大夏国、坚沙国、属䍐国、月氏国，四国西有黑水，所传闻西之极矣。①

由上文可见，无论是对前世以条支为西极的批判，还是对大秦地理位置的叙述，《魏略·西戎传》较之《后汉书·西域传》都更为详细。

《魏略》云大秦"在安息、条支西大海之西"，比《后汉书》仅述为"在海西"，地理位置更为清晰，当然仍是《山海经》西极在"西海之外"叙述方式。

"从安息界安谷城乘船，直截海西，遇风利二月到，风迟或一岁，无风或三岁"一句，"安谷"一名"无疑是 Antiochia 的缩译"②，亦即"条支"。而这一记载显然就是《后汉书·西域传》甘英到达条支时所获信息，那么此安谷城应在波斯湾头。而上引《魏略·西戎传》第一段所提的"条支"就应是叙利亚地区了。至于前文所谓"前世又谬以为（条支）强于安息，今更役属之，号为安息西界"，应是沿袭了张骞时代的知识，且又与甘英所获知识相混合，所以有此不符合事实之语。

而西戎传末，不仅出现了白玉山、西王母、流沙、弱水等传统的西极地理标志，还出现了大夏、坚沙、属䍐、月氏四国。这应该是《海内东经》"国在流沙外者，大夏、坚沙、居䍐、月支之国。西胡白玉山在

---

① 《三国志》卷三十《魏书·乌丸鲜卑东夷传》引《魏略》，中华书局1975年版，第3册，第860、862页。

② 余太山：《条支、黎轩和大秦》，载氏著《塞种史研究》，第201页。

大夏东"①叙述的影响。显然,此处的"居繇"就是"属繇"。既然《山海经》的大夏国、坚沙国、属繇国、月氏国是在白玉山、西王母、流沙之西,那么《魏略》将之也视为西极的地理标志并附会到大秦之西就不足为怪了。至于弱水、河水、赤水、黑水也是出自《山海经》。总之,在这段文字中,《山海经》关于西极地理位置的想象不仅被寄托到大秦国,而且还有西扩的倾向,这或许与汉魏时期中国对大秦了解的增多有关。

关于大秦,还有一点需要说明的是"黎轩"问题。黎轩的最早记载见于《史记·大宛列传》:"(安息)北有奄蔡、黎轩。"②《汉书·西域传》则载为:"(乌弋山离)西与犁靬、条支接。"③前者说是在安息之北,后者说在乌弋山离之西。而《后汉书·西域传》则载"大秦国一名犁鞬",《魏略·西戎传》亦载"大秦国一号犁靬"。而"黎轩",亦即"犁鞬"、"犁靬",可见,此地在《史记》和《汉书》中是西域大国之一,在《后汉书》和《魏略》中则成了大秦的旧称。

关于黎轩所在,诸说纷纭。如夏德视黎轩条支为一体,可能是指塞琉西亚帝国,而黎轩即为 Rekem 或 Rekam;④藤田丰八则认为黎轩指米底亚的 Regha 或 Rhaga;⑤白鸟库吉、伯希和(P. Pliot)都认为黎轩是埃及的亚历山大;⑥张星烺、齐思和、岑仲勉认为黎轩是罗马;⑦而杨宪益主张是希腊,⑧张绪山则认为是黑海北岸希腊殖民地。⑨还有学者认为史籍中

---

① 袁珂:《山海经校注》,第 328 页。关于这段记述,郝懿行认为存在错简问题,袁珂也认为当移在《海内西经》;另外,据王国维在《西胡考上》文中所言,此段文字是汉人所附益,但即便如此,这仍然表明了《山海经》对魏晋时期西极地理观念的影响。
② 《史记》卷一百三十三《大宛列传》,第 10 册,第 3162 页。
③ 《汉书》卷九十六上《西域传上》,第 12 册,第 3888 页。
④ 夏德著、朱杰勤译:《大秦国全录》,第 34 页。
⑤ [日]藤田丰八:《黎轩与大秦》,杨炼译,《西北古地研究》,第 134—160 页。
⑥ [日]白鸟库吉:《大秦国与拂菻国考》,王古鲁译,《塞外史地论文译丛》第一辑,第 17—18 页;[法]伯希和:《黎轩为埃及亚历山大城说》,冯承钧编译,《西域南海史地考证译丛七编》,第 34—35 页。
⑦ 张星烺:《中西交通史料汇编》第一册,第 113—114 页;齐思和:《中国与拜占庭帝国的关系》,上海人民出版社 1956 年版,第 4 页;岑仲勉:《黎轩、大秦与拂懔之语义及范围》,《西突厥史料补缺及考证》,第 226 页。
⑧ 杨宪益:《大秦异名考》,载氏著《译余偶拾》,生活·读书·新知三联书店 1983 年版,第 152 页。
⑨ 张绪山:《三世纪以前希腊——罗马世界与中国在欧亚草原之路上的交流》,《清华大学学报》(哲学社会科学版)2000 年第 5 期,第 68 页。

的黎轩在相同的名称下代表了不同的地区,如沈福伟认为《史记》中的黎轩是指张骞出使大夏时伊朗高原捷詹河流域的特莱西那(Traxiane);《汉书》中的黎轩则是波斯湾北岸的希腊贸易站亚历山大里亚;《魏略》、《后汉书》中的黎轩指以亚历山大为中心的罗马商业都市;① 余太山认为《史记》和《汉书》中的黎轩(黎靬)指托勒密朝埃及王国,《后汉书》和《魏略》的黎鞬(黎靬)是大秦的同义词。②

其中,黎轩一名代表不同地区的观点,不仅解决了《史记》、《汉书》等有关记载的矛盾,也可能是最符合实际的一种说法。黎轩之名,很可能如白鸟库吉、伯希和等学者所指出的那样,来自亚历山大(Alexandria)的译音,而"亚历山大东征,在中亚、西亚和北非广大地区建立很多亚历山大里亚城,……分布在从地中海海滨一直到阿富汗、印度边陲的广大地区。但汉代西行的使者和此后的史家并不了解这一点,所以在他们传闻和记述的黎轩往往不在一处,但却使用同一名称。《史记》以为在安息北,《汉书》以为在乌弋山离西,正是这种情况造成的"③。而班固之后,东汉人对黎轩的存在已不再注意,"这就造成了后人对前代史书的误解,以为黎轩作为国名,是所谓大秦或海西国的别称"④。

值得一提的是,无论《史记》中的"黎轩"还是《汉书》中的"犁靬"都没有成为司马迁至班固时代汉人眼中的西极所在,应是因为此时的汉人除了知道其名称和大概方位外,其余则一无所知。

两晋南北朝时期的中国,虽与罗马仍有往来,但中西皆处于动荡、分裂状态,双方间的交通较之前代已经衰落。因此,当时的中国人对大秦并无新的了解。对其记述,包括其地理位置也主要沿袭前史,如《晋书·四夷传》"大秦国"条叙其方位时,也仅有寥寥"大秦国,一名犁鞬,在西海之西"一语。⑤《宋书·东夷传》也只有一句"若夫大秦、天竺,迥出西溟"⑥,还是以西海为标志,而将大秦与天竺并提,显然对于大秦的

---

① 沈福伟:《中国与非洲》,中华书局1990年版,第30—37页。
② 余太山:《条枝、黎轩和大秦》,载氏著《塞种史研究》,第205页。
③ 石云涛:《早期中西交通与交流史稿》,学苑出版社2003年版,第334—335页。
④ 同上书,第334页。
⑤ 《晋书》卷九十七《四夷传》,中华书局1974年版,第8册,第2544页。
⑥ 《宋书》卷九十七《东夷传》,中华书局1974年版,第8册,第2399页。

具体地理位置并无多少认知。

北朝史书，对于大秦国，仅《魏书》有所记载，但其内容也大多抄袭、篡改前代史书而成。《魏书·西域传》所记大秦的地理位置如下：

>　　大秦国，一名黎轩，都安都城。从条支西渡海曲一万里，去代三万九千四百里。其海傍出，犹勃海也，而东西与勃海相望，盖自然之理。地方六千里，居两海之间，……大秦西海水之西有河，河西南流。河西有南、北山，山西有赤水，西有白玉山。玉山西有西王母山，玉为堂云。……于彼国观日月星辰，无异中国，而前史云条支西行百里日入处，失之远矣。①

其中，"一名黎轩"的记载，"无非是承袭前史"。而"安都"，应是"'Antiochia'之对译，所指似为《魏略·西戎传》所见安谷城"。至于大秦"居两海之间"的记述，"乃节略《魏略·西戎传》大秦国'在安息、条支西大海之西，……西又有大海'等叙述而成"②。"而前史云条支西行百里日入处，失之远矣"叙述也应沿自《魏略·西戎传》、《后汉书·西域传》。当然，《魏书·西域传》也并非完全沿袭前史，"于彼国观日月星辰，无异中国"之述，却也说明北魏时人对大秦地理位置的认知，较之前代确切了些，至少已经知道"叙利亚及小亚细亚皆与长安洛阳同纬度故也"③。而且，在《西山经》及《魏略·西戎传》中西王母的住所皆为玉山，而《大荒西经》中还有"西王母之山"，因而此处"玉山西有西王母山"的表述，应是北魏时人对《山海经》西王母神话的演绎；"玉为堂云"的描述，也是如此。

总之，两晋南北朝时期中国人心目中的大秦，如其说是一个真实的存在，还不如说只是前代遗留下来的影子。

还需要说明的是，关于大秦之名的来源，主要有音译与意译两种说法，前者如藤田丰八主张大秦之名来自"Dasin"的音转④、岑仲勉则主

---

① 《魏书》卷一百二《西域传》，第 6 册，第 3275—3276 页。
② 余太山：《〈魏书·西戎传〉要注》，载氏著《两汉魏晋南北朝正史西域传要注》，中华书局 2005 年版，第 477—479 页。
③ 张星烺：《中西交通史料汇编》，中华书局 2003 年版，第 1 册，第 152 页。
④ ［日］藤田丰八：《黎轩与大秦》，杨炼译，载氏著《西北古地研究》，第 154 页。

张来自"da dzin"的音写。① 后者如白鸟库吉认为汉代中国人视罗马帝国为中国之流裔,即称为"秦国",国人为"秦人",还推定此国人必长大平正,因而名之为"大秦"②;余太山则认为"大秦"应为中亚人对罗马帝国的称呼,称为"秦",是因为在中亚人看来,罗马帝国"有类中国";著一"大"字,是因为罗马帝国是当时西方第一大国。③

以上诸说中,"藤田之说,持之有故",但"Dasin 译为大秦,也如同 Tokhara 译为大夏一样,很可能是中国固有之名与新译音的结合"。"从《史记》的相关记载可知,'秦'之名自汉代起即有'强悍之邦'的意思。……《诗经·小雅·大东篇》有'大东小东'意为近东远东。所以大秦也可解作'远方之强悍国家'。若以汉代中国史籍对'大秦'的记载比观,此义至为明显。两汉时代中国与罗马几乎同时崛起于欧亚大陆两端,其国力地位,文教制度遥相辉映,堪为东西两大强国。中国人以'大秦'即远方强国称之,可谓寓意巧妙。"④

有人认为,古代中国人不太可能以前朝的国号称呼外国,其实不然,上文所述表明,汉晋时期的中国人对于西极的地理认知一开始就是其固有观念的西移,是推己及人,本无所谓偏见、歧视之意。

就"秦"字而言,不仅以"大秦"之名称罗马帝国,而且还以"秦海"之名称匈奴的北庭,如《后汉书·西域传》载延光二年(123年)敦煌太守张珰上书云:"北虏呼衍王常展转蒲类、秦海之间,专制西域,并为寇抄。"⑤ 据考证,"秦海"即今乌伦古河的终点湖布伦托海附近的吉力湖,"古汉语 l 和 n 不分,吉力可读'吉那',而秦海之'秦'显然就是'吉那'之合音"⑥。

再者,关于"大夏"之名,也是如此。大夏为吐火罗(Tokhara)之

---

① 岑仲勉:《黎轩、大秦与拂菻之语义及范围》,载氏著《西突厥史料补缺及考证》,第 226 页。
② [日]白鸟库吉:《见于大秦传中的中国思想》,王古鲁译,载氏著《塞外史地论文译丛》第一辑。
③ 余太山:《条枝、黎轩和大秦》,载氏著《塞种史研究》,第 199 页。
④ 张绪山:《近百余年来黎轩、大秦问题研究综述》,《中国史研究动态》2005 年第 3 期,第 16、17 页。
⑤ 《后汉书》卷八十八《西域传》,第 10 册,第 2911 页。
⑥ 林梅村:《吐火罗人与龙部落》,载氏著《汉唐中国与西域文明》,文物出版社 1998 年版,第 75 页。

对音,久已为学界所接受。但"夏"也是中国三代国号之一,其含义较之被战国人目为"虎狼之邦"的"秦"只会更好,但即便如此,"大夏"在汉代还是被用以称呼外域异族,即指大月氏入侵前由 Tochari(吐火罗)占支配地位的 Bactria(巴克特里亚)。①

所以,可以说,以大秦之名称罗马帝国,也从一个方面说明汉代的中国人对于西极之国具有一种平等待之的观念。

第三节　隋唐时期的西极地理观:从大秦到拂菻

两晋南北朝时期,中国史籍对大秦的记载较少,造成这种情况的原因不仅在于当时中西皆处在动荡分裂状态,也与西罗马帝国灭亡后,东罗马帝国,即拜占庭帝国取代罗马帝国进入当时中国人的视野有关,而此时的拜占庭帝国在中国史籍中还未有固定的译名,有"拂菻"、"普岚"、"蒲林"、"伏卢尼"等多种译名。

首先要说明的是,东西方学者大都认同中国史籍中的"拂菻"是指拜占庭帝国,但对"拂菻"名称的语源问题,则众说纷纭,主要有"Bethlehem"说②、"Polin"说③、"Franks"说④、"Rum"说⑤。而以上诸说中,"Rum"说,言之成理、持之有故,较其他学说更具优越性,因而被广泛接受。⑥

中国史籍最早提到拂菻是在《前凉录》中云:

  张轨时,西胡致金胡瓶,皆拂菻作奇状,并人高,二枚。⑦

---

① 余太山:《条支、黎轩和大秦》,载氏著《塞种史研究》,第28—29页。
② 夏德:《大秦国全录》,朱杰勤译,第87—90页。
③ [英]裕尔著,[法]考迪埃修订:《东域纪程录丛——古代中国闻见录》,张绪山译,中华书局2008年版,第34页注3;沙畹:《西突厥史料》,冯承钧译,中华书局1958年版,第303—304页注2。
④ 张星烺:《中西交通史料汇编》第一册,第185—186页。
⑤ [日]白鸟库吉:《大秦国与拂菻国考》,王古鲁译,《塞外史地论文译丛》第一辑,第38—40页;[法]伯希和:《论拂菻》,《亚洲学刊》,1914年,第497—500页。
⑥ 张绪山:《"拂菻"名称语源研究述评》,《历史研究》2009年第3期,第143—151页。
⑦ 《太平御览》卷七五八《器物部三·瓶》引,中华书局1960年影印本,第4册,第3365页上栏。

前凉政权的实际建立者张轨,于301年受西晋封为凉州刺史,314年卒,西胡献胡瓶即应在这十余年间。据研究,胡瓶,是胡人酒器,这件拂菻作的胡瓶即属于罗马—拜占庭形制;因为此时粟特商人已在丝绸之路上崛起,这里的西胡很可能是粟特人,而对罗马的称呼"拂菻"(Frome)极有可能就是由粟特人传入河西地区的。①

又《太平御览》卷七八七《四夷部八·蒲林国》引《晋起居注》曰:

> 兴宁元年(363年)闰月,蒲林王国新开通,前所奉表诣先帝,今遣到其国慰谕。②

蒲林即为拂菻一名的异译;兴宁,是东晋哀帝年号;先帝即东晋穆帝(345—361年)。据上文所载,有研究者认为:"这是中国和拜占庭的第一次使节往还。……蒲林王国的新开通,发生在347年东晋灭成汉、占领巴蜀后。到370年前秦攻灭南燕,凉州张氏和吐谷浑被迫称蕃后,东晋通过巴蜀与西域的联系便告中断。东晋使者大概是通过名义上受晋朝封号的凉州张氏政权,和中亚,乃至里海以西的拜占庭发生外交关系的。"③ 不过,偏安南方的东晋政权是否有能力、余暇遣使拜占庭帝国,还是很可疑的;况且,对于这次交往,拜占庭史料中没有任何记载。④

《法苑珠林》卷二十九载:

> 案《梁贡职图》云,去波斯北一万里西南海岛,有西女国,非印度摄。拂壈年别送男夫配焉。⑤

---

① 林英:《唐代拂菻丛说》,中华书局2006年版,第146—157页;参见张绪山《中国与拜占庭帝国关系研究》,第146页。
② 《太平御览》卷七八七《四夷部八·蒲林国》,中华书局1960年影印本,第4册,第3486页上栏。
③ 沈福伟:《中西文化交流史》,上海人民出版社1985年版,第87—88页。
④ 张绪山:《中国与拜占庭帝国关系研究》,第146页。
⑤ (唐)释道世撰,周叔迦、苏晋仁校注:《法苑珠林校注》卷二十九,中华书局2003年版,第915页。

第四章　先秦至汉唐时期的西极地理观

拂菻，即拂菻。对于此段文字，岑仲勉先生认为："按《新唐书·艺文志》著录《梁元帝职贡图》一卷，知'贡职'乃'职贡'之倒。元帝生当6世纪中叶，已有此名，则传入最少在6世纪初，于时东西罗马之分，已百年矣。"[①] 南朝梁时中西间海上交通极为兴盛，加之当时佛教盛行，不少印度诸国僧人经海道来到中国，[②] "西女国"的传说以及"拂菻"之名的传入很可能就是由这些僧人从海路传入的。

北魏时期，丝绸之路畅通，因此北魏政权与西域各国往来较为密切，其中与拜占庭帝国，据《魏书》所记共有三次来往：

《魏书·高宗纪》有两条记载：太安二年（456年）十有一月，"嚈哒、普岚国并遣使朝献"；和平六年（465年）夏四月，"普岚国献宝剑"[③]。

《魏书·显祖纪》有一条记载：皇兴元年（467年）九月壬子，"高丽、于阗、普岚、粟特国各遣使朝献"[④]。

普岚，亦即拂菻的同名异译，以上普岚使节大概是拜占庭商人冒充的。

而且，《魏书·西域传》以"伏卢尼"之名对拜占庭帝国还有一个简短的记述：

> 伏卢尼国，都伏卢尼城，在波斯国北，去代二万七千三百二十里。累石为城。东有大河南流，中有鸟，其形似人，亦有如橐驼、马者，皆有翼，常居水中，出水便死。城北有云尼山，出银、珊瑚、琥珀，多师（狮）子。[⑤]

伏卢尼，也应是拂菻的异译。而且其国"在波斯国北"的地理位置，"累石为城"的城市建筑，都比较符合拜占庭帝国的情况。

由上述可知，两晋南北朝时期，对于拜占庭帝国的称呼虽系皆为

---

① 岑仲勉：《黎轩、大秦与拂菻之语义及范围》，载氏著《西突厥史料补阙及考证》，第226—227页。
② 石云涛：《三至六世纪丝绸之路的变迁》，第426页。
③ 《魏书》卷五《高宗纪》，中华书局1974年版，第1册，第115、123页。
④ 《魏书》卷六《显祖纪》，第1册，第128页。
⑤ 《魏书》卷一百二《西域传》，第6册，第2272页。

"罗马"的音译,但具体名称并不一致,这表明当时的中国人虽然已经获得有关拜占庭帝国的一些信息,但对其并没有多少了解,当然就更不明白这个新开通的国家与大秦的关系了。所以,在获得拜占庭帝国信息的同时,中国史籍中还沿袭前史记载大秦,并误认为大秦和伏卢尼、普岚等是不同的几个国家。而这种误解至唐代在拜占庭帝国和中国较多的往来、互动中才得以结束,此时拜占庭帝国以"拂菻"著称,并作为"大秦"别称而行于世,成为中国人眼中的西极所在。

隋唐时期,中西间交通更加便利,主要的三条丝路也保持畅通,同时也有一些新变化。其中,6世纪下半叶,突厥帝国控制了从蒙古高原到黑海沿岸的广大地区,568—576年,拜占庭帝国与西突厥为了对付波斯帝国而结成了联盟,维持了草原之路的贯通。① 从6世纪开始,海上丝绸之路日渐重要,8世纪之后,东西方的海上交往达到前所未有的规模,海上丝路在中西交通中的重要性逐渐超过陆上丝绸之路。②

隋代时,对西去拂菻的路线有了比较确切的认知,《隋书·裴矩传》记载:

> 发自敦煌,至于西海,凡为三道,各有襟带。北道从伊吾,经蒲类海铁勒部,突厥可汗庭,度北流河水,至拂菻国,达于西海。③

北道,即为草原之路,"这条道路的走向是,从伊吾翻越天山,出蒲类海(即巴里坤湖),沿天山北路西行,过突厥可汗庭,伊犁河,沿锡尔河绕咸海北岸西行,经里海之北跨乌拉尔河和伏尔加河,到达黑海"④,抵达拜占庭帝国。但隋代并未实现与拜占庭帝国的往来,如《新唐书·西域传上》所载:"隋炀帝时,遣裴矩通西域诸国,独天竺、拂菻不至为恨。"⑤

而此后的唐朝却与拂菻往来密切,互动频繁,实现了隋炀帝的未尽之志。从文献记载来看,从643—742年的100年时间内,拂菻向唐朝前后

---

① 张绪山:《中国与拜占庭帝国关系研究》,"前言",第Ⅶ页。
② 张绪山:《罗马帝国沿海路向东方的探索》,《史学月刊》2001年第1期,第87—92页。
③ 《隋书》卷六十七《裴矩传》,中华书局1973年版,第6册,第1579页。
④ 张绪山:《中国与拜占庭帝国关系研究》,第119页。
⑤ 《新唐书》卷二百二十一上《西域传上》,中华书局1975年版,第20册,第6237页。

共遣使 7 次。《旧唐书·西戎传》载：

> 贞观十七年（643 年）拂菻王波多力遣使献赤玻璃、绿金精等物。太宗降玺书答慰，赐以绫绮焉。……乾封二年（667 年），遣使献底也伽。大足元年（701 年）复遣使来朝。开元七年（719 年）正月，其主遣吐火罗大首领献狮子、羚羊各二。不数月，又遣大德僧来朝贡。①

《册府元龟》卷九七〇、卷九七一载：

> 景云二年（771 年）十二月，拂菻国献方物。②
> 天宝元年（742 年）五月，拂菻国遣大德僧来朝。③

拂菻首次遣使唐朝，即贞观十七年（643 年）的遣使很有可能是拜占庭帝国皇帝希拉克略（611—641 年）"在 641 年 2 月死前不久所策划。虽然具体执行者在他死后才将这次外交行动付诸实施，但仍以他的特别称号——'波多力'——来昭示这次外交行动的非同寻常的意义，希望以此打动中国皇帝下定决心，与拜占庭帝国联盟，共同抗击咄咄逼人的阿拉伯势力的攻击"④。

除贞观十二年的遣使外，在其余的六次拂菻遣使中，"三次（719 年两次，742 年一次）与中亚的景教徒有关，其他三次（667 年、701 年和 711 年）未明言，难以判定。但我们看到，其中乾封二年（667 年）拂菻使节所献贡物中有底也伽，此物是西亚出产的一种名贵药物，与景教徒的行医传统习惯密不可分。由此可以认为，这六次遣使中至少有四次与景教徒有关"⑤。至于拜占庭帝国选择以景教徒为其派往唐朝的使者，可能还是和其联合唐朝共同抵抗阿拉伯进攻的外交策略有关，即"在唐和阿拉伯势力在中亚角逐的年代里，拜占庭帝国又通过基督教徒和中国政府多次

---

① 《旧唐书》卷一九八《西戎传》，中华书局 1975 年版，第 16 册，第 5314—5315 页。
② 《册府元龟》卷九七〇《外臣部·朝贡三》，中华书局 1960 年影印本，第 11404 页上栏。
③ 《册府元龟》卷九七一《外臣部·朝贡四》，中华书局 1960 年影印本，第 11411 页下栏。
④ 张绪山：《中国与拜占庭帝国关系研究》，第 161 页。
⑤ 同上。

联络，试图重新获得来自中国的支持，来和席卷中亚的穆斯林相抗争"①。但在751年怛罗斯之战以及756年"安史之乱"爆发后，唐朝再也无力经营西域，拜占庭帝国联合唐朝抵抗阿拉伯势力的意图已注定不可能实现，而此后中国史籍中再也没有拂菻遣使唐朝的记载了。

当然，唐代的"拂菻"也未必都是指拜占庭帝国。唐代犹太侨民阿罗憾墓志记其显庆年中（656—660年）曾"充拂菻国诸蕃招慰大使，于拂菻西界立碑"，岑仲勉先生认为阿罗憾任拂菻招慰"显与王名远置州县同时。维时波斯大部分已被大食占有，所谓'拂菻'西界，断不能逾波斯而西，是'拂菻'只是'西域'之代用字样"②。近年更有研究表明，阿罗憾墓志中的拂菻是中亚的吐火罗，中亚各国久受罗马帝国的影响，具有自称"拂菻"的传统。③因此，上述拂菻使者也有一些可能来自中亚的"拂菻"，但即便是中亚"拂菻"的遣使，从拜占庭帝国与中亚的历史联系、与景教徒的关系以及中亚景教团体所处的环境等方面来说，也不能否认他们与拜占庭帝国仍然具有密切关系。④

正是在唐朝中国与拜占庭帝国的频繁互动交流中，拂菻取代大秦成为此时中国人所知的最远的西方国家。

《旧唐书》卷一九八《西戎传》载：

> 拂菻国一名大秦，在西海之上，东南与波斯接。⑤

有唐一代，已经知道彼朝之拂菻国与前代之大秦的关系，对于拂菻的地理位置也有所了解，知其在波斯西北，但仍以西海，即地中海为坐标，而"在西海之上"的表述，却是对拜占庭帝国，尤其是对其首都君士坦丁堡地理位置的准确表达。

《旧唐书·西戎传》对于拜占庭帝国地理位置的知识，其来源之一应是唐朝前期僧人如玄奘、慧超等人西行印度巡法时所获见闻。

---

① 沈伟福：《中西文化交流史》，第138页。
② 岑仲勉：《黎轩、大秦与拂壏之语义及范围》，第230—231页。
③ 马小鹤：《唐代波斯国大酋长阿罗憾墓志考》，荣新江、李孝聪：《中外关系史——新史料和新问题》，科学出版社2004年版，第118—123页。
④ 张绪山：《中国与拜占庭帝国关系研究》，第163—165页。
⑤ 《旧唐书》卷一百九十八《拂菻传》，第16册，第5313页。

唐初贞观元年（627年），高僧玄奘从长安出发，沿丝绸之路经中亚到达印度，居十余年，后仍由陆路回到长安。玄奘此行见闻，被记录编成《大唐西域记》一书，其中卷十一就有对拂菻的记述：

> （波剌斯国）西北接拂懔国，境壤风俗，同波剌斯，形貌语言，稍有乖异。多珍宝，亦富饶也。
>
> 拂懔国西南海岛，有西女国，皆是女人，略无男子。多诸珍货，附拂懔国，故拂懔王岁遣丈夫配焉。其俗产男皆不举也。①

拂懔，即拂菻。此段记述，亦涉及拂菻的地理位置，所谓"（波剌斯国）西北接拂懔国"，即指拂菻在波斯国西北，也就是《旧唐书》中拂菻"东南与波斯接"的另一种表述方式。

唐代新罗僧人慧超，在8世纪初前往印度诸国，先经海路往，后由西域沿陆路回国，并作《往五天竺国传》叙其此行见闻，其中也有对拂菻的听闻：

> 又从波斯国，北行十日入山至大食国。彼王住不本国，见向小拂临国住也。为打得彼国复居山岛。处所极牢，为此就彼。
>
> 又小拂临国，傍海西北，即是大拂临国。此王兵马强多，不属余国。大食数回讨击不得，突厥侵亦不得。土地足宝物，甚足驼骡羊马叠布等物。衣着与波斯大食相似，言音各别不同。②

以上文字涉及7世纪末至8世纪初阿拉伯在西亚和小亚细亚的扩张，反映的是"阿拉伯人征服叙利亚后，将政治重心转往叙利亚的历史"。拂临，亦即拂菻。其中，小拂临"是指阿拉伯人夺取的以叙利亚为中心的拜占庭帝国领土"，大拂临"则是指以君士坦丁堡为中心的领土，尤其小亚细亚"③。而这一信息是慧超在中亚耳闻所得，他了解到拜占庭帝国的

---

① （唐）玄奘、辩机著，季羡林等校注：《大唐西域记校注》卷十一，中华书局1985年版，第942—943页。
② （唐）慧超著，张毅笺释：《往五天竺国传笺释》，中华书局2000年版，第108、116页。
③ 张绪山：《中国与拜占庭帝国关系研究》，第127—128页。

地理位置大致在波斯之北、大食西北，也在海边，只不过又细分为小拂临国在海东南、大拂临国傍海西北。总体而言，对拜占庭地理位置的描述还是比较准确的，这里的海显然还是地中海。

751年，唐人杜环在怛罗斯之战中被阿拉伯军队俘虏，其后遂在地中海地区游历十余年，后经海路回国，并将其游历见闻写成《经行记》一书，部分内容保留在《通典》中，也有对拂菻的记载，其中这样描述拂菻的地理位置：

> 拂菻国在苫国西，隔山数千里，亦曰大秦。……西枕西海，南枕南海，北接可萨突厥。……又闻西有女国，感水而生。①

通过在地中海地区亲身的游历、见闻，杜环已经知道当时的拂菻就是前代的大秦，这是玄奘和慧超所未获得信息。而"苫国即Sham国，乃阿拉伯人对叙利亚的称呼。此时叙利亚早已被并入阿拉伯帝国版图，但除了向哈里发缴纳赋税表示臣服外，行政上仍由当地人管理，保持原貌，且文化仍有别于其他地区，故被视为一'国'。拂菻相对于叙利亚应为西北，此点杜环的说法稍欠精确"。至于拂菻"西枕西海，南枕南海，北接可萨突厥"的记载，"其观察点显然是阿拉伯人此时控制的叙利亚或阿拔斯王朝的伊拉克地区，因此杜环的'西海'应指达达尼尔海峡到爱琴海的一片水域，而'南海'应指小亚细亚以南的地中海水域，……可萨即Khazars，是西突厥西迁的一支，7世纪初已经移居到里海以西、高加索以北地区，7—8世纪间可萨突厥人对阿拉伯进行了一系列战争。……高加索山成为（二者）边界。同时，可萨突厥向西扩张到克里米亚和黑海北岸，甚至达第聂伯河"②。因此也可以说，拂菻北接可萨突厥。

杜环的《经行记》对于拂菻地理位置的记载被《新唐书·西域传》所采纳：

> 拂菻，古大秦也，居西海上，一曰海西国。去京师四万里，在苫

---

① （唐）杜环著，张一纯笺注：《经行记笺注》，中华书局2000年版，第12、17、18页。
② 张绪山：《中国与拜占庭帝国关系研究》，第129—130页。

第四章 先秦至汉唐时期的西极地理观

西，北直突厥可萨部，西濒海，有迟散城，东南接波斯。①

"一曰海西国"，也是沿袭前史对于大秦的称呼；"在苫西，北直突厥可萨部，西濒海"，即应采自《经行记》，此处"苫"亦应是苫国的省略。而波斯在杜环西行之时早已亡于阿拉伯，是以《经行记》并无"东南接波斯"之语，此应是欧阳修沿自《旧唐书》及唐朝前期玄奘、慧超等人的游记。

上述可知，拜占庭帝国是唐人所知道的最远的西方国家，是当时中国人眼中的西极所在，对于这个国家的地理位置，他们的认知还是比较准确的，超过前代对于罗马帝国地理位置的认知水准。犹可注意者，唐人在记述这个国家的地理位置时，虽仍继承了中国古代固有的以海为界，即以西海为西极标志的观念，但西王母、流沙、弱水之类的标志则全不见踪影，这表明隋唐时期中国人对西极认知的附会、想象色彩已经大为减弱，这应该与此时他们和外域的交往互动日渐频繁，且踏出国门游历而获得第一手资料增多有关。可以说，对于汉代至隋唐时期的中国人来说，其西极地理观从大秦到拂菻的转变，不仅是西方世界罗马帝国及拜占庭帝国兴亡沦替的表现，也与中国人获得对西极日益准确的认知有关。

当然，在唐人的西极地理认知中也还有传说，如"西女国"。这个西女国被当作拂菻的属国，在《大唐西域记》中位于"拂懔国西南海岛"，在《经行记》中则记为"西有女国，感水而生"，即在拂菻之西，与《大唐西域记》所记略有区别。盖此时中国人对拂菻，在双方的密切交往和互动中，已有相当程度的了解和认知，其神秘性大减，因此，就需要另一个更远的西方地区来满足时人对于神秘"西极"的想象，拂菻属国"西女国"的传说就是在这样的氛围中流行的。中国古代的西极地理观念始终是实证地理与想象地理并存，只是虚实之间的程度不同而已。

唐代杜佑《通典》中也有对大秦的记载，这一记载其实是对前代有关大秦信息和当代所获拂菻知识的综合，而叙及大秦地理位置时则更多地沿袭了前史，重又显现出先秦至汉魏时期西极地理观对唐人的影响：

大秦，一名犁靬，后汉时始通焉。其国在西海之西，亦云海西

---

① 《新唐书》卷二二一下《西域传下》，第20册，第6260页。

国。其王理安都城，宫室皆以水精为柱。从条支西度海曲万里，去长安盖四万里。……或云其国西有弱水、流沙，近西王母所处，几于日所入也。①

此外，关于"拂菻"的译名，与汉代的"大秦"之名相较，也表现于隋唐时期的中国人西极地理观的变化。

如前所述，大秦之名是音译与意译的结合，包含汉代中国人对罗马帝国作为可与自己相媲美的一个西方大国的肯定和赞美。但拂菻就纯属音译了，来自拜占庭帝国继承罗马帝国的自称"Rum"，以粟特语 Frōm 的形式被转为汉语"拂菻"②。当然，拂菻一名并无歧视之意。这说明当时中国人对于西极国名有了比较准确的认知，较少附会色彩，而代之以本来面目，正与时人对其地理位置的比较准确、较少附会的认知一致。其实不止拂菻一名如此，这是隋唐时期外域译名的共同特征，且这一转变的趋势是从北魏开始的。《魏书·西域传》在为大秦列传的同时，也以伏卢尼之名记载了对拜占庭帝国的耳闻所得。不仅如此，《魏书·西域传》中，除了几个沿袭前史的名称如大秦、安息等，多数西域国家的名称是音译，如汉代的大宛被音译为（破）洛那，大夏被译作吐呼罗等。而且，北魏人并不清楚这些西域国家已以他名在前史中列传，直至唐代，方知其渊源关系，如《新唐书·西域传下》言"吐火罗，或曰土豁罗，曰睹货逻，元魏谓吐呼罗者。居葱岭西，乌浒河之南，古大夏地"③。

从汉晋至南北朝隋唐时期，之所以出现上述的变化，不仅与北朝隋唐时期对西域了解的增多有关，也与当时中国自身的历史变化有关。自魏晋南北朝以来，所谓"五胡"等少数民族陆续进入中原地区，北方出现了民族大融合的趋势，此后统一全国的杨隋、李唐皇室都有胡族血统。而作为胡族以音译之名称呼西域诸国本来就是其固有习惯，这与汉人以大秦、大夏之名称呼外域相较，其实也算是同一种意义上的"推己及人"；况且，北方的长期战乱还是阻碍了北方与西域的交往，北方之人对前代所获

---

① （唐）杜佑著，王文锦、王永兴等点校：《通典》卷一百九十三，中华书局 1988 年版，第 5264、5266 页。

② 张绪山：《"拂菻"名称语源研究评述》，《历史研究》2009 年第 5 期，第 148—151 页。

③ 《新唐书》卷二二一下《西域传下》，第 20 册，第 6252 页。

得西域知识有所传承的同时,也会有所中断,这也容易使北魏人易于以自己的习惯来记载西域国名,少受汉史的影响。至统一南北的隋唐王朝,一方面继承了北朝的这种传统,另一方面又上接两汉,对西域诸国之名遂形成了此种融合汉晋和北朝所获知识的新认知,因此中国人眼中的西极由大秦变为拂菻,而大秦也成为拂菻旧称。

小　结

综上所述,中国古代的西极观初步形成于先秦时期的东方,此后在东西方的互动往来中,东方的西极地理标志如西海、流沙、西王母、昆仑山等逐渐西移。两汉魏晋时期,自张骞出使西域后,中国与西方各国开始了比较频繁的互动往来,中国人眼中的西极也不断西扩,经历了自条支到大秦的转变,西海、流沙、西王母等地理标志也随之西移。而到隋唐时期,随着东、西罗马的兴亡以及中西方更加密切的交流互动中,拂菻又取代大秦成为时人眼中的西极所在,但此时中国人对西极地理的认知已更为准确,虽还有传说,但附会色彩较之前代已大为减弱,前代的西极地理标志中,只有与实证地理相符的西海存留。因而可以说,汉唐时期中国人的西极地理观具有鲜明的本土特色,同时也随着中西间的频繁互动与时俱进,获得对于西极地理日益精确的认知。而且,从先秦至隋唐时期的西极地理观来看,此时的中国人对于西极地区并不以"夷狄"视之,而是推己及人,平等相待,还不乏赞美、推崇之意,这也从一个侧面说明自先秦到隋唐时期的中国,在与外域不同文化的交流、互动中,除传统的"以自我为中心"的华夷观外,还形成另一种观念,即在一定程度上认可世界文明多元性的西极观。

第五章

古代东方文献中关于世界诸王的论述

唐代是中国和阿拉伯关系发展史上的重要时期。当时这两个世界上最强大的帝国之间的接触与往来异常频繁,这不但极大地促进了丝绸之路上物种与技术的传播与交流,而且带来了思想观念上的碰撞与交锋,对于加深双方之间的认识与了解,甚至推动整个世界范围内各文明的互动与认知都产生了积极的作用。在古代阿拉伯文献中有许多关于世界诸王的记载与评价,其中有一段中国皇帝与阿拉伯商人之间的对话特别受到关注,学者们历来对其持怀疑和否定态度,固然有一定的道理,但是通过对这段对话及其相关内容的分析与研究,可以了解阿拉伯,甚至印度有关世界认知观念在中国的流传及其影响。

第一节 中国皇帝与阿拉伯商人的对话

在阿拉伯古文献《中国印度见闻录》中,有一部分内容成书于公元916年,即后梁末帝贞明二年,是由尸罗夫港(Siraf,中世纪波斯湾著名港口,位于今伊朗布什尔省南部村庄塔赫里以西)的阿布·赛义德·哈桑所撰写的。其中谈及他的朋友巴士拉城的商人伊本·瓦哈卜(Ibn Wahab)的中国之行,此行最引人注目的是这位来自阿拉伯世界的商人得到了中国皇帝的亲自接见,并且留下了一段颇有意思的对话。

首先,中国皇帝向这位商人打听阿拉伯的情形,还问到阿拉伯是怎样打败强大的萨珊波斯帝国的。这位商人回答说:"那是全托真主的庇佑;另外也因为波斯人亵渎了真主,他们只崇拜火,向着太阳和月亮下跪叩头。"皇帝感慨地说:"阿拉伯征服的是一个权威最高、耕地最广、物产最富、贤人最多的王国,它的名声也传扬得最远。"

接着,皇帝又问商人:"你们是怎么划分(世界上)所有帝王的等次的呢?"这位商人不知如何回答是好,就老实说:"我没有评论各国帝王的知识。"于是，皇帝就让翻译告诉他说："我们且举五个君王为例。首先，统治伊拉克的王，是王权所及最广的王，因为这个王（国）处于世界的中心，其余的王（国）都围绕着它。这个王，我们（中国人）称他为'诸王之王'。其次，就是我们的皇帝。在我们这里，称皇帝为'人类之王'，这是因为世界诸王都莫如我们善于安邦治国；而且，我们的君臣关系，比任何（民）同王的关系都更加密切；我们的臣民对皇帝的忠诚，也是任何民众不能比拟的。所以，我们（皇帝）是'人类之王'。我们以下是'猛兽之王'，就是与我们相邻的突厥王。再其次是'象之王'，就是印度王。在我们这里称他为'智慧之王'，因为智慧是起源于印度。此外，还有拜占庭王，我们称他为'美男之王'，因为世界上的男子，都不如拜占庭的男子那样英俊，他们长相之美，是最为出众的。唯有这些王，才是诸王之中的佼佼者，其余的王都不及他们。"

然后，皇帝叫人去拿出一个匣子，从里面取出一束束画卷，给商人一一展示了皇家收藏的先知们的画像。"每幅先知的画像上，都写着一行行汉字。他推想，内中记载的，可能是先知们的名字、他们所在国的位置、预言的内容，等等。"皇帝对他们的事迹似乎也都很熟知，他指着一幅表现诺亚方舟故事的画像对商人说："关于诺亚，这个名字你确实说对了，至于洪水淹了整个大地，我们却不知道。洪水只在大地的部分区域泛滥，没有淹到我们的土地，也没有淹到印度。"他又指着摩西拄杖带领着以色列民众的像说："听说摩西所在之国十分狭小，他的百姓又总跟他捣乱。"对耶稣骑驴和追随他的弟子们的画像说："他传教时间不长，这事（传教）最多不过做了三十个月多一点。"当看到表现先知穆罕默德和簇拥着他的信徒们，都骑着骆驼，脚上穿着阿拉伯式的靴子，腰上牢牢地挂着一根很长的剔牙枝，皇帝对商人说："他和他的臣民统一了一个最大的国家，可是他没能亲眼看到统一后的盛世。他的后继人倒是看见了。"皇帝还给商人观赏了其他许多先知的画像，"其中一个，用右手指着什么，拇指与食指合拢起来，那神态俨然揭示真理一般；另一个手指苍穹，伫立不动。此外，还有各种不同形貌的先知，据翻译说，这些先知是他们（中国人）和印度人的先知"。

最后，皇帝还向商人问起哈里发的情形和装束，还有伊斯兰教的教规和信条以及关于世界的年龄等方面的问题。这位商人一一进行了解答，当他回答说世界的年纪大约有 6000 年左右时，皇帝听了放声大笑，站在一旁的宰相也大笑起来，这是暗示他们不赞同这种见解，并且向他解释了原因，令这位商人大为折服。①

这段对话还见于另一部古代阿拉伯文献，马苏第（Al-Masūdi，又译作麦斯欧迪）著的《黄金草原》。马苏第于公元9世纪后期出生于巴格达，逝世于956年（一说957年）。他是中世纪阿拉伯著名的旅行家、地理学家和历史学家，该书约完成于947年，稍晚于《中国印度见闻录》，其基本资料也来源于该书。②

第二节 关于对话内容的分析

这段对话有一些颇为值得怀疑的地方，有的学者早就指出，哪里有中国皇帝承认阿拉伯君主为世界第一，而自认为第二的道理。可能是作为阿拉伯人的瓦哈卜为了迎合国人的心理，而有意改变了谈话内容。③ 不过，在中国历史上，也并非没有过中原王朝屈尊于其他政权之下，甚至向对方称臣的情况，如突厥强大时，北周、北齐政权竞相称臣纳贡，五代时后晋称臣于契丹，南宋称臣于金等，都是比较显著的例子。即使是中国历史上最为强盛的唐王朝，也曾于唐初称臣于突厥。④ 在这段对话中，虽然突出强调了阿拉伯的"世界中心"地位，但同时也将中国、突厥、印度与拜占庭与之并列为"世界五强"，基本上没有贬低甚至瞧不起其他帝王的意思，这与当时的世界形势是基本相符的，与中国传统的"天下—世界观"相比，也具有更多的平等看待和承认其他世界文明存在的意义在内的。

9世纪正是中国历史上最为开放的唐王朝统治时期，当时的阿拉伯地区则是阿拔斯王朝（中国史书上称之为黑衣大食）统治时期。据称这位阿拉伯商人是在唐末黄巢大起义之前到达长安的，当时在位的皇帝是以聪

---

① ［古代阿拉伯］《中国印度见闻录》卷二，穆根来、汶江、黄倬汉译，中华书局1983年版，第103—106页。
② ［古代阿拉伯］马苏第：《黄金草原》，耿昇译，青海人民出版社1998年版，第一卷第15章，第185—188页。
③ 张星烺编注，朱杰勤校订：《中西交通史料汇编》，中华书局2003年版，第2册，第769页。
④ 陈寅恪：《论唐高祖称臣于突厥事》，载《寒柳堂集》，上海古籍出版社1980年版，第97—108页。

明而又顽劣著称的唐僖宗。据《资治通鉴》卷二五三僖宗广明元年（880年）二月条载：

> 上好骑射、剑槊、法算，至于音律、蒲博，无不精妙，好蹴鞠、斗鸡，与诸王赌鹅，鹅一头至五十缗。尤善击毬，尝谓石野猪曰："朕若应击毬进士举，须得状元。"对曰："若遇尧、舜作礼部侍郎，恐陛下不免驳放。"上笑而已。①

这位 12 岁就即位的少年天子，资质显然不差，爱好也非常广泛，骑马射箭、舞剑弄枪、蹴鞠、击毬、斗鸡、赌博，样样精通，尤其是对算学、音乐极为精妙，但是由于年少，缺乏治国能力，宦官、权臣把持了朝政，整天沉溺于吃喝玩乐，最后被黄巢率领的起义大军攻破长安，狼狈逃窜四川成都。但就是这样一位荒唐的年轻皇帝，却给阿拉伯商人留下了聪明、睿智、好学、知识渊博和温文尔雅的印象。

唐僖宗之所以在阿拉伯商人面前会有这样难得的良好表现，是和唐王朝长期以来奉行对外开放政策，积极开展域外探索，与各国保持友好关系，从而带来了关于世界认知观念的新变化有关的。

在这段对话中首先提到的是阿拉伯灭亡波斯的重大历史事件。这里的波斯是指萨珊王朝（Sassanidae，226—650 年），在此之前为安息帝国（Arsacid）（公元前 170—226 年），即帕提亚王朝（Parthia）。早在汉代张骞通西域和丝绸之路正式开通以后，中国就和安息之间保持了良好的互动关系。班超经营西域时，还曾派遣副使甘英出使大秦，最远到达安息西界，所以汉代中国对安息帝国颇为了解。226 年，阿尔达希尔一世（Ardashir I，226—240 年）推翻安息王朝后，建立起萨珊王朝，在中国文献中称为"波斯"，该名初见于《魏书·西域传》："波斯国，都宿利城，在忸密西，古条支也。去代二万四千二百二十八里。城方十里，户十余万，河经其城中南流。土地平正，出金、银、鍮石、珊瑚、琥珀、车渠、马脑（玛瑙），多大珍珠、颇梨、琉璃、水精、瑟瑟、金刚、火齐、镔铁、铜、锡、朱砂、绫、锦、叠毼、氍毹、毾㲪、赤麈皮，及薰陆、郁金、苏

---

① 《资治通鉴》卷二五三僖宗广明元年（880 年）二月条，中华书局 1956 年版，第 17 册，第 8221 页。

合、青木等香，胡椒、石蜜、千年枣、香附子、诃梨勒、无食子、盐绿、雌黄等物。气候暑热，家自藏冰。地多沙碛，引水溉灌。其五谷及鸟兽等与中夏略同，唯无稻及黍、稷。土出名马、大驴及驼，往往有日行七百里者。富室家到数千头。又出白象、狮子、大鸟卵。有鸟形如橐驼，有两翼，飞而不能高，食草与肉，亦能噉火。"① 此段有关波斯的描写（尤其是物产）比较详细，后世的记载基本上是在此基础上增减之，说明中国对波斯有很深的了解，这主要是得益于双方之间保持了长期的友好互动关系。从北魏太安元年（455 年），波斯遣使来华，此后双方信使往来不断；波斯还多次派遣使者至梁。隋炀帝时，中国也派云骑尉李昱出使波斯，波斯则遣使回访。约在隋末唐初，阿拉伯帝国兴起，向东扩展，波斯首当其冲。在阿拉伯人的侵逼下，萨珊波斯末王伊嗣俟（伊斯德吉勒三世，632—651 年）曾三次向唐太宗求援，唐朝由于立国不久，加之路途遥远，没有采取实际行动予以支持。637 年，波斯首都泰西封（Ctesiphon, Tay-sifun，今伊拉克首都巴格达东南的底格里斯河畔）被攻陷，651 年（唐贞观十五年）灭亡。伊嗣俟的儿子卑路斯携子泥涅斯流亡唐朝，707 年（唐中宗景龙元年）泥涅斯在长安病逝。到唐僖宗接见阿拉伯商人瓦哈卜时，波斯亡国已经有两百多年，而这位中国皇帝还说它是"权威最高、耕地最广、物产最富、贤人最多、名声也传扬得最远的王国"，可见唐朝对波斯的印象极其深刻，而阿拉伯灭波斯这样一件重大的历史事件也就成为这次对话的开场白。

中国皇帝关于世界五王等次的划分和描述，虽有可疑之处，但类似的记载也见于同时期的其他阿拉伯文献，同时在印度和中国文献中也有相近的表述（见附表）。关于这个问题，笔者在后边还将重点予以探讨。

关于皇家收藏的先知们的画像，瓦哈卜这样描述道："每幅先知的画像上，都写着一行行汉字。他推想，内中记载的，可能是先知们的名字、他们所在国的位置、预言的内容，等等。"这倒是符合中国画的特征。至于诺亚、摩西、耶稣、穆罕默德等先知的事迹，唐人应该也早已有所耳闻。诺亚、摩西、耶稣为基督教的圣人，而基督教的一个支派聂思脱里派在唐初传入中国，被称为景教、大秦教或大秦景教。贞观九年（635 年），

---

① 《魏书》卷一百二《西域·波斯国传》，中华书局 1974 年版，第 6 册，第 2270—2271 页。

第五章　古代东方文献中关于世界诸王的论述　　　137

叙利亚人阿罗本等教士经波斯来到中国长安，在唐朝受到礼遇，"帝使宰臣房公玄龄总仗西郊宾迎入内，翻经书殿，问道禁闱"，准许其在长安建寺传教。十二年（638年），唐太宗还下诏赞扬该教："波斯僧阿罗本远将经教，来献上京，详其教旨，玄妙无为，生成立要，济物利人，宜行天下。"① 高宗时允许各州建景教寺院，并封阿罗本为镇国大法主，出现了"法流十道，国富玄休。寺满百城，家殷景福"的盛况。玄宗时，令宁王等五王，"亲临福宇，建立坛场"。天宝初，令大将军高力士送五圣写真（高祖、太宗、高宗、中宗、睿宗五帝画像）于大秦寺供奉。三年（744年），来自大秦国（东罗马帝国）的传教士佶和来到唐朝，诏与罗含、普论等17名传教士，于兴庆宫修功德，并御赐寺额。"安史之乱"爆发以后，肃宗于灵武等五郡，重立景寺，宠传教士伊斯以金紫光禄大夫、同朔方节度副使、试殿中监、赐紫。代宗每于圣诞日，"赐天香以告成功，颁御馔以光景众"。德宗也很尊重该教，于建中二年（781年），于大秦寺立《大秦景教流行中国碑》。② 在近代敦煌遗书中曾发现过几种景教写经，如《大秦景教三威蒙度赞》、《尊经》、《大秦景教宣元本经》、《一神论》、《大秦景教大圣通真归法赞》等。③ 其中《尊经》中就提到摩西（Moses），译作"牟世"。此外，还有《序听迷诗所经》，"此经标题原为三字《移—鼠迷—诗经》（Book of I-shu Mi-shih-he）［即《耶稣弥赛亚经》（Book of Jesus Messiah）］"。此经前一部分阐释教义，后一部分叙述耶稣行传。其中提到圣母玛丽亚，译作"童贞女末艳（Mo-yen）"；耶稣圣诞之事，译作"末艳怀孕后生一男孩名为移鼠（I-shu）"；耶稣弥赛亚（Jesus Missiah），译作"移—鼠—弥—师—诃"（I-shu-Mi-shih-he）。在新疆高昌还发现过叙利亚文景教祈祷书断片，其中有圣母玛丽亚及耶稣基督等赞美词。④ 以此观之，唐代皇帝对基督教诸圣事迹有所了解，也并非不可

---

① 《唐会要》卷四十九《大秦寺》，上海古籍出版社1991年版，上册，第1011—1012页。
② 《全唐文》卷九一六，中华书局1983年版，第10册，第9545页下栏—9548页上栏。
③ 林吾殊：《敦煌汉文景教写经研究述评》，载氏著《中古三夷教辨证》，中华书局2005年版，第161—214页。林先生认为《大秦景教大圣通真归法赞》为伪经，而《一神论》的真伪问题也有待继续考证。
④ ［英］阿·克·穆尔：《一五五〇前的中国基督教史》，郝镇华译，蒋本良校，中华书局1984年版，第63—64、66—70、315页。

思议之事。再者诺亚、摩西、耶稣、穆罕默德也是伊斯兰教所承认的先知,① 随着阿拉伯帝国的兴起与伊斯兰教的东传,他们的传说和事迹自然也会传到唐朝。

阿拉伯帝国崛起于 7 世纪初,伊斯兰教的创始人穆罕默德曾有一条圣训鼓励他的门徒说:"学问,即便远在中国,亦当求得之。"② 所以从 651 年(唐高宗永徽二年),阿拉伯初次遣使和唐朝通好,到 798 年(唐德宗贞元十四年)最后一次使节归国,在 148 年间,共计来使达 41 次之多。③ 其间唐朝和阿拉伯虽然在 751 年(唐玄宗天宝十载),在中亚的怛逻斯(今哈萨克斯坦江布尔城附近)发生冲突,唐军战败,但是双方的友好关系却没有中断。此后不久,唐朝发生"安史之乱",阿拉伯曾派出军队援助唐朝,从叛军手中收复了长安和洛阳。④

中阿之间的商业贸易活动也非常繁荣。大批阿拉伯商人来到中国,长安、洛阳、扬州、广州、泉州等地到处都有他们的足迹,不少人在中国定居落户,娶妻生子,有的还在唐朝担任官职。848 年(唐宣宗大中二年),来自阿拉伯的大食人李彦昇在长安考中进士,⑤ 堪称中阿友好关系史上的一段佳话。这并非唯一事例,据宋人钱易记载:"大中以来(847—859 年),礼部放榜,岁取三二人姓氏稀僻者,谓之'色目人'。亦谓之'榜花'。"⑥ 色目人,意即诸色名目之人,泛指来自西域和中亚的外国人,多

---

① 《古兰经》中诺亚又称努哈(Nuh),摩西又称穆萨(Mūsa),关于洪水的故事和他们的事迹在《古兰经》中都有描写。

② Abdullah Al-Mamun Al-Suhrawardy. The Sayings of Muhammad. London, John Murray Publishers Ltd. , 1941.

③ 沈福伟:《中国与西亚非洲文化交流志》,上海人民出版社 1998 年版,第 245 页。

④ 《旧唐书》卷一九八《西戎·大食传》:"至德初,遣使朝贡。代宗时为元帅,亦用其国兵以收两都。"中华书局 1975 年版,第 16 册,第 5316 页。又据《资治通鉴》卷二一八、二一九载:肃宗至德元年(756 年)九月,"上虽用朔方之众,欲借兵于外夷以张军势,以豳王守礼之子承寀为敦煌王,与仆固怀恩使于回纥以请兵。又发拔汗那兵,且使转谕城郭诸国,许以厚赏,使从安西兵入援。"次年(757 年)春正月:"上闻安西、北庭及拔汗那、大食诸国兵至凉(治今甘肃武威)、鄯(治今青海乐都),甲子,幸保定(即泾州安定郡,治今甘肃泾川)。"中华书局 1956 年版,第 15 册,第 6998、7014 页。

⑤ (唐)陈黯:《华心》:"大中初年,大梁边帅范阳公得大食人李彦昇,荐于阙下。天下诏春司考其才,二年,以进士第名登。……今彦昇也,来从海外,能以道祈知于帅,帅故异而荐之。"载《全唐文》卷七六七,中华书局 1983 年影印本,第 8 册,第 7986 页下栏。

⑥ (宋)钱易撰,黄寿成点校:《南部新书》卷丙,中华书局 2002 年版,第 34 页。

指信仰伊斯兰教的阿拉伯人。因其在华化过程中，姓氏稀奇生僻，故有此称。由此可见，阿拉伯人在唐代社会生活中已经成为一支不容忽视的外来势力。

在怛逻斯之战中被俘的唐朝人杜环，在阿拉伯留居10年，归国后将他的所见所闻撰写成《经行记》一书，书中介绍了他在大食都城亚俱罗亲眼见到许多中国的工商业者在那里工作，有"绫绢机杼、金银匠、画匠，汉匠起作画者，京兆人樊淑、刘泚；织络者，河东人乐隈、吕礼"①。出生在巴士拉的阿拉伯著名学者查希兹（Al-Jahiz，775—868年）对中国也非常熟悉，他在《书信集》中曾历数当时各民族的特长，说："中国人擅长手工艺，什么锻造、熔炼、花样翻新的印染、旋工、雕刻、绘画、织布，无一不精。"②所以，阿拉伯帝国非常重视与中国的关系，阿拔斯王朝的第二任哈里发曼苏尔（754—775年在位）在营建新都巴格达时，曾兴奋地说："这个地方是一个优良的营地。此外，这里有底格里斯河，可以把我们和老远的中国联系起来，可以把各种海产和美索不达米亚、亚美尼亚及其四周的粮食，运来给我们。"③宋岘先生甚至认为，《经行记》中提到的诸位中国工匠应是参与巴格达城的建设者，中国唐代的科学技术与工艺品为繁荣巴格达的市场曾起过重要作用，因此巴格达又有"中国国王的礼物"之称。④

随着中阿关系的日益密切，有关域外世界政治格局及相关地理知识也纷纷传入中国，而伊斯兰教先知们的传说和事迹，自然也会传到唐朝，为唐人所了解和熟知。

中国皇帝最后展现给阿拉伯商人的画像是中国人和印度人的先知，其中用手指苍穹者显然是佛陀。此外，大概还有孔子、老子、孟子等诸

---

① （唐）杜环著，张一纯笺注：《经行记笺注》，中华书局2000年版，第55页。
② ［埃及］艾哈迈德·艾敏：《阿拉伯—伊斯兰文化史》，第2册，近代时期（一），朱凯、史希同译，商务印书馆1990年版，第5页。
③ ［美］希提：《阿拉伯通史》，马坚译，商务印书馆1990年版，上册，第340页。
④ 宋岘：《唐代中国文化与巴格达城的兴建——（唐）杜环〈经行记〉新证之一》，《海交史研究》1998年第1期。该文引述大食人对"巴格达"一词的解释说，雅古特《地名辞典》卷一"巴格达"条目言："伊本·安巴里（Ibn al-Anbārī）讲：'巴格达'一词源于伊朗语。……'达（Dād）'义为'赐予'、'礼品'。……据说，巴格达原本是个市场，中国商人带着他们的货物到那里经商，遂获巨利。当时的中国国王名叫'巴格（Bagh）'。因此，当他回到自己的国家时，就说：'巴格达（Bagdād）'意思是，我们得到的这些利润乃是国王的恩赐。"

最后，中国皇帝还向商人问起哈里发的情形和装束，伊斯兰教的教规和信条以及关于世界的年龄等方面的问题。杜环在《经行记》书中就介绍了他所了解到的一些阿拉伯风俗和伊斯兰教知识：

> 大食，一名亚俱罗。其大食王号暮门，都此处。其士女瑰伟长大，衣裳鲜洁，容止闲丽。女子出门，必拥蔽其面。无问贵贱，一日五时礼天，食肉作斋，以杀生为功德。系银带，佩银刀，禁音乐。人相争者，不至殴击。又有礼堂，容数万人。每七日，王出礼拜，登高座为众说法曰："人生甚难，天道不易，奸非劫窃，细行谩言，安己危人，欺贫虐贱，有一于此，罪莫大焉。凡有征战，为敌所戮，必得生天，杀其敌人，获福无量。"率土禀化，从之如流。
>
> 其大食法者，以弟子亲戚而作判典，纵有微过，不至相累。不食猪狗驴马等肉，不拜国王父母之尊，不信鬼神，祀天而已。其俗七日一假，不买卖，不出纳，唯饮酒谑浪终日。
>
> 从此至西海以来，大食波斯，参杂居止，其俗礼天，不食自死肉及宿肉，以香油涂发。①

在这几段话里，杜环谈到了哈里发和伊斯兰教的基本信仰、礼拜、作斋和日常生活上应该遵守的一些条件。据白寿彝先生研究，"暮门"是 Amir al-Mu'minin 的省译，《旧唐书·大食传》作"噉密莫末腻"，《新唐书·大食传》作"籔密莫末腻"，意思是"信仰者的首领"。这是哈里发（Khalifa）例用的称号。伊斯兰教的最高信仰是 Allāh（安拉），在中文中很难找到一个适当的译名，杜环译作"天"。伊斯兰教规定，每日有五次礼拜。伊斯兰教有古尔邦节，又称宰牲节或牺牲节，节日的重要内容就是宰杀骆驼、牛、羊等牲畜，宰牲肉分为三份，一份留为自用，一份馈赠亲友，一份施散穷人。这就是杜环所记的"食肉作斋，以杀生为功德"。伊斯兰教禁止饮酒和音乐，每七日有大礼拜一次，至于王所说的一套关于做人和处世之道的话，都在《古兰经》中能找到根据。至于"以弟子亲戚而作判典，纵有微过，不至相累"。意思是说，在法律裁判时，虽有人和

---

① （唐）杜环著，张一纯笺注：《经行记笺注》，中华书局2000年版，第23—61页。

被告人有弟子亲戚的关系，也不至于被累受过。这是伊斯兰法只把犯罪责任加在犯罪者一人身上，和当时中国法律之株连亲友不同。其他讲得都是伊斯兰教的最高信仰和饮食禁忌。这是我国记载阿拉伯和伊斯兰教教义及概况的最早、最翔实的资料。① 中国皇帝与阿拉伯商人的对话至少晚于杜环的记载100年以上，所以他对阿拉伯哈里发和伊斯兰教的一些基本情况应该还是听说过的，这里的问话是就该问题所作的进一步的深入了解。

关于世界的年龄问题应该是和古人对于世界的起源问题的思考联系在一起的。中国自古以来就有盘古开天辟地、女娲造人的传说，基督教和伊斯兰教则分别宣称是上帝耶和华和真主安拉创造了世界。中国皇帝的这个问题反映了古人对自身生存世界的思考。

第三节　古代阿拉伯文献中关于世界诸王的其他记载

关于中国皇帝和阿拉伯商人对话中对世界五王划分等次的类似内容，还见于《中国印度见闻录》中的前一部分。这部分内容为佚名作者写成于公元851年，即唐宣宗大中五年。其中讲道：

> 印度和中国人都一致认为，世界上有四个国王。而四个之中，第一个是阿拉伯人国王，他们一致毫无异议地认为阿拉伯人的国王是最伟大的国王，最富有的国王，最豪华的国王，是无与伦比的伟大宗教之主。中国国王仅次于阿拉伯人之主，位于第二。其次是罗马人国王。最后是穿耳孔入的国王巴拉哈—拉雅（Ballaha-raya）。②

在这段话中有几点值得注意：其一是没有提到"猛兽之王"突厥王，这样前述五王就只有四王了。其二是对阿拉伯王的评价充满了溢美之情，不过与前述借中国皇帝之口所强调的"领土最广、世界中心、诸国围绕"

---

① 白寿彝：《中国回教小史》、《从怛逻斯战役说到伊斯兰教之最早的华文记录》，载氏著《中国伊斯兰教史存稿》，宁夏人民出版社1983年版，第1—44、56—103页。

② [古代阿拉伯]《中国印度见闻录》卷一，穆根来、汶江、黄倬汉译，中华书局1983年版，第11—12页。

的情形稍有所不同，在此主要赞美的是其"伟大、富有、豪华"以及"无与伦比的宗教之主"，也就是伊斯兰的代表，被认为是天启的，所以哈里发对其臣民来说是超越于其他一切君主之上的"万王之王"；此外，对其他诸王则基本都没有予以评价。其三是罗马国王位于穿耳孔人的国王巴拉哈—拉雅之前。关于这最后一位国王，作者继续写道："这个巴拉哈—拉雅，所有印度人都承认他尊贵，其他的国王能独立行使自己的权力，但必须承认这一点：巴拉哈—拉雅的使臣来时，必须受到他们的祝福，以表示对其主人的崇敬。"① 由此可见，这位国王就是指印度王。

类似的说法也见于《黄金草原》有关"国王们的尊号"的记载：

> 中国中原、突厥、印度、室利佛逝和世界其他部分的国王都承认巴比伦国王有至高无上的霸权。他们承认后者是世界上的第一君王，他在他们之间占有的位置就如同月亮在诸星辰中一般，因为由他统治的气候带是所有气候带中最为崇高的一个，他本人也是最为富裕和品质最为卓著的一个王子，他也是其政府最为坚强和最谨慎的人。至少他以前曾是这样的，但在今天，再不能这样说了。大家恰如其分地授予他一个"王中王"的尊号，有人把他在世界上的地位比作心脏在人体中的地位，或者是比作主要珍珠在项链中的位置。继他之后便是印度国王或智慧国王、大象国王，因为在波斯的科斯洛埃斯家族的国王（艾卡希赖）中承认智慧源出于印度。
>
> 第三个级别属于中国中原地区的国王。事实上，他是一位治理得法、具有政治才智和治国艺术的尽善尽美的国王，任何一位国王都不会比他更为致力于审慎地和秩序井然地统治其文武臣民。他本人很勇敢、强大和难以接近，统帅一支装备优良的军队，军队定期得到军饷，犹如巴比伦国王的军队一样。其次，那就要数突厥人国王的地位了，他占据着高昌（kūshān）城，统治着九姓乌古斯。大家赋予了他们"野兽国王"和"马匹国王"的尊号，因为普天下没有任何一个国王指挥有这样勇敢的军士，其他任何一个国王也都不占有数目更多的马匹。其王国由呼罗珊草原与中国中原地区相隔。至于他本人，

---

① [古代阿拉伯]《中国印度见闻录》卷一，穆根来、汶江、黄倬汉译，中华书局1983年版，第12页。

第五章　古代东方文献中关于世界诸王的论述　　　143

他享有"回鹘汗"（uyghurkhān）的尊号。虽然在突厥人中有数位王子（除了那些没有归附某位国王的大量部族之外）任何一位都不抱与他竞争的奢望。

　　紧接着便是拜占庭皇帝。他也被尊奉为人类的国王，因为没有任何一位王子能统治比别国更为漂亮的人。天下的其他国王都处于同等地位，或彼此之间基本平等。①

在这段描述中，称巴比伦国王为"世界上第一君王"、"世界的中心"、"王中王"等，这在古代两河流域兴起的诸王朝中一直都有这样的传统，即都自认为是世界的中心、众王之王。如阿卡德王国的创立者萨尔贡（约公元前2371—前2316年）就自称为"世界四方之王"②。著名的古巴比伦帝国的君主汉谟拉比（公元前1792—前1750年在位），更是自称为"诸王之王"、"众神之王"③；其后兴起的亚述帝国，其末代国王巴尼拔（公元前668—前627年在位）也自称为"伟大英明及世界之王"，在一块考古发现的泥版文书上，刻着这样一首诗："我是亚述巴尼拔/伟大的国王/非凡的国王/宇宙之王/亚述之王/周边世界之王/王中之王/亚述的统帅/无敌的君主/支配着大海从高到低/所有的诸侯都匍匐在我脚下。"④ 新巴比伦王国尼布甲尼撒二世（公元前605—前561年在位）也自称为"王中之王"⑤；波斯帝国阿黑门尼德王朝（公元前558—前330年）的统治者们也自称为"伟大的国王、王中之王、波斯王、众国之王"⑥；萨珊波斯（224—651年）的君主们也自称"众王之王"。后来兴起的阿拉伯帝国，也继承了这一传统，自称为"王中王"，或"诸王之

---

①［古代阿拉伯］马苏第：《黄金草原》，耿昇译，青海人民出版社1998年，第一卷第16章，第206—207页。
②［苏联］阿甫基耶夫：《古代东方史》，王以铸译，生活·读书·新知三联书店1956年版，第73页。
③ 吴于廑、齐世荣主编：《世界史：古代史编》，高等教育出版社1994年版，上卷，第72页。
④ 陈晓红、毛锐：《失落的文明：巴比伦》，华东师范大学出版社2001年版，第87—89页。
⑤ 赵树贤：《巴比伦：沉睡文明的梦与醒》，世界知识出版社2003年版，第125页。
⑥［美］杰里·本特利、赫伯特·齐格勒：《新全球史》（第三版）上册，魏凤莲等译，北京大学出版社2007年版，第175—176页。

王"。所以，这段话抬高巴比伦国王的地位是为了突出继承了两河流域诸王朝遗产的阿拉伯帝国的地位。

在这段描述中，还有一个值得注意的现象，就是将印度的地位排在了中国和其他诸国之前，这是在同时期其他阿拉伯古文献中从来没有过的情况。① 这大概反映了10世纪时，阿拉伯与印度之间的经济贸易联系空前密切、甚至超过了与其他诸国之间的来往而导致了阿拉伯人在认识上的变化。

在这段记载中，另有一个值得注意之处，就是将突厥人国王，描述成"占据着高昌城，统治着九姓乌古斯"，"享有'回鹘汗'的尊号"，这样的表述更符合10世纪时西域的国际政治新格局。突厥汗国早在8世纪中叶就已经败亡，继之而起的是回纥（后改称回鹘）。840年，回鹘汗国灭亡后，大部分回鹘人向西迁徙。一支迁到葱岭以西的中亚地区，一支迁到河西走廊，一支迁到西州（今新疆吐鲁番）。西州回鹘又向西发展，以高昌为中心，建立了高昌回鹘政权。在辽、宋史籍中称其王为阿萨兰汗，或作阿思懒，一作阿斯兰汉（汗），意为师（狮）子王。如《辽史·太宗纪下》载：会同三年（940年）二月，"辛亥，墨离鹘末里使回鹘阿萨兰还，赐对衣劳之"。② 《宋史·高昌传》载：宋太宗太平兴国六年（981年），师（狮）子王阿斯兰汉（汗）遣使献方物。③ 在阿拉伯文献中称其猛兽之王或狮子之王，④ 倒也是符合其实际情况。九姓乌古斯，又作九姓乌护，是存在于唐末五代宋辽时期中国西北部的乌古斯人回鹘部落联盟。在古突厥语里，"乌古斯"有"部落"、"姓"、"联盟"、"箭"之意。中古时期，有"九姓回纥"、"九姓铁勒"等部众，他们是在反突厥阿史那氏时形成的联盟。据法国著名汉学家哈密顿（James

---

① 中世纪阿拉伯著名的地理学家雅古特（Yaqut, 1179—1229年）于1228年编成的《地名词典》（Mu'jam al-Buldan）被称之为"集当时地理学之大成"，"名副其实的百科全书"。他在"导言"中引录了这段话。参见［古代阿拉伯］雅古特《地名词典》，贝鲁特：萨迪尔书局1995年版，第1卷，第47—48页。

② 《辽史》卷四《太宗纪下》，中华书局1974年版，第1册，第47页。又同书卷四十六《百官志二》载："阿萨兰回鹘大王府，亦曰阿思懒王府。"第3册，第757页。

③ 《宋史》卷四九〇《外国·高昌传》。又见《续资治通鉴》卷二十二宋太宗太平兴国六年三月丁巳条。

④ 张星烺先生在翻译中国皇帝与阿拉伯商人的对话时，就将突厥国王，译作"狮子之王"（King of Lion）。见《中西交通史资料》，中华书局2003年版，第2册，第769页。

Hamilton，又译作汉密尔顿）研究：九姓乌古斯（Toquz—θruz）联盟是由蒙古高原和中国突厥斯坦的铁勒部族所组成的，其时间可能为 7 世纪初。在 8 世纪末和 9 世纪初，在回鹘人的领导下大举扩张，其中有一部分到达中亚咸海一带定居下来，在以后几个世纪中又被伊斯兰化，所以被人们称为乌古斯。①

另一部古代阿拉伯文献《道里邦国志》中也有关于"古代地球上的诸国君主及其王国"的记载：

伊夫里宗（Ifridhūn）曾经将大地分赐给他的三个儿子。一块给了塞赖姆，塞赖姆（Salam）就是统治西方的舍莱姆（Sharam），他是罗马（Al-Rūm）诸王和粟特（Al-Sughd）诸王的祖先；另一块地给了突什（Tush），突什就是统治东方的突吉（Tūj），他是突厥（Al-Turk）诸王和中国诸王的祖先；第三块地给了伊郎（Iran），伊郎就是伊朗舍赫尔（Iranshahr）的统治者伊莱吉（Iraj）。伊朗舍赫尔就是伊拉克（Irāq）。伊郎就是伊拉克诸王——库思老（Kasrā）的祖先。有诗为证：

我活着的时候，就已将自己的国权如俎上的肉分成几份。
我慷慨地将从沙姆（Al-Shām），罗马及至日落处的土地给了塞赖姆；
我将突厥（Turk）给了突吉，
使中国归突吉的堂兄所有；
我毅然地使伊郎得到法尔斯（Fāris）的统治权。
我因施予了这些恩惠而得到幸福。

各地诸王的称号：伊拉克王的通行称号是库思老，也就是沙罕沙赫（Shāhānshāh，意为"王中之王"）。罗马的国王，通称作恺撒（Qaysar），也就是巴西勒（Bāsil）。突厥、吐蕃、可萨突厥诸国的君主均被叫做罕甘（Khāqān，即可汗），葛逻禄（Al-Kharlukh）王不在此列，这些罕甘被称为杰卜虎耶赫（Jabghūyah，即叶护）。中国的君主叫白鹤布尔（Baghbur，即天子）。以上诸王都是艾夫里宗

---

① ［法］哈密顿：《九姓乌古斯与十姓回鹘考》、《九姓乌古斯与十姓回鹘考（续）》，耿昇译，《敦煌学辑刊》（创刊号），1983 年、1984 年第 1 期。

(Afridhun)的子嗣。大印度的国王叫白勒海拉(Balhara),即众王之王。①

在这段史料中,关于世界诸王的划分,实际上提到了两种说法:一种是伊夫里宗(Ifridhūn)将世界分给了三个儿子,分别是罗马诸王和粟特诸王的祖先、突厥诸王和中国诸王的祖先、伊朗和伊拉克诸王库思老的祖先。按照这种说法,世界划分为三个系统,即:罗马—拜占庭系、突厥和中国系、伊拉克阿拉伯系。在这个系统中,突厥和中国合为一个系统,而印度则没有被提到。另一种是"王中之王"伊拉克王、罗马国王、突厥和吐蕃可汗、中国天子,他们都是艾夫里宗(Afridhun)的子孙,而大印度国王白勒海拉虽然还是同样不在其列,但却特意强调其为印度的"众王之王",另外还提到了东非诸王、东印度洋诸王、南海诸王及斯拉夫国王。这个系统的描述比较全面,并且已经具有了前述"五王"或"四主"说的雏形。所谓伊夫里宗(Ifridhūn)或艾夫里宗(Afridhūn)应为同一意思。据宋岘先生解释:艾夫里宗(Afridhun),"波斯语人名,源自伊朗第一个统治阶级——菲什达德(Fishdād)的某位君主的名字——夫里宗(Fridhūn)。传说他即《圣经》中的诺亚,也有传说他是双角王——希腊的马其顿王菲利浦·亚历山大"②。诺亚方舟和大洪水的故事在《圣经》和《古兰经》中都曾经提到,《圣经》中说:诺亚夫妇有三个儿子,上帝在大洪水毁灭世界之前,选中了诺亚一家,作为新一代人类的种子保存下来;③ 而"双角王"的传说则出现在《古兰经》故事中,"双角王这个远征的开拓者挺进到了马格里布。一路上,他的队伍如入无人之境,所向披靡。……所以如此,是真主在支持他,向他提供了所需要的一切,使他常

---

① [古代阿拉伯]伊本·胡尔达兹比赫著:《道里邦国志》,宋岘译注,中华书局1991年版,第16—17页。关于"大印度的国王叫白勒海拉(Balhara),即众王之王",在耿昇、穆根来翻译的法国学者费琅编的《阿拉伯波斯突厥人东方文献辑注》上册《道里邦国志·世界诸王之称号》称:"印度最大的国王是巴拉哈,或叫列岛之王。"按:宋译易起歧义,耿、穆之译更符合原文意思,也即白勒海拉或巴拉哈应是印度诸王之王。中华书局1989年版,第39页。

② 同上书,第17页。

③ 在《古兰经》故事中,诺亚作"努哈"。据说努哈得到了真主的启示,造了一艘方舟,在大洪水来临时登舟得救,而那些凡是不相信真主安拉的人则被全部淹死。见《古兰经》卷一二,马坚译,中国社会科学出版社2003年版,第162—166页。

胜不败"①。关于"双角王"类型的故事在世界上许多国家和地区都有流传，其原型是关于马其顿国王亚历山大大帝的传说。② 亚历山大大帝通过大规模的远征，建立起了一个地跨欧、亚、非三洲的大帝国。在他死后，帝国迅速分裂为托勒密、塞琉古和马其顿三个王国。前述两种说法明显是受到了这两种传说的影响，由此也可以看出古代波斯、阿拉伯文化融合与吸收古希腊、罗马文化的痕迹。

在古代阿拉伯文献中，关于世界的描述还见于伊本·法基赫（Ibn Al-Faklh）的著述中引录的阿卜杜勒（Abdallah bin'Amr al-As bin Wāil as-Sahamī）的记载：

> 大地（世界）状似一只鸟，分为头、两翅、胸、尾等五部分。其头部乃中国，中国之后是瓦克瓦克部落，再往后便是一些只有上帝（真主）方知其具体数字之部落；其右翅乃印度，印度之后是大海，再往后便没有人类；其左翅乃（黑海的）可萨突厥人（Khazar），之后有两个民族：曼萨克人（Mansak）和马萨克人（Masak），再往后便是戈族人（Gog）和麦戈族人（Magog），而对于这些民族，除上帝之外，任何人都是一无所知的；其胸部是麦加（Mekke）、汉志（Hidjāz）、叙利亚、伊拉克和埃及；其尾乃从扎特—胡马姆（Dzāt al-Humām，指埃及的边界地区）到马格里布的整个地区，该地区是鸟体最次要的部分。③

法基赫约为9世纪末到10世纪初人，著有《各国志》（al-Buldan，又译作《列国志》），约成书于902年。阿卜杜勒约卒于675年，他关于世界的描述应该是古代阿拉伯文献中所能见到的最早的资料了。④ 在这段描述

---

① [叙利亚] 穆罕默德·艾哈迈德·贾德·毛拉：《古兰经故事》，关俪、安国章、顾正龙、赵竹修、王永方译，新华出版社1983年版，第206页。
② [维吾尔族] 热依汗·卡德尔：《析"双角王"类型故事的母题演变》，《民族文学研究》2004年第4期。
③ [法] G. 费琅辑注：《阿拉伯波斯突厥人东方文献辑注》，耿昇、穆根来译，中华书局1989年版，上册，第72页。
④ 龚方震：《古代阿拉伯人记中国》，载《中外关系史论丛》第3辑，世界知识出版社1991年版，第212—230页。

中，虽然还没有出现关于世界诸国（王）的排序，但从阿拉伯地区处胸部心脏地位、中国为头部、突厥和印度分别为两翼、西方为尾部最次要部分来看，已经有了后来阿拉伯古文献中关于世界诸王排序的萌芽。

第四节 中国、印度和中亚流传的"四天子说"

在前引《中国印度见闻录》中，无论是出自中国皇帝之口的"五王说"，还是印度和中国人都一致认为的"四主"说，据法国著名汉学家伯希和考证，都是来源于古代印度的"四天子说"[1]。

"四天子说"反映了佛教僧人的"世界"地理观，它最早见于东晋时从天竺来的僧人迦留陀迦（Kalodaka）译的《十二游经》：

> 阎浮提中有十六大国，八万四千域，有八国王，四天子。东有晋天子，人民炽盛。南有天竺国天子，土地多名象。西有大秦国天子，土地饶金银璧玉。西北有月支天子，土地多好马。[2]

该经译于 392 年（东晋孝武帝太元十七年）。"阎浮提"是梵文 Jambudvipa 的音译，又译作"赡部洲"、"剡浮洲"。古代印度人认为，大地中央有赡部树（Jambu），所以把人类居住的大地称为赡部洲。印度佛教徒们根据他们的了解，把赡部洲看成是四天子所统。其实，早在一个多世纪以前的三国时期，东吴孙权曾派遣朱应、康泰等出使扶南（今柬埔寨一带），就听说了类似的传闻，据康泰等人返国后所撰的见闻录《外国传》（或称《吴时外国传》）载：

> 外国称天下有三众：中国为人众，（大）秦为宝众，月氏为马众也。[3]

---

[1] ［法］伯希和：《四天子说》，见冯承钧译《西域南海史地考证译丛三编》，商务印书馆 1962 年版，第 84—103 页。

[2] 《大正藏》，第 4 册。

[3] 该书早已散佚，见《史记》卷一二三《大宛列传》"大月氏"条"正义"引，又同卷"索引"也引，中华书局 1982 年版，第 3160、3162 页。

这里的"外国"虽然没有明确指出是哪国，但不外乎是他所出使的扶南或其他南海诸国。当时从印度到南海诸国的海上交通非常频繁，包括扶南在内的南海诸国深受印度文化的影响，源自印度的这种"四天子说"也就自然会传入这些地区。朱应、康泰等人在出使扶南时，恰逢天竺回访扶南的使者"陈、宋等二人以月支马四匹报（扶南王范）旃"，因具问天竺土俗，"以为在天地之中也"①。所以，康泰等人听"外国称天下有三众"中的"外国"，大概是指自称"在天地之中"的这两位印度使者所说。换言之，加上印度，正好应该符合"四天子说"。

东晋时赴印度求法的僧人智猛也听闻过"四天子说"。据《高僧传·智猛传》载："到罽宾国，国有五百罗汉，常往返阿耨达池，有大德罗汉，见猛至欢喜。猛咨问方士，为说'四天子'事，具在猛传。"②所谓"猛传"，大约是指智猛回国后撰写的《游行外国传》一卷，该书记载了他在印度的游历经过，其中应该就有他在罽宾国听到的关于"四天子"的说法，可惜该书早已亡佚，仅见于隋唐《经籍志》著录。③

到唐代，玄奘在西游印度回国以后，撰成《大唐西域记》，展现了他所了解的当时世界。他在序言中写道：

> 时无轮王应运，赡部洲地有四主焉。南象主则暑湿宜象，西宝主乃临海盈宝，北马主寒劲宜马，东人主和畅多人。故象人之国，躁烈笃学，特闲异术，服则横巾右袒，首则中髻四垂，族类邑居，室宇重阁。宝主之乡，无礼义，重财贿，短制左衽，断发长髭，有城郭之居，务殖货之利。马主之俗，天资犷暴，情忍杀戮，毳张穹庐，鸟居逐牧。人主之地，风俗机惠，仁义照明，冠带右衽，车服有序，安土重迁，务资有类。三主之俗，东方为上。其居室则东辟其户，旦日则

---

① 《梁书》卷五十四《诸夷·天竺国传》，中华书局1973年版，第3册，第798页。
② （梁）释慧皎撰，汤用彤校注：《高僧传》卷三《释智猛传》，中华书局1992年版，第125页。
③ 《隋书》卷三十三《经籍志二》，中华书局1973年版，第4册，第983页；又见于《新唐书》卷五十八《艺文志二》，中华书局1975年版，第5册，第1505页。《旧唐书》卷四十六《经籍志上》称："《外国传》，一卷，释智猛撰。"中华书局1975年版，第6册，第2016页。

东向以拜。人主之地，南面为尊。方俗殊风，斯其大概。①

玄奘所说的世界是由人、马、宝、象四主所统治，但法师并未明言这四主究竟是指哪些地区或国家。一般来说，人主是指中国，象主是指印度，马主是指当时北方的突厥，宝主是指拂菻，也即东罗马帝国，②这样就和《十二游经》和《外国传》中的记载较相契合。但在道宣撰写的《续高僧传》卷四《玄奘传》中却又提到：

> 彼土常传，赡部一洲，四王所治。东谓脂那，主人王也；西谓波斯，主宝王也；南谓印度，主象王也；北谓猃狁，主马王也。皆谓四国，藉斯以治，即因为言。③

这里的"脂那"是指中国，"猃狁"对应的应该是突厥，宝主却明言是波斯。道宣曾参与过玄奘的译经工作，故伯希和推测他的记载当本诸玄奘亲口所传。道宣在他的另一部名著《释迦方志》卷上《中边篇》里也提到：

> 言赡部者，中梵天音，唐言译为轮王居处。言四轮王通局乃殊，住必南方也。……又此一洲，四主所统。雪山以南，至于南海，名象主也。地唯暑湿，偏宜象住，故王以象兵而安其国。俗风躁烈，笃学异术，是为印度国。……雪山之西，至于西海，名宝主也。地接西海，偏饶异珍，而轻礼重贤，是为胡国。雪山以北，至于北海，地寒宜马。其俗凶暴，忍煞衣毛，是突厥国。雪山以东，至于东海，名人主也。地唯和畅，俗行仁义，安土重迁，是至那国，即古所谓振旦国也。④

在这里作者所提到的"宝主"仅说是"胡国"，而没有具体指哪个国家，

---

① （唐）玄奘、辩机原著，季羡林等校注：《大唐西域记校注》卷一《绪论》，中华书局2000年版，上册，第42—43页。
② 林英：《唐代拂菻丛说》，中华书局2006年版，第3—10页。
③ 《中华大藏经》（汉文部分），中华书局1992年版。
④ （唐）道宣著，范祥雍点校：《释迦方志》卷上《中边篇》，中华书局2000年版，第11—12页。

根据前述推测这个"胡国"应该是指波斯。

总而言之，从魏晋时期的"四天子说"到玄奘、道宣笔下的"四天子说"，尽管内容大体一致，但是不同时代的叙述者所要传达出来的意思却不太一样，因为随着时代的变迁，欧亚大陆上的世界政治格局也发生了很大的变化，所以在《十二游经》和《外国传》中的"四天子"或"三天子"指向都很明确，而到唐代的玄奘和道宣的叙述中则出现了含混不清之处。

"四天子说"在中亚一带也有流传。昭武九姓是中亚粟特人建立的城邦国家，在这里就有相关的说法，据《新唐书》卷二二一下《西域下·康国传》载：

> 何，或曰屈霜你迦，曰贵霜匿，即康居小王附墨城故地。城左有重楼，北绘中华古帝，东突厥、婆罗门、西波斯、拂菻等诸王，其君旦诣拜则退。①

蔡鸿生先生认为，城楼壁画上的列王图，使人联想起著名的"四天子"传说。何国城楼上的壁画，是供国王从南面朝拜的，故画面不可能四方展开，只能作左、中、右配置，以致"四主"方位与传说有异，但其基本内容却是一致的。② 许序雅先生则认为，蔡说忽略了城楼的方位。何国城楼位于都城之南（"城左"），楼南墙为外墙，不便何王礼拜。所以，城楼仅有东、西、北三墙分别绘画③。何国位于康国和安国之间，被誉为"粟特的心脏"④，这里所描述的正是图像化了的"四天子说"⑤。

---

① 《新唐书》卷二二一下《西域下·康国传》，中华书局1975年版，第6245页。又见《通典》卷一九三《边防九·西戎五·何国》："何国，隋时亦都那密水南数里，亦旧康居地也。其王姓昭武，亦康国之族类。国城楼北壁画华夏天子，西壁则画波斯、拂菻诸国王，东壁则画突厥、婆罗门诸国王。"中华书局1988年版，第5257页。

② 蔡鸿生：《唐代九姓胡与突厥文化》，中华书局1998年版，第70页。

③ 许序雅：《〈新唐书·西域传〉所记中亚宗教考辨》，《世界宗教研究》2002年第4期。

④ （唐）玄奘、辩机原著，季羡林等校注：《大唐西域记校注》卷一《屈霜你迦国》注释曰："穆斯林地理学家伊斯塔赫里记载说，贵霜匿为'粟特的文化最高之城，粟特诸城之心脏'；伊本·霍加勒也说：Qayy或Qayyi（阿拉伯'何'之音译）为粟特一个区，'粟特之心脏'。"中华书局2000年版，第92—93页。

⑤ 林英：《唐代拂菻丛说》，中华书局2006年版，第5页。

中亚粟特古城片治肯特遗址（又译作喷赤干，在今塔吉克斯坦片治肯特城东南约 15 公里处，位于撒马尔罕以东约 70 公里），即为唐代米国都城钵息德城。① 在这里发现的一所宅院遗址里，也有关于掌管世界的四个（或更多）国王题材的绘画。② 这类图像很明显源于萨珊波斯（见表1），

表1　　　　　古代波斯、粟特关于四个国王题材的记载③

《法斯纳玛》（6世纪）	西：拜占庭人	北：嚈哒人 南：波斯人	东：中国人
《卡纳玛·吉·阿达希尔》（8世纪）	西：拜占庭人	北：突厥人 南：波斯人	东：印度人（喀布尔）
粟特文的摩尼教残片（6—7世纪早期）	西：波斯人	？ 南：撒马尔罕	东：印度人
何国亭子（7世纪早期）	西：波斯人+拜占庭人	北：中国人 南：何国君主	东：突厥人+印度人

从表 1 可以看出，最早的已知材料是波斯政论书《法斯纳玛》（Farsnama），其中有关于萨珊国王库思老·阿努希尔宛（Khosrow Anoshiravan，531—579 年在位）的记载。据称萨珊国王在一定的公众场合，会陈设几个宝座，在他左边的那个宝座是留给中国皇帝的，他身后的那个给嚈哒国王（在其他时代就换作可萨/Khazars 国王）；第三个在他的右边，属于罗马的恺撒（即拜占庭皇帝）。由此可见，粟特人关于世界诸王的模式是直接从萨珊波斯的皇家宣传那里借用来的。④

"四天子说"还与佛教艺术相结合，出现在高昌回鹘时代（866—

---

① 马小鹤：《米国钵息德城考》，《中亚学刊》，中华书局 1987 年版，第 2 辑，第 65—75 页。

② B. I. Marshak, V. I. Raspopova, "Wall Paintings from a House with a Granary. Panjikent, 1st Quarter of the Eighth Century A. D." Silk Road Art and Archaeology, Vol. 1, 1990, pp. 123—176.

③ 此表转引自［法］葛乐耐（Frantz Grenet）：《粟特人的自画像》，毛民译，载荣新江等主编《粟特人在中国——历史、考古、语言的新探索》，中华书局 2005 年版，第 305—323 页。

④ 同上。

1283年)的壁画中。位于吐鲁番东北的伯孜克里克石窟寺是高昌时期的代表性石窟,据德国学者勒科克(Albert von Le Coq)考察,其中第9窟右壁很可能描绘了南方增长天王和西方广目天王。南方天王的肩部铠甲上刻画着象头,西方天王的右手举着一颗宝石。在同一时期的高昌佛幡中,描绘有北方毗沙门天王的形象,据勒科克的描述:

> 这个人物(北方天王)所带的法器有:右手举着一个样式特别的小宝塔,左手支撑在有旌旗的长矛杆上。矛头已经毁掉了,原来大概就在那向右飘动的黑色缨子之上,缨子又在一面(卷起的?)红旗之上。有三条长形的、绘有黑白环纹的物体,彼此相隔一定距离,从旗上垂落下来,看来不知是哪种动物的尾巴,一般应为马尾或牦牛尾。现在用了这三件东西,就使此军旗成了突厥人旌旗的一种有趣变体。①

林英认为,在这两幅画中,前者表现了"宝主"与"象主"观念的不断扩展,后者则同唐代的突厥马主联系起来,已经成为代表南方、西方和北方的标志。②

余 论

波斯萨珊帝国衰败以后,阿拉伯大食帝国迅速崛起,他们从印度和中国人那里了解到了有关"四天子"的说法,又根据欧亚大陆上政治地理的变化,并结合两河流域的传统说法,对其进行了改造,在原先的"四天子说"中的"马主"月氏或猃狁(突厥),已不见于其中,而以新兴的阿拉伯帝国所取代,道宣笔下的"宝主"波斯则还复归罗马—拜占庭。到9、10世纪,"四天子说"又被阿拉伯人改造成"五主说"纳入了阿拉伯地理学的范畴,突厥又重新回归其中,变成"猛兽之王",阿拉伯则成为"世界中心"。从唐僖宗与阿拉伯商人之间的对话中,明显可以看出中

---

① [德]勒科克:《高昌——吐鲁番古代艺术珍品》,赵崇民译,吉宝航校,新疆人民出版社1998年版,第109—110、124—125页。

② 林英:《唐代拂菻丛说》,中华书局2006年版,第5页。

国、印度、阿拉伯甚至拜占庭等多元文明互动与认知的影响。

见表 2 所示。

表 2　阿拉伯、印度、中国古文献中有关世界诸王的记载

	文献出处	有关世界诸王的记载内容					备注
阿拉伯古文献	《中国印度见闻录》卷二	伊拉克（诸王之王）	中国（人类之王）	突厥（猛兽之王）	印度（象之王）	拜占庭（美男之王）	
	《中国印度见闻录》卷一	阿拉伯国王	中国国王		穿耳孔人的国王巴拉哈—拉雅（印度）	罗马人国王	罗马排在印度之前
	《黄金草原》第一卷第15章	伊拉克（王中王）	中国（人类之王）	突厥（猛兽之王）	印度（大象之王）	罗马（人类之王）	转引自《见闻录》卷二
	《黄金草原》第一卷第16章	巴比伦国王（王中王）	中国国王	突厥国王（野兽国王或马匹国王、回鹘汗）	印度国王或智慧国王、大象之王	拜占庭皇帝（人类的国王）	印度排在中国之前，以下顺排	在阿拉伯文献中，阿拉伯居于中心地位
	《道里邦国志》	伊拉克诸王	突厥诸王和中国诸王			罗马诸王和粟特诸王	伊夫里宗三子后裔
		伊拉克王库思老（王中之王）	中国的君主	突厥、吐蕃、可萨突厥诸国的君主	大印度的国王	罗马国王	除印度外，其他诸王皆为艾夫里宗子嗣

第五章 古代东方文献中关于世界诸王的论述

续表

	文献出处	有关世界诸王的记载内容				备注	
印度佛经	《十二游经》	东有晋天子，人民炽盛。	西北有月支天子，土地多好马	南有天竺国天子，土地多名象	西有大秦国天子，土地饶金银璧玉	魏晋时期，西宝主指大秦	在佛经和中国文献中，都没有提到阿拉伯。另外没有对诸王进行排序
中国文献	《外国传》	中国为人众	月氏为马众		大秦为宝众	唐初，西宝主指波斯	
	《大唐西域记·绪论》	东人主和畅多人	北马主寒劲宜马	南象主则暑湿宜象	西宝主乃临海盈宝		
	《续高僧传·玄奘传》	东谓脂那，主人王也	北谓猃狁，主马王也	南谓印度，主象王也	西谓波斯，主宝王也		
	《释迦方志·中边篇》	雪山以东，至于东海，名人主也，是至那国，即古所谓振旦国也	雪山以北，至于北海，地寒宜马，是突厥国	雪山以南，至于南海，名象主，是为印度国	雪山之西，至于西海，名宝主也，是为胡国		

附录一

一位中国皇帝与阿拉伯商人的对话*

在阿拉伯古文献《中国印度见闻录》中，有一部分内容成书于916年，即后梁末帝贞明二年。其中谈及作者的朋友、巴士拉城的商人伊本·瓦哈卜的中国之行，此行最引人注目的是这位来自阿拉伯世界的商人得到了中国皇帝的亲自接见，并且留下了一段颇有意思的对话。

首先，中国皇帝向这位商人打听阿拉伯的情形，还问到阿拉伯是怎样打败强大的萨珊波斯王朝的。这位商人回答说："那全是托真主的庇佑，另外也因为波斯人崇拜火和日月星辰，亵渎了真主，所以真主才帮助我们消灭了它。"皇帝感慨地说："波斯是世界上最有威望、最文明、最强盛的国家，它的人民聪明智慧，而阿拉伯竟然能征服它，真是了不起啊！"

接着，皇帝又问商人，阿拉伯人对于世界各国君主及其国力强弱是如何评论的。这位商人不知如何回答是好。于是，皇帝就让翻译告诉他说："在世界上的所有君主中，我只重视五个。第一为伊拉克（即黑衣大食，阿拉伯阿拔斯王朝）国主，处世界之中心，疆土最为广大，其余的王国都围绕着它，因此为'王中之王'；第二为我国皇帝，是世界上最善于治国的君主，君臣关系和谐，臣民对皇帝的忠诚是任何国家都不能比拟的，因此称为'人类之王'；第三是'狮子王'，就是与我国相邻的突厥国王；第四是'象王'，就是印度王，也称为'智慧之王'；第五是拜占庭王，我们称他为'美男之王'，因为世界上的男子都不如拜占庭的男子英俊。这五王是世界诸王中的佼佼者，其余诸王都无法与之相提并论。"

然后，皇帝又给商人展示了皇家收藏的有关诺亚方舟以及耶稣、摩西、穆罕默德等圣人的画像，并熟知他们的事迹。另外，皇帝还将佛像和老子等圣人的画像展示给商人，并告诉他这是印度和中国的"先知"。

---

* 原文发表于《光明日报》2011年12月22日第11版理论版·世界史。

最后，皇帝还向商人问起哈里发的情形和装束、伊斯兰教的教规和信条以及关于世界的年龄等方面的问题，令这位商人大为折服。

这段对话有一些值得怀疑的地方，有的学者早就指出，哪里有中国皇帝承认阿拉伯君主为世界第一、而自认为第二的道理。可能是作为阿拉伯人的瓦哈卜为了迎合国人的心理，而有意改变了谈话内容。不过，通过他们的对话，在一定程度上反映了唐朝与阿拉伯双方对世界的了解。

公元9世纪正是中国历史上最为开放的唐王朝统治时期，当时的阿拉伯地区则是阿拔斯王朝统治时期。据称这位阿拉伯商人是在唐末黄巢大起义之前到达长安的，当时在位的皇帝是以昏庸而著称的唐僖宗。这位12岁就即位的少年天子，缺乏治国能力，整天沉溺于吃喝玩乐，最后被黄巢率领的起义大军攻破长安，狼狈逃窜四川成都。但就是这样一位荒唐的年轻皇帝，却给阿拉伯商人留下了聪明、睿智、好学、知识渊博和温文尔雅的印象。

唐僖宗之所以在阿拉伯商人面前会有这样的良好表现，是和唐王朝长期以来奉行对外开放政策，积极开展域外探索，与各国保持友好关系，从而带来了关于世界认知观念的新变化有关的。

阿拉伯帝国崛起于公元7世纪初，伊斯兰教的创始人穆罕默德曾鼓励他的门徒说："为了追求知识，虽远在中国，也应该去。"所以从651年（唐高宗永徽二年），阿拉伯遣使和唐朝通好，在此后的148年间，共计来使达39次之多。其间唐朝和阿拉伯虽然在751年（唐玄宗天宝十载），在中亚的怛逻斯发生冲突，唐军战败，但是双方的友好关系却没有中断。

中阿之间的商业贸易活动也非常繁荣。大批阿拉伯商人来到中国，长安、洛阳、扬州、广州、泉州等地到处都有他们的足迹，不少人在中国定居落户，娶妻生子，有的还在唐朝任职。848年（唐宣宗大中二年），阿拉伯商人的后裔李彦升在长安考中进士，堪称中阿友好关系史上的一段佳话。

在怛逻斯之战中被俘的唐朝人杜环，在阿拉伯留居10年，归国后将他的所见所闻撰写成《经行记》一书，书中介绍了他在阿拉伯都城亚俱罗亲眼见到许多中国的工商业者在那里工作，有"绫绢机杼、金银匠、画匠，汉匠起作画者，织络者"。后来，阿拔斯王朝第二任哈里发曼苏尔（754—775年）在营建新都巴格达时，曾兴奋地说："这里是一处优良的营地。此外，这里有底格里斯河，可以把我们和老远的中国联系起来，可以把各种海产和美索不达米亚、亚美尼亚以及附近的粮食，运送给我们。"

　　随着中阿关系的日益密切，阿拉伯人关于认识世界的一些观念也传入中国。如关于"五主"的说法，明显受到了古代印度"四天子"说的影响。"四天子说"最早见于东晋时期从天竺来的僧人迦留陀迦翻译的《十二游经》："阎浮提中有十六大国，八万四千域，有八国王，四天子。东有晋天子，人民炽盛。南有天竺国天子，土地多名象。西有大秦国天子，土地饶金银璧玉。西北有月支天子，土地多好马。"其实，早在一个多世纪以前的孙吴派康泰出使扶南时，就听说了类似的传闻。后来，赴印度求法的东晋僧人智猛和唐朝僧人玄奘也都听说过类似的说法。阿拉伯帝国兴起以后，结合两河流域的传统说法，又将此说改造成"五主说"，纳入了阿拉伯地理学的范畴。从唐僖宗与阿拉伯商人之间的对话中，明显可以看出中国、印度、阿拉伯甚至拜占庭等多元文明互动与认知的影响。

下 编

物种、技术和社会风俗、思想观念的交流与传播

第 六 章

汉唐外来文明中的驯象[*]

  象是陆地上现存最大的哺乳动物。很早以来，人类就有了驯象活动，将其用作骑乘、战争或劳动。后来，人们又用驯象来进行各种文娱表演活动，称为象舞。汉唐时期，在宫廷典礼和宴乐活动中经常可以见到驯象表演。驯象作为一种珍稀动物，基本上都是来自域外，尤其是东南亚地区的一些国家和民族更是经常向汉唐帝国进献驯象。象在中国传统文化中被赋予了许多吉祥的寓意，直到今天，仍然对中国人的思想观念产生着深刻的影响。到目前为止，关于驯象的研究，虽然已经取得了一些成果，[①]但是

---

[*] 本章系作者参加 2010 年 6 月 24—27 日在美国圣迭戈（San Diego）举办的世界史学会（World History Association，简称 WHA）第 19 届年会提交的论文修改而成。该文曾发表在刘新成主编的《全球史评论》第 3 辑，中国社会科学出版社 2010 年版，第 247—269 页。

[①] 居史崴：《驯象·宫廷象仪》，《故宫博物院院刊》1981 年第 4 期；贾峨：《说汉唐百戏中的"象舞"——兼谈"象舞"与佛教"行像"活动及海上丝路的关系》，《文物》1982 年第 9 期；李昆声：《权杖·驯象长钩·图腾柱——云南考古三题》，《云南师范大学学报》1987 年第 5 期；周士奇：《我国古代的养象驯象》，《大自然》1994 年第 4 期；苏振兴：《古代的象战》，《中学历史教学参考》1997 年第 8 期；王开文：《中外象战奇观》，《军事历史》1998 年第 5 期；彭杰：《"舞象"小史》，《西域文史》第 1 辑，科学出版社 2006 年版；李飞：《汉代"钩象"技术》，《四川文物》2008 年第 4 期；郑红莉：《汉画像石"驯象图"试考》，《考古与文物》2010 年第 5 期；吴宏歧、党安荣：《唐都长安的驯象及其所反映的气候状况》，《中国历史地理论丛》1996 年第 4 辑。此外，日本学者藤田丰八的《象》一文，由中国古代传说中的舜弟象，谈到商人服象以及汉唐时期的象，论述了印度文化对中国文化的影响。载氏著《中国南海古代交通丛考》，何健民译，商务印书馆 1936 年版，第 429—449 页。美国学者谢弗（Schafer, E. H）的《古代和中世纪中国的战象》（"War Elephants in Ancient and Medieval China"，*Oriens*, Vol. 10, 1959）一文则介绍了驯象在古代中国战争中的应用，他还在《撒马尔罕的金桃——唐朝的舶来品研究》（*The Gold Peaches of Samarkand*，*A study of Ttang Exotics*。汉译本改称《唐代的外来文明》，吴玉贵译，中国社会科学出版社 1995 年版）一书中的第四章"野兽"中专列有"大象"目，介绍了唐朝的外来驯象。英国学者伊懋可（Mark Elvin）的《大象的退隐：中国环境史》（*The Retreat of the Elephants: An Envionmental History of China*，London：Yale University Press, 2004）则从中国环境的变迁角度，勾勒出了大象退隐的历史轨迹。这些成果都对本文的研究具有重要的参考价值。

仍然有许多问题值得进一步探讨。本文试图在前人研究的基础之上，对汉唐时期外来文明中的驯象进行考察，这不但可以加深了解中古时期中外文化交流的盛况，而且对于当时东亚大陆的气候、植被、水文等历史地理环境变迁的认识也大有帮助。

第一节 远古时期中国大陆曾广泛分布有大象

象在生物学上属于哺乳纲，长鼻目，象科，是世界上现存最大的陆栖动物。象分为亚洲象和非洲象两种。亚洲象主要分布于南亚和东南亚地区的印度、斯里兰卡、缅甸、泰国、老挝、柬埔寨、越南、印度尼西亚等国。在中国云南省的西双版纳地区也有小的野生种群。非洲象则广泛分布于除撒哈拉沙漠之外的整个非洲大陆。

象的栖息环境多样，尤其喜欢生活在气候温暖湿润的丛林、草原和河谷地带。早在远古时期，野生象曾广泛分布于除澳大利亚和南极以外的几乎所有大陆。

象对中国人来说并不是一种很陌生的动物。历史时期我国的野象，是从地质时期演化而来的。在地质时期，象的分布曾经非常广泛，几乎遍及我国所有省区，在我国各地发现的象化石至少有50多种，如陕西蓝田人、北京人、安徽和县人、巢县人、贵州桐梓人、湖北长阳人、广东马坝人、广西柳江人、内蒙古扎赉尔人生活的年代和地区，都曾发现有大象活动的遗迹。由于地质时期地理环境的演变，原来的猛犸象、纳犸象（北方）、剑齿象（南方）等相继灭绝，仅有亚洲象得以保存。亚洲象的遗存在我国不少地方均有发现，时代最早的是在山西襄汾县丁村发现的，[①] 距今大约10万年左右。丁村人栖息的汾水中游的草地丘陵间，气候温暖，树木丛生，野生大象出没其间。[②]

在原始社会末期到夏商时期，从黄河流域到长江流域一带生活有许多野生大象。传说上古时期的圣君明主舜帝有一个同父异母的弟弟就叫象，

[①] 何业恒：《中国珍稀兽类的历史变迁》，湖南科学技术出版社1993年版，第110—136页。

[②] 裴文中等：《山西襄汾县丁村旧石器时代遗址发掘报告》，科学出版社1958年版。

象曾经屡次陷害舜，最终却被舜所驯服，"舜封象于有鼻"①。有的学者认为，这则神话曲折地反映了人与野象斗争的过程，②《楚辞·天问》中提到的"舜服阙弟"③，实际上讲得就是舜驯服野象的事。在后世民间流传的二十四孝故事中，又进一步演变成舜使用驯象耕田于历山的传说，"象耕鸟耘"因此还成为舜帝"孝感动天"的象征。

　　夏商时期，在中原和北方的广大地区还能见到大象。20世纪70年代，在河北省西北部阳原县的丁家堡水库，曾发掘出野生象的遗齿和遗骨。该地位于桑干河谷底，与北京处于同一纬度上，时代约在夏末商初（距今约三四千年前）。④ 在黄河流域，象的分布更是十分普遍。⑤ 商民族擅长驯象，《吕氏春秋·古乐篇》说："商人服象，为虐于东夷。"⑥ 这说明商人已经把驯服了的象，使用到战争中去。在甲骨卜辞中也有许多狩猎"获象"的占卜记录，⑦ 在河南安阳殷墟考古发掘中还发现了两座象坑，其中一座埋象一头和象奴一个，⑧ 另一座埋一象一猪，象的项下系一铜铃，据鉴定为一头小象。⑨ 象奴是专门驯养象的奴隶，可知象不仅已为殷人所驯养，而且可能还用于生产劳动和战争之中。

　　但是，随着自然环境的变化，中原一带的气候逐渐变冷，而人口的增加和农耕的发展也使得植被覆盖面积大量减少，这就使得黄河流域变得越来越不适合野生大象的生存了，迫使象不得不南迁。到商周交替之时，在山东南部还能见到大象，《孟子·滕文公下》说："周公相武王，诛纣伐奄（今山东曲阜一带），……驱虎豹犀象而远之。"⑩ 但是到西周中期，在北方地区已经很难见到有大象的踪迹了。⑪ 到春秋时期，象已南移到淮河

---

①《汉书》卷六十三《武五子·昌邑哀王传》，中华书局1962年版，第2770页。
② 袁珂：《中国古代神话》，中华书局1960年版，第157—172页。
③ 蒋天枢校释：《楚辞校释·天问第四传》上海古籍出版社1989年版，第219页。
④ 贾兰坡等：《桑干河阳原县丁家堡水库全新统中的动物化石》，《古脊椎动物与古人类》1980年第4期。
⑤ 何业恒：《黄河下游古代的野象》，《湖南师范学院学报》（自然科学版）1982年第1期。
⑥ 许维遹撰、梁运华整理：《吕氏春秋集释》，中华书局2009年版，上册，第128页。
⑦ 罗振玉：《殷墟书契考释》3·31·3"获象"，东方学会石印增订本1927年。
⑧ 胡厚宣：《殷墟发掘》，学习出版社1955年版，第89页。
⑨ 中国社会科学院考古研究所安阳工作队：《安阳武官村北地商代祭祀坑的发掘》，《考古》1987年第12期。
⑩ 杨伯峻译注：《孟子译注》卷六《滕文公章句下》，中华书局2005年版，第155页。
⑪ 朱彦民：《关于商代中原地区野生动物诸问题的考察》，《殷都学刊》2005年第3期。

下游南北地区。吴楚交战时，楚国还曾以火象阵冲击吴军。据《左传·定公四年》载：吴伐楚，"鍼尹固与王（楚王）同舟，王使执燧象以奔吴师"。杜预注曰："烧火燧系象尾，使赴吴师惊却之。"杨伯峻先生解释："此谓迫使火象入吴军使之奔逃。"① 到战国时期，大象进一步南移到秦岭、淮河一线以南的长江流域及其以南地区。② 《韩非子·解老》说："人希见生象也，而得死象之骨，案其图以想其生也，故诸人之所以意想者，皆谓之象也。"③ 这说明象在中原地区已经绝迹。

第二节　汉唐时期中国境内大象分布区域

汉唐时期，随着经济的发展和繁荣，国力日益强盛，人口增殖迅速，土地被大量开垦出来，森林草地覆盖面积进一步缩小，地理环境发生了较大变化，除个别情况外，人们只能在长江流域的小片区域以及长江以南地区见到大象的踪迹了。

在长江流域的许多地方都有野生大象生活的迹象。长江上游四川盆地东北部的阆州（今四川阆中）就有野生大象出没，唐人戴孚《广异记》说：武则天统治时期，阆中有莫徭樵夫，在江边打柴时，遇到一头大象领着一头小象求救，樵夫为小象医治好了的足伤，为了感谢樵夫，大象送给他一支非常珍贵的象牙。④ 阆州地处嘉陵江中游，气候温和，植被茂盛，比较适合野生大象的生存。诗人李商隐在《送从翁从东川弘农尚书幕》诗中写道："蛮童骑象舞，江市卖鲛绡。"⑤ 或可说明在四川盆地或更南地

---

①　杨伯峻编注：《春秋左传注》（修订本），中华书局1990年版，第4册，第1545页。楚国之有象，还见徐元诰撰，王树民、沈长云点校：《国语集解·楚语上》，载白公子张谏楚灵王语曰："巴浦之犀、氂、兕、象其可尽乎？"中华书局2002年版，第505页。何建章注释：《战国策注释》卷十《楚策三》，楚王对张仪说："黄金、珠玑、犀、象出于楚，寡人无求于晋国。"中华书局1990年版，中册，第555页。

②　高崚、史炎均：《万物和谐地球村——自然与人类的故事》，上海科学普及出版社1996年版，第25页。

③　（战国）韩非著，陈奇猷校注：《韩非子新校注》，上海古籍出版社2000年版，上册，第413页。

④　《太平广记》卷四四一《阆州莫徭》，中华书局1961年版，第9册，第3600页。

⑤　（唐）李商隐著，（清）冯浩笺注，蒋同凡校点：《玉谿生诗集笺注》卷一，上海古籍出版社1998年版，第73页。

区居民还将野生大象驯化成舞象的事实。

在长江中游江南西道的岳州华容县（今湖南华容县）也能见到大象，据唐人张鷟《朝野佥载》卷五记载："上元中（674—676年），华容县有象，入庄家中庭卧。其足下有搓，人为出之，象乃伏。令人骑入深山，以鼻扒土，得象牙数十以报之。"华容县位于长江以南洞庭湖以北，境内丘陵溪谷密布，气候温暖湿润，也是大象的理想栖息地。唐人段成式曾在《酉阳杂俎》卷十六提到："今荆地象，色黑两牙，江猪也。"荆地约相当于今长江中游的湖北、湖南一带，岳州华容县就属于此范围。直到北宋初年，这里的大象还越江而上，到达南阳盆地。据《宋史》卷六十六《五行志》载："建隆三年（962年），有象到黄陂县（今湖北黄陂），匿林中，食民苗稼；又到安（今湖北安陆）、复（今湖北天门）、襄（今湖北襄阳）、唐州（今河南唐河），践民田，遣使捕之。明年十二月，于南阳县获之，献其齿革。"① 据《宋会要辑稿·食货七十》载，在北宋英宗治平（1064—1067年）以前，在今河南南阳、唐河到湖北襄阳一带，"地多山林，人少耕植"。从地形和植被来看，非常适于野象的移动。

在长江下游淮南一带（今安徽当涂、和县）也有野生大象种群，据《南史》卷八《梁本纪下》梁元帝承圣元年（552年）十二月，"淮南有野象数百，坏人室庐"②。唐人牛肃《纪闻》载："张景伯之为和州，淮南多象。州有猎者，常逐兽山中。忽有群象来围猎者，令不得去。……俄而诸象二百余头，来至树下，皆长跪，展转猎夫下。……将猎夫至一处，诸象以鼻破阜，而出所藏之牙焉。凡三百余茎，以示猎夫。"③ 该书所记多为开元至乾元年间（713—760年）的徵应及怪异之事。和州位于长江下游西北岸，气候温暖湿润，境内多丘陵、岗地，沟河港汊纵横交错，坑塘湖泊星罗棋布，很适合大象的生存。在该地生活的大象多达200余头，看来这是一个为数不小的种群。淮南的大象还有偶尔移动到淮北的情况，据《魏书》卷一二《孝静帝纪》载："元象元年（538年）春正月，有巨象自至砀郡陂中，南兖州获送于邺。丁卯，大赦，改元。"④ 砀郡治所在

---

① 《宋史》卷六十六《五行志》，中华书局1977年版。
② 《南史》卷八《梁本纪下》，中华书局1975年版，第1册，第240页。
③ 《太平广记》卷四四一《淮南猎者》，中华书局1961年版，第9册，第3602页。
④ 《魏书》卷一二《孝静帝纪》，中华书局1974年版，第1册，第302页。

下邑（今河南夏邑），辖境在今皖北、豫东交界处的砀山、夏邑、永城、淮北一带。当时南北对峙，江淮成为战场，这势必影响到淮南江北一带野生大象的生存环境。这头大象大概是从淮南误入淮北的，由于这里已不具备野生大象的生存条件，所以很快就被人捕获。

但是，由于长江流域在汉唐以来已经得到了有效的开发，经济发展很快，人类活动的足迹和范围越来越大，而适合野生大象生活的区域却越来越狭小，且彼此分割，非常不利于大象的繁殖，所以只是在零星记载中提到了有关大象生活的踪迹。

在钱塘江以南，直到五代十国时期还有野生大象出没的迹象。据《十国春秋·吴越武肃王世家下》载："宝正六年（931年）秋七月，有象入信安（今浙江衢州一带）境，王命兵取之，圈而育焉。"词人李珣在《南乡子》词中描写道："刺桐花下越台前，……骑象背人先过水。"[①] 描写的也是这一带特有的民风土俗。不过，钱塘江流域也属于开发较早、经济发达的区域，可适合野生大象生活的区域主要在浙西山地。

汉唐时期，在中国境内广泛分布有野生大象的区域主要集中在岭南、安南和云南一带地区。

岭南主要是指今天的广东、广西和海南一带。在岭南的潮州（治今广东潮州）、循州（治今广东惠州）、雷州（治今广东雷州）一带生活着许多野生大象。唐人《传奇》记载了一则"蛇吞象"的奇异故事：宝历年间（825—827年），循州河源（今广东河源）人蒋武，应白象请求，射杀吞食大象的巨蟒，在蟒蛇盘踞的山洞里面，象骨与象牙，堆积如山。为了感谢蒋武，"于是有十象，以长鼻各卷其红牙一枝，跪献于武"[②]。唐人刘恂《岭表录异》卷上还说："广之属郡潮、循州，多野象。潮循人或捕得象，争食其鼻，云肥脆，尤堪作炙。"这种美味唐人称之为"象鼻炙"，唐人段公路在《北户录》中也提到这道美食："广之属城循州、雷州，皆产黑象，牙小而红，土人捕之，争食其鼻，云肥脆，偏堪为炙。"潮州、循州地处粤东，雷州在今雷州半岛，当地土人捕捉野象，主要是为

---

① （后蜀）赵崇祚编，徐国良、方红芹注析：《花间集》卷一〇，武汉出版社1995年版，第179页。

② 《太平广记》卷四四一《蒋武》，中华书局1961年版，第9册，第3603页。

了炙烤象鼻而食，由此可见当地野生大象的种群与数量应当是极为可观的。

安南主要管辖今广西和越南北部、中部一带地区。安南自古以来就多象，据《吴录·地理经》载："九真郡（都）庞县多象，象生山中。郡内及日南饶之。"① 九真郡（今越南清化一带）位于今越南北部、河内以南，从汉唐以来一直就属于中国管辖。《广异记》中还有一则故事说：开元年间（713—741年），有白象求助于安南猎者，射杀吞食大象的巨兽，"群象五六百辈，云萃吼叫，声彻数十里。……其人归白都护。都护发使随之，得牙数万，岭表牙为之贱。"② 这是汉唐史籍中见诸记载的最大的野生大象种群。晚唐诗人杜荀鹤在《赠友人罢举赴交趾辟命》诗中曾描写到安南驯象："舶载海奴镮硾耳，象驼蛮女彩缠身。"③ 交趾曾为安南都护府的所在地（治所在今越南河内）。在唐人眼里，安南大象不仅聪明，而且还被赋予了正直懂事的品格，《朝野佥载》就说："安南有象，能默识人之是非曲直。其往来山中，遇人相争，有理者即过；负心者以鼻卷之，掷空中数丈，以牙接之，应时碎矣，莫敢竞者。"④ 这种人与象之间心思相通、互相帮助的传说在唐代有许多，在一定程度上也反映了当地人与动物和谐相处的社会状况。

云南在唐代属于南诏统治的区域。在滇南一带生活有许多野生大象，当地民族通常把大象当作家畜来驯养，用于生产劳动。《岭表录异》卷上就说："徇有亲表，曾奉使云南。彼中豪族，各家养象，负重到远，如中夏之畜牛马也。"唐人樊绰《云南志》也说："象，开南（今云南景东）已南多有之，或捉得，人家多养之，以代耕田也。"茫蛮部落据说是生活在今滇南傣族的祖先，"并是开南杂种也。……象大如水牛，土俗养象以耕田"。南诏统治者还用驯象作仪仗，唐德宗贞元十年（794年），南诏与唐订立盟约，双方恢复友好关系。当唐朝派来的使者到达时，南诏王异牟寻亲自出城迎接，"先饰大象一十二头引前，以次马军队，以次伎乐

---

① 《太平御览》卷八九〇《兽部二·象》引，中华书局1960年影印本，第4册，第3955页下栏。
② 《太平广记》卷四四一《安南猎者》，中华书局1961年版，第9册，第3601页。
③ 《全唐诗》卷六九二，中华书局1960年版，第20册，第7957—7958页。
④ 《太平广记》卷四四一《杂说》，中华书局1961年版，第9册，第3604页。

队,以次子弟持斧钺"①。在南诏与唐朝交往的过程中,经常可以见到南诏进贡象牙的记载。

第三节　张骞"凿空"之后域外驯象的输入

　　汉唐时期帝国的统治中心在黄河流域,野生象在这一带早已绝迹。虽然在长江流域及以南地区还能见到大象,但驯象作为一种珍稀动物,基本上都是来自域外,尤其是东南亚地区的一些国家和民族更是经常向汉唐帝国进献驯象。

　　域外驯象入华是伴随着中外文化交流的开展而来的。汉武帝时,张骞奉命通西域,正式开通了丝绸之路,"自是之后,明珠、文甲、通犀、翠羽之珍盈于后宫,蒲梢、龙文、鱼目、汗血之马充于黄门,巨象、狮子、猛犬、大雀之群食于外囿。殊方异物,四面而至"②。元狩二年(公元前121年)夏,"南越献驯象",应邵曰:"驯者,教能拜起周章,从人意也。"③陈直先生说:"茂陵霍去病墓,于1957年掘出石象一,作卧伏状,长鼻垂在左足之上。去病卒于元狩六年(公元前117年),墓石所刻,盖即本文所云之驯象对照写真者。"④这是较早见诸记载的域外贡象事例。南越国(公元前203—前111年)是西汉初期在岭南地区建立的一个国家,疆域包括今两广(广东、广西)和越南北部等地,是野生大象广泛分布的地区。

　　东汉时期,域外驯象来华的情形有所增多。如"(明帝)永平六年(63年)正月,永昌徼外夷敦忍乙王莫延慕义遣使译献犀牛、大象"⑤。永昌郡相当于今天中国云南保山及缅甸北部一带地区,"永昌徼外"当为更远区域,正是大象和犀牛广泛分布的东南亚和南亚地区。早在汉武帝试图打通西南丝绸之路(中缅印道)时,就听说昆明以西"可千余

---

　　① (唐)樊绰著,赵吕甫校释:《云南志校释》卷四、卷七、附录一,中国社会科学出版社1985年版,第170—172、283、340页。
　　② 《汉书》卷九十六下《西域传赞》,中华书局1962年版,第12册,第3928页。
　　③ 《汉书》卷六《武帝纪》,中华书局1962年版,第1册,第176页。
　　④ 陈直:《汉书新证》,天津人民出版社1979年版,第30页。
　　⑤ 《册府元龟》卷九六八《外臣部·朝贡一》,中华书局1960年影印本,第12册,第11378页上栏。

里有乘象国,名曰滇越,而蜀贾奸出物者或至焉"①。在《后汉书》和《魏略》中还记载了一个东(车)离国,都沙奇城,在天竺东南三千余里,"其土气、物类与天竺同,列城数十,皆称王",其人民"乘象、骆驼,往来邻国。有寇,乘象以战"②。这个东离国或许就在靠近永昌郡的今印度阿萨密到孟加拉一带,当时在永昌郡境内就生活着许多身毒(印度)之民和阿萨密印度人。看来"永昌徼外"(包括永昌)早就有驯象的历史。

东汉末年,"献帝建安七年(202年),于阗国献驯象"③。于阗(今新疆和田)地处西域,为丝绸之路上重要的绿洲国家,这一带并不产大象,那么它贡来的驯象应当是从南亚的印度等地转手而来的。印度驯象历史悠久,驰名古代世界。早在公元前4世纪,古希腊思想家亚里士多德就记载了印度人捕象、驯象的方法:

> 印度人像用雄象一样将雌象用于战争,不过雌象体型自然有逊并且远远不够激昂。……猎捕大象的方法如下:人们骑着某些驯服的、勇敢的象去追猎,一旦困住了某头大象,他们便使唤那些驯象去殴打,直至那头大象精疲力竭为止;这时骑象人再跃上其背,以刺棒进行教导。这之后很快就可以使之驯服和遵从指令。骑象人在背上时,它们全都很温驯,而他一旦下来后有的象仍然温驯,有的则不然;但人们用绳索拴住野性发作者的前腿以使其安静下来,狩猎的目标既可以是已经长得很大的象,也可以是那些幼仔。④

---

① 《史记》卷一二三《大宛列传》,中华书局1982年第2版,第10册,第3166页。
② 《后汉书》卷八十八《西域传》,中华书局1965年版,第10册,第2922页。又据《魏略·西戎传》作:"车离国,一名礼惟特,一名沛隶王,在天竺东南三千余里,其地卑湿暑热。其王治沙奇城,有别城数十。"见《三国志》卷三十《乌丸鲜卑东夷传》注引,中华书局1982年版,第3册,第860页。
③ 《册府元龟》卷九六八《外臣部·朝贡一》,中华书局1960年影印本,第12册,第11379页上栏。
④ [古希腊]亚里士多德:《动物志》卷九,苗力田主编《亚里士多德全德》第4卷,颜一译,中国人民大学出版社1996年版,第319页。

张骞通西域到达大夏时，他也听说身毒（印度），"其人民乘象以战"①。在1世纪末，罗马史家福罗鲁斯（Florus）还记载，为了祝贺奥古斯都大帝加冕，印度使节带着"训练过的大象"和赛里斯人（中国）一起到达罗马。② 可见在国际交往中，古代印度经常以驯象作为外交活动的礼物赠送给其他国家，因此从于阗转输入中国的驯象也极有可能是来自南亚印度。这也是中国史籍中最早的有关西域国家进贡驯象的记载。

驯象来到内地以后，经常出现在宫廷及百官宴乐百戏表演活动之中。张衡在《西京赋》中描写百戏表演的场面时说："白象行孕，垂鼻鳞囷。"③ 李尤在《平乐观赋》中描写的百戏节目中也有"白象朱首"表演。④ 白象是一种非常罕见的白色亚洲象，多出自古代东南亚地区，一般认为是象得了白化病所致。白象在当地被视为珍宝，通常只用来供养。经过人工驯养的白象，经常被当作珍贵礼物赠送给友好邻邦。汉代百戏表演中的这些白象应当就是来自这些地区。

在出土的东汉时期的画像石（砖）上也发现有许多胡人驯象图像。据郑红莉研究，汉画像石所见驯象图共有23处，分布于鲁南、苏北、河南、陕北等区域，其中以鲁南、苏北最为集中。这类图像多为一高鼻深目之胡人，手执弯钩，或骑于象背，或站于象首或象尾，作驯象状。此外，还有一种骑象图，画面中一象缓行，象背承载数人，其外围祥云、异兽、瑞鸟等，构图与"驯象图"类似，当亦属于与驯象有关的题材。⑤ 李飞也指出：汉代画像石的"执钩驯象"图中象奴多是胡人长相、打扮，鲜明地体现了驯象及其技术有着浓郁的异域色彩。⑥ 如在山东济宁发现的一批东汉画像石中，有一幅驯象图，六人持钩坐于象背，

---

① 《史记》卷一二三《大宛列传》，中华书局1982年版，第10册，第3166页。
② ［法］戈岱司编：《希腊拉丁作家远东古文献辑录》，耿昇译，中华书局1987年版，第16页。
③ （梁）萧统编，（唐）李善注：《文选》卷二，岳麓书社2002年版，上册，第37页。
④ （唐）欧阳询：《艺文类聚》卷六十三《居处部》，上海古籍出版社1999年版，第1134页。
⑤ 郑红莉：《汉画像石"驯象图"试考》，《考古与文物》2010年第5期。
⑥ 李飞：《汉代"钩象"技术》，《四川文物》2008年第4期。

一人立于挺起的象鼻上，左手用钩钩住象鼻孔，右手挥钩作舞；① 山东临沂出土的一幅画像石上，也有胡人驯象图，在一长鼻獠牙的大象身后，有一深目高鼻之人持钩驯象；② 在河南南阳出土的画像石中，有一幅胡人驯象图，刻画有一虎一象，象后有一象奴，深目阔鼻，下颚上翘，头戴尖顶胡帽，手执钢钩，跨步驭象，俨然是一副胡人形象；③ 在陕西神木大保当出土汉墓门楣上也发现了一幅"钢钩驯象"图，图中刻有白象一头，象奴为胡人打扮，头戴圆顶胡帽，着左衽袍，左手持钩，面象而立作驯斗状。④ 在江苏徐州铜山洪楼汉墓画像石和山东费县潘家疃汉墓画像石上都有象奴驯象图。在江苏连云港孔望山石刻中也发现有驯象图，象奴手执钢钩、双脚戴脚铃在驯象。1971年，在内蒙古和林格尔小板申村发掘的一座东汉墓中，其前室顶部南壁的壁画中，还有"仙人骑白象"图案及其榜题。⑤

钢钩驯象术是随着驯象的输入而传来的。关于"钢钩驯象"，最早见晋世沙门法矩、法立译《法句譬喻经》卷三《象品》第三十一："昔佛在舍卫国祇树精舍，为四部弟子、天龙鬼神、帝王臣民敷演大法。时有长者居士，名曰呵提昙，来诣佛所，为佛作礼，……世尊令住，即问所从来，姓字为何？长跪答曰：'本居士种，字呵提昙，乃先王时为王调象。'佛问居士：'调象之法，有几事乎？'答曰：'常以三事，用调大象。何谓为三？一者钢钩钩口，着其羁绊；二者减食，常令饥瘦；三者捶杖，加其楚痛。以此三事，乃得调良。'又问：'施此三事，何所摄治也？'曰：'铁钩钩口，以强制。口不与食饮，以制身犷。如捶杖者，以伏其心，正尔便调。……调象之法，正如此耳。'"⑥ 王充在《论衡》中也说："长仞之

---

① 夏忠润：《山东济宁县发现一组汉画像石》，《文物》1983年第5期。郑红莉说，象前还有一正在舞蹈的高鼻胡人，另在该画像石中还有众多高鼻深目、戴尖顶帽的胡人，见前揭文。
② 俞伟超主编：《中国画像石全集》第3卷《山东画像石》，山东美术出版社2000年版，第8页，图一〇。
③ 王建中、闪修山：《南阳两汉画像石》，文物出版社1990年版，图版91。
④ 俞伟超主编：《中国画像石全集》第5卷《陕西、山西汉画像石》，山东美术出版社2000年版，第166页，图二二四。
⑤ 盖山林：《和林格尔汉墓壁画》，内蒙古人民出版社1977年版，第7页。
⑥ 《大正藏》第4册，第600页。

象，为越僮所钩。"① 看来早在东汉时期，钢钩驯象术就已传入中国。

　　魏晋南北朝时期，驯象除被用作表演外，还经常被用于战争和外交馈赠的礼品。三国时期，曹操之子曹彰膂力超群，曾当着其父的面，徒手制服了南越进献来的白象。② 东吴大臣贺齐出任新都郡守，"孙权出祖道，作乐舞象"③。舞象用于送别官员是一种非常隆重的礼遇。孙权还曾将驯象作为礼物赠送给曹魏和蜀汉政权，历史上流传甚广的著名的曹冲称象故事中所称的象，就是孙权送来的两头驯象；魏文帝在《与王朗书》中也说："孙权重遣使称臣，奉贡明珠百筐，黄金千镒，驯象二头，或牝或牡，抚禽鹦鹉，其他珍玩盈舟溢航，千类万品。"④ 孙权还曾派遣使者送给蜀主刘禅两头驯象。⑤ 孙吴的这些驯象很可能就是从东南亚地区输入，然后转送给魏、蜀的。

　　西晋统一中国以后，曾将南越进献来的驯象制成象车，用作朝会、出行之导引仪仗。据《晋书》卷二十五《舆服志》载："象车，汉卤簿最在前。武帝太康中平吴后，南越献驯象，诏作大车驾之，以载黄门鼓吹数十人，使越人骑之。元正大会，驾象入庭。"这里的南越泛指岭南以至东南

---

① （东汉）王充著，黄晖校释：《论衡校释》卷三《物势篇》，中华书局1990年版，第1册，第155页。关于钢钩驯象技术，清人汪森编《粤西丛载》卷二十《象》条引《虞衡志》曰："交趾出象处曰象山，岁一捕之。山有石室，惟通一路，周围皆石壁。先置刍豆于中，驱一驯雌入焉。布甘蔗于道以诱野象，象来食蔗，则纵驯雌入野象群，诱以归石室，随以巨石塞门。象饥，人缘石室饲驯雌，野象见雌得食，亦狎而来求饲。益狎，则鞭之，少驯则骑而制之，久则渐解人意。又为立名字，呼之即应。牧者谓之象奴，又名象公。凡制象，必以钩。象奴正跨其颈，以铁钩钩其头，欲其左，钩头之右；欲右，钩左；欲却，钩额；欲前，不钩；欲其跪伏，以钩正按其脑，按之痛，则号鸣，人谓象能声喏者此也。其行列之齐皆有钩，以前、却、左、右之。其形虽大而不胜痛，故人得以数寸之钩驯焉。驯之久者，象奴来则低头，跪前左膝，人踏之以登，则奋而起行。"据严沛先生考证，《虞衡志》即宋人范成大所撰之《桂海虞衡志》，汪著所引为今本所无，当系佚文。这段记载为我们了解古代的钢钩驯象技术提供了帮助。见（宋）范成大撰，严沛校注《桂海虞衡志校注》六《兽》，广西人民出版社1986年版，第58—59页。

② （前秦）王嘉撰，（梁）萧绮录，王根林校点：《拾遗记》卷七，见《汉魏六朝笔记小说大观》，上海古籍出版社1999年版，第540页。

③ 《三国志》卷六十《吴书·贺齐传》，中华书局1982年版，第5册，第1378页。

④ 《太平御览》卷六二六《治道部·贡赋下》，中华书局1960年影印本，第3册，第2806页上栏。

⑤ （唐）欧阳询撰，汪绍楹校：《艺文类聚》卷九十五《兽部下·象》引《江表传》曰："孙权遣使诣献驯象二头，魏太祖欲知其斤重，咸莫能出其理，邓王冲尚幼，乃曰：置象大舡上，刻其所至，秤物以载之，校可知也，太祖大悦。"又"蜀将诸葛亮，讨贼还成都，孙权遣劳问之，送驯象二头与刘禅"。上海古籍出版社1999年版，下册，第1643页。

亚一带地区的民族和国家。东晋成帝咸康六年（340年），临（林）邑王又进献来驯象一头，"知跪拜"①。林邑是东汉末年在今越南中部建立的一个国家，驯象在这个国家的社会生活中具有重要的作用，《梁书》卷五十四《林邑国传》也载："其王著法服，……出则乘象，吹螺击鼓。"驯象是林邑国王出行的坐驾。晋穆帝时，扶南国也贡来驯象，据《晋书》卷九十七《四夷传·扶南国》载："穆帝升平初（357年），复有竺旃檀称王，遣使贡驯象。"扶南在林邑之南，为中南半岛古国，辖境约相当于今柬埔寨以及老挝南部、越南南部和泰国东南部一带。自公元1世纪立国之后，就与中国保持有密切的联系。扶南人很早就开始捕获大象，经过驯化后，用作骑乘，据三国吴时《外国传》载："扶南王盘况，少而雄桀，闻山林有大象，辄生捕取之，教习乘骑，诸国闻而伏之。"②万震《南州日南传》也载："扶南王善射猎，每乘象三百头，从者四五千人。"③《南齐书》卷五十八《东南夷·扶南国传》甚至还提到："（扶南）国王行乘象，妇人亦能乘象。"连妇女也能乘象，可见驯象在扶南人的日常生活中起着多么重要的作用。

南朝梁简文帝大宝二年（551年），盘盘国献驯象。④盘盘国一般认为是在今泰国南万伦湾沿岸一带，地当古代横断马来半岛克拉地峡路线要冲。从南朝以来，一直同中国长期保持着友好关系。

从域外输入的驯象在南朝经常被用作百戏表演，江左百戏的保留节目中就有著名的《巨象行乳》⑤，这是一出从汉代流传下来的传统戏目。此外，驯象还曾用于战争，据《三国典略》记载：梁元帝承圣三年（554年），西魏大军大举南下，进逼江陵，"梁人率步骑开枇杷门出战。初，岭南献二象于梁。至是，梁王被之以甲，负之以楼，束刃于鼻，令昆仑奴驭之以战。杨忠射之，二象反走"⑥。这二匹战象显然也是从东南亚地区

---

① 《艺文类聚》卷九十五《兽部下·象》引《万岁历》，下册，第1643页。
② 同上。
③ 《太平御览》卷八九〇《兽部二·象》引，第4册，第3956页上栏。
④ 《册府元龟》卷九六八《外臣部·朝贡一》，第12册，第11386页上栏。
⑤ （唐）杜佑著，王文锦等点校：《通典》卷一四六《乐六·散乐》，中华书局1988年版，第4册，第3727页。
⑥ 《太平御览》卷八九〇《兽部二·象》引，第4册，第3955页上栏；又见《周书》卷十九《杨忠传》，中华书局1971年版，第2册，第317页。

进献给南梁的,所以其驾驭者"昆仑奴",也当是随驯象进贡而来的象奴。

北朝时期,也有外域进献驯象的记载。北魏文成帝和平元年(460年),居尝国献来驯象一头。① 居尝国,具体方位不详,应该是南亚产象诸国,经西域丝绸之路输入北魏王朝的。孝文帝迁都洛阳之后,在洛水永桥南道东设有白象坊,安置从南亚次大陆贡献来的白象。"白象者,永平二年(509年),乾陀罗国胡王所献,背设五彩屏风、七宝坐床,容数人,真是异物。常养于乘黄曹,象常坏屋败墙,走出于外,逢树即拔,遇墙亦倒。百姓惊怖,奔走交驰,太后遂徙象于此坊。"② 乾陀罗,一作乾陀,为古代南亚印度古国,据《魏书》卷一〇二《西域传·乾陀国》载:"乾陀国,在乌苌西,本名业波,为嚈哒所破,因改焉。……好征战,与罽宾斗,三年不罢,人怨苦之。有斗象七百头,十人乘一象,皆执兵仗,象鼻缚刀以战。"《酉阳杂俎》卷十四《诺皋记上》也记载:乾陀国王伽当带领象、马兵,讨伐天竺。可见在乾陀国军队中有一支由战象组成的象军。

南亚次大陆是亚洲象的主要产地,古代印度居民很早以来就掌握了驯象技术。据考古发现,在印度河流域上古文明城市遗址哈拉巴(公元前3000—前2000年,在今巴基斯坦旁遮普省境内)出土了一个彩绘大象头,"可能表明印度河城市偶尔使用驯化了的大象,在南亚的传统中,驯化的大象被用作重劳力,把圆木托出丛林,但是在战争中它们又是另一种角色。在宗教和政治行进中,它们是权力的象征。一种常见现象是用红白颜料涂在大象的脸上,露出眼睛和前额。哈拉巴的彩绘大象,有贯穿脸部的红白彩带,可能是被用作玩具或木偶,也可能是驯化的或献祭的大象"③。诞生于公元前6—前5世纪的古代印度佛教,有许多宗教故事提到了驯

---

① 《册府元龟》卷九六九《外臣部·朝贡二》,第12册,第11388页下栏。
② (北魏)杨衒之著,杨勇校笺:《洛阳伽蓝记校笺》卷三,中华书局2006年版,第145页。又据《魏书》卷八《世宗纪》载:"(永平)二年春正月,……壬辰,嚈哒、薄知国遣使来朝,贡白象一。"按:乾陀罗为嚈哒所灭,此处所言乾陀罗国胡王献白象事,当与嚈哒贡白象事为同一件事。中华书局1974年版,第1册,第207页。
③ [美]乔纳森·马克·基诺耶:《走近古印度城》,张春旭译,浙江人民出版社2000年版,第296—287页。

象，如佛陀调伏醉象①、大光明王本生故事②等。至于利用驯象作战更是常见的现象，马其顿国王亚历山大率军东征时，曾于公元前325年，深入到印度境内，与波拉伐斯王国大战，这个王国就有一支特殊的兵种战象200头。亚历山大的随军部将阿里安还著有《亚历山大远征记》一书，记录了他在印度亲眼所见到的舞象：

  如果说动物里有聪明的，就得算大象。……我自己也曾亲眼看见过一只大象敲钹，另一些大象跳舞。这只大象演奏家的两条腿上各拴着一个钹，鼻子上也拴着一个，它用鼻子上那个钹敲前腿上那两个，敲完这个那个，节拍十分有规律。其他大象排成一圈，随着钹的节拍跳舞，两支腿一抬一弯，一弯一抬，非常齐整。③

  亚历山大东征，揭开了东西方文化碰撞的新篇章。其后，张骞通西域，进一步掀起了中西文化交流的新高潮。1982年，新疆文物考古工作者曾在民丰县尼雅遗址中采集到一块晋代的木雕门板，上面绘有一人正牵象而行，象背上铺有绣毯，④其装束与文献记载中的驯象非常相似。在位于中西交通的咽喉重镇敦煌佛爷庙湾魏晋墓出土的彩绘砖中，也发现过两方描绘有白象的彩绘砖，⑤这正好是反映古代丝绸之路上驯象东来的最佳历史图像。这表明从南亚进献而来的驯象，正是通过丝绸之路到达中原王朝的。这说明随着佛教源源不断地东传，不但那些有趣的佛教驯象故事逐渐为中国人所熟悉，而且还传来了驯象及其技术。

  在北朝，从北魏到北齐，域外传来的驯象都是百戏表演的节目之一。据《魏书》卷一○九《乐志》载：

---

① （东晋）瞿昙僧伽提婆译：《增一阿含经》卷九，见《大正藏》第2册，第390页。
② （北魏）慧觉等译：《贤愚经》卷一○《大光明始发无上心品》，见《大正藏》第4册，第421页；另见《大庄严论经》卷九，《经律异相》卷二十五、卷二十六。
③ [古希腊]阿里安：《亚历山大远征记》卷八，李活译，商务印书馆1979年版，第273页。
④ 这块门板原件收藏于和田博物馆。图版见中国历史博物馆、新疆维吾尔自治区文物局编辑《天山古道东西风——新疆丝绸之路文物特辑》，中国社会科学出版社2002年版，第176页。
⑤ 马建华主编：《甘肃敦煌佛爷庙湾魏晋墓彩绘砖》，重庆出版社2000年版，第18页，图版神象（1）、神象（2）。

（天兴）六年（403年）冬，诏太乐、总章、鼓吹增修杂技，造五兵、角觝、麒麟、凤凰、仙人、长蛇、白象、白虎及诸畏兽、鱼龙、辟邪、鹿马仙车、高絙百尺、长趫、缘橦、跳丸、五案以备百戏。大飨设之于殿庭，如汉晋之旧也。

天兴为北魏道武帝拓跋珪的年号。他建立北魏政权以后，采取了几项重大措施，开始了封建化的过程，其中一项就是参照"汉晋旧制"制礼定乐。后来，北齐继承了北魏的这些文化遗产，在北齐后主武平年间（570—575年），"有鱼龙烂漫、俳优、朱儒、山车、巨象、拔井、种瓜、杀马、剥驴等，奇怪异端，百有余物，名为百戏"①。北魏增修的杂伎百戏中的"白象"和北齐百戏中的"巨象"，大约都是从汉代以来流传下来的"白象行孕"之类的象舞表演节目。此外，白象在北齐还曾被文宣帝高洋用作骑乘。②

在出土文物中，也有表现驯象的图像资料。1971年，在山东益都（今青州市）傅家发现了一批北齐线刻画像石③，据郑岩先生和姜伯勤先生研究，此组画像石实与祆教内容及入华粟特人美术有关。④ 其中第八石为"象戏图"，图中有一幞头男子，牵引一象，象身托有一莲花宝座形床，这显然表现的是一头驯象。

到隋朝统一中国以后，由于国力的鼎盛，百戏表演的规模更大。诗人薛道衡在《和许给事善心戏场转韵诗》中，描写了隋炀帝大业年间（605—618年）东都洛阳正月十五元宵夜大开戏场表演百戏的盛大场面，其中有："万方皆集会，百戏尽来前。临衢车不绝，夹道阁相连。……佳丽俨成行，相携入戏场。……竟夕鱼负灯，彻夜龙衔烛。欢笑无穷已，歌

---

① 《隋书》卷十五《音乐志下》，中华书局1973年版，第2册，第380页。
② 《资治通鉴》卷一六六梁敬帝太平元年（556年）："齐显祖之初立也，留心政术，务存简靖。……数年之后渐以功业自矜，遂嗜酒淫泆，肆行狂暴。……或乘牛、驴、橐驼、白象，不施鞍勒……"中华书局1956年版，第11册，第5147页。
③ 夏名采：《益都北齐石室墓线刻画像》，《文物》1985年第10期；《青州傅家北齐线刻画像补遗》，《文物》2001年第5期。
④ 郑岩：《青州傅家北齐画像石与入华祆教美术》，见氏著《魏晋南北朝壁画墓研究》第八章，文物出版社2002年版，第236—284页；姜伯勤《青州傅家北齐画像石祆教图像的象征意义——与粟特壁画的比较研究》，见氏著《中国祆教艺术史研究》第五章，生活·读书·新知三联书店2004年版，第63—76页。

咏还相续。羌笛陇头吟,胡舞龟兹曲。假面饰金银,盛服摇珠玉。宵深戏未阑,兢为人所难。卧驱飞玉勒,立骑转银鞍。纵横既跃剑,挥霍复跳丸。抑扬百兽舞,蹒跚五禽戏。狻猊弄斑足,巨象垂长鼻。青羊跪复跳,白马回旋骑。"① 在这场元宵狂欢活动中,表演的百戏节目除了象舞外,还有弄丸、跳剑、鱼龙曼延、狮舞、马舞、马技、羊舞以及五禽戏、假面戏、胡舞、胡曲等许多节目,成为展现中外文明诸因子互动共生的一场盛会。

第四节 唐代外来驯象的主要地区

唐代是中外文化交流的繁荣时期。域外文化通过各种渠道源源不断地输入中国内地,极大地丰富和影响了当时人们的社会生活。

随着唐帝国对世界及周边民族国家的认知与了解,驯象作为一种珍稀的外来动物,也越来越多地出现在唐人的社会生活及文化视野中。不过,也许是受到生态环境及运输成本的影响,虽然古老的丝绸之路的繁荣程度远远超过前代,但是除了个别情况外,已经很难见到有来自南亚及西域各国输入中国内地的驯象身影。这一时期,人们对域外驯象的认识与印象主要还是来自遥远的南方边疆各族及东南亚地区。张籍在《送南迁客》诗中这样描写异乡风情:"海国战骑象,蛮州市用银。"② 战象与市银这两项珍稀物品,成为诗人心目中对遥远的南方民族地区最深刻的文化印象。《岭表录异》卷上也记载:"蛮王宴汉使于百花楼前,设舞象,曲乐动,倡优引入一象,以金羁络首,锦襜垂身,随膝腾踏,动头摇尾,皆合节奏。即舞马之类。"舞马在盛唐时期曾盛极一时,出现过"舞马四百蹄"的壮观场景。在唐人眼中,象舞类似于马舞。用象舞来招待唐朝的使者,应是当地外交礼仪中的重要活动之一。由此可见,驯象在当地人民的文化娱乐生活中扮演了重要的角色。

东南亚各国曾多次向唐王朝进献过驯象,其中最多见到的是林邑(后改称环王、占城),达 17 次之多;其次是真腊(文单)2 次、赡博 1

---

① (唐)徐坚等辑,韩放主校点:《初学记》卷一五《乐部上·杂乐》,京华出版社 2000 年版,上册,第 579 页。

② 《全唐诗》卷三八四,中华书局 1960 年版,第 12 册,第 4303 页。

次、占卑1次；其中来自西域的仅见有波斯派遣呼慈国大城主李波达仆献象1次（见表3—表5）。

表3　　　　　　　　林邑（环王、占城）贡驯象表

帝号	年代	进贡	出处
唐太宗	贞观年间（627—649年）	林邑国王范头黎献驯象	《新唐书》卷二百二十二下《南蛮传下》
唐高宗	永徽四年（651年）	林邑国王钵迦含波摩遣使来朝，贡驯象	《旧唐书》卷四《高宗纪上》、《册府元龟》卷九七〇《外臣部·朝贡三》
	永徽五年（652年）	林邑国献驯象	《册府元龟》卷九七〇《外臣部·朝贡三》
	总章年间（668—670年）	其国王又献驯象	《唐会要》卷九十八
武则天	垂拱二年（686年）	林邑国遣使献驯象	《册府元龟》卷九七〇《外臣部·朝贡三》
	天授二年（691年）	林邑国遣使献驯象	
	证圣元年（695年）	林邑国贡战象	
	圣历二年（699年）	林邑国遣使献驯象	
唐中宗	神龙三年（707年）	林邑国遣使献驯象	
	景龙三年（709年）	林邑国遣使献白象及方物	
唐玄宗	先天年间（712—713年）	其王建多达摩献驯象	《唐会要》卷九十八
	开元元年（713年）	其王建多达摩又遣使献驯象五头	《册府元龟》卷九七一《外臣部·朝贡四》
	开元十九年（731年）	林邑国献花象	
	开元二十三年（735年）八月	林邑国遣使献驯象	
	开元二十三年九月	林邑国遣使献白象	
	天宝八载（749年）	其王卢陀罗使献驯象20头	《唐会要》卷九十八
唐僖宗	乾符四年（877年）	占城国进驯象3头	《岭表录异》卷上。另据《全唐文》卷八百七十三陈致雍《奏蕃国使朝见仪状》也提到："今月十三日，占城国献驯象使朝对。"

表 4　　　　　　　　　　真腊（文单）贡驯象表

帝号	年　代	进贡	出　处
唐高宗	永徽二年（649年）	真腊国遣使献驯象	《唐会要》卷九十八《真腊》、《册府元龟》卷九七〇《外臣部·朝贡三》
唐代宗	大历六年（771年）	文单国王婆弥来朝，献驯象11头	《旧唐书》卷十一《代宗纪》、《全唐文》卷九百六十二阙名《贺文单国进驯象表》

表 5　　　　　　　　　　其他国家贡驯象表

帝号	年　代	进贡	出　处
唐高宗	显庆二年（658年）	瞻国博国（即瞻博）遣使献驯象、犀牛	《册府元龟》卷九七〇《外臣部·朝贡三》
唐玄宗	天宝五载（746年）	波斯遣呼慈国大城主李波达仆献犀牛及象各一头	《册府元龟》卷九七一《外臣部·朝贡四》
唐宣宗	大中六年（852年）	占卑国佛邪葛等六人来朝，兼献象	《唐会要》卷一〇〇《占卑国》

　　林邑从东汉末年在今越南中部立国以来，到公元8世纪后改称环王，9世纪后期又改称占城，一直与中国保持着密切关系。林邑广泛分布有野生大象，很久以来当地人民就将驯象应用于生产劳动和生活实践当中，在《酉阳杂俎》续集卷八《支动》中说："环王国野象成群，……国人养驯，可令代樵。"在林邑国的军队中还有一支重要的兵种——象军，每当国王出行时，首先由大批战象和骑兵前后簇拥，以显示国王的威严和权势。据《旧唐书》卷一九七《南蛮传·林邑》载："林邑国，汉日南象林之地，在交州南千余里。其国延袤数千里，北与驩州接。……王之侍卫，有兵五千人，……乘象而战。王出则列象千头，马四百匹，分为前后。"在909年的一件梵文铭文中，也有类似的记载：

他——林邑之王，就如同 pandu 诸子一样，他的光芒照耀着战场……巨大而美丽的大象的吼叫声，淹没了四下里的战鼓的轰鸣，（他）登上了一头（大象），前前后后簇拥着无数的军队。他威严显赫，他本人的光辉就如同太阳的光辉一样。高悬在头顶的孔雀羽的大纛，遮住了他的光芒。①

　　象军在作战中有很大的威慑力，不过也大概因为其在灵活性、机动性方面不如骑兵，如果使用不当，经常达不到它在战斗中应有的效果。如隋炀帝大业元年（605 年），隋朝与林邑发生武装冲突，隋朝任命大将军刘方为驩州道行军总管，经略林邑，"林邑王梵志遣兵守险，刘方击走之。师渡阇黎江，林邑兵乘巨象，四面而至。方战不利，乃多掘小坑，草覆其上，以兵挑之，既战，伪北；林邑逐之，象多陷地颠蹶，转相惊骇，军遂乱。方以弩射象，象却走，躁其阵，因以锐师继之。林邑大败，俘馘万计"②。唐宪宗元和四年（809 年），唐朝与环王之间再起摩擦，"安南都护张舟奏破环王国伪骡、爱州都督，杀三万余人，获其王子五十九人，器械、战船、战象称之"③。看来这次战事，林邑又动用了象军。由于林邑与唐朝紧相毗邻，所以唐朝的驯象大都来自这个东南亚国家。

　　真腊是隋唐时期在中南半岛崛起的一个新兴国家。真腊原来是扶南的属国，公元 6 世纪后期，它以武力推翻了扶南王朝，建立了以吉蔑族为核心的真腊王国。约在 8 世纪初，真腊分裂为北方的陆真腊（又名文单国，约在今老挝境内）和南方的水真腊。到 9 世纪初，水陆二真腊又重归统一。真腊境内到处生活着成群的野象，真腊也建立起了一支强大的象军。据《旧唐书》卷一九七《南蛮传·真腊》载："真腊国，在林邑西北，本扶南之属国，'昆仑'之类。……有战象五千头，尤好者饲以饭肉。与邻国战，则象队在前，于背上以木作楼，上有四人，皆持弓箭。"真腊与林邑相邻，和中国的关系也非常密切。驯象在真腊有着悠久的传统，所以真腊也成为东南亚地区进献驯象的主要国家。诗人顾况在《杜秀才画立走

---

　　① ［美］谢弗：《唐代的外来文明》，吴玉贵译，中国社会科学出版社 1995 年版，第 185 页。
　　② 《资治通鉴》卷一八〇隋炀帝大业元年，第 12 册，第 5619 页；又见《隋书》卷五十三《刘方传》、卷八十二《林邑传》。
　　③ 《唐会要》卷九十八《林邑国》，上海古籍出版社 1991 年版，下册，第 2077 页。

水牛歌》中有："昆仑儿，骑白象，时时锁著师（狮）子项。"① 此处的"昆仑儿"，大约就是来自真腊及其东南亚一带地区的驯象象奴。

此外，东南亚地区进献驯象给唐王朝的还有瞻博和占卑两个国家。瞻博大约位于真腊附近，其国也多产大象，据《新唐书》卷二二二下《南蛮传下·瞻博》载："瞻博，或曰瞻婆。北距兢伽河。多野象群行。"占卑国位于今苏门答腊，也属于亚洲象活动的传统区域。

波斯是唐代除了东南亚地区的一些国家之外仅见的贡象国，但是从时间上来看，又颇为令人生疑。因为波斯萨珊王朝早在7世纪中叶就被大食（阿拉伯帝国）所灭，波斯王卑路斯及其子泥涅斯，先后定居长安，客死唐朝。到天宝五载（746年），距泥涅斯病死已经有40年之久，所以谢弗认为"这次献象的所谓'波斯'，很可能是位于呼罗珊或河中地区的某座脱离者的城市"②。在考古发掘中，中亚地区经常发现有表现驯象的文物，如在乌兹别克斯坦西布哈拉，发现5—10世纪的瓦拉赫萨（Varakhsha）城堡遗址中，有表现斗兽场面的壁画，其中有三头象，每一头象上均有骑者，正在作与猛兽搏斗状。③ 格瑞内（Frantz Grenet，即葛乐耐）教授在考证 Dokhtar-I Noshirwan 遗址发现的神像上的动物时，列举了祆教诸神与动物形象的对应关系，其中阿胡拉·玛兹达（Ahura Mazda）所对应者即为象。④ 在山西太原南郊发现的隋代入华粟特胡人后裔虞弘墓石椁图像中，也有一幅描绘了骑象者与狮搏斗的场景，骑象者头部有光环，戴雉堞状波斯王冠，据姜伯勤先生考证，此图像中骑象之神表现的就是阿胡拉·玛兹达神。⑤ 其实，古代波斯原本不是产象的地区，⑥ 但在波斯军队中却建有一支象军，据《旧唐书》卷一九八《西戎传·波斯》载："波斯国，在京师西一万五千三百里。……其国乘象而战，每一象，战士百人，有败衄者则尽杀之。"这些战象据说是从印度获取的。所以我们有理由认为，

---

① 《全唐诗》卷二六五，第8册，第2946页。
② ［美］谢弗：《唐代的外来文明》，吴玉贵译，第187页。
③ В. А. Шишкин, Bapxшa. Москва, 1963.
④ 荣新江：《中古中国与外来文明》，生活·读书·新知三联书店2001年版，第340页。
⑤ 姜伯勤：《隋检校萨宝虞弘墓石椁画像图像程序试探》，见氏著《中国祆教艺术史研究》第八章，生活·读书·新知三联书店2004年版，第134—135页。
⑥ 古代波斯本不产象，但是在《魏书》卷一〇二《西域传·波斯》、《隋书》卷八十三《西域传·波斯》、《北史》卷九十七《西域传·波斯》以至《旧唐书》卷一九八《西戎传·波斯》中都提到波斯出"白象"。其实波斯白象及其象军，都是来自南亚印度等地。

这次波斯派遣呼慈国大城主李波达仆贡献来的犀牛及象各一头，也应该是产自印度。

第五节　外来驯象与唐代文明

域外驯象的输入，在唐代社会引起了很大的反响。《全唐文》收录了杜甫和杜（一作许）泄的两篇同名题材的赋——《越人献驯象赋》，作者在赋题下自注曰："以辞林邑望国门为韵"，大概是作者参加科举考试时的策赋①。杜甫在赋中写道："倬彼驯象，毛群所推；……自林邑而来者，……作蛮方之贡，为上国之琛。万国标奇，名已驰于魏阙；千年表庆，价实越于南金。况乘之便习，或讹或立；动高足以巍峨，引修鼻而嘘吸。尘随踪而忽起，水将饮而回入；牙栉比而槮槮，眼星翻而熠熠。……驱之则百兽风驰，玩之则万夫云集。……执燧奔战，牵钩委贶；遇之者或惊骇而反行，觇之者或披靡而遥望。"②杜泄赋也写道："惟彼驯象，产乎南夷，……故远人得而献之，……修涂是寻，叠嶂岖嵚，或行于陆，但随山而上下；或载于舟，距涉江之浅深。既济水以次水，复出林而入林，所过之邦，徒观其肮脏之貌；所遇之众，岂识其谦柔之心。荒徼已违，王畿斯入，闻之者遐迩必至，睹之者士女咸集。人知其故，皆愕然而立。或告之曰：所驭之者越人，所出处者林邑。"③这两篇赋都生动地描写了驯象这种庞然巨兽的体貌特征，以及因驯象的到来在社会上所产生的轰动效应。尤其难能可贵的是，杜泄赋中还提到了驯象从遥远的林邑，跋山涉水、千里迢迢来到帝京的艰辛历程，这为后人了解域外驯象的入华经过提供了非常难得的资料。

域外驯象的到来，给唐人的社会文化生活增添了许多新的乐趣。唐朝廷对这些驯象设有专门的圈养、管理机构——闲厩。据《新唐书》卷四十七《百官志二》殿中省条记载："圣历中（698—700年），置闲厩使，以殿中监承恩遇者为之，分领殿中、太仆之事，而专掌舆辇牛马。……开

---

①　参见詹杭伦、沈时蓉《〈越人献驯象赋〉与杜甫关系献疑》，《杜甫研究学刊》2007年第4期。作者认为唐玄宗开元二十三年（735年），林邑两次贡献驯象，次年初的进士考试就有可能以此出题，杜甫和杜泄二人也正好参加了这次考试，所以才写下了同名同题的两篇赋。

②　《全唐文》卷三五九，中华书局1983年影印本，第4册，第3645页上栏—下栏。

③　《全唐文》卷四〇六，第5册，第4155页上栏。

元初，闲厩马至万余匹，骆驼、巨象皆养焉。"唐政府经常在各种朝会及宴集活动中举行象舞表演活动。在《唐会要》卷三十三《散乐》中继续将《巨象行乳》列为"百戏"之一，这是延续了汉晋南北朝以来的传统戏目。

盛唐时期，象舞表演活动达到高潮。当时，唐政府在内廷驯养着许多从域外输入的舞象，这样就使得大规模的象舞表演活动成为可能。据《新唐书》卷二十二《礼乐志十二》记载："每千秋节，舞于勤政楼下，后赐宴设酺，亦会勤政楼。……内闲厩使引戏马，五坊使引象、犀，入场拜舞。宫人数百衣锦绣衣，出帷中，击雷鼓，奏《小破阵乐》，岁以为常。"又据同书卷一九四《卓行·元德秀传》记载："玄宗在东都，酺五凤楼下，命三百里县令、刺史各以声乐集。是时颇言帝且第胜负，加赏黜。河内太守辇优伎数百，被锦绣，或作犀、象，瑰谲光丽。"又据唐人郑处诲《明皇杂录》卷下记载："每赐宴设酺会，则上御勤政楼。……太常陈乐，卫尉张幕后，诸蕃酋长就食。府县教坊，大陈山车旱船，寻橦走索，丸剑角抵，戏马斗鸡。……又引大象、犀牛入场，或拜舞，动中音律。"从这些记载中可以看出盛唐时期象舞表演活动不但规模很大，而且非常频繁。

"安史之乱"爆发以后，象舞表演活动也受到了很大的冲击和影响。叛军攻陷长安以后，舞象全部被掳掠驱赶到洛阳，据《资治通鉴》卷二一八肃宗至德元年八月条载：

> 初，上皇每酺宴，先设太常雅乐坐部、立部，继以鼓吹、胡乐、教坊、府县散乐、杂戏；又以山车、陆船载乐往来；又出宫人舞《霓裳羽衣》；又教舞马百匹，衔杯上寿；又引犀、象入场，或拜，或舞。安禄山见而悦之，既克长安，命搜捕乐工，运载乐器、舞衣，驱舞马、犀、象皆诣洛阳。

这批被驱赶到洛阳的舞象似乎都深通人性，不愿为安禄山欺骗外来使节而进行表演，结果被全部惨杀。据唐人姚汝能《安禄山事迹》卷下记载：

> 禄山至东都，既为僭逆，尝令设乐。禄山揣幽燕戎王、蕃胡酋长

多未之见，乃诳曰："自吾得天下，犀象自南海奔来，见吾必拜舞。禽鸟尚知天命所归，况于人乎！则四海安得不从我。"于是令左右领象至，则瞪目忿怒，略无舞者。禄山大惭，怀怒命置于阱井中，以烈火烧，使力㞞，俾壮士乘高而投之，洞达胸腋，流血数石。旧人乐工见之，无不掩泣。

史家以驯象的悲惨遭遇，来衬托安史之乱的不得人心，体现出来的是一种"春秋笔法"。

"安史之乱"被平定以后，随着东南亚地区各民族和国家持续向唐王朝赠送驯象，象舞表演活动也得以重新恢复起来。唐代宗大历六年（771年），仅文单国一次就进献来驯象11头。① 当时宰臣在《贺文单国进驯象表》中说："逾海而来，历年方至。绵邈重阻，奔波载驰，黄金饰冠，白珰充耳，服柔群象，牵致阙前，低徊驯扰，稽颡屈膝，随万国而来庭，与百兽而率舞，如知礼乐之节，益盛羽仪之容。"② 这些长途跋涉来到长安的驯象，其动作的确有点类似于舞马表演。当时宰相常衮在观看了舞象表演后，即兴写下了《奉和圣制麟德殿燕百僚应制》（一作卢纶诗）诗曰："云辟御筵张，山呼圣寿长。……蛮夷陪作位，犀象舞成行。"③ 另外，卢纶在《腊日观咸宁王部曲婆勒擒豹歌》中也提到："祝尔嘉词尔无苦，献尔将随犀象舞。"④ 这说明到中唐时期，随着局势的慢慢安定，象舞表演活动又重新开展起来。

到唐德宗即位时，当时内苑五坊饲养的各国进献来的驯象已多达42头。⑤ 新即位的皇帝为了表示维新气象，下令将这些驯象与驯犀、斗鸡、鹰犬之类全部放归山野。唐德宗还在当年所举行的制举博学宏词科考试中，以《放驯象赋》为题，以"珍异禽兽，无育家国"为韵，结果独孤

---

① 《旧唐书》卷十一《代宗纪》，中华书局1975年版，第2册，第298页。
② 《全唐文》卷九六二阙名《贺文单国进驯象表》，第10册，第9996页下栏。
③ 《全唐诗》卷二五四，第8册，第2858页。
④ 《全唐诗》卷二七七，第9册，第3150页。
⑤ 《资治通鉴》卷二二五代宗大历十四年五月，第15册，第7259页。又据《旧唐书》卷十二《德宗纪》、《新唐书》卷七《德宗纪》及《唐会要》卷七十八《五坊宫苑使》作舞象32头。

授、独孤良器登第。① 后来，大诗人元稹和白居易还写诗咏及此事，元诗曰："建中之初放驯象，远归林邑近交广。"② 白诗曰："君不见建中初，驯象生还放林邑。"③ 经过这次事件以后，驯象表演活动逐渐减少，只是偶尔见之于一些大型的节日文娱活动中。如李德裕在唐武宗会昌五年（845年）寒食节时作的《寒食日三殿侍宴奉进诗一首》中提到"象舞严金铠"④。唐僖宗乾符四年（877年），"占城国进驯象三头，当殿引对，亦能拜舞。后放还本国"⑤。这说明曾经盛极一时的象舞表演活动在中唐以后逐渐归于沉寂。

在传世文物中，也有表现驯象的图像资料。如云南剑川南诏大理时期（唐宋）石钟山石窟之石钟寺区第5窟内，雕有普贤骑象图，象后随一象奴，手持长柄之钩，正钩住大象之右耳。⑥ 西藏扎囊县桑鸢寺吐蕃时期（唐代）壁画上描绘有驯象情景，其中有力士与象角力，象假作摔倒状；还有令象以前足和鼻为支点，后脚凌空，作倒立动作。⑦ 在敦煌莫高窟藏经洞发现的唐代幢幡画中，有一幅举象图，画中有一人正在表演举象，表演者赤裸上身，头戴黑色幞头，脚穿棕色短靴，两脚分立，右臂高举过头顶，手托大象背，象脚和象鼻朝向天空，象耳下垂；右侧还有一人，正在举手鼓掌，好像是欣赏节目。在敦煌莫高窟第290窟窟顶西坡绘有一幅北周时期的举象图，画中一人正面直立，两脚分开，用右臂手托大象四足，将象举起；第61窟西壁还绘有五代时期的两幅驯象图，其一为骑象举铁

---

① （清）徐松撰，赵守俨点校：《登科记考》卷十一大历十四年，中华书局1984年版，上册，第400页。

② （唐）元稹著，冀勤点校：《元稹集》卷二四《驯犀》，中华书局1980年版，上册，第282页。按：放驯象事不是发生在德宗建中之初（780年），而是在德宗即位之初，即大历十四年（779年）五月。据《旧唐书》卷十二《德宗纪上》记载："大历十四年五月辛酉，代宗崩。癸亥，即位于太极殿。……丁亥，诏文单国所献舞象三十二，令放荆山之阳。"

③ （唐）白居易著，朱金诚笺校：《白居易集笺校》卷三《驯犀》，上海古籍出版社1988年版，第1册，第185页。按："驯象生还放林邑"句自注云："建中元年，诏尽出苑中驯象，放归南方也。"与放归荆山之阳不符。按荆山属京兆府富平县界。

④ （唐）李德裕著，傅璇琮、周建国校笺：《李德裕文集校笺》卷二○，河北教育出版社2000年版，第395页。

⑤ （唐）刘恂：《岭表录异》卷下，见《中国风土志丛刊》第61册，广陵书社2003年版。

⑥ 李昆声：《权杖·驯象长钩·图腾柱——云南考古三题》，《云南师范大学学报》1987年第5期。

⑦ 傅起凤、傅起龙：《中国杂技史》，上海人民出版社2004年版，第140页。

板图，其二为单手举象图。① 这些文物图像资料都是中古时期曾经流行驯象表演活动的直观反映。

驯象除了用作象舞表演活动外，作为一种庞然巨兽还被统治者当作迷信的方法，用以镇服"妖邪"的手段。据《资治通鉴》卷二〇九唐中宗景龙四年（710年）夏四月条载："初，则天之世，长安城东隅民王纯家井溢，浸成大池数十顷，号隆庆池。相王子五王列第于其北，望气者言：'常郁郁有帝王气，比日尤盛。'乙未，上幸隆庆池，结彩为楼，宴侍臣，泛舟戏象以厌之。"②

值得一提的是，驯象中的白象尤其受到唐人的重视，白象在唐朝曾被当作国之祥瑞，受到崇拜。祥瑞，又称"福瑞"、"符瑞"，是国泰民安、吉祥如意的征兆。祥瑞在中国传统文化中经常被当作表达天意、对人有益的自然现象。如河水变清、山称万岁、江河水五色、海水不扬波之类。这些现象的出现往往被看做是天对皇帝德政的赞许与表彰。据《唐六典》记载："凡祥瑞应见，皆辨其名物。若大瑞、上瑞、中瑞、下瑞，皆有等差。若大瑞，随即表奏，文武百僚诣阙奉贺。其他并年终员外郎具表以闻，有司告庙，百僚诣阙奉贺。"其中白象被明确规定为"大瑞"，与龙、凤等神物并列。③ 唐高宗咸亨三年（672年），周澄国遣使上表，称："诃伽（迦）国有白象，首垂四牙，身运五足。象之所在，其土必丰，既有威灵，又弭灾患。力兼十象，强制百人，以水洗牙，饮之愈疾。请发兵迎取以献之。"但是高宗拒绝了这个建议，他认为："夫作法于俭，其弊犹奢，谁能制止？故圣人越席以昭俭，茅茨以戒奢。《书》云：'珍禽奇兽，不育于国。'方知无益之源，不可不遏。朕安用奇象，令其远献？"④ 高宗作为一个聪明的政治家，没有仅仅因为获取"白象"这种所谓的祥瑞之

---

① 李重申、李金梅：《丝绸之路体育图录》，甘肃教育出版社2008年版，图320、324、327、328。

② 原书作唐睿宗景云元年（710年）。按：此年七月才改元景云。又见《旧唐书》卷八《玄宗纪上》作"令巨象踏之"云云。

③ （唐）李林甫等撰，陈仲夫点校：《唐六典》卷四《尚书礼部郎中》，中华书局1992年版，第114—115页。

④ 《太平御览》卷八九〇《兽部二·象》引《唐书》，中华书局1960年影印本，第4册，第3955页下栏；另见《全唐文》卷九九九周澄国王《请发兵取象表》，第10册，第10352页下栏；（唐）段成式撰，方南生点校：《酉阳杂俎》卷一六《毛篇》，中华书局1981年版，第158页。

物，而作军事上的冒险之举，还是值得称道的。

　　白象还曾被统治者当作赏赐大臣的宝物。唐玄宗天宝九载（750年）秋，安禄山入朝，赏赐金银珍宝、绸缎、美食无数，其中还有小狮子、白象各一对。① 不过，这样的殊荣在唐史上也是仅见的。

　　白象还偶见有被用来劳作的情形。万岁通天元年（696年）四月，武则天下令："铸铜为九州鼎成，置于明堂之庭，各依方位列焉。"其中蔡州鼎（又名神都鼎、永昌鼎）高一丈八尺，能容纳一千八百石，其他八州鼎各高一丈四尺，容纳一千二百石，用铜五十六万七百一十二斤。如此庞大的重器，在制造完成后，"令宰相、诸王，率南北宿卫兵十余万人，并仗内大牛、白象曳之。自玄武门外曳入，天后自制《曳鼎歌》调，令曳者唱和焉"②。在如此重大的场合中，白象被派上用场，也应当看作是一种带有政治性宣示作用的表现。

小　结

　　域外驯象的输入，从一个侧面反映了汉唐时期中外文明互动共生的发展局面。驯象的到来，不但成为汉唐帝国繁荣、开放、发达的一种重要象征，而且大象还以其憨态可掬、诚实忠厚的形象，被赋予了许多吉祥的寓意，如"太平有象"、"太平吉祥（象）"；"吉祥（象）如意"，"出将入相（象）"，等等，大都借用了"象"与"祥"、"相"字的谐音，这些内容逐渐沉淀在中华传统文化里，已经成为后世吉祥文化的重要表现。

----

　　① （唐）姚汝能撰，曾贻芬校点：《安禄山事迹》卷上，上海古籍出版社1983年版，第10页。
　　② 《通典》卷四十四《礼四》，第2册，第1229页；另见《唐会要》卷一一《明堂制度》，上册，第321页；《旧唐书》卷二十二《礼仪志二》，第3册，第867页。

第 七 章

"拂菻狗"东传:从拜占庭到中国[*]
——兼论唐代丝绸之路上的物种传播

在人类社会发展的早期阶段,世界各文明区域之间就存在着物种传播和交流的种种迹象,甚至在相距很遥远的地区之间也会发生。但是在古典时代之前,这种远距离的传播往往会受制于各种自然和社会因素的局限,呈现出偶发性和不确定性。到古典时代,随着丝绸之路的开辟,大大地增加了人类各群体之间"相遇"与接触的机会,从而极大地促进了物种在更大范围之内的传播规模和速度。唐代从西方传来了一种小型"拂菻狗",广受唐人的欢迎与喜爱,被当作宠物来饲养,其形象出现在很多诗文笔记小说的描写当中,甚至在画家的作品里也多有表现。但是,学术界对于"拂菻狗"的研究却一直较为薄弱,在为数不多的成果中,美国学者谢弗(Edward H. Schafer)和中国学者蔡鸿生的相关论述较具价值。[①]因此,笔者不揣浅陋,在前人已取得的成就的基础之上,兹根据相关文献记载和传世图像资料,对于"拂菻犬"的东传及其对唐人休闲娱乐生活的影响进行深入探讨,以期对丝绸之路上的物种传播问题提供一个有价值的例证。

第一节 "拂菻狗"的东传路线

"拂菻狗"东传中国始于唐初,据《旧唐书》卷一九八《西戎·高昌

---

[*] 本章系根据作者参加2012年7月4日在北京首都师范大学召开的"全球史研究在中国:理论、方法与实践研讨会"提交的论文修改而成。

① [美]谢弗:《唐代的外来文明》(原名《撒马尔罕的金桃——唐代的舶来品研究》,英文名:The Golden Peaches of Samarkand, A study of Tang Exotics),吴玉贵译,中国社会科学出版社1995年版,第162—164页;蔡鸿生:《哈巴狗源流》,载氏著《唐代九姓胡与突厥文化》,中华书局1998年版,第211—220页。

传》记载：

> （武德）七年（624年），（麴）文泰又献狗雄雌各一，高六寸，长尺余，性甚慧，能曳马衔烛，云本出拂菻国。中国有拂菻狗，自此始也。①

拂菻，即东罗马帝国，又称拜占庭帝国，② 地处丝绸之路的西端。高昌为西域古国，位于新疆吐鲁番盆地，是古代丝绸之路上的交通要冲。这种由高昌王麴文泰贡献给唐王朝的"拂菻狗"，原本出自于拜占庭。

"拂菻狗"传入唐朝后，又名"猧子"，意指供人玩赏的一种小狗。唐人段成式在《酉阳杂俎》中记载的一则故事，提到了一种"康国猧子"：

> 上（唐玄宗）夏日尝与亲王棋，令贺怀智独弹琵琶，贵妃立于局前观之。上数枰子将输，贵妃放康国猧子于坐侧。猧子乃上局，局子乱，上大悦。③

这就是历史上著名的"猧子乱局"之事。此事在五代王仁裕的《开元天宝遗事》和宋人乐史的《杨太真外传》中都有描写④。此"康国猧子"就是"拂菻狗"。

康国，又名萨末鞬，亦名飒秣建，北魏时称悉万斤，⑤ 位于今乌兹别

---

① 《旧唐书》卷一九八《西戎·高昌传》，中华书局1975年标点本，第5294页。同样的记载还见于王文锦等点校《通典》卷一九一《边防典·西戎·车师附高昌》，中华书局1988年版，第5册，第5205页；《册府元龟》卷九七〇《外臣部·朝贡三》，中华书局1960年影印本，第12册，第11397页上栏。

② 关于拂菻名称的由来请参阅张绪山《"拂菻"名称语源研究述评》，《历史研究》2009年第5期。

③ （唐）段成式著，方南生点校：《酉阳杂俎》卷一《忠志》，中华书局1981年版，第3页。

④ （五代）王仁裕撰，曾贻芬点校：《开元天宝遗事》卷下《猧子乱局》，中华书局2006年版，第53页；（宋）乐史撰：《杨太真外传》卷下，载丁如明辑校《开元天宝遗事十种》，上海古籍出版社1985年版，第144页。

⑤ 《新唐书》卷二二一下《西域下·康国传》，中华书局1975年版，第20册，第6243页。

克斯坦的撒马尔罕（Samarkand），为古代粟特人建立的昭武九姓国（康、安、曹、石、米、何、火寻、戊地、史）之一。"索格底亚那（即粟特）人作为从拜占庭到中国的商人特别闻名，他们不仅以商队的形式往来奔波，而且建立了一些完整城市，发挥着文化中介的作用。"① 蔡鸿生先生就说："唐代九姓胡诸城邦，扼东西交通大道的要冲。这里是中国、印度、波斯和拜占庭四大文明汇聚之处，占有重要的国际地位。"② 在这些国家中，又以康国的势力最为强大，诸国皆听命于他。玄奘西行求法，曾路过此国，说："凡诸胡国，此为其中，进止威仪，近远取则。其王豪勇，邻国听命。"③ 康国是昭武九姓之中心，丝绸之路西段上的重要城邦国家，向来有中亚的十字路口之称，地理位置十分重要。早在公元前4世纪，马其顿的亚历山大大帝曾攻陷此城，当时称为"马拉坎达"（Maracanda），为粟特人的首都。④ 之后，这里曾成为中亚希腊化的重要地区之一。⑤ 粟特人特别善于经商，据唐人韦节《西番记》云："康国人并善贾，男年五岁则令学书，少解则遣学贾，以得利多为善。"⑥ 他们利用地处欧亚大陆上交通枢纽的有利条件，积极从事商贸活动，西到波斯、拜占庭，东到中国，南达印度，东北至蒙古草原，"利之所在，无所不到"⑦。其都城撒马尔罕为中世纪中亚地区的贩运中心，"异方宝货，多聚此国"⑧。粟特人作为沟通东西的商业民族，他们将中国的丝绸贩卖到波斯、拜占庭，又将波斯、拜占庭的宝货转运到中国。粟特人为了更加便利地贩运丝绸，

---

① [俄] B. A. 李特文斯基主编：《中亚文明史》第三卷，马小鹤译，中国对外翻译出版公司2003年版，第6页。
② 蔡鸿生：《九姓胡的贡表和贡品》，载氏著《唐代九姓胡与突厥文化》，第69页。
③ （唐）玄奘、辩机原著，季羡林等校注：《大唐西域记校注》卷一，中华书局2000年版，上册，第87—88页。
④ [古希腊] 阿瑞安：《亚历山大远征记》卷四，李活译，商务印书馆1979年版，第136—144页。
⑤ [英] 弗兰克·威廉·沃尔班克：《希腊化世界》，陈恒、茹倩译，上海人民出版社2009年版，第111—131页。
⑥ 《通典》卷一九三《边防典·西戎·康居》引，第5册，第5256页。
⑦ 《旧唐书》卷一九八《西戎·康国传》，第16册，第5310页。
⑧ （唐）玄奘、辩机原著，季羡林等校注：《大唐西域记校注》卷一，上册，第87页。直至明初，这里依然保持着中介贸易的传统，据《西域番国志》"撒马儿罕"条载："城内人烟俱多，街巷纵横，店肆稠密，西南客多聚于此。货物虽众，皆非其本地所产，多自诸番至者。"（明）陈诚著，周连宽点校：《西域番国志》，中华书局2000年点校本，第81页。

曾借助突厥人的势力，试图说服波斯，进行自由贸易，遭到拒绝，转而寻求与拜占庭之间建立友好关系，并最终促成此事。据拜占庭史家弥南德的《希腊史残卷》10，1 记载：

> 查士丁皇帝（即查士丁二世，Justin II，565—578 年在位）在位第四年初，突厥使团抵达拜占庭。随着突厥势力日益强大，原为嚈哒臣属、现转归突厥统治的粟特人，请求突厥王派遣一个使团到波斯，要求波斯人准许粟特人在波斯境内通行，将生丝卖给米底人。西扎布鲁（Sizabulus，西突厥室点密可汗，当时突厥在位的为木杆可汗）同意这一请求，派出以马尼亚克（Maniakh）为首的粟特使团前往波斯，拜见波斯王（萨珊王朝的库思老一世，531—579 年在位），请求准许粟特人在波斯自由贩卖生丝。波斯王对此要求极为不快。……粟特首领马尼亚克趁机向西扎布鲁进言，建议他为突厥利益计而与罗马人建立友好关系，将生丝销售给他们，因为罗马人对生丝的消费多于他国。马尼亚克又说，他本人非常愿意随突厥使者一同前往罗马帝国，以促成罗马人和突厥人建立友好关系。西扎布鲁赞同这一建议，遣马尼亚克及其他一些人作为使者，携带珍贵生丝并国书前往罗马帝国，拜见罗马皇帝，传达问候和致意。马尼亚克携突厥王信函，一路长途跋涉，翻越崇山峻岭，跨过平原、草地、沼泽和河流，穿过高加索山，最后到达拜占庭。他进入拜占庭宫殿，拜见皇帝，一切依礼节行事。……如此，突厥人成了罗马人的朋友，与我国建立了友好关系。①

由此可见，粟特人为了自己的商业利益，在突厥汗国与拜占庭帝国的交往当中，扮演了非常重要的角色。与此同时，来自拜占庭的物品也在粟特地区受到崇尚。② 因此，在九姓粟特胡人进献给唐王朝的贡品中包含有拜占庭物品，也就完全可以理解了。如开元七年（719 年）二月，在安国王笃

---

① ［英］裕尔撰，［法］考迪埃修订：《东域纪程录丛——古代中国闻见录》，张绪山译，中华书局 2008 年版，附录 VIII《弥南德〈希腊史残卷〉所记突厥和拜占庭帝国的交往》，第 167—170 页。

② 林英：《唐代拂菻丛说》，中华书局 2006 年版，第 85 页。

萨波提进献的物品中就特别强调有"波斯骡二、佛菻绣氍毹一"[①]。据蔡鸿生先生统计，在唐代九姓胡中，康国的入贡次数最多。所以康国从拜占庭引进"拂菻狗"，并传入中国就一点也不奇怪。史载开元十二年（724年）四月，"康国王乌勒遣使献侏儒一人，马、狗各二"[②]。康国进献的这两只狗，在"猧子乱局"之前，大概和唐初高昌所进献的那样，也是雌、雄两只"拂菻狗"。看来杨国妃用来搅局的那只"康国猧子"，显然就是从拜占庭经康国转手进献而来的。

由此可见，在远距离的物种传播过程中，往往是通过间接转手或接力型传递的方式来实现的。正如法国学者雅克·布罗斯所指出的那样：从中国到西方主要有两条通商大路：陆路（丝绸之路）与海路（香料之路），"但无论是经陆路还是经海路，罗马和中国的运输者们从不会走完这条路的全程，而基本是在全程中途接换"。后来，东罗马（拜占庭）帝国与中国之间重新恢复交往时，"它们（也）只能通过几个中转站来进行"[③]。通过以上考察，可以大致描绘出"拂菻狗"从拜占庭到唐朝东传的路径，即：从地处丝绸之路最西端的拜占庭传到中亚粟特地区的康国，再翻越葱岭到达吐鲁番盆地的高昌，最后抵达丝路的最东端唐朝。

第二节 "拂菻狗"源流

狗，又称作"犬"，是人类最早驯养的动物之一，与马、牛、羊、猪、鸡合称为"六畜"。狗与人类的生活密切相关，被广泛应用于狩猎、放牧、军用、玩赏、看家护院甚至祭祀等许多方面，因此被称为"人类最忠实的朋友"。

---

① 《册府元龟》卷九九九《外臣部·请求》，第 12 册，第 11722 页下栏。又据《新唐书》卷二二一下《西域传下》载为东安国，时间为开元二十二年（734 年）："开元十四年（726 年），其王笃萨波提遣弟阿悉烂达拂耽发黎来朝，纳马豹。后八年，献波斯骡二，拂菻绣氍毹（毯）一，郁金香、石蜜等，其妻可敦献柘辟大氍毯（毯）二、绣氍毯（毯）一。"氍毹为古代西域的一种著名毛毯，工艺水平以拜占庭（即"大秦"、"拂菻"）最为驰名。《三国志》卷三〇注引《魏略·西戎传》大秦纪事云："织成氍毹、毾㲩、罽帐之属皆好，其色又鲜于海东诸国所作也。"所谓"拂菻绣氍毹毯"，据蔡鸿生讲，意在强调它是拜占庭名产，并非布哈拉当地土货。

② 《册府元龟》卷九七一《外臣部·朝贡四》，第 12 册，第 11407 页上栏。

③ [法] 雅克·布罗斯：《发现中国》，耿昇译，山东画报出版社 2002 年版，第 3—7 页。

第七章 "拂菻狗"东传:从拜占庭到中国

"拂菻狗"来自西方,又称"罗马犬"。这里是人类最早驯养狗的地区之一,早在古希腊、罗马时代,社会上就养狗成风。公元前350年前后的希腊,亚里士多德在《动物志》中就曾说过:"狗的种类十分众多",他特别提到了三种驯化的狗:拉科尼亚犬、摩洛细亚犬和鬣狗。他还说:"有些动物伶俐、可爱而且擅作媚态,如狗。"① 虽然他只是泛泛而言,但这些描述非常符合宠物狗的特征。他还在《论动物的生成》中提到一种"印度狗",说:"印度狗就是狗与野生的狗状动物杂交的产物。"② 这种"印度狗"显然是通过丝绸之路从印度传播到欧洲的,可见狗作为一个重要的物种很早以前就开始了传播与交流的历程。

在古罗马,著名政治家、学者加图大约在公元前160年完成的《农业志》中,就提到了养狗问题。③ 后来,著名学者瓦罗又于公元前36年写成《论农业》一书,在其第二卷《家畜》中专门用了一章的篇幅论述了养狗技术,包括体型、品种、购买、饲养、繁殖、挑选(年龄、健康状况、头数)等9个方面的内容,他说:养狗必须养适当年龄的狗,外形必须漂亮、要像狮子那样,颜色最好是白的。他还注意到:"良种犬也是以产区为名的,如拉科尼亚、伊皮鲁斯、撒伦提尼等等","养几条品种优良、敏捷灵活的狗比养许多平平常常的狗还好"④。这说明古罗马人已经积累了丰富的养狗经验。

"拂菻狗"作为古希腊、罗马时代的宠物狗,也有着悠久的历史。有人认为它就是典型的古代马耳他种犬,即古典时代的哈巴儿狗。⑤

马耳他犬,又称马(玛)尔济斯犬(Maltese Dog),是欧洲最古老的小型玩赏犬之一,据说原产于地中海的马耳他岛,故名。马尔济斯犬体型娇小可爱,全身披着丝状白色长毛,气质优雅高贵,性格温顺,活泼好动,感情较为丰富,极通人性,非常依恋主人,尤其是对儿童特别友好,

---

① [古希腊]亚里士多德:《动物志》,颜一译,苗力田主编《亚里士多德全集》第四卷,中国人民大学出版社1996年版,第10、232、245、314页。
② [古希腊]亚里士多德:《论动物的生成》,崔延强译,苗力田主编《亚里士多德全集》第五卷,中国人民大学出版社1997年版,第289页。
③ [古罗马]M. P. 加图:《农业志》,马雪香、王阁森译,商务印书馆1986年版,第57页。
④ [古罗马]M. T. 瓦罗:《论农业》,王家绶译,商务印书馆1981年版,第136—140页。
⑤ V. W. F. Collier, *Dogs of China and Japan in Nature and Art*, New York: Frederick A. Stokes Company, 1921, p. 143.

因此成为深受妇女儿童们喜爱的玩赏犬。

马尔济斯犬距今至少已有3000年的历史，据说在公元前13世纪的埃及古墓中，就发现有近似此犬的雕像。① 在考古发掘中出土的古希腊和罗马时代的陶器和壁画中，也绘有马济斯犬的形象，此犬曾经是希腊妓女和罗马主妇们十分珍爱的玩赏犬。② 早期作家约翰凯修斯曾说：马尔济斯犬"在古埃及、希腊和罗马时代就已经是贵妇的宠物，古罗马人还曾经把它放在袖子里带它去出门。它与主人分享同一辆车、同一张床，食量很小，真是令人愉快的宠物"③。1世纪时的拉丁语诗人Strabin曾赞扬其为"主妇所喜爱的伴侣"，所以它又有"罗马女士狗"和"罗马贵妇狗"之称。马尔济斯犬也深受贵族们的喜爱，据说罗马派驻马耳他岛的总督曾经收留过一只流浪的马尔济斯犬"伊萨"，诗人曾赞美它说："伊萨比克土鲁斯的麻雀更活泼，伊萨的吻比斑鸠更纯洁，伊萨比少女更美丽，伊萨比印度的宝石更珍贵。"④ 马尔济斯犬随着罗马军队的远征和商人们的长途贸易而开始向外传播。到中世纪时，不但在欧洲宫廷和贵族家中经常能见到这种模样可爱的宠物，他们往往怀抱着这种华贵的名犬，以显示排场，基督徒则把它视作幸福的象征，⑤ 而且还通过丝绸之路远传到中亚的康国、高昌和东亚的唐朝等地。

第三节　唐代图像资料中的"拂菻犬"

"拂菻犬"传入中国以后，也受到贵族妇女儿童们的喜爱，成为陪伴他们消遣、玩耍的最佳宠物。从考古发现和传世画作中，至少有三幅作品中出现了"拂菻犬"的形象，且都是和妇女儿童有关的场景。

1972年，在新疆吐鲁番阿斯塔那187号唐墓中出土了一幅绢本设色

---

① 熊前、关键：《马尔济斯犬》，《养犬》2008年第4期。
② Otto Keller, *Die antike Tierwelt* (The ancient animal world), Leipzig,: W. Engelmann, 1909, Vol. I, p. 94.
③ 《百度文库·马尔济斯犬》(http://wenku.baidu.com/view/6e95f7c5bb4cf7ec4afed0ad.html)。
④ 《追溯古老的玛尔济斯犬的血统渊源》(http://bbs.goumin.com/thread-518553-1-1.html)。
⑤ 《马尔济斯犬之来历》(http://www.petyoo.com/bbs/thread-65418-1-1.html)。

第七章 "拂菻狗"东传:从拜占庭到中国　　195

《双童图》,现藏于新疆维吾尔自治区博物馆。图中描绘了两个正在草地上追逐嬉戏的儿童,均袒露上身,身着背带晕裆长裤,足穿红鞋。左边一童右手高举做放飞状,左手怀抱一只黑白相间的卷毛小狗,这种小狗就是"拂菻犬"(见图1);右边童子则凝眉注目,仿佛发现了什么正在招呼着同伴,神情急切不安。双童肥胖健壮,形象生动,逗人喜爱,童趣盎然,是我国目前发现描绘儿童形象的较早的风俗画。

图 1　新疆吐鲁番阿斯塔那唐墓中《双童图》

新疆吐鲁番地区正是唐初"拂菻狗"初传唐朝的高昌古国所在地。在这之后不久,唐太宗就于贞观十四年(640年),用武力统一了高昌,将其地设置为西州(领高昌、柳中、交河、蒲昌、天山五县。治高昌,在今吐鲁番东南高昌故城,即哈拉和卓古城),并于交河(今吐鲁番以西雅尔和卓交河故城)设安西都护府。阿斯塔那187号唐墓为高昌世家首姓张氏家族墓葬,是一座夫妇合葬墓,从墓志残存有武周新字来看,墓主张氏应是卒于武则天时期,生前为安西都护府的官员,曾被授予上柱国勋官,但同时还出土有天宝三载(744年)的文书,说明其妻应卒于此后。从《双童图》及同时出土的《围棋仕女图》的画风来看,有盛唐之风,应该是属于开元前后的作品。①

高昌作为古代丝绸之路中段上的交通要冲，在东西方文明的交流中向来充当了中转站的重要角色，"时西戎诸国来朝贡者，皆途经高昌"。唐初，高昌曾数次来贡，"西域诸国所有动静，辄以奏闻"②。在唐朝统一高昌以后，这里更是成为唐朝与西方进行直接接触与交流的前哨站。法国学者勒内·格鲁塞就说："唐太宗灭突厥后，能够在塔里木绿州上重建其霸权，塔里木绿州上至少有一部分居民是印欧人，特别是北缘上的吐鲁番……作为沟通中国、伊朗和拜占庭之间的丝绸之路上的中转站的作用是重要的。"③ 在我国境内多处地区曾发现过拜占庭金币及其仿制品，其中以新疆地区最多，而在新疆又以吐鲁番居首，④ 这说明古代高昌与包括拜占庭在内的西域各国的贸易往来非常兴盛。《双童图》中出现的"拂菻狗"形象，不但证明了史籍记载的可靠性，而且让我们直观地领略了这种宠物犬的外貌特征。

在中唐著名画家周昉的名作《簪花仕女图》中，也画有两只黑白相间的卷毛小狗（见图2），分别出现在画作的左右两部分。

图 2　中唐著名画家周昉《簪花仕女图》

该画为绢本设色，现藏于辽宁省博物馆。画中描绘了几位盛装贵族妇女赏花游玩的情景。整幅画可分为采花、赏花、漫步、戏犬等四个场面。右起第一人身着朱红色长裙，外披紫色纱罩衫，头插牡丹花，右手轻挑纱衫，左手执一拂尘，侧身转首，正在逗弄一只摇尾吐舌扑跳而来的小狗。

---

① 金维诺、卫边：《唐代西州墓中的绢画》，《文物》1975年第10期。
② 《旧唐书》卷一九八《西戎·高昌传》，第16册，第5294页。
③ [法] 勒内·格鲁塞：《草原帝国》，蓝琪译，商务印书馆1998年版，第132—133页。
④ 张绪山：《我国境内发现的拜占庭金币及其相关问题》，载彭小瑜、张绪山主编《西学研究》第1辑，商务印书馆2003年版。

第七章 "拂菻狗"东传:从拜占庭到中国

她对面的贵妇,肩披白色轻纱,身穿印有大团花图案的罗裙,右手正在挑起肩头的轻纱,左手从纱袖中伸出,好像在招呼眼前的小狗,与戏犬贵妇相互呼应(见局部图3)。

图 3 《簪花仕女图》中贵妇戏犬

左后方不远处有一执长柄扇的侍女。侍女右前方是一位髻插荷花、身披白花格子纱的贵妇,右手拈花,略向上举,目光注视着手里的花枝,好似若有所思。不远处是一位身材娇小、身着朱红披风、外套紫色纱衫的贵妇,好似正在漫步的样子。最左端是一段假山石,其上有一株盛开的玉兰花,一位髻插芍药花,身着白地彩色云鹤图案、裙摆为红地大团印花图案的长裙,肩披浅紫色纱衫的贵妇正立在花旁,右手捏着一只刚刚扑来的蝴蝶,上身微微后倾,回头注视着从远处跑来的小狗和白鹤(见局部图4)。

整幅画构思精巧,全卷首尾呼应,人物和动物左右对称而又不失变化,尤其是向两边仕女奔跑扑跳而去的小狗使整个画面显得非常生动。从画中两只小狗的模样来看,完全与吐鲁番阿斯塔那187号唐墓出土的《双童图》中的小狗形象相似,也是属于"拂菻狗"。

图 4 　《簪花仕女图》中贵妇赏花

唐代还有一幅佚名《宫乐图》，为绢本设色，现藏台北故宫博物院。画中也绘有一只毛茸茸的小狗（见图5）。

该画描绘了十名体态丰腴、衣着华丽的仕女围着长案、饮酒（或曰品茗）作乐的情景。画中人物或奏乐，或旁听，或啜饮，或顾盼，气氛闲适。从仕女的着装、椎髻、花冠、发式来看，应是表现中晚唐贵族妇女的生活写照。案上陈设碗、盘等精美器具，案下蜷卧着一只黑白相间的卷毛小狗。此小狗与《双童图》和《簪花仕女图》中描绘的小狗形象也很相似，显然也是属于"拂秣狗"。

此外，《续仙传》还记载过道士马湘画"猢子"事：马湘，字自然，好云游，曾与道士王延叟同行。"时方春，见一家好菘菜，求之不能得，仍闻恶言。命延叟取纸笔，……湘画一白鹭，以水噀之，飞入菜畦中啄菜。其主赶起，又飞下再三。湘又画一猢子，走赶捉白鹭，共践其菜，一时碎尽止。其主见道士嘻笑，曾求菜致此，虑复为他术，遂来哀乞。湘曰：'非求菜也，故相戏耳。'于是呼鹭及犬，皆飞走投入湘怀中。"① 马

---

① 《太平广记》卷二十三《马自然》条引，中华书局1961年版，第1册，第211—212页。

图 5　唐代《宫乐图》

湘生活于中晚唐时期,卒于宣宗大中十年(856年)。这则故事虽然带有浓厚的传奇色彩,但从马湘招呼猧子投入怀中的情节来看,他画猧子应该是有一定的生活经验的,这也从另一个方面说明这种唐初从拜占庭传来的小狗,到晚唐时期已经广为人所熟知。

自从唐初高昌进献"拂菻狗",从此中国开始有了这种小型宠物犬之后,唐代文献中虽然对其多有记载,但有关它的外貌特征却描述甚少。谢弗先生曾经感叹:"这种小动物的外貌如何,我们尚一无所知。"[1] 所幸的是有考古出土的《双童图》和传世名作《簪花仕女图》、唐人《宫乐图》中真实地保留了它的形象,这样才使得这种鲜为人知的"拂菻狗"的真面目得以大白于天下。从这三幅唐代图像资料可以看出,这种狗体型较小,面部尖尖,全身绒毛微卷,毛色黑白相间,性格温顺驯服,聪明伶俐,特别惹人喜爱,因此一经传入中国就成为宫廷贵族、妇女儿童们珍爱的宠物。

---

[1] [美]谢弗:《唐代的外来文明》,吴玉贵译,中国社会科学出版社1995年版,第163页。

第四节　唐代诗文中的"猧子"

"拂菻狗"，又称"猧子"，或矮子、猚子，也称猧儿。据蔡鸿生先生研究："猧子是天外来客，其故乡在东罗马，即拜占庭帝国，唐代称为'大秦'或'拂菻'。"[1]"猧子"自从传入中国以后，就受到宫廷贵族和妇女儿童们的宠爱。不但画家们喜欢在自己的作品中表现它的形象，而且在唐代的诗词文赋、小说变文中也多有描写。

唐代诗词中对猧子有很多描写。如贞元进士王涯《宫词》第十三首曰：

　　白雪猧儿拂地行，惯眠红毯不曾惊。深宫更有何人到，只晓金阶吠晚萤。[2]

这首诗描写了后宫妃嫔豢养的一只雪白的猧子，除了在地上轻轻地走动，就是最爱卧眠在红色的地毯上。在这几乎无人到来的静静深宫里，整日睡眠的小狗，丝毫也不会受到惊扰。只有到了夜深人静的时候，小狗才会对着飞来飞去的萤火虫扑叫。可以说诗人将这只白色猧子温顺、可爱、顽皮的娇惯之态表现得异常生动传神。

中唐著名诗人元稹有一首艳诗《梦游春七十韵》，据说是为了追忆早年他与崔莺莺的恋爱经历而作的，其中有"鹦鹉饥乱鸣，娇猚睡犹怒"[3] 这样一句，是他在回忆这段恋情时提到的一个细节。这一意象还出现在他另外一首怀念往事的《春晓》诗中："半欲天明半未明，醉闻花气睡闻莺。猚儿撼起钟声动，二十年前晓寺情。"[4] 这只反复出现在他诗作中的"猚儿"，曾给他留下深刻印象，很可能实有其物，就是莺莺身

---

[1] 蔡鸿生：《哈巴狗源流》，载氏著《唐代九姓胡与突厥文化》，中华书局1998年版，第211—220页。
[2] 《全唐诗》卷三四六，中华书局1960年版，第11册，第3878页。
[3] （唐）元稹著，冀勤点校：《元稹集》外集卷一，中华书局1982年版，下册，第635页。
[4] 同上书，第642页。

边的宠物犬。①"娇犴"原作"娇娃",据陈寅恪先生考证:"'娇娃'即'矫犴'之伪。此种短喙小犬,乃今俗称'哈巴狗'者,原为闺阁中玩品。……在玄宗时为宫禁珍贵希有之物品,非民间所能窥见。今则社会地位如双文(即莺莺)者,在贞元间亦得畜用之。唐代文化之流布,与时代先后及社会阶层之关系,于此可见一斑矣。"②

蜀中才女薛涛似曾与元稹有过一段恋情,她曾作有十首绝句《十离诗》,其中第一首为《犬离主》曰:

> 驯扰朱门四五年,毛香足净主人怜。无端咬著亲情客,不得红丝毯上眠。③

这首诗借猧子遭主人遗弃之意来宣泄自己被贬逐的哀伤。④ 这只受到主人百般爱怜的小狗,已经驯服地在豪门有四五年了,只因一时无端咬着亲近的人,就再也不得在红丝毯上卧眠了。从"毛香足净"句来看,这种小狗比较爱干净,主人对它的饲养护理也十分精心,应该经常给它洗澡净

---

① 许金花:《惊绪竟何如?梦丝不成绚——元稹爱情婚姻复杂心态别论》,《福建论坛》2009 年第 6 期。

② 陈寅恪:《元白诗笺证稿》,生活・读书・新知三联书店 2001 年版,第 94—95 页。陈寅恪先生在 1954 年作的一首七律《无题》诗中有"猧子吠声情可悯"句,自注曰:"《太真外传》有康国猧子之记载,即今外人所谓'北京狗',吾国人则呼之为'哈巴狗'。元微之《梦游春》诗'娇娃睡犹怒'与《春晓》绝句之'狂儿撼起钟声动'皆指此物,《梦游春》之'娃'乃'犴'字之误,浅人所妄改者也。"见《陈寅恪诗集》,生活・读书・新知三联书店 2001 年版,第 109 页。

③ (唐)薛涛撰,张蓬舟笺:《薛涛诗笺》,人民文学出版社 1983 年版,第 15 页。

④ 《全唐诗》卷八〇三薛涛《十离诗》题自注曰:"元微之使蜀,严司空遣涛往事,因事获怒,远之,涛作《十离诗》以献,遂复善焉。"第 23 册,第 9043 页。(五代)王定保撰,黄寿成点校:《唐摭言》卷十二《酒失》载:"元相公在浙东时,宾府有薛书记,饮酒醉后,因争令掷注子,击伤相公犹子,遂出幕。醒来乃作《十离诗》,上献府主。"三秦出版社 2011 年版,第 197 页。(后蜀)何光远:《鉴诫录》卷十《蜀才妇》条载:"蜀出才妇。薛涛者,容姿既丽,才调尤佳。言谑之间,立有酬对。大凡营妓,比无校书之称。韦公南康(即韦皋)镇成都日,欲奏之而罢,至今呼之。……涛每承连帅宠念,或相唱和,出入车舆,诗达四方。中朝一应衔命,使车每届蜀,求见涛者甚众。而涛性亦狂逸,所有见遗金帛,往往上纳。韦公既知,且怒,于是不许从官。涛乃呈《十离诗》,情意感人,遂复召宠。"据王仲镛先生考证:"所献者当为韦皋也。"见(宋)计有功撰,王仲镛校笺《唐诗纪事校笺》卷四十九《薛书记》,中华书局 2007 年版,第 6 册,第 1670—1672 页。

足，定期梳理修剪身上的长毛，大概还会喷洒来自西域的香水。

元和进士李廓作有《长安少年行》诗曰："小妇教鹦鹉，头边唤醉醒。犬娇眠玉簟，鹰掣撼金铃。"① 这只能够享受到在光滑似玉的精美竹席上卧眠的"娇犬"，显然非同凡犬，只能是猧子之类的珍贵宠物犬。

唐末进士路得延的《孩儿诗五十韵》，据说是他在河中节度使朱友谦幕中做掌书记时，为讥刺朱友谦而作的一首长诗，他也因此而致祸。诗开头几句曰：

> 情态任天然，桃红两颊鲜。乍行人共看，初语客多怜。臂膊肥如瓠，肌肤软胜绵。长头才覆额，分角渐垂肩。散诞无尘虑，逍遥占地仙。排衙朱榻上，喝道画堂前。合调歌《杨柳》，齐声踏《采莲》。走堤冲细雨，奔巷趁轻烟。嫩竹乘为马，新蒲掉（折）作鞭。莺雏金镞系，猧子彩丝牵。……②

这首诗描写了当时儿童玩的许多游戏，其中就有用彩绳牵系的猧子。这段对童子形象的描述简直与吐鲁番唐墓出土的《双童图》中的童子形象完全吻合。《双童图》中的童子也是情态天然，两颊桃红，发初覆额，臂膊如瓠，肌肤软绵，胖乎乎的一幅逗人喜爱的模样。尤其是童子怀中的那只猧子也拖着一条系绳，活脱脱就是路诗再现的图像版。

南唐进士成彦雄作有一首《寒夜吟》诗，其中也描写到了一只可爱的猧子。诗曰：

> 洞房脉脉寒宵永，烛影香消金凤冷。猧儿睡魇唤不醒，满窗扑落银蟾影。③

这首诗讲的是在一个漫长的寒夜里，一对新婚夫妻在洞房里脉脉相对，红烛已灭，唯有烛影，熏香早已燃尽，金凤熏炉也已冷却。忽然一只梦魇中

---

① 《全唐诗》卷四七九，第 14 册，第 5456 页。
② 《太平广记》卷一七五《路德延》，中华书局 1961 年版，第 4 册，第 1305 页。《全唐诗》卷七一九作《小儿诗》，第 21 册，第 8255 页。
③ 《全唐诗》卷七五九，第 22 册，第 8628 页。

的猧儿,满窗扑落着月亮的影子,怎么叫也叫不醒它。

唐代还有一首佚名诗人填写的《醉公子》词曰:

> 门外猧儿吠,知是萧郎至。划袜下芳阶,冤家今夜醉。扶得入罗帏,不肯脱罗衣,醉则从他醉,犹胜独眠时。①

这首词表现了一位热切期待年轻公子到来的荡妇或者是妓女。② 门外的猧儿一叫起来,就知道是自己的情人到了,高兴的连袜子都顾不上穿,就光着脚出去迎接。今夜冤家又喝醉了!赶快把他搀扶进罗丝纱帐,可他又不肯脱衣服,就歪歪斜斜地倒在床上。醉就由他醉去吧,也比独自孤眠要好得多。在此处猧儿吠叫成了这对情人相会的一个重要细节。

在敦煌曲子词《云谣集杂曲子》中有一首《倾杯乐》词曰:

> 窈窕逶迤,貌超倾国应难比。浑身挂绮罗装束,未省从天得知。脸如花自然多娇媚。翠柳画娥眉,横波如同秋水。裙生石榴,血染罗衫子。 观艳质语软言轻,玉钗坠素绾乌云髻。年二八久镇香闺,爱引猧儿鹦鹉戏。十指如玉如葱,银苏体雪透罗裳里。堪娉与公子王孙,五陵年少风流婿。③

这首词描写了一位尚未出阁的二八佳人,天生丽质,貌美如花,眉如翠柳,眼似秋波,窈窕娇媚,倾国倾城。平时最爱逗弄猧儿和鹦鹉戏耍,显然是一位出身于官宦之家的千金小姐。

另在敦煌文书中还有许多散见于各卷的曲子词,其中有一首《鱼歌子》词曰:

> 绣帘前,美人睡,厅前猧子频频吠。雅奴卜(白),玉郎至,扶下骅骝沉醉。 出屏帏,正云起(髻),莺啼湿尽相思被。共别

---

① 曾昭岷等编著:《全唐五代词》正编卷三,中华书局1999年版,上册,第793页。
② [美]谢弗:《唐代的外来文明》,吴玉贵译,第164页。
③ 曾昭岷等编著:《全唐五代词》正编卷四,中华书局1999年版,下册,第813页。

人,好说我不是,得莫辜天负地。①

这首词的意境与前述佚名《鱼歌子》有点相似,都有美人盼归、猧子频吠、玉(萧)郎沉醉等意象,但这首词还表现了情人间感情出现裂痕的生活情景。大约是这对情人在感情上出了问题,玉郎对美人早已冷淡,美人久等玉郎未归,已经先睡,悲伤的泪水打湿了"相思被"。这时厅前传来猧子的不断叫唤,丫鬟跑来告诉小姐说:"玉郎回来了。"只见喝得酩酊大醉的玉郎被人从骅骝马上搀扶而下,这时美人才懒洋洋地从帏帐中走出,她一边整理着云鬓,一边忍不住幽怨地指责沉醉而归的玉郎,辜负了自己往日对他的好,而经常亏心地向别人诉说自己的不是。在这里词人截取了猧子频吠这样一个细节,真实地反映了这对冤家生活的一个场景。

在敦煌变文中也经常提到猧子。如《维摩碎金》中说:"紫云楼下按歌曲,皇帝帘前排毂□。于(玉)鉴洗妆呈素面。青骢抵(晴窗耀)日弄红鹦。猧儿乱趁生人咬,奴子频捻野鸽惊。"②五代后唐明宗《长兴四年(933年)中兴殿应圣节讲经文》曰:"可憎猧子色茸茸,抬举何劳馁饲浓。点眼怜伊图守护,谁知反吠主人公。"③这两条描写的都是宫廷豢养的猧子。《父母恩重经讲经文》(一)有:"捉蝴蝶,趁猧子,弄土拥泥向街里";"五五相随骑竹马,三三结伴趁猧子"④。描写的则是儿童玩追赶猧子的游戏。

敦煌位于丝绸之路东段的终点,是古代中国通往西域、中亚和欧洲的咽喉重镇。从高昌入玉门关到敦煌,是进入中原王朝的必经之地。当年高昌王麴文泰进献"拂菻狗"的使团就是经由这里,最后到达唐都长安的。在这么多敦煌文献中出现了猧子的形象,说明敦煌人对来自拜占庭的这种"拂菻狗"并不陌生。

猧子在唐人笔记小说中也有描写。据《玄怪录》载:"洺州(治今河北永年)刺史卢顼表姨常畜一猧子,名花子,每加念焉。一旦而失,为

---

① 曾昭岷等编著:《全唐五代词》正编卷四,中华书局1999年版,下册,第939页。
② 潘重规:《敦煌变文集新书》卷二,台北文津出版社1994年版,第386—387页。
③ 王重民等编:《敦煌变文集》卷五,人民出版社1957年版,下册,第424页。
④ 张涌泉、黄征校注:《敦煌变文校注》卷五,中华书局1997年版,第974页。

人所毙。……骸在履信坊街之北墙，委粪之中。"① 履信坊在东都洛阳，坊内多王公贵族之宅，② 卢顼表姨家应该也是权贵之家，所以才畜有这种珍稀的猞子以为宠物。

唐人还有以"矮子"为小名者。如刑部侍郎李建，出身于门阀士族，曾客居于荆州之石首（今湖北石首），其小字即矮子。③ 在很早以来，中国民间乡土社会就有给孩子取贱名好养活之说，如"阿猫"、"阿狗"、"大臭"、"二丑"、"三楞"、"铁蛋"、"石头"之类。"矮子"虽然只是当时的豪门富室才有可能豢养的一种宠物狗，但它毕竟是一种畜生动物，所以也是贱名。另外，"矮子"的形象又比较可爱，取其为贱名，也是为了表达长辈对孩子的疼爱之情。

通过以上论述可见，"拂菻狗"自唐初传入中国以后，或经繁殖，或再输入，已经扩散到许多地方，如西州（治高昌）、敦煌、长安、洛阳、蒲州（治今山西永济）、益州（治今四川成都）、荆州（治今湖北江陵）、金陵（今江苏南京，为五代时南唐都城）等地，成为宫廷权贵、富室豪门之家豢养的宠物，深受贵妇、妓女和儿童们的喜爱。

余 论

很早以来，中国就有驯养狗的历史，并且积累了丰富的培育优良狗种的经验。如传说中的五帝时期的高辛氏帝喾，"有畜狗，其毛五采，名曰盘瓠"④。西周时期有重工、彻止、□黄、南□、来白等名品犬，⑤ 春秋战

---

① （唐）牛僧孺著，程毅中点校：《玄怪录》补遗，中华书局2006年版，第136页。《太平广记》卷三八六《卢顼表姨》条引，中华书局1961年版，第8册，第3082页。
② 杨鸿年：《隋唐两京坊里谱》，上海古籍出版社1999年版，第400—411页。
③ （唐）白居易著，朱金城笺校：《白居易集笺校》卷四十一《有唐善人墓碑》曰："及长，居荆州之石首。"上海古籍出版社1988年版，第5册，第2677页。《新唐书》卷一八二《李建传》曰："逊弟建，字构直，与兄俱客居荆州。"中华书局1975年版，第16册，第5004页。《旧唐书》卷一五五《李逊传》则曰：李逊与兄造、弟建"世寓于荆州之石首"。中华书局1975年版，第13册，第4123页。
④ 《后汉书》卷八十六《南蛮西南夷传》，中华书局1965年版，第10册，第2829页。
⑤ 佚名撰、（晋）郭璞注，王根林校点：《穆天子传》卷一、卷二，见《汉魏六朝笔记小说大观》，上海古籍出版社1999年版，第9页。

国时期有殷虞、晋獒、楚茹黄、韩卢、宋鹊等优良狗品。① 秦汉时期，茂陵少年李亨好养良狗，皆为之取佳名，有修毫、釐睫、白望、青曹之名；杨万年有猛犬，名青驳，卖之百金。② 魏晋南北朝时期，有青鹍、白雀，飞龙、虎子、獦獢等，③ 都是优质犬品。

在长期驯养狗的过程中，中原也引进和输入了许多外来的优良犬种，改良和丰富了本土的犬种。如商初，汤王曾命伊尹为四方献令，接受了来自南蛮百濮贡献来的"短狗"④，这种身材矮小的短狗可能就是被当作玩赏犬来饲养的。周初，西方之国曾来贡狗，据《古文尚书·周书·旅獒》载："惟克商，遂通道于九夷八蛮，西旅厎贡厥獒。"⑤ 即周武王伐纣克商，建立周朝，四夷皆来贡献方物致贺，西旅献獒，从此成为开国致贺及归诚之典故。周穆王时，位于朝鲜半岛的鹗韩之人一次就贡献来经过训练的良种犬7000只。⑥ 汉魏时人贾岱宗作有《大狗赋》曰："帝曰畴咨，进在朔易，越彼西旅，大犬是获。"魏晋时人傅玄《走狗赋》也曰："统黔喙（即黑嘴）于秋方（即西方），居太素之内寓。谅韩卢其不抗，岂晋獒之能御。既乃济卢泉，涉流沙，逾三光，跨大河。希代来贡，作珍皇家。"⑦ 此二赋都用了"西旅献獒"典故，借以说明魏晋两朝受禅，皆受西国贡犬之贺。这种超过传统名犬韩卢、晋獒的外来犬种，对改良中土犬的品质产生了很大的影响。所以外来犬一经引进，就迅速受到人们的宠爱。

---

① 《太平御览》卷九〇四《兽部·狗上》引《广雅》，中华书局1960年影印本，第4册，第4008页上栏。

② （汉）刘歆撰，（晋）葛洪集，王根林校点：《西京杂记》卷四《鹰犬起名》，见《汉魏六朝笔记小说大观》，上海古籍出版社1999年版，第106页。

③ （唐）徐坚撰，韩放等校点：《初学记》卷二十九《兽部·狗》引周处《风土记》，京华出版社2000年版，下册，第539页。

④ 《太平御览》卷七九一《四夷部·南蛮》引《周书·王令》，中华书局1960年影印本，第4册，第3508页下栏。

⑤ 江灏、钱宗武译注：《今古文尚书全译》（修订版），贵州人民出版社2009年版，第193页。

⑥ 佚名撰，（晋）郭璞注，王根林校点：《穆天子传》卷二，见《汉魏六朝笔记小说大观》，上海古籍出版社1999年版，第13页。

⑦ （唐）徐坚撰，韩放等校点：《初学记》卷二十九《兽部·狗》，京华出版社2000年版，下册，第540页。

第七章 "拂菻狗"东传:从拜占庭到中国　　　　　　　　　　207

　　北齐皇室非常喜欢畜养一种从西域引进的波斯犬,这种犬身上带有斑点,① 身材高大,凶猛残忍,甚至能够噬而食人,据《北齐书·南阳王绰传》载:"绰始十余岁,留守晋阳。爱波斯狗,尉破胡谏之,欻然研杀数狗,狼藉在地,破胡惊走,不敢复言。后为司徒、冀州刺史。好裸人,使踞为兽状,纵犬噬而食之。……有妇人抱儿在路,走避入草,绰夺其儿饲波斯狗。妇人号哭,绰怒,又纵狗使食,狗不食,涂以儿血,乃食焉。"② 如此残暴凶恶的行径,已经超出了正常人最起码的道德底线。后主高纬的爱好也很荒唐,他给自己豢养的波斯犬加官晋爵,享受俸禄,据《三国典略》载:"齐高纬以波斯狗为赤虎仪同、逍遥郡君,常于马上设蹬蓐以抱之。"③ 这些波斯犬被饲以粱肉,待遇优厚。这种从中亚引进的波斯犬形象,在内地出土的许多入华粟特胡人墓葬中都有表现,如 1971 年,在山东益都(今青州市)傅家发现了一批北齐线刻画像石,④ 据郑岩先生和姜伯勤先生研究,此组画像石实与祆教内容及入华粟特人美术有关。⑤ 其中在第九石送葬图中刻画有一犬,郑岩先生发现,这种情形不独在傅家画像石中出现,而且在日本 Miho 博物馆收藏、据传是出自山西北齐墓中的石棺床围屏上的画像中也有表现,其中有一幅描绘了具有典型祆教特征的丧礼场面,画面中也刻有一犬,这应是粟特人养犬食尸遗俗的反映。⑥ 另外,

―――――――
　　① 2000 年,在陕西西安发现的中亚入华粟特胡人安伽墓石棺床围屏正面第 4 幅石刻图像中就雕有这种带斑点的犬。见陕西省考古研究所编著《西安北周安伽墓》,文物出版社 2003 年版,第 31 页,图二八正面屏风第 4 幅宾主相会图摹本。
　　② 《北齐书》卷十二《武成十二王·南阳王绰传》,中华书局 1972 年版,第 1 册,第 159—160 页。
　　③ 《太平御览》卷九〇四《兽部·狗上》引,中华书局 1960 年影印版,第 4 册,第 4010 页上栏。
　　④ 夏名采:《益都北齐石室墓线刻画像》,《文物》1985 年第 10 期;《青州傅家北齐线刻画像补遗》,《文物》2001 年第 5 期。
　　⑤ 郑岩:《青州傅家北齐画像石与入华祆教美术》,见氏著《魏晋南北朝壁画墓研究》第八章,文物出版社 2002 年版,第 236—284 页;姜伯勤《青州傅家北齐画像石祆教图像的象征意义——与粟特壁画的比较研究》,见氏著《中国祆教艺术史研究》第五章,第 63—76 页。
　　⑥ 郑岩:《青州傅家北齐画像石与入华祆教美术》,见氏著《魏晋南北朝壁画墓研究》第八章,文物出版社 2002 年版,第 236—284 页。粟特人的葬俗与汉人有很大的不同,据《通典》卷一九三《边防典·康居》引韦节《西蕃记》叙康国风俗云:"国城外别有二百余户,专知丧事。别筑一院,院内养狗,每有人死,即往取尸,置此院内,令狗食之,肉尽收骸骨,埋殡无棺椁。"中华书局 1988 年版点校本,第 5 册,第 5256 页。

在陕西西安发现的史君石椁墓表现祆教特征丧礼的画像中也有犬的形象,①在法国巴黎吉美博物馆收藏的出土于中国西北的6世纪末的中亚胡人石棺床围屏图案②、陕西西安发现的北周安伽墓出土的石榻围屏图案③和山西太原南郊发现的隋代虞弘墓出土的石棺图像中④也多见犬的形象,这种食尸犬就是随入华粟特人来到内地的那种凶猛食人的波斯犬（见图6、图7）。

图6　山东青州傅家送葬图（郑岩绘）　　图7　Miho石棺床上的丧礼图（郑岩绘）

直到唐代,人们对这种外来犬也并不陌生,并称之为"骏犬"或"良犬",据《唐会要》载:"（波斯）又多骏犬,今所谓波斯犬也。"⑤看

---

①　西安市文物保护考古所：《西安市北周史君石椁墓》,《考古》2004年第7期。

②　[法]德凯琳（Catherine Delacour）、黎北岚（Pénélope Riboud）：《巴黎吉美博物馆展围屏石榻上刻绘的宴饮和宗教题材》,施纯琳译,载张庆捷、李书吉、李钢主编《4—6世纪的北中国与欧亚大陆》,科学出版社2006年版,第108—125页,图二第一块石板、图一五第十块石板。

③　陕西省考古研究所编著：《西安北周安伽墓》,文物出版社2003年版,第23页,图二二左侧屏风第2幅狩猎图摹本,第31页,图二八正面屏风第4幅宾主相会图摹本。

④　太原市文物考古研究所编：《隋代虞弘墓》,文物出版社2005年版,图版2、3。

⑤　《唐会要》卷一〇〇《波斯国》,上海古籍出版社1991年版,下册,第2118页。《通典》卷一九三《边防典·波斯》曰：其土"多良犬"。中华书局1988年版点校本,第5册,第5270页。

来这种高大威猛的波斯犬给中古时期的中国人留下了深刻的印象。

唐代还有一些国家和地区也不断地进献良狗异犬。如武周万岁通天二年（697年）四月，昭武九姓之一的安国献来一只"两头犬"①，这是一种发育畸形的犬，本身并没有什么特别之处；但古人却认为它很奇特，所以才会将其作为珍稀异物贡献而来。开元九年（721年）六月，龟兹王白孝节献马及狗。龟兹也是连接东西方文明的西域重镇，扼守丝绸之路北道中段之咽喉，是古印度、波斯、拜占庭及中国四大文明的交汇之处，白孝节所献之狗是否像高昌王麴文泰所献之"拂菻狗"一样，不得而知，但肯定也是属于珍稀优良狗种。开元二十二年（734年），新罗王也献来"小马两匹，狗三头"②。这三头狗肯定也是良种狗。

综上可见，唐代从域外输入的良狗以西域为主，其中又以波斯犬和拂菻狗最为著名。波斯犬身形高大、性格凶猛，适合用于狩猎；拂菻狗则以其体型娇小、性格温顺，成为唐人珍爱的宠物犬。从唐代传世图像资料及史籍记载来看，拂菻狗是一种尖嘴丝毛犬类，毛色以黑白相间的花色为主，所以唐人昵称其为"花子"，但也有白色品种。从西方流传至今的马尔济斯犬，则主要是以纯白为主。那么唐代的"白雪猁子"到底是正宗马尔济斯犬拂菻狗，还是其异种，抑或马尔济斯犬在数千年的流传过程中发生了变异？这倒是一个很有意思的问题。不过，拂菻狗通过丝绸之路传到粟特（康国、安国等地）和高昌（也许还有龟兹），再转输入中原的过程中，或许已经过再繁殖（甚至杂交）而发生了某种变异也是完全有可能的。

---

① 《册府元龟》卷九七〇《外臣部·朝贡三》，第12册，第11403页上栏。
② 《册府元龟》卷九七一《外臣部·朝贡四》，第12册，第11406页下栏、11409页下栏。

第 八 章

马毬与唐代东西方文化交流*

马毬运动是一项很古老的竞技运动，它在古代社会曾经风靡于欧亚大陆，从拜占庭帝国到中亚的波斯伊朗，再到南亚的印度，以至东亚的唐宋帝国、朝鲜半岛、日本等地，都曾经流行过这种非常惊险与刺激的竞技运动。关于马毬运动的研究成果很多，① 但是对于马毬的起源问题，至今还

---

* 本章系作者根据参加 2007 年 11 月 18—21 日在上海师范大学召开的中国唐史学会第十届年会提交的论文修改而成，后该文发表于《学习与探索》2008 年第 3 期，合作者孙岳。

① 向达：《唐代长安与西域文明·长安打球小考》，《燕京学报》1941 年，专号之二，后收入氏著《唐代长安与西域文明》，生活·读书·新知三联书店 1957 年版，第 80—86 页；罗香林：《唐代波罗球戏考》，《亚洲文化论丛》1942 年第 1 期，后收入氏著《唐代文化史研究》，商务印书馆 1946 年版，第 136—166 页；唐豪：《试考我国隋唐以前的马球》，《中国体育史参考资料》第 2 辑，人民体育出版社 1957 年版，第 3—7 页；袁鹤寿：《新出上的唐代宫廷马球场碑刻》，《中国体育史参考资料》第 5 辑，人民体育出版社 1958 年版，第 24—26 页；若思：《关于"波罗球"一词的商榷》，《历史研究》1959 年第 8 期；阴法鲁：《唐代西藏马球戏传入长安》，《历史研究》1959 年第 6 期；《牵缰施新技，巧打珠球飞——初唐马球盛会记述》，《体育报》1979 年 1 月 23 日；师培业：《唐代长安球场小考》，《成都体育学院学报》1980 年第 2 期；林思桐：《唐含光殿球场考》，《体育资料》1981 年第 1 期；王增明：《唐代长安的球场》，《体育资料》1982 年第 3 期；刘秉果：《唐含光殿球场考》，《体育教学与训练》1982 年第 1 期；徐寿彭：《唐代马球考略——藏族人民在体育上的贡献》，《中央民族学院学报》1982 年第 2 期；刘念兹：《敦煌发现唐朝的赛球辞》，《四川体育科学学报》1982 年第 3 期；李松福：《我国古代马球是唐初从波斯传来的吗？》，《体育文史》1983 年第 1 期；李国华：《唐代的两首马球诗》，《体育文史》1983 年第 4 期；林思桐：《对章怀太子墓壁画〈马球图〉的初步研究》，《体育文史》1985 年第 2 期；国忠：《渤海马球考略》，《黑龙江文史丛刊》1983 年第 4 期；《唐代的月灯阁球会》，《体育文史》1983 年第 3 期；《华清宫畔的唐代球场》，《体育文史》1983 年第 4 期；赵康民：《唐代打马球小考》，《人文杂志》1983 年第 3 期；胡文和：《前后蜀的击球游戏》，《历史知识》1983 年第 3 期；林思桐：《唐代马球探微》，《哈尔滨体育学院学报》1985 年第 2 期；杨增硕：《唐代皇帝的马球热》，《体育文史》1985 年第 3 期；张世彦：《唐人马球图的构图处理》，《美术研究》1985 年第 2 期；李尤白：《唐代长安梨园中的马球、足球、抛球及拔河运动述略》，《陕西地方志通讯》1987 年第 1 期；中国古代体育史讲座编写小组：《唐代的马球运动》，《体育文史》1987 年第 6 期；张演生：《唐代帝王爱击鞠》，《文史杂志》1990 年第 3 期；王赛时：《唐代马球（接下页）

没有形成一个较为统一的认识。大致而言，有源于中原、波斯和吐蕃等三种说法。[1]笔者以为不论何种意见，有一点是不可否认的，那就是正因为唐代丝绸之路的空前畅通，促进了东西方文化交流的蓬勃开展，并由此带动了当时欧亚大陆上马毬运动异常兴盛的繁荣景况。

第一节 马毬在古代中国的兴起

马毬，即马球，在中国古代又称击鞠、击毬或打毬。马毬在中国到底兴起于什么时候？学术界有不同的看法。在 20 世纪 50 年代，唐豪先生提出马球可能是由古代的蹴鞠运动发展而来的，大约在汉魏时期，逐渐形成了击鞠竞赛。[2]其主要证据有三条：

其一为曹植所写的乐府诗《名都篇》中的一句："连骑击鞠壤，巧捷惟万端。"[3]唐豪先生认为这里的"击鞠"描写的就是马毬运动。

其二是生活在盛唐时代的诗人蔡孚写有《打毬篇》诗描写道："德阳宫北苑东头，云作高台月作楼。金锤玉錾千金地，宝杖琱文七宝毬。窦融一家三尚主，梁冀频封万户侯。……共道用兵如断蔗，俱能走马入长楸。红鬣锦鬃风騄骥，黄络青丝电紫骝。奔星乱下花场里，初月飞来画杖头。

(接上页) 综考》，《中国唐史学会论文集》，三秦出版社 1993 年版；王尧：《马球（polo）新证》，《西藏文史考信集》，中国藏学出版社 1994 年版，第 200—207 页；赵加令：《全唐诗里的球类游戏》，《北方论丛》1994 年第 2 期；李秀梅、章莺：《对我国古代马球起源的分析》，《体育文史》2001 年第 4 期；《敦煌马球史料探析》、《古代马球器械考析》，收入兰州理工大学丝绸之路文史研究所编《丝绸之路体育文化论集》，中华书局 2005 年版，第 244—264 页；李重申、李金梅、夏阳：《中国马球史》，甘肃教育出版社 2009 年版。

[1] 持马球源于中原说者有：唐豪、李秀梅、章莺等人。持马球源于波斯说者有：向达、罗香林等人。持马球源于吐蕃说者有：阴法鲁、徐寿彭、王尧等人。

[2] 唐豪：《试考我国隋唐以前的马球》，《中国体育史参考资料》第 2 辑，人民体育出版社 1957 年版。

[3] （宋）郭茂倩编：《乐府诗集》卷六十三杂曲歌词三魏·曹植《名都篇》作："连翩击鞠壤，巧捷惟万端。"中华书局 1979 年版，第 3 册，912 页。又据《古乐府》卷十"击鞠壤"作《击壤歌》。《击壤歌》是晋人皇甫谧撰写的《帝王世纪》中所收录的描写"帝尧之世，天下大和，百姓无事"，躬耕于野的一首古歌谣。其辞曰："日出而作，日入而息。凿井而饮，耕田而食。帝何力于我哉。"而《名都篇》则是"以刺时人骑射之妙，游骋之乐，而无忧国之心也"。诗中提到"名都"妖女、"京洛"少年斗鸡、走马、射猎等游宴生活，显然《古乐府》所记不符合诗意，而作"连骑击鞠壤"则与诗之整体风格较为接近。

自有长鸣须决胜,能驰迅足满先筹。薄暮汉宫愉乐罢,还归尧室晓垂旒。"① 在这首诗中所提到的"德阳宫"是指在汉末被军阀董卓烧毁的东汉洛阳宫殿;"俱能走马入长楸"借用的是曹植《名都篇》中的"斗鸡长安道,走马长楸间"。窦融(公元前16—62年)和梁冀(?—159年)都是东汉时人。窦融为东汉初年功臣,备受朝廷恩宠;而梁冀为东汉皇室外戚,他的两个妹妹先后为顺帝、桓帝皇后,专权当政几近20年。诗中描述的"德阳宫北苑东头"似乎是说明当时的宫中修建有专门的马球场,而"奔星乱下"、"飞来画杖"描写的则是典型的马毬竞赛场景,这反映出东汉时期就已经流行马毬运动。

其三是南朝梁宗懔在《荆楚岁时记》中叙述寒食风俗时提到"打毬"之戏。②

这个观点在当时的学术界产生了很大的影响,尤其是在体育界,普遍接受和认可了这一观点,并把它当作定论写入各体育院校流行的教材当中。③ 但是,也有一些学者对此观点提出疑问,王赛时先生就认为这三条证据并不可靠,不足以为信史。④

笔者认为对于这些证据,不要轻易地下结论肯定或否定,而是需要更为确凿的资料再加论证;另外,笔者认为对于唐豪先生提出的马球可能是起源于古代蹴鞠的观点尤其需要值得引起注意,因为这对探讨马球在中国的兴起也具有重要的启发意义。我们发现,古人在论述马球的起源时,多追溯及于蹴鞠。如:

隋人杜公赡在为《荆楚岁时记》"打球"之戏作注时就说:"刘向《别录》曰:'蹴鞠,黄帝所造,本兵势也。'或云起于战国。按:鞠与球同。古人蹋蹴以为戏也。"⑤

蔡孚《打毬篇》序也说:"臣谨按打毬者,往之蹴鞠古戏也。黄帝所

---

① 《全唐诗》卷七十五,中华书局1960年版,第3册,第817页。
② (梁)宗懔撰,(隋)杜公赡注,黄益元校点:《荆楚岁时记》,载《汉魏六朝笔记小说大观》,上海古籍出版社1998年版,第1055页。
③ 比较有代表性的是李季芳、周西宽、徐永昌主编:《中国古代体育简史》,人民体育出版社1984年版,第280页。
④ 王赛时:《唐代马球综考》,载《中国唐史学会论文集》,三秦出版社1993年版,第214—231页。
⑤ (梁)宗懔撰,(隋)杜公赡注,黄益元校点:《荆楚岁时记》,载《汉魏六朝笔记小说大观》,上海古籍出版社1998年版,第1055页。

作兵势,以练武士,知有材也。窃美其事,谨奏《打毬篇》一章。"

唐人封演在《封氏闻见记》卷六《打毬》中也说:"打毬,古之蹴鞠也。《汉书·艺文志》:'《蹴鞠》二十五篇。'颜注云:'鞠以韦为之,实以物,蹴踢为戏。蹴鞠陈力之事,故附于兵法。蹴音子六反,鞠音钜六反'近俗声讹,谓'鞠'为'毬',字亦从而变焉,非古也。"①

类似的资料还有很多,限于篇幅在此就不一一列举了。对于这种现象,有的学者认为这是古人望文生义,没有深入考察蹴鞠和击鞠两种游戏的由来和技术的不同而将其附会为一所致。② 英国剑桥大学的汉学教授翟理思先生还为此专门写过一篇论文,对马球和蹴鞠的不同进行了区分。③ 这些工作无疑都是很有意义的,但是笔者以为这是今人对古人的一种误解,其实古人对击鞠和蹴鞠的区别还是比较清楚的,只不过是在叙述马球的来历时,追溯到蹴鞠,正好说明在古人眼里马球是从蹴鞠发展而来的这样一种认识。

又有的学者根据 1979 年在甘肃省敦煌市西北的马圈湾汉代烽燧遗址中发现的西汉中期的球形实物,"将其推断为当时西北地区军中进行马毬活动的一种简便用球"④。这些球形实物直径约为 5.5 厘米,"内填丝绵,外用细麻绳和白绢搓成的绳捆扎成球形"⑤,他们认为这与中国古籍中所记载的马毬的"球状小如拳"的情况基本上相符合。假如这个猜想能够成立的话,那么马毬在中国的兴起又将大大提前到西汉时期。遗憾的是这种推断同样缺乏其他更加有力的资料以为佐证,因而对这个问题的探讨还有待于进一步的深入进行。

不管马毬起源于何处,有一个大家一致认可的现象就是,在唐代马毬运动极为盛行,成为当时朝野上下非常热衷和流行的一项竞技活动。这一点可以从当时出土的大量文物资料和文献资料证明。关于这个问题,向

---

① (唐)封演撰,赵贞信校注:《封氏闻见记校注》卷六《打毬》,中华书局 2005 年版,第 52—53 页。
② 罗香林:《唐代波罗毬戏考》,载氏著《唐代文化史研究》,上海书店 1992 年影印版(商务印书馆 1946 年版),第 136—166 页。
③ Hert A. Giles, "Footal and Polo in China", *The Nineteenth Century and After* (London), 59 (1906): pp. 508—513.
④ 李秀梅、章莺:《对我国古代马球起源分析》,《体育文史》2001 年第 4 期。
⑤ 《敦煌马圈湾汉代烽燧遗址发掘简报》,《文物》1981 年第 10 期。

达、罗香林、王赛时等诸贤都曾进行过非常深入细致的研究，① 在这里我们就不再重复他们的研究成果了。

为什么马毬运动在唐代非常盛行？笔者认为原因是多方面的，其中最重要的一点就是因为东西方文化的交流促进了这种古老游戏的蓬勃开展。

第二节　马球在中亚波斯、伊斯兰世界和拜占庭帝国

古代中亚波斯伊朗、伊斯兰世界以及拜占庭帝国也都非常流行马毬运动。根据 H. E. 且哈比（H. E. Chehabi）和艾伦·古德曼（Allen Guttmann）教授的推测：马球很可能是由在古代中亚的伊朗和土耳其地区生活的游牧民族中流行的一种原始的马上娱乐活动"马背叼羊"发展而来的。笔者认为这种观点与马球起源于蹴鞠的观点相比显得更为牵强。他们还认为：马球运动最初似乎起源于靠近中亚西伯利亚大草原的波斯萨珊王国的东北部呼罗珊地区，而在帕提亚王朝（公元前241—224年）时传入伊朗。②

在古代伊朗，马球是深受王宫贵族们所喜爱的游戏。在帕提亚王朝和萨珊王朝（224—651年）时期，马球运动都很盛行。据成书于7世纪的 *Kūrnāmak-e Ardashir-e Pūpakān* 记载：萨珊王朝的创立者阿尔达希尔一世（224—241年在位）曾与帕提亚王朝的末代君主阿尔达班五世（212—224年在位）的王子们在皇宫中的球场上进行过一场马球比赛，最后阿尔达希尔赢得了胜利。③ 在这之后的萨珊王朝的历代统治者都非常热衷于马球运动，甚至在萨珊王朝晚期的统治者霍斯罗夫二世在位时（590—628年），还曾提拔过一个自称"精通马球游戏，在球场上无人能敌"的年轻

---

① 向达：《唐代长安与西域文明·长安打球小考》，《燕京学报》1941年专号之二；罗香林：《唐代波罗球戏考》，《亚洲文化论丛》1942年第1期；王赛时：《唐代马球综考》，《中国唐史学会论文集》，三秦出版社1993年版。

② H. E. Chehabi and Allen Guttmann, "From Iran to All of Aisa: The Origin and Diffussion of Polo", *The International Journal of Hitory Sport*, 19 (2002): p. 386.

③ Darab Dastur Peshotan Sanjana, *The Kárnám i Astaukhshir Pápakán* (Bumbay: Education Society's Steam Press, 1896), pp. 6—7.

贵族。① 波斯诗人菲尔多西（940—1020年）曾创作过一部长达12万行的民族史诗《列王纪》，其中有两首专门描绘打马球的史诗《夏沃什表演球艺》和《夏沃什打马球》。诗中描述了王子夏沃什流亡到土兰国的打球故事，其中《夏沃什表演球艺》写道：

> 一天傍晚，国王与夏沃什闲谈，说明天一早我们到一处消遣。让我们拿上马球带上球杆，前去球场玩球得一日悠闲。不少人对我说你有高超球艺，勇士们期待你在球场献技。夏沃什回答："……论球艺臣下应向陛下学习，天下人哪个能与陛下相比。……"次日清晨他们早早起身之后，便吩咐布置球场派人恭候。只见勇士们纷纷奔向球场而去，一路上马蹄轻捷人们中欢声笑语。到了球场国王向夏沃什建议，让我们各选一批人比试高低。你在这边，让对方占据对面，一头一队，两队以标志为线。……于是夏沃什从波斯军士中选几名好汉，他们个个球艺精通身手矫健。准备停当只听鼓声隆隆响起，一片尘埃飞舞遮盖了天地。锣鼓号角之声响彻了云霄，球场上气氛炽烈地动山摇。国王用球杆把球打到场上，勇士们大吼一声一拥而上。皮兰挥臂把球重重一击，那球刷的一声高高升起。夏沃什看准球路催马向前，不等球落地凌空打出一杆。他开球第一杆就打得漂亮，球儿从眼前消失不知去向。尊贵的国王连忙吩咐左右，说快快给王子送去一个新球。夏沃什王子表示感谢把球儿亲吻，这时，鼓角声又起腾飞入云。王子这时又换了一匹新马，把那新拿的球儿抛到地下。然后看准那球重重击出一杆。球儿直飞云霄去与月亮会面，那球被他这杆击中又不知去向。似乎飞上高天在云中躲藏。球场上哪个能比他高超的球艺，他抖擞威风着实无人与他相比。……这时他对军士们下令说众位好汉，现在该你们试试身手双方开战。双方军士听令一场球赛开战，健儿们高声呼喊撼地震天。双方球手你争我夺往来奔腾，都力争把球抢到自己手中。当土兰人迅速布置方阵队形，心欲夺球一心想把对方战胜。但波斯人此时早已把球夺去，土兰人两手空空只得自认晦气。夏沃什见此情景不禁心中警觉，他以巴列维语向波斯人提出警告，他

---

① Jamshedji Manechji Unvala, *Der Pahluvi Text "Der Kamg Hasru And sein Kmahe"* (Vienna: Adolf Holzhaurer, 1917), p. 15.

说:"……双方拼抢正急你们应让步勒马,让那球也能滚到土兰人马下。……"这时土兰人才打出漂亮的一杆,打出这一杆才算挽出些颜面。……①

《夏沃什打马球》也写道:

当光芒四射的太阳露出颜面,给世界带来光明照彻中天,夏沃什王子从王宫直奔球场,他在球场中来回奔驰几趟。格西伍首先把球开到场里,王子见球扑身赶上前去。当他用球杆把球控制在手中,他的球伴在场内便占据了上风。王子猛击一杆球儿便高高飞起,远远离开地面似乎飞上天去。当那球儿又重新落到了地上,凯扬的健儿又及时赶到球旁。王子又一次把球高高击起,土兰人目瞪口呆个个感到惊奇。然后他命令军士们奋勇击球,说球场球杆球儿俱在何不一显身手。双方的勇士以及无敌的好汉,个个策马而奔人人勇敢向前。霎时间双方健儿混战在一起,球来球往依照球场的规矩。当波斯军士在球场上驰骋,从土兰人手里把球抢到手中,夏沃什见波斯人的身手心中高兴,他骄傲得身躯似翠柏一样直挺。……②

这两首诗虽然是文学作品,但却生动地描写了古代波斯人打马球的情景和规则。比赛分为两队,双方布置好队形,骑马挥杆,往来奔腾,你争我夺,奋力拼抢,一心想把对方战胜,真是场上气氛炽烈、地动山摇,场外锣鼓震天、号角齐鸣。此类题材的诗作在唐诗中也有许多,试举两例,如韩愈《汴泗交流赠张仆射》诗曰:

汴泗交流郡城角,筑场千步平如削。短垣三面缭逶迤,击鼓腾腾树赤旗。新雨朝凉未见日,公早结束来何为?分曹决胜约前定,百马攒蹄近相映。毬惊杖奋合且离,红牛缨绂黄金羁。侧身转臂著马腹,霹雳应手神珠驰。驰遥散漫两闲暇,挥霍纷纭争变化。发难得巧意气

---

① [古代波斯]菲尔多斯:《列王纪选》,张鸿年译,人民文学出版社1991年版,第408—413页。

② 同上书,第457—458页。

麤，欢声四合壮士呼。①

再如张祜的《观泗州李常侍打毬》诗曰：

　　日出树烟轻，开场画鼓雄。骤骑鞍上月，轻拨镫前风。斗转时乘势，旁捎乍进空。等来低背手，争得旋分骎。远射门斜入，深排马迥通。遥知三殿下，长恨出征东。②

这两首唐诗与前两首波斯诗作相比，简直如出一辙。

650年，阿拉伯帝国的入侵结束了波斯萨珊王朝的统治，伊朗以至葱岭以西地区逐渐成为伊斯兰世界的一部分。在伊斯兰统治时期，马球继续兴盛。

7世纪中叶，阿拉伯人在控制了叙利亚和伊拉克之后，曾先后建立起倭马亚王朝（661—750年）和阿拔斯王朝（750—1258年），这两个王朝在中国史籍中分别称之为"白衣大食"和"黑衣大食"③。在倭马亚王朝（白衣大食）的第二代哈里发亚齐德一世（680—683年在位）的统治之下，马球在都城大马士革得到了传播和发展，他自己曾亲自与穆罕默德的孙子侯赛因打马球；④ 而在阿拔斯王朝（黑衣大食）哈里发柯伦·拉西德（786—809年在位）统治时期，当时的都城巴格达也盛行马球运动。拉西德之子麦蒙（813—833年在位）还在王宫附近修建了一个专门的马球场。在阿拔斯王朝836—892年的都城萨马拉（Samarra），也修建有规模宏大的马球场。⑤ 哈全安指出：马球是当时备受贵族阶层喜爱的户外游戏。⑥

9世纪后期，在伊朗东南部建立的萨法尔王朝（867—900年）的第二代君主阿姆尔（879—901年在位）虽然是一个独眼龙，但他却非常痴

---

① （唐）韩愈著，钱仲联集释：《韩昌黎诗系年集释》卷一，上海古籍出版社1994年版，上册，第103页。
② 《全唐诗》卷八八三，中华书局1960年版，第25册，第9985页。
③ 《旧唐书》卷一九八《西戎·大食传》，中华书局1975年版，第16册，第5316页。
④ Robert Dankolf (ed. And trans), *Evliya Celebi in Bislie* (Leiden: brill, 1990).
⑤ Tahir muzaffar al-Amid, The Abbusid Architecture of Samarra in thr Reign of Both al-Mu'tasim and al-Mutawakkil (Baghdad: Al-Ma'aref Press, 1973), pp. 115—117.
⑥ 哈全安：《古典伊斯兰世界》，中国青年出版社1999年版，第315页。

迷于马球。一位军队将领曾经劝谏他说：

> 臣下有一双眼睛。即使其中一只在游戏中突然被击中而瞎掉，但我还有一只眼睛可以看到这个世界。但是您只有一只眼睛，如果在游戏中您的那只仅存的眼睛不幸被击中，那么您将无法完成呼罗珊的统一大业。①

很显然，马球是一种充满惊险的运动。游戏者不仅可能在游戏中失掉王位（因为盲人被认为是不适合作为统治者的），甚至可能丢掉性命。这种不幸就曾经发生在控制伊朗东北部呼罗珊地区以布哈拉（在今乌兹别克）为都城的萨曼王朝（895—1005年）的阿布德·阿尔—马立克一世（954—961年在位）的身上。"阿布德·阿尔—马立克经常奔驰在球场上，但是有一天他喝多了酒而没能控制住他的马，以至于从马背上被甩了下来摔断了脖子。"②

在中国古代的史籍中也有许多关于中亚诸国流行马球的记载。如中唐时人杜环在《经行记》中就提到中亚一带流行马球的状况，他说："拔汗那国，在怛逻斯南千里，……国土有波罗林，林下有毬场。"根据向达先生的研究，"拔汉那"即汉代的大宛（今乌兹别克费尔干纳一带）。又有"末禄国，在亚梅国西南七百余里。胡姓末者，兹土人也。……有打毬节、秋千节"③。末禄国在今土库曼的马雷一带，属于古代的呼罗珊地区。这里提到的"毬场"与"打毬节"显然都与马毬有关。

在西方，马球一直被誉为"游戏之王，王者之戏"（Game's king and king's game），其来源甚古。④ 早在4世纪时的拜占庭帝国（即东罗马帝国，中国史籍中称之为拂菻），马球运动就在皇室和贵族之间非常流行。

---

① Kai Kā'ūs ihn Jskandar, *A Mirror for Princer: The Qābūs Nēnia*, trans. Reuben Levy (London: Cresser Press, 1951), p. 86.
② Richard N. Frye, *Bukhara: The Medieval achievement* (Cosat Mesa, CA: Mazad, 1997), p. 88.
③ （唐）杜环著，张一纯笺注：《经行记笺注》，中华书局2000年版，第24—26、45—48页。
④ 王尧：《马球新证》，载氏著《西藏文史考信集》，中国藏学出版社1994年版，第200页。

在提奥多西二世（408—450年在位）统治时期，他为了打马球曾在君士坦丁堡专门修建了一个大型的露天马球场。巴西尔一世（867—886年在位）也非常擅长打马球。①

由此可见，马球运动在古代的中亚波斯伊朗以及后来的伊斯兰帝国和拜占庭帝国都很盛行。正因为如此，许多学者认为马球发源于波斯，原名波罗毯（Polo）。向达先生就说："波罗毯（Polo）为一种马上打毯之戏。发源于波斯，其后西行传至君士坦丁堡，东来传至土耳其斯坦。由土耳其斯坦传入中国西藏、印度诸地。日本、高丽亦有此戏，则又得自中国者也。"② 此外，还有罗香林、郝更生等许多学者都持有相同或相近的观点③。

但是，有一点需要指出的是，马球在波斯并不称"Polo"，而称之为"Chawgan"；竞赛用的球，则称为"Gui"。唐豪先生认为，这显然是"鞠杆"和"鞠"的对音，由此他认为这是古代波斯借用了汉语词汇，这更证明了马球是起源于我国，而不是发源于波斯。但是，向达、罗香林先生则都认为唐朝的"毯"字是音译自波斯的"Gui"，罗氏甚至武断地认为"唐以前各书，似不见毯子，凡球类之物，皆以球或鞠称之，无称毯者"④。这种说法也是不确切的，因为早在东汉时人许慎（约58—约147年）著的《说文解字》中就有"毯"字，并释云："鞠丸也，从毛。求声，巨鸠切。"可见在古汉语中"鞠"与"毯"同音。可能在中国兴起的马毯所用之"毯"是由早期的蹴鞠所用之"鞠"发展而来的，所以马毯也称"击鞠"或"击毯"，其意思是相同的。

由此可见，中国在唐宋时期流行的马毯运动到底是从中亚波斯传来的，还是从古代的蹴鞠运动发展而来的？从目前的研究水平以及所能见到的资料来看还不是很确切。

---

① *The Oxford Dictionary of Byeantium*, New York: Oxford University Press, 1991, Vol. 3, p. 1939.

② 向达：《长安打毯小考》，《唐代长安与西域文明》，生活·读书·新知三联书店1957年版，第80页。

③ 罗香林：《唐代波罗球戏考》，《亚洲文化论丛》第1期；郝更生：《中国体育概论》，上海商务印书馆1926年版。

④ 罗香林：《唐代波罗球戏考》，载氏著《唐代文化史研究》，上海书店1992年影印版（商务印书馆1946年版），第136—166页。

第三节 马球在南亚次大陆和吐蕃

古代南亚和吐蕃地区也都非常流行马球运动。有的学者认为，马球是从古代中亚波斯传入南亚次大陆和吐蕃地区的，它是伴随着伊斯兰帝国的对外扩张而得以扩展和传播的。

最早进入南亚次大陆的穆斯林是阿拉伯人。从711年开始，倭马亚王朝（白衣大食）就开始派遣远征军攻入并逐渐征服了南亚次大陆的西北部地区，马球这种游戏也随之传入这里并逐渐开始流行开来。但是，当阿拉伯人进入南亚次大陆时，中国正处于唐睿宗（710—712年在位）统治之下，马球在唐朝和吐蕃都已经非常流行和兴盛了。另外，关于马球在印度流行的相关记载和资料来看也大都集中在德里苏丹王国（1206—1526年）和莫卧儿帝国（1526—1857年）时期，从时间上来看也都比唐朝要晚得多。

马球在吐蕃地区的兴起则要比印度早得多。西藏的英雄史诗《格萨尔》约产生于公元3—6世纪，其中就有描写马球运动的内容。在第十二章中叙述了在很古老的时候，苯教王国统治者格萨尔王同于阗统治者巴迦代王之间在喀喇昆仑山谷里发生战争并产生了马球运动。后来，《格萨尔》的有关韵文部分的乐曲，还被编写成马球运动进行比赛时的演奏乐曲。位于巴基斯坦北部地区的巴尔蒂斯坦（Baltistan），在历史上曾属于吐蕃王国，西方称之为小西藏。这里有着悠久的马球运动历史，并形成了一种传统，每当在举行马球比赛时，都要朗诵和演奏《格萨尔》[①]。

众所周知，马球在国际上又被称之为"Polo"，在巴尔蒂语词中就有"Polo"，意思是圆的树根或球。许多学者从语言学的角度探讨其语源，大都认为其来源于藏语，因而提出马球起源于西藏的观点。最早提出此说的是美籍德国人劳费尔（Bertnold Laufer, 1874—1934年），他通过对藏语中借词的研究，发现藏语"Polo"即指马球戏[②] 其后，许多学者都肯定英语中的"Polo"一词是一个外来语，它是从藏语的一支方言借入英语

[①] 李重申、李金梅、夏阳：《中国马球史》，甘肃教育出版社2009年版，第33—36页。

[②] Berthold Laufer, *Loan-words in Tibetan*. Leiden: Brill 1918.［美］劳费尔：《藏语中的借词》，赵衍荪译，中国社会科学院民族研究所少数民族语言研究室编印，1981年。

的。

中国学者阴法鲁先生就认为"波罗"一词是从藏语的线毯"波郎"（Polon）演变而来的，欧洲各种语言中的马毬，大都是借用的"波罗"这个名称。如俄语中有外来语"波罗毬"，是借用自英语"Polo"，但却认为这个词是源出于藏语。古阿拉伯语中没有"波罗毬"这个词，后来也是借用了英语"Polo"。波斯语中根本没有"波罗毬"这个名称，而称毬为"guy"，大概是借用的汉语的"毬"或"鞠"。他还引用了《封氏闻见记》卷六《打毬》篇中的两段记载来说明唐都长安流行的马毬是从吐蕃传入的，其一是关于太宗听说"西蕃人好为打毬，比亦令习"，后来又在升仙楼见有群蕃街里打毬，而焚毬以自诫；其二是中宗时吐蕃迎娶金城公主，赐打毬于梨园亭子毬场。① 笔者认为，单凭这些证据还不足以就断定马球源于吐蕃。这是因为"Polo"这个词在西藏究竟出现于什么时期，目前还不能确定；而唐太宗所说的"西蕃人"，在唐代可能是指吐蕃人，也可能是泛指西域胡人，此处到底是指谁，并无确切说明，据此认定是吐蕃人难免有武断之嫌；至于唐中宗时的唐蕃马球竞赛，只能说明当时在唐朝和吐蕃都很流行这种游戏，也不足以说明此种游戏就是从吐蕃传来的。

后来，徐寿彭、王尧两位先生又对此说补充了一条新证，他们引用了新、旧两唐书《吐蕃传》有关高宗"显庆三年（658 年），献金盎、金颇罗"和"上元中，素稽献银颇罗、名马"两条记载，认为"颇罗"是"波罗"的异译，即为球也。金颇罗即金球，银颇罗为银球。② 笔者认为这种理解有误。首先，在上元中（674—676 年）献银颇罗的素稽不是来自吐蕃，而是龟兹国王，记载这件事的也不是两唐书《吐蕃传》，而是《新唐书·西域上·龟兹传》，其事又见《旧唐书·高宗纪下》上元二年正月庚午条。其次，在中国古代从来没有将马球称为"波罗"③，而古籍中提到的"颇罗"（又作"叵罗"、"破罗"）是一个外来语，源出伊朗语"padrōd"，似指"碗"。汉语中的"叵罗"即其音译，是指一种盛酒的酒

---

① 阴法鲁：《唐代西藏马毬传入长安》，《历史研究》1959 年第 6 期。
② 徐寿彭、王尧：《唐代马球考略——藏族人民在体育上的贡献》，《中央民族学院学报》1982 年第 2 期。
③ 若思：《关于"波罗毬"一词的商榷》，《历史研究》1959 年第 8 期。

器。关于这个问题，蔡鸿生先生曾有过非常精辟的考证，① 可资参考。在此笔者再补充两条材料以进一步证之：一是《酉阳杂俎》续集卷三《支诺皋下》中提到厨子苏润曾在文宗时宰相王涯家见有"铜叵罗"②；二是唐彦谦《送许户曹》诗曰："将军楼船发浩歌，云樯高插天嵯峨。白虹走香倾翠壶，劝饮花前金叵罗。"③ 由此可见，"叵罗"是一种盛酒的酒器，而不是指马球，其质地有金、银、铜等各种材料制作而成。另外，古代马球所用球有木质和皮革制作的两种，不见有金、银、铜等贵重金属制作的马球。木质球外缝包一层牛皮，表面上还涂有颜色或绘有彩画；皮制球是在牛皮里面填上毛发之类缝制而成。④ 古代马毬的球字一般写作"毬"，从毛，又称之为"毛丸"。《太平御览》卷七五四《工艺部·蹴鞠》引应劭编于东汉中平六年（189年）的《风俗通》曰："丸毛谓之鞠。"又引东晋郭璞（276—324年）《三苍解诂》曰："鞠，毛丸，可踢戏。"这样的球比较轻巧，适于击打和快速运转。唐豪先生认为：藏语"Polo"或"Pulu"的汉文对音为"毷氉"，它泛指"吐蕃织绒"等而言，古代藏族把马毬译为"Polo"或"Pulu"是和"毛丸"有关系的。⑤ 反过来说，用金、银、铜等金属制作的球则完全失去了实用的价值。由此观之，所谓"金颇罗"、"银颇罗"和"铜叵罗"等都是不可能用于击打的马毬。

第四节　马毬与唐代东西方文化交流

虽然目前学术界对唐代盛行的马毬运动到底是源自中亚波斯，还是从南亚和吐蕃传来的，抑或是从古代的蹴鞠运动发展而来的三种观点存在诸多分歧，但是马毬运动在唐代的普及和兴盛显然是与当时频繁的东西方文

---

① 蔡鸿生：《唐代九姓胡与突厥文化》，中华书局1998年版，第12页。
② （唐）段成式著，方南生点校：《酉阳杂俎》续集卷三《支诺皋下》，中华书局1981年版，第222页。
③ 《全唐诗》卷六七一，中华书局1961年版，第20册，第7680页。
④ 李重申、李金梅：《古代马球器械考析》，载《丝绸之路体育文化论集》，中华书局2005年版，第259页。
⑤ 唐豪：《试考我国隋唐以前的马球》，《中国体育史参考资料》第2辑，人民体育出版社1957年版，第3—7页。

化交流密不可分。

关于马毬运动在唐代中外文化交流中的事例很多。唐人封演在《封氏闻见记》卷六《打毬》中就记载:

> 太宗常御安福门,谓侍臣曰:"闻西蕃人好为打毬,比亦令习,会一度观之。昨升仙楼有群胡街里打毬,欲令朕见;此胡疑朕爱此,骋为之。"①

"西蕃人"既可泛指西域各胡族以及中亚等地的一些地区与国家的人民,也可能是指吐蕃人,此处到底是泛指抑或专指吐蕃,并无确切说明。不过,西域各胡族以及中亚和吐蕃人大多属于游牧民族,马匹优良,骑射高超,精通打马毬。而随着唐初对西域的经营,丝绸之路重新开通,东西方文化的交流也进入一个空前繁荣的时期。往来于丝路上的各族人民,对马毬这种在东西方都很盛行的运动也并不陌生,所以才会在唐初长安街头出现"群胡打毬"的情景。

到中宗时期,吐蕃派来的使臣还和唐朝在内苑毬场进行过一场激烈的马毬比赛。景龙三年(709年),金城公主下嫁吐蕃赞普,吐蕃遣使来迎,中宗在内苑毬场举行了盛大的欢迎宴会,并与吐蕃使臣进行了一场马毬比赛。据《旧唐书》卷一九六上《吐蕃传上》记载:

> 中宗神龙元年(705年),吐蕃使来告丧,中宗为之举哀,废朝一日。俄而赞普之祖母遣其大臣悉薰然来献方物,为其孙请婚,中宗以所养雍王守礼女为金城公主许嫁之。自是频岁贡献。景龙三年(709年)十一月,又遣其大臣尚赞吐等来迎女,中宗宴之于苑内球场,命驸马都尉杨慎交与吐蕃使打毬,中宗率侍臣观之。②

---

① (唐)封演撰,赵贞信校注:《封氏闻见记校注》,中华书局2005年版,第53页。又据《资治通鉴》卷一九九高宗永徽三年(652)记载:"二月,甲寅,上御安福门楼,观百戏。乙卯,上谓侍臣曰:'昨登楼,欲以观人情及风俗奢俭,非为声乐。朕闻胡人善为击鞠之戏,尝一观之。昨初升楼,即有群胡击鞠,意谓朕笃好之也。帝王所为,岂宜容易。朕已焚此鞠,冀杜胡人窥望之情,亦因以自诫。'"此段记载与封氏记载内容相近,但一系于太宗,一系于高宗,未知孰是?

② 《旧唐书》卷一九六上《吐蕃传上》,中华书局1975年版,第16册,第5226页。

关于这场比赛，在唐人封演《封氏闻见记》卷六《打毬》篇中曾有精彩的描述：

> 景云（按：唐于景龙三年许婚，四年正式下嫁，同年七月改元景云）中，吐蕃遣使迎金城公主，中宗于梨园亭子赐观打毬。吐蕃赞咄奏言："臣部曲有善毬者，请与汉敌。"上令仗内试之。决数都，吐蕃皆胜。时玄宗为临淄王，中宗又令与嗣虢王邕、驸马杨慎交、武（延）秀等四人，敌吐蕃十人。玄宗东西驰突，风回电激，所向无前。吐蕃功不获施，……中宗甚悦，赐强明绢数百段，学士沈佺期、武平一等皆献诗。①

从沈佺期、武平一、崔湜等人的诗作来看，这是一场充满了欢乐、热烈、祥和气氛的友谊比赛。②

通过丝绸之路，西域各国不断地向唐王朝进献可供用来打毬的名马。有人统计：由进贡引进唐王朝的"胡马"达42种之多，而实际贡马者要远超过此数。③ 地处中亚的波斯、大食、吐火罗、康国、坚昆、石国、史国、米国、曹国、骨咄、拔汗那等国都曾多次向唐王朝献马。这些进献来的"胡马"高大骁健，品质都十分优良，如吐火罗和东曹国进贡的汗血宝马；大食国进献的千里马；康国进献的马"是大宛马种，形容极大"；突厥马"技艺绝伦，筋骨合度"④；骨利干进献的马

---

① （唐）封演撰，赵贞信校注：《封氏闻见记校注》卷六《打毬》，中华书局2005年版，第52—54页。又据《唐诗纪事》卷九记载，这次比赛当在景龙四年（710年）正月七日。是年七月改元景云，故云"景云中"。见（宋）计有功撰，王仲镛校笺：《唐诗纪事校笺》卷九"李适"条，中华书局2007年版，第2册，第263页。

② 《文苑英华》卷一七五武平一《幸梨园亭观打毬应制》："令节重遨游，分镳应彩球。骖騑回上苑，蹀躞绕沟通。影就红尘没，光随赫汗流。赏阑清景暮，歌舞乐时休。"沈佺期诗曰："今春芳苑游，接武上琼楼。宛转迎香骑，飘摇拂画毬。俯身迎未落，回鞚逐傍流。只为看花鸟，时时误失筹。"崔湜诗曰："年光陌上发，香辇禁中游。草绿鸳鸯殿，花明翡翠楼。宝杯承露酌，仙管杂风流。今日陪欢豫，皇恩不可酬。"中华书局1966年影印版，第2册，第851页上栏。

③ 马俊民、王世平：《唐代马政》，西北大学出版社1995年版，第78页。

④ （宋）王溥撰：《唐会要》卷七十二《诸蕃马印》，上海古籍出版社1991年版，下册，第1546页。

"头类橐驼，筋骨粗壮"①。黠戛斯进献的马"畜马至壮大，以善斗者为头马"②。尤其值得一提的是，在唐玄宗开元五年（717年），"于阗国遣使献打毬马两匹"③。这大概是于阗国在得悉唐玄宗好打马毬之后专门进献来用于打毬的"良马"。

另外，唐代还流行"驴鞠"，即骑驴打毬。如剑南节度使郭英义"聚女人骑驴击球"④；唐敬宗宝历二年（826年）六月"庚申，郓州进驴打毬人石定宽等四人。……甲子，上御三殿，观两军、教坊、内园分朋驴鞠、角抵。戏酣，有碎首折臂者，至一更二更方罢"⑤。"崔承宠，少从军，善驴鞠，逗脱杖捷如胶焉。"⑥ 所以西域各国还有进献驴的记载。如开元八年（720年）六月，"吐火罗国遣使献马及骡"⑦。"骡"，也是一种马，一说是驴，又说是骡。《唐会要》卷一百记载说：波斯国也"出骡及大驴"。《新唐书》卷二二一下《西域传下》中说：开元年间，东安国王"献波斯骡二，拂菻绣氍毹一。郁金香、石蜜等，其妻可敦献柘辟大氍毹二，绣氍毹一"。可见波斯出产的驴是一种很优良的品种。需要注意的是，人们往往容易将"拂菻绣氍毹"、"柘辟大氍毹"、"绣氍毹"等当成是进献来的各种质地的马毬，⑧ 其实这是一种误解。据《册府元龟》卷九九九《外臣部·请求》中记载："（开元）七年二月，安国王笃萨波提遣使上表论事曰：'……今奉献波斯骡二，拂菻绣氍毹一。郁金香三十斤，生石蜜一百斤。……臣妻可敦奉进柘必大氍毹二，绣氍毹一。……'""氍毹"是一种毛织的地毯，多用来铺在地上作演戏之用。可见《新唐书》中所提到"拂菻绣氍毹"、"柘辟大氍毹"、"绣氍毹"中的"毬"字

---

① （唐）杜佑著，王文锦等点校：《通典》卷二百《边防典·北狄七·骨利干》，中华书局1988年版，第5册，第5492页。
② 《新唐书》卷二一七下《回鹘传下》，中华书局1975年版，第19册，第6147页。
③ 《册府元龟》卷九七一《外臣部·朝贡四》，中华书局1960年影印版，第12册，第11405页下栏。
④ 《旧唐书》卷一一七《郭英义传》，中华书局1975年版，第10册，第3397页。
⑤ 《旧唐书》卷十七上《敬宗纪》，中华书局1975年版，第2册，第520页。
⑥ （唐）段成式撰，方南生点校：《酉阳杂俎》卷八，中华书局1981年版，第77页。
⑦ 《册府元龟》卷九七一《外臣部·朝贡四》，中华书局1960年影印版，第12册，第11406页下栏。
⑧ 罗香林：《唐代波罗毬戏考》，载《唐代文化史研究》，上海书店1992年影印本（1946年商务印书馆本），第136页。

应当是"毯"之误。不过，这些资料仍然表明马毯运动正是伴随着东西方文化交流的频繁开展而广泛流行开来的。

关于唐代马毯运动的盛行与东西方文化交流的关系还可以从考古资料中得到印证。如考古工作者曾在新疆的塔什库尔干地区发现过古代马毯场的遗址。① 这说明古代西域各地曾广泛流行打马毯运动。

1972年，在新疆吐鲁番地区的阿斯塔那230号墓出土了一尊彩绘打马毯泥俑，俑通高26.5厘米。白马四足腾空，做奔驰状。骑者右臂扬起。手中握一末端屈作弧形的草杆（出土时此杆尚在），即击球棍。双目注视左前方地面，作举杖欲击状。② 这尊泥俑所表现的人马极具动感，比例精确，结构严谨。该俑运用夸张的手法，把马毯场上，烈马奔驰、相互追逐的激烈比赛场面展现在人们面前，对于了解丝绸之路文化传播与交流具有重要的意义。

众所周知，吐鲁番在古代属于西域的一部分，地处丝绸之路北道，是中西交通的重要枢纽。这里自古以来就杂居着西域各民族，在隋唐时期，曾先后为高昌国、唐西州、吐蕃及回鹘所占有，从而使这里成为一座中西文化交流的大熔炉。马毯这种曾广泛流行于唐王朝、吐蕃以及西域的运动，在这里也很盛行，就充分说明了这一点。如从打马毯俑的装束服饰来看就明显具有东西方文化互相影响的痕迹，打毯俑头戴黑色幞头，身穿圆领、窄袖绛色长袍，脚蹬乌皮靴，这大概就是文献中提到的打马毯时的专门着装，称为"毯衣"或"锦衣"。这种圆领、窄袖的马毯衣吸收了少数民族服装（胡服）的特点，贴身利索，有利于打马毯时骑在马上奔驰驱逐。至于头戴幞头和脚蹬长筒乌皮靴，不仅使打马毯者显得矫健敏捷，而且还具有一定的保护作用。③

从这件彩绘泥俑的服饰、容态来看，与中原地区出土的马毯俑和壁画的描写相符，如1971年在陕西乾县章怀太子墓道西壁发现的打马毯图壁

---

① 李重申、李金梅：《古代马球器械考析》，载《丝绸之路体育文化论集》，中华书局2005年版，第259页。

② 新疆维吾尔自治区博物馆编：《新疆出土文物》图版126，文物出版社1975年版；《新疆维吾尔自治区博物馆》图版130，文物出版社1991年版。

③ 参见《古代马球器械考析》，该文对马球场地、球门、球杆、球、球衣等内容有较详细的考析。

画中的人物装束就与此俑极为相似,① 这说明东西方文化的交流曾对马毬这种运动产生过巨大影响。

小　结

　　由于古代吐鲁番所处的独特地理位置,马球运动盛行的三大区域中原文明、西域文明、吐蕃文明都曾在这里留下历史痕变。所以研究这种竞技活动的发展,也有助于了解丝绸之路文化的传播与交流。其实,除了马球之外,20世纪在该地区曾陆续出土过大量的文物资料,其中还有许多反映游艺活动内容的资料,如围棋、双陆、藏钩等,也非常值得深入探索与研究,我们相信通过对这些资料的进一步认识与了解,从中可以更加清晰地看出中原文明与西域文明、南亚文明在此交流与融汇的历史轨迹。

---

　　① 关于章怀太子墓《马毬图》,见周天游主编:《章怀太子墓壁画》,文物出版社2002年版,图版一四一二三,第30—39页。

第 九 章

从踏歌看唐代中外娱乐风俗[*]

"踏歌"是一种非常古老的群众性自娱自乐歌舞活动。它曾在古代社会的许多国家和地区风靡一时，从西方的拂菻（即拜占庭帝国），到中东的阿拉伯世界，再到东亚的唐宋帝国、朝鲜半岛、日本等地，乃至北方的游牧民族和南方的少数民族地区都广泛流行，对世界各地人民的精神文化娱乐生活产生了较大影响；直到今天，在许多民族的传统歌舞娱乐活动中仍然能经常看到其影子。然而，就是这样一项重要的歌舞娱乐活动，国内学术界对它的专门研究却很少见，仅在一些音乐舞蹈史的著作中有较简略的介绍，[①] 这就使得我们对于它的研究显得非常必要。本文试图对唐代"踏歌"的由来、发展脉络以及在世界各地的流行状况等问题进行深入的探讨，以此来说明：正是由于当时中外文化的频繁交流与互动，才促进了世界各地"踏歌"活动的广泛传播与盛行。

第一节 踏歌的起源及其在唐代的盛行

踏歌，又名跳歌、打歌等，[②] 是一种历史非常悠久的民间传统歌舞娱乐形式。关于踏歌的起源是一个非常复杂的问题，学术界大都将其上溯到原始社会。在世界各地的早期人类和原始人群中，都曾流行过载歌载舞的

---

[*] 本章系作者根据发表于《河北学刊》2010年第6期的同名论文修改而成。

[①] 任半塘先生在《唐声诗》上编第五章中专门列有"踏歌"一节进行了介绍，在下编中又对五言六句、五言八句和七言四句式的《踏歌辞》进行了研究（上海古籍出版社2006年版）。王克芬先生《中国舞蹈史》（隋唐五代部分）第三章第一节中曾对"唐代节日的《踏歌》"进行了介绍（文化艺术出版社1987年版），其后又在《中国舞蹈发展史》第六章第一节的"节日歌舞游乐"中再次对《踏歌》进行了简单的叙述（上海人民出版社1989年版）。

[②] 《中国大百科全书·音乐、舞蹈卷》王耕夫"踏歌"条，中国大百科全书出版社1983年版，第631页。

集体舞蹈形式,其中"用踏步以应歌拍,乃歌舞中之一种基本动作"①。可见踏歌的起源非常之早。

1973年秋,在青海省大通县上孙家寨出土了一件新石器时代的"舞蹈纹彩陶盆",上面绘有手挽手的三组舞人,每组五人,②常任侠先生认为,这就是表现"连臂踏歌"的情景;③安志敏先生也认为,"五人连臂舞蹈的图案,这是一件难得的写实艺术品"④。王克芬先生还由此进一步推断出:"原始时代氏族所有成员,人人都可参加的自娱歌舞,应是《踏歌》渊源。"⑤这个观点无疑是很有见地的。但她同时又说,《踏歌》的名称,"是从唐代才开始的",不过有相关的资料显示,至晚在南朝刘宋时期,画家袁倩就曾创作过一幅《吴楚夜踏歌图》。⑥至于对踏歌的描写,则更早在汉代就已经出现了。据《西京杂记》卷三"戚夫人侍儿言宫中乐事"条说:汉宫女以"十月十五日,共入灵女庙,以豚黍乐神,吹笛击筑,歌《上灵》之曲。既而相与联臂,踏地为节,歌《赤凤凰来》"。戚夫人为汉高祖刘邦的宠姬。由此可见,踏歌早在汉初就已经在宫中开始流行了,只不过早期的踏歌大概主要是一种用于祭神祈福的歌舞娱乐活动。

魏晋南北朝时期,踏歌在南北方都很流行。北朝宫廷经常举行踏歌活动,据《南史》卷六十三《王神念传附杨华传》载:"(杨)华本名白花,武都仇池人。父大眼,为魏名将。华少有勇力,容貌瑰伟,魏胡太后逼幸之。华惧祸,及大眼死,拥部曲,载父尸,改名华,来降。胡太后追思不已,为作《杨白花》歌辞,使宫人昼夜连臂踏蹄歌之,声甚凄断。"《隋书》卷二十二《五行志上》也载:"周宣帝与宫人夜中连臂蹋蹀而歌曰:'自知身命促,把烛夜行游。'"在这两个例子中提到的"连臂踏蹄(蹀)",都是指踏歌。南朝朝野也十分喜好踏歌活动,并以之来愉情逸

---

① 任半塘:《唐声诗》上编,上海古籍出版社2006年版,第308页。
② 见青海省文物管理处考古队发掘报告:《青海大通县上孙家寨出土的舞蹈纹彩陶盆》,《文物》1978年第3期。
③ 常任侠:《中国舞蹈史话》,上海文艺出版社1983年版,第5页。
④ [法] A. H. 丹尼、V. M. 马松主编:《中亚文明史》第一卷,芮传明译,中国对外翻译出版公司2002年版,第111页。
⑤ 王克芬:《中国舞蹈发展史》,文化艺术出版社1987年版,第174页。
⑥ (唐)张彦远著,[日]冈村繁译注,俞慰刚译:《历代名画记译注》卷六,王元化主编:《冈村繁全集》第六卷,上海古籍出版社2002年版,第334页。

兴。梁武帝曾写有一首《江南弄》曲词曰:"众花杂色满上林,舒芳耀绿垂轻阴。连手蹙踥舞春心。舞春心,临岁腴,中人望独踌躇。"① 在垂柳绿荫之下"连手蹙踥"而舞,显然也是踏歌。南朝还流行一种主要是以舞曲为主的《西曲》歌,其中有两首《江陵乐》曲词写道:

> 不复蹋蹀人,蹀地地欲穿。盆滥欢绳断,蹋坏绛罗裙。
> 不复出场戏,蹀场生青草。试作两三回,蹋场方就好。②

"蹋蹀人"即踏歌者,"蹀场"是专门的踏歌戏场。歌词说"蹋蹀人"之所以不想再踏歌,主要是因为"蹀场"不够宽敞,狂欢的人群好像要将"蹀场"蹋陷,周围的挡绳挤断,甚至连衣裳都被蹋坏了;虽然说"蹋蹀人"不想再出场踏歌嬉戏,以至"蹀场"都长出了青草,但只要踏上两三回,"蹀场"就又完好如初了。这两首歌词实际上为我们描绘出了一幅江南踏歌狂欢图。这说明踏歌在南方社会非常普及。

到唐代,踏歌活动盛极一时。不管是在朝廷组织的各种庆祝活动中,还是在民间举行的娱乐活动中,经常能够听到和看到这种自娱歌舞的活动形式。

唐代宫廷经常组织规模庞大的踏歌活动。尤其是唐玄宗和唐宣宗都是"妙解音律"的两个风流皇帝,他们在位期间分别是唐朝前、后期社会比较安定,国力相对较为强盛的两个时期,他们对踏歌这种歌舞娱乐形式似乎都是情有独钟。唐玄宗即位以后不久,就在元宵节期间组织了一次大型的踏歌表演活动。据唐人张鷟《朝野佥载》卷三记载:

> 先天二年正月十五、十六夜,于京师安福门外作灯轮,高二十丈,衣以锦绮,饰以金玉,燃五万盏灯,簇之如花树。宫女千数,衣罗绮,曳锦绣,耀珠翠,施香粉。一花冠、一巾帔皆万钱,装束一妓女皆至三百贯。妙简长安、万年少女妇千余人,衣服、花钗、媚子亦

---

① (宋)郭茂倩:《乐府诗集》卷五十《清商曲辞七·江南弄上》,中华书局1979年版,第3册,第726页。
② (宋)郭茂倩:《乐府诗集》卷四十九《清商曲辞六·西曲歌下》,中华书局1979年版,第3册,第710页。

称是，于灯轮下踏歌三日夜。欢乐之极，未始有之。①

先天二年（713年）是唐玄宗即位以后的次年，这时距他登基还不到半年时间。其后，每年的正月十五都要举行这种盛大的歌舞晚会。据唐人郑处诲《明皇杂录》卷下记载："每正月望夜，又御勤政楼，观作乐。贵臣戚里，官设看楼。夜阑，即遣宫女于楼前歌舞以娱之。"元宵踏歌活动似乎已经成为惯例。唐玄宗还曾在东都洛阳，"大酺于五凤楼下，命三百里县令、刺史率其声乐来赴阙者，或谓令较其胜负而赏罚焉。时河内郡守令乐工数百人于车上，皆衣以锦绣，伏厢之牛，蒙以虎皮，及为犀象形状，观者骇目。时元鲁山遣乐工数十人，联袂歌《于蒍》"②。元鲁山，即元德秀，时为鲁山县（今河南鲁山）令，为官以清正廉洁而著称。③ 这里所提到的鲁山县乐工所表演的节目也应当是踏歌。

唐宣宗大中年间（847—859年），朝廷也经常组织踏歌表演。据宋人王谠《唐语林》卷七记载：

> 旧制：三二岁，必于春时，内殿赐宴宰辅及百官，备太常诸乐，设鱼龙曼衍之戏，连三日，抵暮方罢。宣宗妙于音律，每赐宴前，必制新曲，俾宫婢习之。至日，出数百人，衣以珠翠缇绣，分行列队，连袂而歌，其声清怨，殆不类人间。其曲有曰《播皇猷》者，率高冠方履，褒衣博带，趋赴俯仰，皆合规矩；有曰《葱岭西》者，士女踏歌为队，其词大率言葱岭之士，乐河湟故地，归国而复为唐民

---

① 又据《旧唐书》卷七《睿宗纪》载："（先天）二年春正月，……上元日夜，上皇（睿宗）御安福门观灯，出内人连袂踏歌，纵百僚观之，一夜方罢。……初，有僧婆陀请夜开门然（燃）灯百千炬，三日三夜。皇帝（玄宗）御延喜门观灯纵乐，凡三日夜。左拾遗严挺之上疏谏之，乃止。"同书卷九十九《严挺之传》也载："睿宗好乐，听之忘倦，玄宗又善音律。先天二年正月望，胡僧婆陀请夜开门燃百千灯，睿宗御延喜门观乐，凡经四日。又追作先天元年大酺，睿宗御安福门楼观百司酺宴，以夜继昼，经月余日。挺之上疏谏。……上纳其言而止。"似乎这次上元张灯踏歌活动延续的时间长达一个多月。

② （唐）郑处诲：《明皇杂录》卷下，中华书局1994年版，第26页。郑书并没有记载这次"大酺"的时间，而据《资治通鉴》卷二一四唐玄宗开元二十三年正月乙亥条也记载了此事，似乎是元宵节前后的三日大酺。中华书局1956年版，第15册，第6810页。

③ 《新唐书》卷一九四《卓行·元德秀传》载："李华兄事德秀，而友萧颖士、刘迅。及（元德秀）卒，华谥曰文行先生。天下高其行，不名，谓之元鲁山。"中华书局1975年版，第18册，第5565页。

也。……如是者数十曲。教坊曲工遂写其曲，奏于外，往往传于人间。

这是经过专门排练加工的《踏歌》，其队形整齐划一，动作协调，进退俯仰，快慢合拍，乐声清越，歌声悠扬。这种主要用于内殿赐宴的踏歌表演，意在达到一种"君臣同乐"的政治目的；这与盛唐时期的踏歌主要是为了显示一种"与民同乐"的宏大气派还稍有不同。

唐代民间的踏歌活动更加盛行。唐人有许多描写踏歌的诗作，如李白曾作过一首脍炙人口的留别诗《赠汪伦》："李白乘舟将欲行，忽闻岸上踏歌声。桃花潭水深千尺，不及汪伦送我情。"[①] 诗人选取了友人为他踏歌送行的这样一段情景，仿佛让人们看到了那依依惜别的动人场面。这说明踏歌在民间还被用于送别客人。储光羲的《蔷薇》诗描写了几个少女结伴春游时踏歌的欢乐场面："秦家女儿爱芳菲，画眉相伴采葳蕤。……连袂踏歌从此去，风吹香气逐人归。"[②] 顾况《听山鹧鸪》诗描写了山村踏歌的情景："夜宿桃花村，踏歌接天晓。"[③] 诗人夜宿在一个桃花盛开的村庄，被村民们通宵达旦地踏歌娱乐场面深深地感染了。李廓《长安少年行》诗中有"歌人踏月起"句，[④] 描写了大都市中乐伎的踏歌表演。温庭筠《秘书刘尚书挽歌词》也曰："京口贵公子，襄阳诸女儿。折花兼踏月，多唱柳郎词。"[⑤] 也反映了江南一带的民间踏歌习俗。刘禹锡《踏歌词》也描写道："春江月出大堤平，堤上女郎连袂行。……桃蹊柳陌好经过，灯下妆成月下歌。"[⑥] 在月夜平坦的大堤上，盛妆女郎们手挽着手，边舞边歌，直到月落日出，三春花尽。这是一幅多么欢腾热烈的民间踏歌风情图啊！

唐代民间踏歌经常出现在各种祝节活动当中。如新年是一年当中最盛

[①] （唐）李白著，瞿蜕园、朱金城校注：《李白集校注》卷十二，上海古籍出版社1980年版，第2册，第820页。

[②] 《全唐诗》卷一三八，中华书局1960年版，第4册，第1408页。

[③] 《全唐诗》卷二六七，第8册，第2959页。

[④] 《全唐诗》卷二十四，第2册，第328页。

[⑤] （唐）温庭筠著，（清）曾益等笺注：《温飞卿诗集笺注》卷三，上海古籍出版社1998年版，第73页。

[⑥] （唐）刘禹锡著，瞿蜕园笺证：《刘禹锡集笺证》卷二十六"乐府上"，上海古籍出版社1989年版，中册，第815—816页。

大的民间节日,敦煌民间就有在新春之际"踏舞"纳吉之俗,据 P.3272 号文书载:"伏以今月一日,……定兴郎君踏舞来,白羊羯壹口,未蒙判凭,伏请处分。丙寅年正月。"踏舞即踏歌。这是牧羊人呈报给州府的牒状,正月初一定兴郎君率领一群人来踏舞,赏赐白羯羊一只。二月八日是佛祖释迦牟尼出家成道之日,在此期间敦煌道场中还以"踏舞"助兴,据 P.4909 号文书曰:"二月七日踏道场粟叁斗。"又据 S.1053 号文书戊辰年(908 年)寺院破例:"粟叁斗,二月八日郎君踏悉磨遮用。"这是用粟来换酒给参加"踏舞"的青年男女饮用。寒食节也有踏歌活动,S.4705"寺院残帖"曰:"寒食踏歌羊价麦玖斗、麻肆斗……又音声麦粟贰斗。"这是在寒食节寺院举行踏歌,以麦粟充羊价犒劳之。① 寒食踏歌风俗在徐铉的《寒食成判官垂访因赠》诗中也有描写:"远巷踢歌深夜月,隔墙吹管数枝花。"② 反映了诗人在节日期间看到在遥远偏僻的村巷,民众在月光下踏歌的情景。踏歌也是中秋时节娱乐活动的重要内容,《宣和书谱》卷五《正书三·女仙吴彩鸾》记载:"女仙吴彩鸾,自言西山吴真君之女。大中中,进士文萧客寓钟陵。南方风俗,中秋夜妇人相持踏歌,婆娑月影中,最为盛集,萧往观焉。而彩鸾在歌场中,作调弄语以戏萧。萧心悦之,伺歌罢,蹑踪其后。"遂成一段千古传诵的佳话。

在唐人小说中也有许多描写踏歌的场面。如戴孚《广异记》就载:士人裴郎曾"见长筵美馔,歌乐欢洽。……群婢连臂踏歌,词曰:'柏堂新成乐未央,回来回去绕裴郎'"。③ 这个故事情节就生动地反映了当时现实生活中流行踏歌的情形。

概言之,踏歌作为一种简单的自娱性歌舞娱乐形式,早在远古时期就已经萌芽和出现了,不过从汉代宫人在每年的十月十五日共入灵女庙踏歌的情形来看,早期踏歌大概主要还是用于祭神祈福活动。南北朝时期,踏歌的娱乐性大大增强,它不仅被用来追思情人,而且还成为宫廷和民间都很流行的歌舞娱乐活动。到唐代,踏歌活动大盛,除了朝廷经常组织规模庞大的踏歌活动外,踏歌在民间也是一种非常受欢迎的歌舞娱乐形式,在

---

① 谭蝉雪:《敦煌民俗——丝路明珠传风情》,甘肃教育出版社 2006 年版,第 42、61、64、74 页。
② 《全唐诗》卷七五三,第 22 册,第 8568 页。
③ 《太平广记》卷三三五《浚仪王氏》引,中华书局 1961 年版,第 7 册,第 2658 页。

春节、元宵节、佛成道日、寒食节、中秋节等各种祝节狂欢活动中，都能见到群众性踏歌活动；另外，踏歌还常出现在朋友话别、结伴春游、宴饮聚会、乡村娱乐等场合中，这说明踏歌已经成为唐代社会中非常普及的一种歌舞娱乐游戏风俗。

第二节　踏歌在周边少数民族地区的流行

中华文化自古以来就是由各民族共同缔造的多元复合型文化。在我国北方辽阔的草原地带曾经先后兴起过匈奴、鲜卑、突厥、契丹、蒙古等许多游牧民族，而在南方广大地区则长期生活着蛮、夷等少数民族。当中原农耕民族开始流行踏歌活动时，这种载歌载舞的娱乐形式在周边少数民族地区也广为喜闻乐见。

踏歌在北方草原地区的出现很早。在内蒙古阴山山脉西段的狼山岩画中就有一幅四人列队舞蹈图，舞者"勾肩搭背，连成一排，均双腿微曲，正是古籍记载中'顿足踏地，连臂歌舞'的形象"。另外，还有一幅十几个人的集体舞蹈图，虽然其动作、队形并不整齐划一，但舞者也是手拉着手而舞蹈。[①] 这些岩画内容反映了北方游牧民族早期踏歌活动的原始形态。

在北方游牧民族中最早出现踏歌记载的是匈奴。蔡文姬在《胡笳十八拍》之第十二拍中有"羌胡踏舞兮共讴歌"句，[②] 描写的就是东汉末年踏歌在匈奴中流行的情景。

魏晋南北朝时期，北方胡族对踏歌这种歌舞娱乐形式也很熟悉。在云冈石窟9窟前室就有连臂踏歌的人群形象，[③] 反映了在鲜卑民族中也流行这种歌舞娱乐形式。又据《北史》卷四十八《尔朱荣传》载：秀荣川（今山西忻州境）契胡首领尔朱荣，好歌舞，"日暮罢归，便与左右连手蹋地，唱《回波乐》而出"。《资治通鉴》卷一五二梁武帝大通二年五月条下亦载此事，胡注曰："此所谓踏歌也。"《回波乐》有固定的曲调和格

[①] 盖山林：《内蒙阴山山脉狼山地区岩画》，《文物》1980年第6期。孙景琛：《中国舞蹈史》（先秦部分），文化艺术出版社1983年版，第15—16页。

[②] （宋）郭茂倩：《乐府诗集》卷五十九"琴曲歌辞"，第3册，第863页。

[③] 《中国大百科全书·音乐、舞蹈卷》李治国、王克芬"云冈石窟中的舞蹈形象"条，第838页。

式，歌词以"回波尔时"四字作为开篇，其余皆可根据需要临时自编，这种灵活简易的形式很适应当时文化素养不高的胡族士兵，深为他们所喜爱，[①] 所以可用作踏歌曲调。

踏歌在突厥中也很流行。据唐人张鷟《朝野佥载》卷四记载："周春官尚书阎知微，庸琐弩怯，使入蕃（突厥），受默啜封为汉可汗。贼入恒、定，遣知微先往赵州招慰。将军陈令英等守城，……不答。知微城下连手踏歌，称《万岁乐》。令英曰：'尚书国家八座，受委非轻，翻为贼踏歌，无惭也？'知微仍唱曰：'万岁乐，万岁年，不自由，万岁乐。'时人鄙之。"由此可见，踏歌这种娱乐形式也为突厥人所熟知。

契丹风俗，每年过年时都要聚会作乐，流行跳一种称之为"踏锤"的自娱性民间舞蹈。据《文献通考》卷一四八《乐考·夷部乐·北狄》载："大辽，有八部。其渤海俗，每岁时聚会作乐，先命善歌舞者数辈前行，士女随之，更相唱和，回旋宛转，号曰'踏锤'焉。"这种"踏锤"舞蹈，董锡玖先生就认为"是一种近似于唐宋踏歌的自娱性舞蹈"[②]。

党项似乎也有踏歌。据《旧五代史》卷一三八《外国传·党项》载：后唐明宗时，"其每至京师，明宗为御殿见之，劳以酒食，既醉，连袂歌呼，道其土风以为乐"。"连袂歌呼"正是踏歌的舞蹈特征之一。

古代蒙古族也广泛流行踏歌。[③]《蒙古秘史》卷一就记载了蒙古族在举行庆典活动时跳踏舞的热烈场面："蒙古之庆典，则舞蹈筵宴以庆也，既举忽图剌为合罕，于豁儿豁纳黑川，绕篷松茂树而舞蹈，直踏出没肋之蹊，没膝之尘矣。"这种庆典舞蹈，蒙古语称之为"迭卜先"，即踏歌之意，舞蹈的基本动作就是踏足。到了元朝，踏歌之舞仍然广为蒙古族所喜好，如张宪在《白翎雀》诗中说："九龙殿高紫帐暖，踏歌声里欢如雷"[④]；贡师泰有一首名为《上京大宴和樊时中侍御》的诗歌也有关于踏

---

① 吕一飞：《胡族习俗与隋唐风韵——魏晋北朝北方少数民族社会风俗及其对隋唐的影响》，书目文献出版社1994年版，第180—182页。
② 《中国大百科全书·音乐、舞蹈卷》董锡玖："辽—西夏—金舞蹈"条，第389页。
③ 内蒙古社科院历史所：《蒙古族通史》，民族出版社1991年版，第391页。
④ （元）陶宗仪撰，武克忠、尹贵友校点：《南村辍耕录》卷二十"白翎雀"，齐鲁书社2007年版，第273页。

歌的描写："齐声才起和，顿足复分曹"①；迺贤在《塞上曲》诗中说："踏歌尽醉营盘晚，鞭鼓声中按海青"②；袁桷《客舍书事》八首之三曰："日斜看不足，踏舞共扶携。"③ 这些诗句都描述了蒙古民族的踏歌风俗。直到近现代，在蒙古族民间还流行一种称之为"安代"（亦和查干额利叶）的古老舞蹈形式，其踏地为节的舞蹈特点仍然保留着蒙古族古代广泛流行的踏舞特征。

在南方和西南地区，自古以来就生活着许多少数民族，有巴人、俚人、獠人、爨人、濮人、武陵夷、哀牢夷、廪君蛮、板楯蛮、南平蛮、牂牁蛮、松外诸蛮等，统称为"蛮夷"。在这些少数民族地区也很早以来就流行踏歌。在云南沧源佤族自治县的深山密林中发现的崖画中就有一幅5人围圈扬臂提足舞蹈图，④ 证明在西南少数民族地区踏歌的起源也极早。

在巴东、湖湘一带，分布有巴人、武陵夷、廪君蛮等少数民族，这里的踏歌之风特别盛行。唐人《岳阳风土记》载："荆湖民俗：岁时会集或祷词，多击鼓，令男女踏歌，谓之'歌场'。"刘禹锡在《武陵书怀五十韵》中就说："照山畲火动，踏月俚歌喧。"⑤ 这是作者在湘西朗州（今湖南常德）时所作。朗州为武陵蛮聚居的区域，诗作描写了当地民间跳月踏歌的风俗。他还作有《阳山庙观赛神》诗曰："汉家都尉旧征蛮，血食如今配此山。曲盖幽深苍桧下，洞箫愁绝翠屏间。荆巫脉脉传神语，野老婆娑起醉颜。日落风生庙门外，几人连蹋《竹歌》还。"诗题曰《梁松南征至此，遂为其神，在朗州》⑥ 这首诗描写了当地民众祭祀时的踏歌风俗。由于作者长期生活在这里，对当地的民风非常熟悉，据此他还创作了许多词曲，对当地的民歌产生了很大的影响。夔州是巴人和廪君蛮聚居区，当地民间也非常流行踏歌。关于巴人踏歌，早在南朝时期就有反映，《西曲歌》中有一首《女儿子》曲词曰："巴东三峡猿鸣悲，夜鸣三声泪

---

① （元）贡师泰：《玩斋集》卷五，见《四库全书》，上海古籍出版社1987年版，第1215册，第582页。
② （元）迺贤：《金台集》卷二，见《四库全书》，第1215册，第289页。
③ （元）袁桷：《清容居士集》卷十六，见《四库全书》，第1203册，第218页。
④ 王克芬：《中国舞蹈发展史》图版①、②。
⑤ （唐）刘禹锡著，瞿蜕园笺证：《刘禹锡集笺证》卷二十二"五言今体诗"，中册，第606页。
⑥ （唐）刘禹锡著，瞿蜕园笺证：《刘禹锡集笺证》卷二十四"七言诗"，中册，第672页。

沾衣。我欲上蜀蜀水难,蹋蹀珂头腰环环。"① 末句非常形象生动地描写了巴人踏歌的舞姿和动作。另外,唐人樊绰辑录的有关廪君蛮的史料中也说:"按《夔城图经》云:'夷事道,蛮事鬼。'……俗传正月初夜,鸣鼓连腰以歌,为踏蹄之戏。"② 唐人诗作中也有许多描写巴人夜唱《竹枝》踏歌的情景,如顾况《竹枝曲》:"帝子苍梧不复归,洞庭叶下荆云飞。巴人夜唱《竹枝》后,肠断晓猿声渐稀。"③ 白居易《竹枝词》:"《竹枝》苦怨怨何人,夜静山空歇又闻。蛮儿巴女齐声唱,愁杀江楼病使君。"刘禹锡《竹枝词》也说:"楚水巴山江雨多,巴人能唱本乡歌";"桥东桥西好杨柳,人来人去唱歌行"④。南宋大诗人陆游在《老学庵笔记》卷四中还描写到湘西一带少数民族的踏歌风俗:"辰、沅、靖州蛮有犵狫,有犵獠,有犵榄,有犵獿,有山猺,俗亦土著。……醉则男女聚而踏歌。农隙时至一二百人为曹,手相握而歌,数人吹笙在前导之。……至三日未厌,则五日,或七日方散归。……其歌有曰:'小娘子,叶底花,无事出来吃盏茶。'盖《竹枝》之类也。"辰(今湖南沅陵)、沅(今湖南芷江)、靖(今湖南靖州)三州地处湘西,一直到今天仍然是土家、苗、瑶、侗等少数民族聚居的区域。

在云南、贵州和四川南部一带生活着乌蛮、白蛮等许多少数民族,这里流行吹葫芦笙伴奏"跳月"踏歌。曹树翘《滇南杂志》卷十八云:"按滇黔夷歌,俱以一人捧芦笙吹于前,而男妇拍手顿足,倚笙而和之,盖古联袂踏歌之遗也。……苗人跳月求偶,皆吹芦笙也,俗呼跌足笙。"清人桂馥《札朴》十"踏歌"条也云:"夷俗男女相会,一人吹笛,一人吹芦笙,数十人环绕,踏地而歌,谓之'蹋歌',……蹋歌真西南夷歌也。"牂牁蛮是贵州境内的一个古老的少数民族,这个民族非常能歌善舞,《宋史》卷四九六《牂牁蛮传》载:至道元年(995年),"西南牂牁诸蛮来贡方物,……上因令作本国歌舞。一人吹瓢笙如蚊蚋声,良久,数十人连袂宛转而舞,以足顿地为节。询其曲,则名曰《水曲》"。瓢笙即芦笙。

---

① (宋)郭茂倩:《乐府诗集》卷四十九《清商曲词六·西曲歌下》,第3册,第713页。
② (唐)樊绰著,赵吕甫校释:《云南志校释》附录二,中国社会科学出版社1985年版,第363页。
③ 《全唐诗》卷二六七,第8册,第2970页。
④ (唐)刘禹锡著,瞿蜕园笺证:《刘禹锡集笺证》卷二十七"乐府下",中册,第853、868页。

罗蕃生活在川滇黔的交界处,大约就是今大小凉山一带彝族的祖先,这个民族也以芦笙为踏歌的伴奏乐器,据《文献通考》卷一四八《乐考·夷部乐·南蛮》载:罗蕃人,凡遇祭飨,聚集于"平川坡野间"作乐,"吹葫芦笙,乐人踏舞"。直到今天在这里还保留着吹葫芦笙"跳月"的风俗。唐代云南境内最大的少数民族政权南诏属于乌蛮,其俗:"少年子弟暮夜游行间巷,吹壶芦笙,或吹树叶,声韵之中,皆寄情言,用相呼召。"① 壶,即葫,这说明吹葫芦笙舞蹈在西南少数民族中有着非常悠久的历史。此外,像东谢蛮,则有击铜鼓舞蹈的风俗,据《旧唐书》卷一九七《南蛮、西南蛮传》载:"东谢蛮,其地在黔州之西数百里,……宴聚则击铜鼓,吹大角,歌舞以为乐。"这种击铜鼓、吹大角伴奏的舞蹈往往也是即兴而舞的踏歌类舞蹈。又如磨些蛮,属于乌蛮种类,"俗好饮酒歌舞"②。元人李京《云南志略》云:"末(磨)些蛮在大理北,与吐蕃接界,临金沙江。……惟正月十五登山祭天,极严洁。男女动百数,各执其手,团旋歌舞以为乐。"③ 这种手牵着手围成圆圈跳动的歌舞正是踏歌的形式。

在流求(今台湾)的土著民族中也流行踏歌风俗。据《隋书》卷八十一《东夷·流求国传》载:"歌呼蹋蹄,一人唱,众皆和,音颇哀怨。"所谓"歌呼蹋蹄",就是类似于踏歌一类的民间歌舞。

虽然不同民族和地区流行的"踏歌"动作、姿态和曲调各不相同,但其载歌载舞的娱乐形式却受到各族人民的共同喜爱,至今在国内许多少数民族中仍然保存了这种古老的歌舞娱乐风俗。

第三节　古代世界各地的踏歌风俗

任半塘先生曾经说过:"唐代踏歌,不仅盛行于中土,且遍于四裔各民族。"④ 的确,踏歌作为原始先民们最早的歌舞娱乐形式,不独为我国的考古和文献资料所证明,而且也为世界上许多国家和民族中的文物古迹

---

① (唐)樊绰著,赵吕甫校释:《云南志校释》卷八《蛮夷风俗》,第290页。
② 《新唐书》卷二二二上《南蛮传上》作"磨蛮、些蛮",第20册,第6276页。
③ (明)陶宗仪:《说郛》卷三十六,见《说郛三种》,上海古籍出版社1988年版,第624—625页。
④ 任半塘:《唐声诗》下编,第403页。

所证实。据《不列颠百科全书》(第 14 版)说:

> 节奏不仅使个人成为整体,而且也用共同的感情把个体的舞蹈者们联系起来。当舞者们手拉手地成链条形或者成圆形跳舞的时候,这种联系就大大地加强了:一条舞蹈者组成的锁链或者跳舞的歌唱者们的会唱,乃是人类历史上最古老的舞蹈形式之一。最古老的一些链条形的舞蹈,被画在公元前四千年的埃及卢克索附近的露天岩石上;还有一些可以在公元前三千年左右的巴比伦东部的古埃拉姆地方找到。在古希腊,链形舞蹈经常被刻在瓶子上,或用黏土做成人形,围成一个环形。

以上论述恰好与我国所发现的舞蹈纹彩陶盆相印证,这说明踏歌这种古老的舞蹈娱乐形式在古埃及、古巴比伦和古希腊等许多文明古国都曾流行。

在东亚地区,由于受中华文化的强大影响,踏歌很早就传入朝鲜半岛和日本等地。朝鲜半岛早在东汉时期就开始流行踏歌,当时半岛的南部有马韩、辰韩、弁韩三部,其中马韩最大,统领三韩。半岛居民大多能歌善舞,据《后汉书》卷八十五《东夷传》载:马韩,俗信鬼神,"常以五月田竟祭鬼神,昼夜酒食,群聚歌舞,舞辄数十人相随踏地为节。十月农功毕,亦复如之。诸国邑各以一人主祭天神,号为'天君'"。当时东北亚地区的濊、沃沮、高句丽,"本皆朝鲜之地也",其风俗与三韩大致相同。濊,"常用十月祭天,昼夜饮酒歌舞,名之为'舞天'";高句丽也有"十月祭天大会"的风俗,其人好歌舞,"暮夜辄男女群聚为倡乐"[①]。由此可见,半岛早期的踏歌是一种农事祭神娱乐活动。在吉林集安高句丽舞俑墓壁画中有一幅《广袖长舞演练图》,5 位舞者,"动作整齐划一,甩起长袖,迈开轻盈的脚步,翩翩起舞",有人认为这幅壁画中所表现的舞人舞姿与敦煌第 156 窟的唐代壁画《踏歌行》中的画面非常相似。[②] 后来,踏歌也逐渐被改造成为高丽宫廷歌舞,《高丽史·乐志》就记载有《金殿

---

① 《后汉书》卷八十五《东夷·濊传》,中华书局 1965 年版,第 10 册,第 2817 页。
② 吴广孝:《集安高句丽壁画》,山东画报出版社 2006 年版,第 111—113 页。

乐》，注曰："踏歌唱。"①

日本的踏歌是在隋唐时期或更早时传入的，②它保留了踏歌主要是在元宵节期间举行的风俗，并且形成了独具本民族特色的踏歌节，称之为"踏歌之节"或"踏歌节会"。"踏歌节会"是日本古代正月最重要的三大节会之一。③据《日本书纪》卷三十载：持统天皇七年（693年）正月十五日，"汉人等奏踏歌"；八年（694年）正月十七日，"汉人奏踏歌"；十九日，"唐人奏踏歌"。"汉人"、"唐人"是当时日本人对中国人的称呼。由此可见，踏歌最初大约是由东渡扶桑的中国人传入的。到了奈良时代，踏歌在宫廷之中已经比较常见，每年的元宵节期间大都要举行踏歌表演，如：

> 圣武天皇天平二年（730年）正月十六日夜，天皇行幸皇后宫，"百官主典已上陪从踏歌，且奏且行，引入宫里，以赐酒食"。④
>
> 孝谦天皇天平胜宝三年（751年）正月十八日，"天皇出御太极殿南院，召集百官主典以上举行宴会。……分别授予踏歌音头取女孺忍海伊太须、锦部河内外从五位下"。⑤
>
> 淳仁天皇天平宝字三年（759年）正月十八日，"帝临轩，……飨五位已上及蕃客并主典已上于朝堂。作女乐于舞台，奏内教坊踏歌于庭"。⑥

参加者除了专门的舞人，朝廷百官有时也陪同助兴。进入平安时代，踏歌在日本社会已经相当流行。桓武天皇迁都平安京之后的第二年，即延历十四年（795年）正月十六日，在新皇宫举行踏歌。这次踏歌还留存下来了

---

① ［朝鲜］郑麟趾撰：《高丽史》卷七十一《乐志二》，见《四库全书存目丛书》，齐鲁书社1996年版，史部第160册，第701页下。
② 关于日本踏歌的传入及其相关问题的研究见赵维平《奈良、平安期的日本是如何接受、同化中国踏歌的？》（福建：《中日音乐比较研究国际学术会议论文集》，1997年，第7—17页），刘晓峰《中日踏歌考——兼论古代正月十五节俗及其对日本的影响》（《文史》2007年第3辑，第63—86页）等。
③ 三大节会分别为正月初一的元日节会、正月初七的白马节会和正月十六的踏歌节会。
④ 《续日本纪》卷十，吉川弘文馆1968年版，第121页。
⑤ 《续日本纪》卷十八，第194页。
⑥ 《续日本纪》卷二十二，第259页。

四首踏歌歌词,全都采用的是七言四句式,其中两首曰:

新年正月北辰来,满宇韶光风处开。丽质佳人伴春色,分行连袂舞皇垓。

卑高泳泽洽欢情,中外含和满颂声。今日新京太平乐,年年长奉我皇庭。①

这些歌词与唐人所创作的踏歌词,在内容和形式上都非常相似。另外,在每首歌词的结尾处还都有一句"新京乐,平安乐土,万年春",类似于曲终之时众人齐声唱呼的和词,显示出日本踏歌的欢腾热烈情景。后来,大约是在清和天皇时期,踏歌作为宫廷仪礼的一个重要组成部分被确定下来,在每年的正月十六日都要举行踏歌节会。如清和天皇贞观四年(862年)正月十六日,"踏歌之节。天皇御前殿,宴于侍臣。踏歌如常仪,赐禄各有差"②。有人曾统计,在《六国史》中总共记载有59次踏歌,而实际上举办的踏歌节会当不止此数。③

此外,踏歌之风在日本民间也很盛行。不过,基于男女混杂、有伤风化的考虑,踏歌曾数度被禁止。如称德天皇天平神护二年(766年)曾下令"禁断两京畿内踏歌事",就是因为"里中踏歌",屡禁不止,故而申令"严加禁断"④。在《延喜式·弹正四十一》中也规定弹正台的职能之一,就是"凡京都踏歌,一切禁断"⑤。所以踏歌在平安时期就被分为男踏歌和女踏歌,男踏歌一般是在正月十四日,女踏歌一般是在正月十六日的夜里举行。到平安后期的圆融天皇永观元年(983年),男踏歌最后被禁绝,只有女踏歌还继续举行。直到室町时代的《建武年中行事》中,⑥女踏歌作为正月三大节会之一,仍然在宫廷节会中占有重要地位。不过,

---

① 《日本后纪》延历十四年正月乙酉条。
② 《日本三代实录》卷六,第86—87页。
③ 赵维平:《奈良、平安期的日本是如何接受、同化中国踏歌的?》。《六国史》是日本人对最早由官方编撰的《日本书纪》、《续日本纪》、《日本后纪》、《续日本后记》、《日本文德天皇实录》、《日本三代实录》等六种正史的总称。
④ 《类聚三代格·禁断事》天平神护二年正月十四日,吉川弘文馆1965年版,第589页。
⑤ 《延喜式》于醍醐天皇延长五年(927年)十二月完成。延喜(901—922年)为醍醐天皇的年号。
⑥ 建武(1334—1335年)为后醍醐的年号。

由于战乱频仍，踏歌被迫中断。进入江户时代之后，踏歌虽然曾在灵元天皇天和二年（1682年）和孝明天皇嘉永四年（1851年）正月十六日举行过两次，但是到明治时代最终衰亡。然而，在日本民间，特别是在一些寺院、神宫、神社等处，踏歌一直到近现代还有留存。

踏歌在南亚和东南亚一带也很流行。据唐人樊绰《蛮书》卷十《南蛮疆界接连诸番夷国名》载：

> 弥诺国、弥臣国，皆边海国也。……俗好音乐，楼两头置鼓，饮酒即击鼓，男女携手楼中，蹈舞为乐。

尽管关于弥诺国和弥臣国的具体地点有不同说法，但这两个古国无疑都应在今缅甸境内。① "蹈舞"，又作"踏舞"②，也即"踏歌"。此种舞蹈形式在古代缅甸乐舞中十分常见，《唐会要》卷三十三《南蛮诸国乐》在描述《骠国乐》舞时说："每为曲皆齐声唱，各以两手十指，齐开齐敛，为赴节之状，一低一昂，未尝不相对。……其西别有弥臣国，乐舞亦与骠国同，多习此伎以乐。"从弥臣国与骠国乐舞基本相近、其乐舞大多仿学自骠国乐舞这一点来看，骠国宫廷乐舞中也较多地保留了踏歌乐舞的元素，其伴随着音乐节奏载歌载舞的舞姿动作正是踏歌形式的体现。

三佛齐是位于印度尼西亚苏门答腊岛的一个古国，唐代称室利佛逝。据《文献通考》卷一四八《乐考·夷部乐·南蛮》载："三佛齐，其乐有小琴、小鼓，昆仑奴踏曲为乐。""踏曲"即"踏歌"。任半塘先生说："唐有'踏歌'、'踏曲'、'踏谣'诸名，其义则一。"③ "昆仑奴"是指南海诸国与南亚一带分布的黑色或棕色人种。④ 直到15世纪的明朝，跟随郑和下西洋的马欢，在其所著的《瀛涯胜览》爪哇条中也写道："每月至十五十六夜，月圆清明之夜，番妇二十余人或三十余人，聚集成队，一

---

① （唐）樊绰著，赵吕甫校释：《云南志校释》卷十《南蛮疆界接连诸番夷国名》，第311—312页。
② 据《太平御览》卷七八九《四夷部·南蛮·弥诺国、弥臣国》引《南夷志》及《文献通考》卷一四八《乐考·夷部乐》南蛮弥臣条皆作"踏舞"。《南夷志》即《蛮书》。
③ 任半塘：《唐声诗》上编，第308页。
④ 关于昆仑奴的来源有不同说法，今据葛承雍的观点（见《唐韵胡音与外来文明》民族篇《唐长安黑人来源寻踪》，中华书局2006年版，第100页）。

妇为首,以臂膊递相联绾不断,于月下徐步而行,为首者口唱番歌一句,众皆齐声和之,到亲戚富贵之家门首,则赠以铜钱等物,名为步月行乐而已。"① 这是一种富有当地民族特色的"踏歌"形式。由此可见,踏歌在这里是一种广为人们所熟知的自娱性歌舞活动。

  踏歌在西亚地区的阿拉伯世界也很流行。叙利亚首都大马士革曾是阿拉伯倭马亚哈里发帝国(661—750年)的首都,其舞蹈艺术在西亚地区占有重要的地位,产生了很大影响。叙利亚有一种称为"戴别克"的民间舞蹈。据《中国大百科全书·音乐、舞蹈卷》"叙利亚舞蹈"条叙述:

> 戴别克,又称"踏歌舞"。它产生于古老的农业劳动和高原游牧生活,广泛流传于叙利亚各地。每逢喜庆佳节,人们便群集跳"戴别克"。其表演队形一般按人的高低一字排开,队首男子手持绢帕,高举挥旋。舞蹈动作粗犷有力,敏捷灵活,多集中于腿、脚部,上身松弛,并有蹦跳和下蹲、前俯后仰等大幅度动作。男性舞者动作激烈,风度英武;女性舞者动作轻盈含蓄。生活在沙漠地带的贝都因人跳"戴别克",具有格斗气氛。伴唱的歌词多为以方言传咏的阿拉伯口头文学,世代相传,现已有文字记录。……伴奏乐器为鼓、手鼓、唢呐、笛子、双管笛子、四弦提琴和坦布拉等阿拉伯民间乐器。根据戴别克创作的舞蹈还有《棉花丰收舞》、《盾牌舞》、《圆圈舞》等。

  阿拉伯人跳的"踏歌舞",无论是从队形,还是领舞者以及动作,都具有浓厚的西亚民族的特色,而与东亚流行的踏歌稍有不同。但是由于踏歌本身就是一种较原始的简单舞蹈形式,对动作的要求并没有特别固定的规范,只要符合以脚踏地应节而舞的基本动作,就可以即兴歌舞,随意发挥。

  另外,任半塘先生还曾提到唐代有一首可用于踏歌的乐曲《穆护砂》,又名《穆护歌》。据他考证:"'穆护'乃古波斯语,或译为'摩古',意即传教师。"该曲"原为祆教《穆护》曲之煞尾",故名。② 它是随着西亚祆教的东传而入华的。唐人张鷟《朝野佥载》卷三记载:"河南

---

① (明)马欢著,冯承钧校注:《瀛涯胜览校注》,中华书局1955年版,第15页。
② 任半塘:《唐声诗》下编,第118—122页。

府立德坊及南市西坊,皆有胡祆神庙。每岁商胡祈福,烹猪羊。琵琶、鼓、笛,酣歌醉舞。"《穆护砂》抑或就是这些从西亚来的胡人在祭祀"胡天"时踏歌所唱的歌曲。

踏歌在西方的拜占庭帝国也有流行。这里有在每年庆祝葡萄丰收时举行自娱性歌舞活动的风俗,据《文献通考》卷一百四十八《乐考·夷部乐·西戎》记载:"拂菻,其国每岁蒲桃熟时,造酒肆筵,弹胡琴,打偏鼓,拍手歌舞以为乐焉。"拂菻,即拜占庭帝国。其"拍手歌舞"的动作也是一种类似于踏歌的舞蹈形式。值得一提的是,在敦煌地区还有在节日期间流行"踏悉磨遮"的民间踏舞活动,如S. 1053号文书戊辰年(908年)寺院破例就提到:"粟叁斗,二月八日郎君踏悉磨遮用。"[1]"悉磨遮"即"苏摩遮",或作"苏莫遮",是从西域传来的一种假面乐舞。至迟从北周开始到唐前期,在内地曾流行一种《泼寒胡戏》的群众性歌舞娱乐活动,其特点是人们在鼓乐声中,互相追逐泼水,歌舞跳跃,十分热闹。《苏摩遮》通常被认为是在《泼寒胡戏》中所唱的歌曲。关于《苏摩遮》究竟来源于何处,有许多种不同说法。诗人张说曾依据其原曲填写有五首歌词,其中一首云:

摩遮本出海西胡,琉璃宝服紫髯胡。闻道皇恩遍宇宙,来时歌舞助欢娱。[2]

诗中提到的"海西"即大秦,据《后汉书》卷八十八《西域传》载:"大秦,一名黎鞬,以在海西,亦云海西国。"同书卷八十六《南蛮、西南夷传》也载:东汉安帝永宁元年(120年),掸国"献乐及幻人。……自言我海西人。海西即大秦也,掸国西南通大秦"。大秦,即东罗马帝国,亦称拜占庭帝国。《苏摩遮》这种乐舞风俗正是沿着"丝绸之路"传到康国、龟兹、高昌,以至中原,并结合各地的风俗民情,发生了某些变化。这首乐舞歌曲不仅被用于《泼寒胡戏》,而且从敦煌民俗来看,还用于"踏舞"。这一点从新疆库车出土的唐代舍利子盒上的舞蹈图像中也可

---

[1] 郝春文主编:《英藏敦煌社会历史文献释录》第五卷,社会科学文献出版社2006年版,第44页。

[2] 《全唐诗》卷二十八张说《苏摩遮》,第2册,第415页。

得到印证,其上有一组戴着各种面具的舞人像,他们手牵着手,正扬袂踏足,作踏舞状。① 这表明《苏莫遮》也是一首"踏舞"曲,而踏舞《苏莫遮》可能正是《泼寒胡戏》的一个重要组成部分。著名舞蹈史研究专家王克芬先生就指出:"泼水与歌舞是组成《泼寒胡戏》的两种主要活动。"② 可见《泼寒胡戏》除了有追逐泼水、鼓舞跳跃等一系列动作之外,还应该有一个"踏舞"环节。这从张说《苏摩遮》歌词的形式也可得到进一步的推知,其词为七言四句段式,在每段之后还有"亿岁乐"三字和声。这和前引日本留存下来的踏歌词的形式基本相同。这种颂歌形式的歌词,不应该是在一片乱哄哄的追逐泼水过程中所唱和的,而应该是在皇帝亲临观赏时,由多人一边舞蹈,一边歌唱,接着是众人齐声唱和的形式来完成的。这样一种形式只能说明在《泼寒胡戏》结束前还应有一个"踏舞"的环节。

由此可见,踏歌作为人类最早产生的最原始、最质朴的歌舞娱乐活动形式,不仅在中华各民族中广泛流行,而且也风靡于世界各地。从欧洲到亚洲,再到非洲的许多地区都可以见到这种载歌载舞的娱乐习俗,对世界各地人民的精神文化娱乐生活产生了较大影响。

第四节　踏歌的形式及其特点

踏歌是对以脚踏地为节、载歌载舞的群众性自娱自乐歌舞活动的一种通称。由于其动作简单,即兴歌舞,娱乐性极强,同时又是一种重要的社交手段,所以深受社会各阶层人们的普遍喜爱。踏歌的形式主要有集体性舞蹈和单人舞蹈两种,其中尤以前者最为常见。

集体性踏歌的主要特点是参加者不限人数多寡,连手而歌,一边踏足舞蹈,一边应和传唱,非常热闹。一般来说,由朝廷出面组织的踏歌表演活动场面极为壮观。如先天二年(713年)举行的那次上元踏歌活动的参加者多达数千人,除了宫女之外,还有从民间选调来的妇女。她们身着华丽精致的装束,跳着优美纯朴的舞姿,真可谓盛况空前!开元年间进士尉

---

① 王克芬:《中国舞蹈发展史》图版46。
② 王克芬:《中国舞蹈史》(隋唐五代部分),第186—187页。

迟匡曾作有《观内人楼上踏歌》诗以纪其盛,① 中唐诗人张祜在《正月十五夜灯》诗中也写道:

> 千门开锁万灯明,正月中旬动帝京。三百内人连袖舞,一时天上著词声。②

该诗追忆了盛唐时期元宵之夜,"内人"在灯下集体踏歌的欢乐场面,所谓"三百"之数,乃为泛指,极言参加踏歌者人数众多。唐后期,国力虽然大不如从前,但由朝廷组织的踏歌表演活动仍然规模很大。大中年间,唐宣宗在宴集群臣时,参加踏歌表演的"女伶"也常常多达"数十百人"③。

民间踏歌的随意性较强,有时参加的人数较多,以至于一次踏歌表演活动下来,能在现场捡拾到许多妇女掉落的装饰品,刘禹锡《踏歌词》就说:"月落乌啼云雨散,游童陌上拾花钿。"④ 有时踏歌仅有两人参加,薛鱼思《河东记》载:"长庆中,有人于河中舜城北鹳鹊楼下见二鬼,各长三丈许,青衫白袴,连臂踏歌曰:'河水流溷溷,山头种荞麦。两个胡孙门底来,东家阿嫂决一百。'言毕而没。"⑤ 白日见鬼的事情显然是无稽之谈,但这个故事却说明了在集体性踏歌活动中,即使参加者只有两人,也照样能够"连臂踏歌"。

单人踏歌似乎是从唐代才开始出现的,此前不见于历史记载。李白在《赠汪伦》诗中提到的踏歌就好像是单人踏歌。此外,罗虬在《比红儿诗》中也咏到:"楼上娇歌裹夜霜,近来休数踏歌娘。红儿谩唱伊州遍,认取轻敲玉韵长。"⑥ 罗虬为晚唐诗人,曾任鄜州从事。"广明庚子乱后,……时雕阴籍中有妓杜红儿,善歌舞,姿色殊绝,……虬久慕之,至

---

① (唐)范摅撰,阳羡生校点:《云溪友议》卷中"李右座"条,见《唐五代笔记小说大观》,上海古籍出版社2000年版,下册,第1285页。
② 《全唐诗》卷五一一,第15册,第5838页。
③ 《新唐书》卷二十二《礼乐志十二》,第2册,第478页。
④ (唐)刘禹锡著,瞿蜕园笺证:《刘禹锡集笺证》卷二十六"乐府上",中册,第816页。
⑤ 《太平广记》卷三四六《踏歌鬼》引《河东记》,第7册,第2739页。
⑥ 《全唐诗》卷六六六,第19册,第7631页。

第九章　从踏歌看唐代中外娱乐风俗　　247

是请红儿歌，赠以缯彩。"① 由此可见，这位被称为"踏歌娘"的舞伎杜红儿也经常表演单人踏歌。又据五代人沈汾《续仙传》卷上载："蓝采和，不知何许人也。常衣破蓝衫，……每行歌于城市乞索，持大拍板，长三尺余，常醉踏歌，老少皆随看之。机捷谐谑，人问，应声答之，笑皆绝倒。似狂非狂，行则振靴唱踏歌曰：'踏踏歌，蓝采和，世界能几何？红颜一桩树，流年一掷梭。古人混混去不返，今人纷纷来更多。朝骑鸾凤到碧落，暮见桑田生白波。长景明晖在空际，金银宫阙高嵯峨。'……后踏歌于濠梁间酒楼。"② 这个"行歌"乞讨的"神仙"蓝采和表演的也是单人踏歌，他除了边歌边舞之外，手里还拿着三尺多长的"大拍板"，打着节奏。

　　踏歌舞蹈动作的基本特点是："相与联臂踏地为节"，也即由一群人，手牵着手，结队而歌，以脚踏地，应节而舞。一般来说，由朝廷组织的踏歌表演活动，都是经过事先排练，"分行列队，连袂而歌"。崔液《踏歌词》中就有"歌响舞分行，艳色动流光"的描写，③ 顾况《宫词》也有"步舞分行踏锦筵"句，④ 说明踏歌队形是随着舞蹈而有所变化和移动的；这与民间流行的自娱自乐性质的踏歌，大多围圈歌舞，还是有些不同的。此外，踏歌舞蹈还有拂袖、倾鬟、低头、弓腰、转身等舞姿，所谓"趋走俯仰"指的就是这些动作。唐诗中有许多描写踏歌舞姿的诗句，如"振袖倾鬟风露前"⑤，"罗袖拂寒轻"⑥，"倩看飘摇雪，何如舞袖回"，"风带舒还卷，簪花举复低"⑦ 等，可见踏歌有时还有轻盈曼妙的舞袖、转身等动作，头部时低时昂，衣带亦随舞姿的变化而随风卷扬舒展。唐人段成式在《酉阳杂俎》卷十四"诺皋记"上记载了一个画中人踏歌的离

---

① （元）辛文房著，王大安校订：《唐才子传》卷九《罗虬传》，黑龙江人民出版社1986年版，第182页。
② 《太平广记》卷二二《蓝采和》条引作："踏歌、踏歌蓝采和"，第1册，第151页。又据《全唐诗》卷八六一蓝采和《踏歌》曰："踏歌踏歌蓝采和，世界能几何。红颜三春树，流年一掷梭。"第24册，第9738页。
③ 《全唐诗》卷五十四，第2册，第667页。
④ 《全唐诗》卷二六七，第8册，第2966页。
⑤ （唐）刘禹锡著，瞿蜕园笺证：《刘禹锡集笺证》卷二十六《踢歌词》，中册，第816页。
⑥ 崔液：《踏歌词》，见《全唐诗》卷五十四，第2册，第667页。
⑦ 谢偃：《踏歌词》，见《全唐诗》卷三十八，第2册，第492页。

奇故事，其中也描写到了弓腰动作：元和（806—820年）初，有一士人醉卧厅中，"见古屏上妇人等，悉于床前踏歌，歌曰：'长安女儿踏《春阳》，无处《春阳》不断肠。无袖弓腰浑忘却，蛾眉空带九秋霜。'其中双鬟者问曰：'如何是弓腰？'歌者笑曰：'汝不见我作弓腰乎？'乃反首髻及地，腰势如规焉"。这个故事所描写的弓腰动作幅度很大，甩头弯腰，几成圆形。

踏歌的唱词和曲调灵活多变，可即兴创作。现知最早的一首踏歌为汉代宫女唱的《赤凤凰来》，可惜这首踏歌只留下了歌名，其歌词早已失传，后人已很难窥见其庐山真面目。北魏胡太后创作的《杨白花》是现存最早最完整的一首踏歌词：

　　阳春二三月，杨柳齐作花。春风一夜入闺闼，杨花飘荡落南家。含情出户脚无力，拾得杨花泪沾臆。秋去春还双燕子，愿衔杨花入窠里①。

这首踏歌词采用了长短句相结合的形式，全篇共八句，前两句为五言，后六句变成七言。全词委婉而深情，唱腔凄凉而悲伤，极具艺术感染力，产生了深远的影响。像北周宣帝宇文赟创作的踏歌词虽然只留下来了开篇两句，但也是五言，大概就是延续了胡作的风格。

唐代民间踏歌唱词也受到这种风格的影响，而又有所发展。如《河东记》中提到的"二鬼"踏歌词虽然仅有短短的四句，但前两句为五言，后两句为七言，显然就是继承了北魏《杨白花》词的调式。至于蓝采和所唱的踏歌词，全篇共十句，开头一句被改造成为三言句式，其后三句为五言式，后六句则为七言式，基本上也属于这种类型，而又稍有所变化。

唐代文人士大夫们也创作了不少踏歌词，虽然长短不一，但都属于五言或七言调式。如谢偃创作的三首《踏歌词》为五言八句，崔液的两首《踏歌词》则为五言六句，张说和陈去疾各有两首《踏歌词》，又都是七言四句。这些《踏歌词》大都描写了唐代朝廷组织的踏歌活动的盛大豪华场景。

踏歌被加工改造成为宫廷歌舞之后，还出现了《缭踏歌》、《队踏

---

① 《乐府诗集》卷七十三"杂曲歌辞"，第3册，第1040页。

子》、《踏金莲》①等形式的宫廷踏歌。李商隐《隋宫守岁》诗就有"不《踏金莲》不肯来"的描写，②平康里妓楚儿也吟有"未应教我《踏金莲》"句。③可见《踏金莲》等宫廷踏歌大约主要是由教坊乐人或伎人表演时所用。

刘禹锡创作的四首《蹋歌词》也是七言四句式，但其内容描写的却是江南一带的民间踏歌风俗。其中有"自从雪里唱新曲，直到三春花尽时"、"唱尽新词欢不见，红霞映树鹧鸪鸣"以及"新词宛转递相传"等句，可知唐代民间踏歌的唱词大约都是即兴填词，相互应和，反复传唱，能从冬天下雪一直唱到三春花尽，从月照大堤唱到朝霞映树，虽然有些夸张，但能够使人强烈地感受到民间踏歌的欢乐热闹情景。

唐代民间踏歌的曲调很多，除了前面提到的《杨白花》、《春阳曲》（又名《阳春曲》）④、《山鹧鸪》等之外，常见的还有《纥那曲》、《杨柳枝》、《竹枝调》、《采莲曲》、《采菱歌》、《春江曲》、《还乡曲》等。刘禹锡曾作有《纥那曲》两首：

《杨柳》郁青青，《竹枝》无限情。周郎一回顾，听唱《纥那》声。

蹋曲兴无穷，调同词不同。愿郎千万寿，长作主人翁。⑤

这说明民间踏歌经常借用《纥那歌》、《杨柳枝》、《竹枝调》等民谣曲调，它们有一个共同的特点就是都比较悠扬宛转。《纥那曲》，又名《得

---

① （唐）崔令钦撰，吴企明点校：《教坊记》"曲名·大曲名"，中华书局2012年版，第19—21页。

② （唐）李商隐著，（清）冯浩笺注、蒋凡标点：《玉溪生诗集笺注》，上海古籍出版社1998年版，第423页。

③ （唐）孙棨：《北里志》"楚儿"条，第3页，见《丛书集成初编》本，中华书局1985年版。

④ 《全唐诗》卷八六八"梦"类载有病狂人《歌》曰："踏《阳春》，人间三月雨和尘。《阳春》踏，秋风起，肠断人间白发人。"这首歌中提到的"踏《阳春》"，就是指《春阳曲》。又同书卷八七八"谣"类载《周显德中齐州谣》曰："蹋《阳春》，人间二月雨和尘。《阳春》蹋尽西风起，肠断人间白发人。"与前者稍异。

⑤ （唐）刘禹锡著，瞿蜕园笺证：《刘禹锡集笺证》卷二十七"乐府下"，中册，第869页。

体歌》,《新唐书》卷五十三《食货志》三载:"先时民间唱俚歌曰'得体纥那邪'。"据流传下来的一首《得体歌》可知,其开头曰:"得体纥那也,纥囊得体耶!"① 大约相当于歌唱时的感叹应和之声,没有什么实际意思。刘禹锡在一首《竹枝词》中写道:"楚水巴山江雨多,巴人能唱本乡歌。今朝北客思归去,回入《纥那》披绿罗。"② 可见《纥那曲》与《竹枝调》都是属于同一类型的民谣。至于《竹枝词》和《杨柳枝词》,则是唐人广为熟悉的一些曲调,当时的文人骚客们曾创作了许多首这种类型的歌词,尤其是以白居易和刘禹锡最为突出。刘禹锡在《踏歌词》中说:"日暮江南闻《竹枝》,南人行乐北人悲。"说的是江南民间踏歌用《竹枝调》。白居易也有"歌踏《柳枝》春暗来"、"新歌踏《柳枝》"、"《柳枝》慢踏试双袖"等描写踏《杨柳枝》的诗句,③ 薛能《杨柳枝》词也说:"数首新词带恨成","试踏吹声作唱声"④。讲得都是踏《杨柳枝》。路德延《小儿诗》:"合调歌《杨柳》,齐声踏《采莲》。"⑤ 除了提到踏《杨柳枝》外,还提到踏《采莲曲》。和凝《宫词》有"竞绕盆池踏《采莲》"句,⑥ 可见《采莲曲》也经常被用作踏歌。《春江曲》和《采菱曲》用于踏歌见骆宾王的《畴昔篇》:"共踏《春江曲》,俱唱《采菱歌》。"⑦ 刘禹锡《采菱行》也有"醉踏大堤相应歌",描写的也是《采菱》踏歌。⑧《还乡曲》用于踏歌,见王建的《田侍郎归镇》诗曰:"家家尽踏《还乡曲》,明月街中不绝人。"⑨ 由此可见,在民间踏歌中许多词曲都是可以用来踏舞唱和的。

---

① (宋)郭茂倩:《乐府诗集》卷八十六"杂歌谣辞",第4册,第1215页。
② (唐)刘禹锡著,瞿蜕园笺证:《刘禹锡集笺证》卷二十七"乐府下",中册,第868页。
③ (唐)白居易著,朱金城笺注:《白居易集笺校》卷三十一《蓝田刘明府携酌相过与皇甫郎中卯时同饮醉后赠之》、卷三十二《杨柳枝二十韵》、《刘苏州寄酿酒糯米李浙东寄杨柳枝舞衫偶因尝酒试衫辄成长句寄谢之》,上海古籍出版社1988年版,第4册,第2146、2200、2225页。
④ 《全唐诗》卷二十八,第2册,第401页。
⑤ 《全唐诗》卷七一九,第21册,第8255页。
⑥ 《全唐诗》卷七三五,第21册,第8396页。
⑦ 《全唐诗》卷七十七,第3册,第836页。
⑧ (唐)刘禹锡著,瞿蜕园笺证:《刘禹锡集笺证》卷二十六"乐府上",中册,第810页。
⑨ 《全唐诗》卷三〇一,第9册,第3436页。

第五节　踏歌与唐代中外文化交流

　　踏歌从本质上来说属于人类游戏活动的内容；而游戏作为一种非常古老的社会文化现象，具有非常鲜明的"文化性格"，即它可以"跨越人类不同的历史发展阶段和不同的'文化圈'而普遍存在"[①]。踏歌正是由于其动作简单、即兴歌舞的游戏特征，所以在古代各文明区域大都独立出现并形成了踏歌娱乐的风俗。任半塘先生就曾说过："夫踏歌本属原始伎艺，任何民族皆善为之。"[②] 这从世界各地发现的早期人类岩画和有关的文字记载中都可得到证实。然而，在中古时期，踏歌之所以在世界范围内能够得到广泛的流行与传播，却与各地文化的交流与互动有密切的关系。

　　踏歌的基本形式是以脚踏地为节、载歌载舞，灵活多变，无论是舞姿动作，还是歌词曲调，都可以随意发挥创作，应用于其中，这样就因各地环境、习惯、语言以及思维方式的不同，而形成了各具地域和民族特色的踏歌娱乐风俗。汉唐时期，由于对外交通孔道的空前畅通，中外文化交流日益频繁，有力地促进了踏歌活动的兴盛与繁荣。

　　中国的踏歌习俗源远流长，历史悠久，影响深远。汉唐以来，随着中华文化的辐射力越来越大，中国踏歌极大地推动了周边地区，尤其是对东亚民族踏歌习俗的形成与开展。

　　踏歌习俗在汉地开始形成之时，在北方诸胡族中也有流行。长期以来，由于地理上的亲缘关系，以及中原农耕民族与北方游牧民族之间的密切接触，使得双方的人员往来与流动非常频繁，文化上的交流也因此在各个领域得以全方位展开。汉末天下大乱之时，蔡文姬流落匈奴，"在胡中十二年"，她创作的《胡笳十八拍》曾对匈奴的"踏舞"习俗有过描写，像她这样一位博学多才而"又妙于音律"的才女，[③] 将汉地的踏歌习俗介绍到匈奴是一点也不奇怪的。北朝时纷纷涌入中原的北方诸胡族，由于钦慕先进的农耕文化而大都主动走上汉化的进程，像踏歌这样的汉地传统风俗当然也是他们学习和效仿的内容。由鲜卑人建立起来的北魏和北周王朝

[①] 刘焱：《儿童游戏通论》，北京师范大学出版社2004年版，第1页。
[②] 任半塘：《唐戏弄》，上海古籍出版社2006年版，上册，第522页。
[③] 《后汉书》卷八十四《列女传》，第10册，第2800页。

的宫廷中就经常举行踏歌活动，他们一边踏舞、一边唱着哀婉的汉歌，而这种简易灵活的踏歌形式在胡族的下层士兵中也相当流行。汉地踏歌也早已为突厥人所熟知，武周时春官尚书阎知微出使突厥，曾与突厥人连手踏《万岁乐》。①《万岁乐》是隋朝乐正白明达编创的一首乐曲，②可见突厥踏歌中也吸收有汉地踏歌的元素。

南方诸蛮、夷等少数民族，虽然也在很早以来就形成了踏歌习俗，但因为他们与汉族长期处于杂居融合的状态，所以汉地踏歌风俗也通过各种途径浸润揉合于其中。最著名的事例就是唐后期大诗人刘禹锡，在流隔湖湘、巴蜀期间，结合当地蛮、夷风俗，创作了大量的踏歌词，对当地的土风民俗产生了深远的影响。《旧唐书》卷一百六十《刘禹锡传》载："（朗州）地居西南夷，土风僻陋，举目殊俗，……蛮俗好巫，每淫祠鼓舞，必歌俚辞。禹锡或从事于其间，乃依骚人之作，为新辞以教巫祝。故武陵溪洞间夷歌，率多禹锡之辞也。"后来，他又出任夔州刺史，当地巴人非常流行踏歌。他在《竹枝词》九首引言中就说："岁正月，余来建平，里中儿联歌《竹枝》，吹短笛击鼓以赴节。歌者扬袂睢舞，以曲多为贤。……故余亦作《竹枝词》九篇，俾善歌者扬之。附于末，后之聆巴歈，知变风之自焉。"建平，即夔州。他在诗中描写到："山上层层桃李花，云间烟火是人家。银钏金钗来负水，长刀短笠去烧畲。"③"烧畲"反映了当地少数民族还处于较为原始落后的刀耕火种阶段。唐五代时人顾况、白居易、李涉、孙光宪等都作有大量的《竹枝词》，描写了巴人夜唱《竹枝》踏歌的情景。

东亚地区，如朝鲜、日本等地的踏歌习俗，也明显受到中国文化的影响。关于朝鲜的踏歌习俗，至晚在东汉时期就已见诸于记载，在半岛居民马韩中就已经形成了"常以五月田竟祭鬼神"和"十月农功毕"祭天神举行踏歌活动的习俗，④ 这是农耕民族为了庆祝春种秋获而举行的一种隆重的祭祀庆典活动。人类学的研究认为，游戏起源于原始的祭祀活动和社会生产劳动实践活动，"被现代人看作是'游戏'的活动在远古时代往往

---

① 《资治通鉴》卷二百六则天后圣历元年（698年）九月条，第14册，第6533页。
② 《隋书》卷十五《音乐志下》，中华书局1973年版，第2册，第379页。
③ （唐）刘禹锡著，瞿蜕园笺证：《刘禹锡集笺证》卷二十七"乐府下"，中册，第852—853页。
④ 《后汉书》卷八十五《东夷传》，第10册，第2819页。

并不具有现代意义上的'游戏'意义,而是有着某种神秘性和神圣性的、与部落生存相关的巫术祭奠活动。……(一些游戏)并不是在任何时候和任何场合下都被允许举行的,只有在一些特定的、与部族庆典有关的场合下才能举行。'游戏'是作为'神圣的'仪式的组成部分而存在的"①。所以游戏活动的目的最初不是为了"自娱"而是"娱神"的。踏歌就是属于这样一种游戏活动。这种游戏在具有悠久农耕文明传统的汉地起源更早。西汉初年,宫中就流行于十月中旬,"共入灵女庙,以豚黍乐神",踏歌祭祀的风俗。② 这一风俗当与大陆的农耕生活有密切的关系,它反映了早在汉初内地就流行以歌舞乐神、祈求农桑的习俗。在东北亚地区的濊、沃沮、高句丽等地,也有"十月祭天"的风俗。③ 这些地区与马韩一样都是受到汉地踏歌风俗的影响。

  关于日本踏歌,学术界公认是来源于中国。但在踏歌传入日本之前,在日本古代曾有一种类似于踏歌的民间传统集体舞蹈"歌垣",一般是在每年的春秋两季举行,参加者在舞蹈时前后连臂踏地而歌。从"歌垣"举行的时间及舞蹈的性质来看,与汉代和东北亚地区流行的十月踏歌迎神以祈农桑的习俗紧密关联,应当是从大陆传来的古俗,这也是古代日本接受唐人踏歌的基础。踏歌传入日本之后,保留了在元宵节期间举行的风俗,并且形成了独具本民族特色的踏歌节,还成为宫廷仪礼的一个重要组成部分。④ 后来,在称德天皇和醍醐天皇禁断民间踏歌时,也是仿效中国唐朝实行的整顿朝廷仪式、矫正社会风化的举措之一。⑤ 可见无论是日本古代的"歌垣",还是踏歌,都受到来自中国大陆习俗的影响。

  中国的踏歌习俗虽然起源很早,但在其后的发展过程中,也不断地受到来自国内各少数民族以及域外踏歌习俗的影响。

  首先,汉地踏歌吸收了国内各少数民族,如匈奴、鲜卑、突厥、党项

---

① 刘焱:《儿童游戏通论》,第4—7页。
② (汉)刘歆撰,(晋)葛洪集,王根林校点:《西京杂记》卷三"戚夫人侍儿言宫中乐事"条,见《汉魏六朝笔记小说大观》,上海古籍出版社1999年版,第97—98页。
③ 《后汉书》卷八十五《东夷·濊传》,第10册,第2813—2818页。
④ 刘晓峰:《中日踏歌考——兼论古代正月十五节俗及其对日本的影响》,《文史》2007年第3辑,第63—86页。
⑤ [日]山尾幸久:《古代国家与庶民的习俗》,收入[日]田正昭编《古代的日本与东亚》,小学馆,1991年,第93—114页。

等北方胡族和南方蛮、夷等民族的踏歌元素。像北魏胡太后创作的《杨白花》、契胡酋长尔朱荣踏唱的《回波乐》在唐代已经非常深入人心。唐代民间踏歌中有《杨白花》调,李绅《闻里谣效古歌》中有"齐和《杨花》踏春草"句,①《杨花》是《杨白花》的简称。唐代大文豪柳宗元还曾仿作过一首杂曲歌词《杨白花》,其词曰:

> 杨白花,风吹度江水。坐令宫树无颜色,摇荡春光千万里。茫茫晓日下长秋,哀歌未断城鸦起。②

这首歌辞是以胡太后与杨白花的故事为意境创作的,其写作手法也明显继承了胡作,而又有所创新。与胡作相比,整个篇章较短,仅有六句,但变化却更加丰富,首句为三言句式,第二句为五言,后四句变为七言,显然是为了方便歌唱的需要。《回波乐》,又名《下兵词》,原为"虏歌",而且是"兵歌",其曲调和格式是固定的,歌词以"回波尔时"四字作为开篇,其余都可以根据情况临时自编,填入曲中反复歌唱。这种简单灵活的形式,深受社会各阶层人们的喜爱,不但适应对文化素养要求不高的群众性自娱自乐踏歌活动,而且还为文人士大夫们娱乐时所乐用。景龙(707—709年)年间,唐中宗经常宴集大臣,参加者争相自编《回波乐》词,且歌且舞,乘机邀求官爵,沈佺期词曰:"回波尔时佺期,流向岭外生归。身名已蒙齿录,袍笏未复牙绯。"③给事中李景伯亦起舞唱歌讽谏道:"回波尔时酒卮,兵儿职在箴规。侍宴既过三爵,喧哗窃恐非仪。"④此外,杨廷玉以及佚名优人亦作有《回波乐》词,都是遵循的六言四句格式。但在敦煌文书中留存下来的一首题名为王梵志的《回波乐》词,虽然也是六言体,且以"回波尔时"起句,却是十二句式⑤。到盛唐时

---

① 《全唐诗》卷四八〇,第15册,第5466页。
② (唐)柳宗元著,王国安笺释:《柳宗元诗笺释》卷一,上海古籍出版社1993年版,第133页。
③ (唐)沈佺期撰,陶敏、易淑琼校注:《沈佺期集校注》卷三,中华书局2001年版,上册,第145页。
④ (唐)刘𫗧撰,程毅中点校:《隋唐嘉话》卷下,中华书局1979年版,第41页。
⑤ 曾昭岷等编著:《全唐五代词》副编卷二"敦煌作品",中华书局1999年版,下册,第1269页。

期,《回波乐》已经名列宫廷教坊乐曲,属于软舞。① 在南方和西南地区的广大少数民族中也非常流行踏歌,唐德宗贞元十六年(800年),在剑南西川节度使韦皋的主持下,吸收了南诏及其他少数民族的乐舞,编制而成的《南诏奉圣乐》,到长安献演,其中就有"舞者分左右蹈舞"、拍手顿足等踏歌动作。② 此外,像党项在后唐时,牂牁蛮在宋初,都曾在朝廷之上公开献演踏歌,这些都是中原王朝与周边少数民族直接进行文化交流的实例。类似的情况应当还有不少,在史籍中经常可以见到少数民族向内地进贡乐舞艺人的记载,这些专业艺人必定精通本民族的乐舞风俗,他们的到来也会将自己民族的踏歌习俗介绍和传播到汉地做出贡献。

其次,汉地踏歌还注入了传自域外的踏歌因子。在拜占庭帝国流行的踏歌是以"拍手歌舞"为特征的,但在沿着"丝绸之路"不断传播的过程中,显然也会结合各地的风俗民情而发生某些变化,如来自拜占庭的《苏莫遮》在西域的龟兹、库车一带是以假面乐舞的形式出现的,到敦煌地区民间仍然流行这种假面"踏舞",敦煌文书 P.4640 庚申年衙府纸破历:"二月七日支与悉磨遮粗纸叁拾张。"就是"踏舞"时用来制作假面具的。内地虽然很早以来就形成了踏歌的传统,但在外来的《泼寒胡戏》中,"踏舞"《苏莫遮》可能也是其中的一个重要环节。从西亚波斯一带随袄教徒传来的踏歌曲《穆护砂》,在盛唐时期也成为宫廷大曲之一,唐人崔令钦《教坊记》"曲名"中就载有《穆护子》,指的就是此曲。在古代缅甸的弥诺国、弥臣国和骠国都流行"踏舞",唐德宗贞元十八年(802年),骠国王雍羌派遣其弟悉利移城主舒难陀带来《骠国乐》,到长安演出,引起了极大的轰动,在这种乐舞中也可以看到踏歌乐舞的痕迹。③ 当时,演奏《骠国乐》的乐工都是来自东南亚一带的昆仑奴,④ 而位于印尼苏门答腊岛的古国三佛齐(又称室利佛逝)传来的乐舞,也是以"昆仑奴踏曲为乐"的踏歌舞。⑤

---

① (唐)崔令钦撰,吴企明点校:《教坊记》,中华书局 2012 年版,第 13 页。
② 《新唐书》卷二二二下《南蛮传下》,第 20 册,第 6309 页。
③ 《唐会要》卷三十三《南蛮诸国乐》,上册,第 723—724 页。
④ 《新唐书》卷二二二下《南蛮传下》,第 20 册,第 6314 页。
⑤ 《文献通考》卷一四八《乐考·夷部乐·南蛮》,中华书局 1986 年版,上册,第 1295 页中栏。

另外，还值得注意的是，在唐代元宵踏歌习俗中，还有一些来自域外的元素，为这种盛大欢乐的场面增添了别样的风情。如在许多记载中都提到了舞者在"灯轮"（或灯树）下彻夜踏舞的情节，《朝野佥载》卷三就说：宫女数千人"于灯轮下踏歌三日夜"，这个巨型"灯轮"，"高二十丈，衣以锦绮，饰以金玉，燃五万盏灯，簇之如花树"。所以"灯轮"，又称"灯树"，也作"火树"。张说曾有《十五日夜御前口号踏歌词》二首描写道："龙衔火树千重（一作灯）焰，鸡踏莲花万岁（一作树）春。""西域灯轮千影合，东华金阙万重开。"① 向达先生认为张诗吟咏的就是这次灯节踏歌的情景，张鷟书中的所谓"灯轮"，"当即（张）说诗之西域灯轮也"②。此外，唐后期诗人陈去疾《踏歌行》："夭矫翔龙衔火树，飞来瑞凤散芳春。"③ 也提到了"灯树"。许多学者都注意到了"灯树"是从西域流布到中原的一种外来文明元素，如《唐会要》卷九十九"吐火罗"就记载："麟德二年（665年），遣其弟祖纥多献玛瑙灯树两具，高三尺余。"元宵节在灯树下踏歌的习俗也是"由古代西域的新年节日逐步发展而来的"④。隋炀帝《正月十五日于通衢建灯夜升南楼诗》就曰："法轮天上转，梵声天上来。灯树千光照，花焰七枝开。"⑤ 这说明至晚到隋朝，这种明显带有异域风情的燃灯踏歌习俗就已经传入了中原地区，并使内地的传统元宵娱乐活动杂染上了浓重的外来文化色彩。

小　结

踏歌作为一种极其古老的群众性歌舞娱乐习俗，起源于早期人类的游戏活动之中。后来，随着中外文明的不断接触与交流，日益加深了世界各地对踏歌习俗的相互了解、吸纳与影响，这不但为各地的踏歌习俗注入了新的元素，而且也带动了各地踏歌习俗的持续发展与创新，从而形成了各

---

① 《全唐诗》卷八九，第3册，第982页。
② 向达：《唐代长安与西域文明》，生活·读书·新知三联书店1957年版，第52页。
③ 《全唐诗》卷四九〇，第15册，第5553页。
④ ［美］谢弗著，吴玉贵译：《唐代的外来文明》，中国社会科学出版社1995年版，第568页。
⑤ 《隋诗》卷三，见逯钦立辑校：《先秦汉魏晋南北朝诗》，中华书局1983年版，下册，第2671页。

地踏歌习俗你中有我、我中有你的多元互动与共生发展的格局，对世界游戏文化的发展也产生了积极而深远的影响。可惜的是，就是这样一种具有重要社交意义的歌舞游戏娱乐活动，却在唐宋以后我国广大的汉族地区逐渐衰落以至消失，这与礼教的束缚越来越严重以及社会风气的日趋保守有重大的关系。

第十章

从《嘉兴绳技》看唐代中印文化交流[*]

唐代是中外文化交流的繁荣时期，由于丝绸之路的空前畅通和佛教的大举东传，印度幻术源源不断地进入中夏，对中国乃至整个东亚世界的幻术艺术都产生了很大的影响。唐代传奇小说集《原化记》中收录了一个《嘉兴绳技》的故事，描写了一场神奇的幻术表演"通天绳技"。有学者认为这是一个"由中国魔术师创造的魔术，通过海路流播到欧洲"[①]，其实这是一个误解，这种绳技是最先出现在印度，然后传播到中国及世界各地的古老幻术。

第一节 嘉兴绳技：一场神奇的幻术表演

《嘉兴绳技》最早见于《原化记》。该书为唐末皇甫氏所撰，其人名不详。原书已经失传，今仅存佚文，多为《太平广记》所收。所述多志怪之事，也有神仙传说。《太平广记》卷一九三收录该文曰：

> 唐开元年中，数敕赐州县大酺。嘉兴县以百戏，与监司竞胜精技。监官属意尤切，所由直狱者语于狱中云："党（倘）若有诸戏劣于县司，我辈必当厚责。然我等但能一事稍可观者，即获财利，叹无能耳。"乃各相问，至于弄瓦缘木之技，皆推求招引。狱中有一囚笑谓所由曰："某有拙技，限在拘系，不得略呈其事。"吏惊问："汝何所能？"囚曰："吾解绳技。"吏曰："必然，吾当为尔言之。"乃具以囚所能白于监主。主召问罪轻重，吏云："此囚人所累，逋缗未纳，余无别事。"官曰："绳技人常也，又何足异乎？"囚曰："某所为者，

---

[*] 本章系根据作者发表于《河北学刊》2012年第3期的同名文章修改而成。

[①] 王青：《西域文化影响下的中古小说》，中国社会科学出版社2006年版，第434页。

与人稍殊。"官又问曰："如何？"囚曰："众人绳技，各系两头，然后其上行立周旋。某只须一条绳，粗细如指，五十尺，不用系著，抛向空中，腾掷翻覆，则无所不为。"官大惊悦，且令收录。明日，吏领至戏场，诸戏既作，次唤此人，令效绳技。遂捧一团绳，计百余尺，置诸地，将一头，手掷于空中，劲如笔。初抛三二丈，次四五丈，仰直如人牵之，众大惊异。后乃抛高二十余丈，仰空不见端绪。此人随绳手寻，身足离地，抛绳虚空，其势如鸟，旁飞远飏，望空而去，脱身犴狴，在此日焉。①

此绳技的特别之处在于，表演者先将绳抛向空中，使之垂直向下，然后攀绳而上，不知所终，给人以不可思议的神奇魅力，因此在古代极为罕见。而我们一般所见的绳技，是先将绳的两端固定，使之尽量平直，然后艺人在绳上表演各种前行后退、腾挪倒挂之类的动作，需要掌握较高的平衡技艺，是一项具有较高风险的空中杂技项目。

这两类绳技都是从古代印度传来的，相比较而言，后一种绳技早在汉代就已传入中国，成为中古时期比较常见的一项百戏表演节目，广受人们的喜爱。唐初敕使王玄策在出使印度时，还曾在西国婆栗阇国受到其国王的热情接待，观赏了此类绳技表演。王玄策在《西国行传》中说："显庆已来，王玄策等数有使人向五印度，西国天王为汉使设乐，或有腾空走索，履屡绳行，男女相避，歌戏如常。或有女人手弄三伎刀稍枪等，掷空手接，绳走不落。"② 而前一种绳技则是在唐代才传入中国，并见诸记载的。

第二节 通天绳技：一种古老的印度幻术

印度幻术历史悠久，内容丰富，在世界上享有盛誉。季羡林先生曾经

---

① 《太平广记》卷一九三《嘉兴绳技》引《原化记》，中华书局1961年版，第4册，第1449页。

② （唐）释道世著，周叔迦、苏晋仁校注：《法苑珠林校注》卷七十六《十恶篇·感应缘》，中华书局2003年版，第5册，第2254页。

说过:"印度的幻术是非常出名的。"① 通天绳技就是在印度流传了很久的一套古老幻术。早在《梵经》(Brahma-sutra,又名《吠檀多经》,是印度古代哲学吠檀多派的最早经典)第一卷第一章中就提到"顺绳爬上天空的魔术师"②,指的就是这种绳技。印度著名魔术师卜罗图·钱德拉·索卡尔在《印度魔术》中说:这套戏法在很久以前是街头的"家社—瓦拉"(游动表演艺人)表演的。

吉姆斯·兰迪在《世界魔术史》中说:1000多年以前印度早期的宗教作家梵塔加利和桑卡拉沙理阿都曾提到过这套戏法,表演时"耍把戏的人,沿绳而上就不复再见了"。印度著名剧作家、诗人迦梨陀娑(约生于5世纪)也讲过:从前有个维克拉马帝企阿的国王曾让这套把戏哄得信以为真。

兰迪认为,这一故事存在很多叙述各异的版本,其基本的一个说法是:术师将绳子往上一扔,绳子就挂在天上垂直下来,一小童沿绳而上,在绳顶端作平衡表演,然后在术师命令下,小童不知去向,但却挤在围观的人群当中。在另一脚本中:小童爬上绳柱顶端,让云彩遮住,虽经术师命令下来,遭小童拒绝,术师一怒之下,也沿绳而上追捕小童,忽听一声惨叫,只见小童肢体已大切八块,头、手、脚、身等纷纷坠地,术人随即沿绳返地,陆续捡起地上八块,放入大筐中,只见小童跃筐而出,并无伤痕,并将观众所扔钱物逐一捡起。

兰迪还提到另外一个版本的说法,则是由印度莫卧儿王朝皇帝贾汗季(1569—1627年,又译作贾汗·吉尔)描述的:魔术师拿出一条绳子,长50腕(古代量长单位,一腕约合18—22英寸)。当着他的面,朝天一扔,就像挂在什么东西上面垂了下来,随即牵出一只狗来,站在垂下的绳端,狗即沿绳爬上直到顶端,就再见不到狗了,同样赶出了猪、豹、狮、虎,也都先后沿绳而上至绳顶端后失其所在,最后术师人等将绳子拽下仍收置一袋中。这是由魔术师和各种动物共同表演的绳技。

这种绳技直到近现代仍不断见诸记载。兰迪说:1934年,得过骑士

---

① 季羡林:《中印文化交流简史》,载氏著《佛教与中印文化交流史》,江西人民出版社1990年版,第179页。

② [古印度]跋达罗衍那:《梵经》第一卷第一章,姚卫群编译《古印度六派哲学经典》,商务印书馆2003年版,第253页。

勋章、拥有医学和哲学博士头衔的亚历山大·卡伦，曾在伦敦英国精神科学学院的一次会议上发言说，他曾在"印度—支那"见过这种绳技表演：绳子扔得很高，绳子下端自然就离地吊在那里。小童爬上了绳子，术师跟在小童后面也爬上绳子，小童大切八块，块块纷纷扔下地来，只见血块淋漓，肉团还在地上颤动，术师再把肉块在地上一一对合，将自己的脚踩在上面，小童还原成人，再次爬绳而上，入云中而没。①

香港著名学者、佛学家王亭之先生也说：四十年代，他有一位表叔在印度经商，据说也见过印度魔术师表演类似的魔术：叫一个小孩爬绳上天去偷"大梵天王"（即是香港人称的"四面佛"）的芒果，芒果跌落下来之后，同样是跌下断手断脚。② CCTV 3 在 2007 年 10 月 29 日播出的《国际艺苑》栏目中，也介绍了这种魔术，称之为印度通天绳（又叫印度神仙索）。

对于印度通天绳的争议很大，有人认为这根本就是不存在的虚幻故事，是虚构出来的恶作剧而以讹传讹；有人则认为这套魔术的确存在，只不过魔术师在表演场地的上方预先拴好了一根很细的绳子，表演时将系着细绳的绳子往上一抛，绳子就由细绳牵引而上，给人造成了"通天绳"的假象；③ 还有人认为这只不过是一种集体催眠术（Mass Hypposis）而已，金庸先生就曾向他的印度朋友 Sam Sekon 先生请教过此事，他肯定地说："印度有人会这技术。这是群众催眠术，是一门十分危险的魔术。如果观众之中有人精神力量极强，不受催眠，施术者自己往往会有生命危险。"④

笔者认为这种所谓的"通天绳技"，其实是由古印度艺人们创造出来的一套糅杂技、魔术，甚至可能包括催眠术在内的复合型幻术。

第三节　天竺绳技在中国的流传

唐朝是中国古代史上最为开放和兼容并蓄的伟大时代，对外交通非常

---

① 艾祉源、叶立赢译：《印度神奇绳技》，《杂技与魔术》1995 年第 4 期。
② 王亭之：《方术纪异》之《异能篇·唐代的绳技故事》，（台北）远景出版社 1998 年版。
③ 艾祉源、叶立赢译：《印度神奇绳技》，《杂技与魔术》1995 年第 4 期。
④ 金庸：《三十三剑客图》三《绳技》，见氏著《侠客行》，生活·读书·新知三联书店 1994 年版，下集第 3 册附录，第 691 页。

发达，除了传统的丝绸之路、海上丝绸之路和滇—缅—印道之外，唐初还新开辟了吐蕃—泥婆罗—印度道，中印交流的孔道空前畅通。当时来往于中印之间的僧侣、使节、商人和旅行者络绎不绝，他们把印度的各种杂技、幻术纷纷传入唐朝。唐初僧人道世在《法苑珠林》卷七十六《十恶篇·感应缘》中记载："唐贞观二十年（646年），西国有五婆罗门来到京师，善能音乐、祝术、杂戏、截舌、抽腹、走绳、续断。"① 这种"走绳"就是我们通常所见的一种绳技——走钢丝。而"通天绳"作为另一种表演难度极大的天竺绳技也正是在这大背景下传到唐朝的，并在盛唐时期首次出现在嘉兴（今浙江嘉兴）举行的"嘉年华会"上演出。

盛唐之后，这种"通天绳技"继续在中国流传。宋人王铚在《默记》卷下记载了晏殊在颍州（今安徽阜阳）时所见到的这种奇技：

> 晏元献罢相守颍州。一日，有歧路人献杂手艺者，作踏索之技。已而掷索向空，索直立，遂缘索而上，快若风雨，遂飞空而去，不知所在。公大骇莫测。已而守衙排军白公曰："顷尝出戍，曾记见此等事，但请阖郡谯门大索，必获。盖斯等妖术未能遽出府门也。"公如请，戒众兵曰："凡遇非衙中旧有之物，即以斧斫之。"既周视无有。最后于马院旁一卒曰："旧有系马柱五枚，今有六枚，何也？"亟斫之，即大呼，乃人尔。遂获妖人。②

晏殊（991—1055年）约在北宋仁宗庆历四年（1044年）前后曾短暂出守颍州，他在任上所见到的这种奇技正是唐代嘉兴绳技的翻版。然而，由于当时人们的认识水平有限，遂把这种奇技当作"妖术"来看待。殊不知这种奇技却是在唐代从印度传来而一直流传下来的。

14世纪摩洛哥伟大的旅行家伊本·白图泰（Ibn Battuta, 1304—1377年）曾来到中国游历，在他所著的《游记》中留下了一段观赏绳技的记载：

---

① （唐）释道世著，周叔迦、苏晋仁校注：《法苑珠林》卷七十六《十恶篇·感应缘》，中华书局2003年版，第5册，第2254页。

② （宋）王铚撰，朱杰人点校：《默记》卷下，中华书局1981年版，第47—48页。

当天夜里，一位魔术师来了，他也是可汗的奴隶。长官吩咐他说："让我们看看你的拿手好戏吧！"魔术师拿出一个木球，球上有一洞眼，上面系着长绳，他把木球向空中一抛，球便扶摇直上，直至消失。这时天气炎热，我们都坐在大厅里。见他手里的绳子所剩不多时，魔术师让他的徒弟，缘绳而上，他爬着爬着也不见了，连喊他三声都未答应。他便气狠狠地抄起一把刀子，顺绳而上，他也看不见了。一会儿见他把那孩子的一只手丢在地上，一会儿又丢下来一只脚，不久又丢下来另一只手，不久又丢下来另一只脚，又丢下他身体，最后丢下他的头。不一会他气喘吁吁地满身血污，凌空而降，翻身拜倒在长官的面前，口里说了一些中国话。这时长官吩咐赏他一点东西。他把孩子的肢体捡拾到一起，拼凑好，只见他用脚一踢，那孩子便毫发无损腾地站起。我见此大惊失色，心跳不止。正如我在印度素丹面前所见到的那样，直至他们给我喝了药才好了。这时法官赫伦丁在我身边说："哪里有什么腾空、落地的解体，只不过是戏法而已。"①

伊本·白图泰是在元顺帝至正八年（1348年）旅行到达杭州时，在总督府里观看了这种神奇的幻术，并且明确说此幻术"正如我在印度素丹面前所见到的那样"，这说明这种在唐代时从印度传来的"通天绳技"不仅存在，而且还一直流传下来，直到元朝仍在表演；而伊本观赏绳技的地方与唐朝表演的"嘉兴绳技"正相毗邻，都在东南沿海一带，这说明这种从印度传来的天竺绳技有可能是循海路传来中国的。

到明朝，有人还在广州观赏过这种神奇的"通天绳技"。明朝人钱希言（约1612年前后在世）在《狯园》卷二中记载了一个《偷桃小儿》的故事：

宏正中（大约是弘治、正德之略称），杭双溪公为广东左布政，生辰宴客，大会官僚于广州藩司。声乐异陈，歌舞递出。忽有幻人诣门，挈一数岁小儿求见，口称来献蟠桃。时冬月凝寒，索一大青瓷

---

① ［古代阿拉伯］伊本·白图泰：《伊本·白图泰游记》，马金鹏译，宁夏人民出版社1985年版，第559页。

盘，捧出仙桃两颗为寿，仙鲜异于人间。项公曰："桃何来？"曰："此西王母桃也，适命小儿诣瑶池取之。"公曰："我今日会客最盛，凡十有二席，能为我更取十枚，各尝之，可乎？"对曰："上清北斗门下有恶犬，狰狞可畏，往往欲杀此儿，甚不易得也。"公强之再三，乞重赏，乃许之。命小儿抱木棍，长二尺许者十数根，一根之上信手递接，儿缘木直上，登绝顶，冉冉动摇，观者怖恐。幻人吹气一口，须臾木顶生云，小儿竦身，乘之而上，已而渐入云中，欻忽不见。顷之，掷下簪子、鞋、扇等物。幻人高叫速取仙桃，为相公上寿。又顷之，见蟠桃坠下，正得十颗在地，连枝带叶，颜色鲜美。公得而分遗遍席，僚寀无不惊嗟。幻人仰望云端良久，小儿不下。忽闻犬吠云中，狺狺之声若沸。幻人顿足大恸，曰："吾儿饱天狗之腹矣。"言未毕，果见小儿手足，零星自空下，断肢残骸，殷血淋漓，最后落小儿首于地上。其人复大恸，恸毕，强举肢体钉㩱，提其首安之。初无痕迹，复乞重赏。诸僚且愕且怜，厚出金帛以酬之，各赠已逾百金。幻人得金，便取儿尸，急收入布囊中，负于背而去。明日有人于市，更见此偷桃小儿在，知其术所为矣。①

此幻术与伊本·白图泰所见大致相同，只是增加了偷桃情节，另外还将通天绳改为通天木棍，与印度所流传的"通天绳技"（尤其是王亭之先生所记）几乎完全相同。考虑到广州作为中国南方海上丝绸之路的起点，在这里出现天竺式的"通天绳技"表演应该是一点也不奇怪的。

1670 年（康熙九年），荷兰人梅尔敦（Edward Melton）在巴达维亚（Batavia，爪哇岛之首府）看见华人表演此幻术，并绘图，以记其所见。②这似乎也可以证明，此幻术的确应该是从海道经南海而传入中国的。

清朝人蒲松龄大约于 1679 年（康熙十八年）写成的《聊斋志异》中有一篇《偷桃》，也描写了这种"通天绳技"，其文曰：

童时赴郡试，值春节。旧例，先一日，各行商贾，彩楼鼓吹赴藩

---

① （明）钱希言：《狯园》卷二《偷桃小儿》，《续修四库全书》，上海古籍出版社 2002 年版，第 1267 册，第 567 页。

② 张星烺：《中西交通史料汇编》，中华书局 2003 年版，第 2 册，第 652 页。

司，名曰"演春"。余从友人戏瞩。是日游人如堵。堂上四官，皆赤衣，东西相向坐。……但闻人语哜嘈，鼓吹聒耳。忽有一人，率披发童，荷担而上，似有所白。……吏以白官。少顷复下，命取桃子。术人声诺，……春初雪积，人间何处可觅？惟王母园中，四时常不凋卸，或有之。必窃之天上，乃可。……乃启笥，出绳一团，约数十丈，理其端，望空中掷去；绳即悬立空际，若有物以挂之。未几，愈掷愈高，渺入云中；手中绳亦尽。……子乃持索，盘旋而上，手移足随，如蛛趁丝，渐入云霄，不可复见。久之，坠一桃，如碗大。术人喜，持献公堂。堂上传示良久，亦不知其真伪。忽而绳落地上，术人惊曰："殆矣！上有人断吾绳，儿将焉托！"移时，一物堕。视之，其子首也。捧而泣曰："是必偷桃，为监者所觉。吾儿休矣！"又称时，一足落；无何，肢体纷堕，无复存者，术人大悲，一一拾置笥中而合之，曰："老夫止此儿，日从我南北游。今承严命，不意罹此奇惨！当负去瘗之。"乃升堂而跪，曰："为桃故，杀吾子矣！如怜小人而助之葬，当结草以图报耳。"从官骇诧，各有赐金。术人受而缠诸腰，乃扣笥而呼曰："八八儿，不出谢赏，将何待？"忽一蓬头僮首抵笥盖而出，望北稽首，则其子也。以其术奇，故至今犹记之。后闻白莲教能为此术，意此其苗裔耶？[①]

　　蒲氏《偷桃》的内容情节与钱希言的《偷桃小儿》几乎完全一样，甚至连题目都是照搬钱氏而略省之，由此可以看出二者之间的承继关系。《偷桃》故事的发生地在济南，也在今东部沿海省份。蒲氏又说"白莲教能为此术"，而白莲教正是在宋元时期的江南，尤其是福建一带兴起，然后波及山东等地的。由此也可以进一步证明，此印度绳技的确有可能是从海上传来中国的。

　　无论是唐代的《嘉兴绳技》，还是北宋时晏殊在颍州任上所见到的"通天神技"以及阿拉伯旅行家伊本在杭州所见到的元朝"通天绳技"，再到明代钱希言所述的广州《偷桃小儿》，最后到清朝蒲松龄在济南所见的《偷桃》，其流行区域都在东部或东南沿海地区，从中明显可以看出其

---

① （清）蒲松龄著，朱其铠等校注：《全本新注聊斋志异》卷一《偷桃》，人民文学出版社1989年版，上册，第33—34页。

前后承续、流传、发展、演变之轨迹，这与印度所传之"通天绳技"也几乎完全相同。这也从另外一个方面再次证明，中印文化的发展是在一种相互影响、共同促进的模式中前进的。

余　论

印度幻术很早就传入中国，并对中国的杂技、魔术艺术产生了巨大的影响。"通天绳技"作为一种特殊的幻术，从唐朝传来中国，历宋、元、明、清五代而相沿不辍，除了其本身所具有的神奇艺术魅力外，同时也说明中印两国之间的文化交流具有悠久的历史和传统。这种绳技在17世纪时还为日本人所记录，称之为"中国绳技"。由于南亚次大陆地处东西方海上交通要冲，所以印度绳技在东传中国之时，也向西传到欧洲。在德国、爱尔兰等西方国家的民间传说中，都有关于此种绳技的描写。钱钟书先生就曾说过："德国故事亦谓术士掷绳高空，绳引小驹，术士攀马蹄，妻牵夫足，婢牵妇衣，鱼贯入云而逝。爱尔兰故事言有精绳技者抛丝线挂浮云上，使一兔、一犬、一童缘而登天，继遗一少女去善视兔，良久不下，绳师心疑，遂收其线，则女方与童狎而兔已为犬噉，怒斩童首，观者责其忍，乃复安头颈上，以面背向，童即活。"[①] 张星烺先生也说：英国著名汉学家亨利·裕尔在《马可·波罗游记》卷一第六十一章附注中，"搜罗各种文字中，关于此事之记载甚多"[②]。由此可见，作为一种跨文化交流的艺术形式，印度"通天绳技"对促进东西方幻术的发展产生了重要的影响。

---

① 钱钟书：《管锥篇》，中华书局1979年版，第2册，第704页。
② 张星烺：《中西交通史料汇编》，中华书局2003年版，第2册，第652页。

第十一章

王玄策使印与天竺幻术在唐朝的传播

王玄策是我国唐代杰出的外交家，唐初曾数次出使印度而建功异域，对于当时的域外探索及对南亚和中亚世界的认知做出了巨大贡献。由于王玄策使印极大地促进了中印文化的交流与传播，因此有关他的事迹受到许多中外学者的关注与研究。[①] 在中印文化交流史上，印度艺术的传入曾对

[①] 有关王玄策的研究主要有：法国学者烈维（S. Levi）：《王玄策使印度记》，见冯承钧译《西域南海史地考证译丛》七编，商务印书馆1955年版，第1—17页；冯承钧：《王玄策事辑》，《西域南海史地考证论著汇编》，中华书局1957年版，第102—128页；柳诒徵：《王玄策事辑》，《学衡》1925年第39期；郑师许：《王玄策使印度及其勋业》，《东方杂志》1944年第40卷第19期；岑仲勉：《王玄策〈中天竺国行记〉》，《中外史地考证》，中华书局1962年版，第300—303页；李玉崑：《龙门石窟新发现王玄策造像题记》，《文物》1976年第11期；陆庆夫：《论王玄策对中印交通的贡献》，《敦煌学辑刊》1984年第1期，《关于王玄策研究的几点商榷》，《敦煌研究》1995年第4期；阴松生：《王玄策出使印度及尼泊尔诸问题》，《南亚研究》1990年第2期；莫任南：《王玄策第二次奉使印度考辨》，《南亚研究》1991年第3期；孙修身：《唐朝杰出外交活动家王玄策史迹研究》，《敦煌研究》1994年第3期，《唐朝外交家王玄策事迹钩沉——罽宾国汉寺新考与研究》，《北朝研究》1994年第4期，《唐敕使王玄策使印度路线再考》，《中国历史地理论丛》1997年第2期，《王玄策在中西交通中的贡献》，《法门寺文化研究通讯》1998年总第10期，《王玄策史迹钩沉》，新疆人民出版社1998年版；霍巍：《〈大唐天竺使出铭〉及其相关问题的研究》，《东方学报》（日本京都）1994年第66册，《西藏吉隆县发现唐显庆三年〈大唐天竺使出铭〉》，《考古》1994年第7期，《王玄策和蕃尼古道》，《中国藏学》2000年第2期，《〈大唐天竺使出铭〉相关问题再探》，《中国藏学》2001年第1期；黄盛璋：《西藏吉隆县新发现王玄策〈大唐天竺使出铭〉主要问题考辨》，《故宫学术季刊》1998年第4期；林梅村：《〈大唐天竺使出铭〉校释》，《汉唐西域与中国文明》，文物出版社1998年版，第420—442页；李并成：《有关王玄策事迹的一条新史料》，《敦煌研究》2003年第3期；佟柱臣：《大唐王玄策天竺使出铭考》，霍巍等主编《西藏考古与艺术：国际学术讨论会论文集》，四川人民出版社2004年版，第172—188页；郭声波：《〈大唐天竺使出铭〉之文献学识议》，《中国藏学》2004年第3期；郑炳林、魏迎春：《俄藏敦煌写本王玄策〈中天竺国行记〉残卷考释》，《敦煌学辑刊》2005年第2期；廖祖桂：《〈大唐天竺使出铭〉词语释读辨析》，《中国藏学》2005年第2期；黄思强：《大唐天竺使王玄策事迹研究》，广西师范大学2008年硕士学位论文；李宗俊：《唐敕使王玄策使印度事迹新探》，《西域研究》2010年第4期。

中国艺术的发展产生了很大影响。王玄策使印,曾亲眼目睹了天竺幻术,这在艺术史上和王玄策研究中本来是一件颇为值得注意的事情,然而却鲜有论者提及此事。笔者不揣浅陋,兹根据相关文献记载,对王玄策使印与天竺幻术在唐朝的传播问题进行深入的研究。

第一节　王玄策使印所见天竺幻术

幻术是古代对魔术的称呼,俗称变戏法。表演者通常应用特殊的道具和快捷的手法把东西变来变去,娱乐大众,以此为生,给人以神秘莫测、惊险刺激的感觉。所以,在历史上,各种宗教为了宣扬自身的法力,也经常利用幻术进行传教,以便吸引更多的信徒。在古代印度,宗教文明异常发达,幻术在当地也就非常盛行。

唐初敕使王玄策出使印度时,曾观赏过精彩的天竺幻术,给他留下了深刻的印象。后来,他在撰写《西国行记》(又名《中天竺国行记》、《王玄策行传》)时,特意记载下了此事。可惜该书已佚,幸赖唐初僧人道世在编撰《法苑珠林》时征引了此事,并有两处留下了记载:

> 王玄策《西国行传》云:王使显庆四年(659年),至婆栗阇国,王为汉人设五女戏,其五女传弄三刀,加至十刀。又作绳技,腾虚绳上,著履而掷,手弄三仗刀楯枪等种种关伎,杂诸幻术、截舌抽肠等,不可具述。[1]

> 唐贞观二十年(646年),西国有五婆罗门来到京师,善能音乐、祝术、杂戏,截舌、抽腹、走绳、续断。又至显庆已来,王玄策等数有使人向五印度,西国天王为汉使设乐,或有腾空走索,履屦绳行,男女相避,歌戏如常。或有女人手弄三伎(仗)刀稍(楯)枪等,掷空手接,绳走不落。或有截舌自缚,解伏依旧,不劳人功。如是幻戏,种种难述。[2]

---

[1] (唐)释道世著,周叔迦、苏晋仁校注:《法苑珠林校注》卷四《日月篇·星宿部》,中华书局2003年版,第1册,第107页。

[2] 《法苑珠林校注》卷七十六《十恶篇·感应缘》,第5册,第2254页。

冯承钧先生认为这两条资料其实是一事两见。① 如果真是这样，那么这次出使是王玄策第三次到印度，时间是从显庆三年至龙朔元年（658—661年），取道吐蕃—泥婆罗道，并在今西藏吉隆县留下了《大唐天竺使出铭》摩崖石刻。

王玄策到达的婆栗阇国，在今印度比哈尔邦卡姆拉河畔的达尔彭加（Darbhanga，又译作"达班加"）北部，这里是通往尼泊尔的交通中心，正是当年王玄策取道吐蕃—泥婆罗道进入印度之后的重要枢纽。在南亚印度，自古以来幻术就非常盛行。《通典》卷一九三《边防九·天竺国》就说：其国"尤工幻化"②。古印度有很多流浪艺人，靠表演幻术为生，佛经中称之为"幻术师"。早在公元前6世纪到前3世纪，在恒河流域兴起了一批城市，形成了一个专门从事服务性行业的种姓阶层，其中就有各种杂技幻术演员、舞蹈演员和乐手等。在旁遮普的桑格尔，一个大塔地基附近发现了埋藏保存的几百根马土拉艺术石柱，约为贵霜时期（1世纪上半叶至3世纪）的遗物，雕刻的题材反映的是以城市生活为背景的佛教故事和场面，其中就有表现提笼逗鸟、吹箫奏乐和玩杂耍的舞女，正在用臂肘顶着一个罐子耍杂技。到笈多王朝（约320—540年）时期，在城镇中还形成了一个以市民为主体的有闲阶层，他们养鸟、斗鹌鹑、斗鸡、斗羊，玩各种杂耍。③

当唐初玄奘西行求法到达印度，在游历了中天竺的萨他泥湿伐罗国（Sthanesvara）之后，说："（其国）风俗浇薄，家室富饶，竞为奢侈。深闲幻术，高尚其能。"该国约在今德里西北，工商业繁荣，"多逐利，少务农，诸方奇货多聚其国"。各种宗教信仰都很发达，玄奘说其国只有"伽蓝三所"，而"天祠百余所，异道甚多"④。各种宗教信仰的流行，就为幻术的生存和发展提供了深厚的土壤。玄奘在到达中印度的婆罗疤斯国（Baranasi）时，还记载了一则当地有关烈士池的传说："数百年前有一隐

---

① 冯承钧：《王玄策事辑》，见氏著《西域南海史地考证论著汇编》，中华书局1957年版，第102—128页。

② （唐）杜佑撰，王文锦等点校：《通典》卷一九三《边防九·天竺国》，中华书局1988年版，第5册，第5261页。

③ 刘欣如：《印度古代社会史》，中国社会科学出版社1990年版，第85、151、178页。

④ （唐）玄奘、辩机原著，季羡林等校注：《大唐西域记校注》卷四，中华书局2000年版，上册，第388页。

士,于此池侧结庐屏迹,博习伎术,究极神理,能使瓦砾为宝,人畜易形,……化具肴馔。……隐士诵神咒,烈士按铦刀。殆将晓矣,忽发声叫。是时空中火下,烟焰云蒸。"① 此处提到的印度古幻术有变瓦砾为宝、人畜易形、化具肴馔、手按铦刀、空中下火等五个。婆罗疤斯国,即今印度北方邦东南部的瓦拉纳西(Varanasi,又名贝拿勒斯),位于恒河中游左岸,是著名的历史文化古城,为佛教、耆那教和印度教的圣地。玄奘说其地"闾净栉比,居人殷盛,家积巨万,室盈奇货。人性温恭,俗重强学。多信外道,少敬佛法。……伽蓝三十余所,……天祠百余所,外道万余人"。《新唐书·西域传》也记载:乌苌人,"善禁架术"②。乌苌国(Uddiyana, Udyana),又译为乌荼国、乌场国、乌仗那国、郁地引那,其地在今巴基斯坦西北斯瓦特河(Swat River)一带。该国流行巫术和密教,玄奘说:"(其国)人性怯懦,俗情谲诡,好学而不功,禁咒为艺业。……异道杂居。"③ 所谓禁架术即禁咒术,季羡林先生认为:禁架术就是《法苑珠林》所引王玄策《西国行传》中所说的印度杂技,舞刀、走绳、截舌、抽肠等。④ 禁咒之术是印度传统宗教的一个重要内容,其最古老的经典《四吠陀》之一《阿闼婆吠陀》的意思就是术、咒术,包含了异能、伎数、禁咒、医方等内容。婆罗门所必须学习的五明之一"医方明",其中包含了禁咒内容。⑤

古代印度和阿拉伯的联系也非常密切,许多中世纪的阿拉伯旅行家曾到印度各地游历,也对神秘的印度幻术惊奇不已。在阿拉伯古文献《中国印度见闻录》中提到:

> 在印度,有许多献身于信仰的人,他们就是通常被称为婆罗门的学者。有作为国王门客的诗人,有天文家、哲学家、占卜者,有能驱散乌鸦的人,以及其他各种人才。此外还有魔术师和会耍各种幻术的人物,特别是在瞿折罗王国的大都市卡瑙季城,这样的人物

---

① 《大唐西域记校注》卷七,下册,第576页。
② 《新唐书》卷二二一上《西域传》上,中华书局1975年版,第20册,第6240页。
③ 《大唐西域记校注》卷三,上册,第270页。
④ 季羡林:《中印文化交流史》,新华出版社1993年版,第107页;
⑤ 参见王青《西域文化影响下的中古小说》,中国社会科学出版社2006年版,第429页。

更比比皆是。①

瞿折罗国（俗语 Gujjara，梵文 Gurjara，巴利文 Gujar），又见玄奘《大唐西域记》曰："瞿折罗国周五千余里。国大都城号毗罗摩罗，周三十余里。土宜风俗，同苏剌侘国。居人殷盛，家产富饶。多事外道，少信佛法。"其地约在今印度拉贾斯坦邦的佐德浦尔（Jodhpur）附近。所谓苏剌侘国（俗语 Surattha，梵文 Surastra）风俗，"土俗浇薄，人性轻躁，不好学艺，邪正兼信"。此地的国际商贸业十分发达，"当西海之路，人皆资海之利，兴贩为业，贸迁有无"。这里有耆那教的圣地郁鄯多山（即今讫尔纳山，Girnar），所以玄奘说该国"异道杂居"②。卡瑙季城，又译作曲女城。玄奘《大唐西域记》卷五曾有说明：羯若鞠阇国（Kanyakubja）旧王城号拘苏磨补逻（Kusumapura，唐言花宫）。王号梵授，生有千子、百女。时有一仙人，形如枯木，号大树仙人，居恒河侧。见王诸女来河滨游玩，遂起染著之心。乃诣华宫，欲乞得一女。然王女皆不愿嫁此形貌丑陋之仙人。王恐累及其国，忧愁过度。幼女见之，乃自愿请行。仙人闻之不悦，乃以恶咒使其余之九十九女一时腰曲，终身不婚，因而有"曲女城"之名。玄奘说其地，"风俗淳质，容貌妍雅，服饰鲜绮。笃学游艺，谈论清远。邪正二道，信者相半。伽蓝百余所，……天祠二百余所，异道数千余人"③。卡瑙季城（即今印度北方邦坎诺），位于恒河下游与卡里河合流处，是印度著名的古都，戒日王曾以此为都城，在北印度建立了短暂的统一帝国。戒日王非常重视利用宗教进行统治，他曾于642年在曲女城为西行求法的玄奘举行无遮大会。但由于当时佛教已经开始衰落，所以他采取了佛教与印度教及其他各种宗教兼容并包的政策，这就使得当时印度的"外道"或"异道"也都很发达，从而促进了幻术的繁荣。

---

① ［古代阿拉伯］《中国印度见闻录》卷二《印度见闻数则》，穆根来、汶江、黄倬汉译，中华书局1983年版，第126页。
② 《大唐西域记校注》卷十一，下册，第917—920页。
③ 《大唐西域记校注》卷五，上册，第423—426页。

该书还提到了许多类似幻术表演的情景，如有人把一项用香木做的帽子，戴到头上，帽子上布满了烧得很旺的炭火。随后又有人将山达树脂浇到帽子上去，那树脂一触火，简直就像石油一样地燃烧起来。于是，他的头顶着火了。尽管这样，他还是继续向前走去，脚步丝毫不乱，也没有露出任何痛苦的表情。还有一人拔出一柄短刀，刺入胸膛用自己的手开胸剖腹，直落阴部。接着，他伸进左手，抓住肝脏，把肝连同其余的内脏全部掏了出来。可是，在这样的时刻，他依然从容不迫，侃侃而谈。还有一人把自己的头砍下，绑在竹尖上，仍然得意地对着大家笑。还有人把手指浸入油钵，让滚热的油去烧烫，可是那人脸上并无一点痛苦的神情，他还是那样悠然地摆弄着骰子。① 这些情节非常类似于下火海、刳剔肠胃、断头术、下油锅等自残刑虐性质的幻术。

阿拉伯阿拔斯王朝（750—1258年）时期的著名地理学家伊本·胡尔达兹比赫（820—912年）在《道里邦国志》中谈到"印度的七种人"是沙克希利亚（AI-Shakathriyyah，即刹帝利种姓）、婆罗门、凯斯特利亚（Kastariyyah）、舒戴利亚（AI-Shudariyyah，即首陀罗种姓）、拜希亚（AI-Bayshiyyah，即吠舍种姓）、信达里亚（AI-Sandaliyyah）、赞比亚（AI-Dhanbiyyah），其中最后两种人就是一些从事杂耍和变戏法的种姓阶层：

> 信达里亚（AI-Sandaliyyah），是一些从事杂耍、演唱活动的人，他们的妇女是极美貌的。赞比亚（AI-Dhanbiyyah）是一些褐色皮肤的人，他们从事戏法、弦乐演奏、游戏等职业。

除了"信达里亚"和"赞比亚"这两种种姓之外，在古印度，还有许多喜欢玩幻术的人。伊本又提到：

> 印度人宣称，他们能以符咒实现其意愿，他们凭符咒吞下毒物，又能将它取出。他们能解决问题，又能使之复杂化，能造成恶果，又能带来好处。他们能使幻像出现，对此事怀疑的人也因之而莫知所

---

① ［古代阿拉伯］《中国印度见闻录》卷二《印度见闻数则》，第122—125页。

措。他们佯称可以控制住雨水和冰雹。①

在古代印度历史上，宗教对社会各阶层都产生了非常深刻的影响。各种名目繁多的宗教竞相以行幻术而产生的种种神异现象来令人信服，以便提高在社会上的竞争力和生存状态，这样就使得幻术成为在当时社会上十分常见的一种宗教传播手段与娱乐方式。如佛教就善用幻术来吸引与劝诱人们，"在印度，幻术既是佛教宣传教义的一种方式，也是印度人认识世界的一种思维方式"②。所以，佛经中有大量以幻术来阐释佛法的故事，西晋月氏国三藏竺法护译《佛说幻士仁贤经》就说：

> 是时王舍城中，有一幻士名曰颰陀（晋言仁贤）。明经解术，晓了幻伎。所作巧黠，多所喜悦。所兴如意，名闻于远。其摩竭诸余幻者，皆所不及。所至到处，最上第一。除诸见谛清净士女得法忍者，一切人民莫不倾侧。如所言者，无不迷惑。随未曾有法，而以此幻邪行之术，得众利养。

东晋西域沙门竺昙无兰译《佛说水沫所漂经》也说：

> 黠慧幻师及幻师弟子，在众人前自现幻术。

佛教常将水平较高的悟法得道大师称作"大幻师"、"工幻师"或"巧幻师"③。如大幻师，见《大般涅槃经》卷三十："沙门瞿昙是大幻师，诳惑天下，遍六大城。譬如幻师作四兵，所谓车兵、马兵、象兵、步兵。又得幻作种种璎珞、城郭、宫宅、河池、树木。"大幻师也是佛之德名，佛说幻化之事，能为幻化之事，故称幻师，又称大幻师。④ 工幻师，见《楞伽阿跋多罗宝经》卷一："如工幻师，依草木瓦石作种

---

① ［古代阿拉伯］伊本·胡尔达兹比赫：《道里邦国志》，宋岘译注，中华书局1991年版，第75—76页。
② 蒋述卓：《佛教对艺术真实论的影响》，《文艺理论研究》1991年第1期。
③ 王仲尧：《论佛图澄及其社会政治实践——兼及佛教在中国的政治适应性问题》，《法音》1994年第7期。
④ 丁福保：《佛学大辞典》，上海书店1991年版，第381页。

种幻。"巧幻师,见《华严经》卷二:"譬如巧幻师,幻作种种相。佛智亦如是,现代量难思。"佛教认为,一切诸法,都空无实性,如幻如化。所谓幻即幻现,化即变化,二者都是假而非真,空无有实,故以幻来喻解"法空"①。这种思想,在佛经中随处可见,如《楞严经》云:"诸幻化相,当生处生,当灭处灭";《道行般若经》也曰:"诸法如幻","幻如人,人如幻"。因此运用幻术对众生进行教化,就成为从佛陀以来一直沿用的善巧方便说法。由此也可以看出,幻术在印度古代社会生活中具有非常重要的影响。

第二节　天竺幻术在唐朝的传播

在《法苑珠林》留下的两条有关王玄策观赏天竺幻术的资料中,有一条开头先讲了贞观二十年(646年),"西国有五婆罗门来到京师,善能音乐、祝术、杂戏、截舌、抽腹、走绳、续断",然后才描述了王玄策等使人在印度受到"西国天王"的招待,观赏了天竺幻术的情形。这样的记载方式是颇有意思的。据冯承钧先生研究,王玄策第一次使印是在贞观十七年(643年)出发的,返回的时间也正好是贞观二十年(646年)。② 笔者认为,这并不是一个偶然的时间巧合。众所周知,这次出使,王玄策是作为李义表的副使,"送婆罗门客还国"③。在其返回时,完全有可能"西国"又派遣了五位精通幻术的婆罗门随行来唐。另外,从其往返的路线来看,一般认为是取道吐蕃—泥婆罗道。④ 据另一条资料记载,这个招待王玄策等使人观赏天竺幻术的"西国",就是从吐蕃—泥婆罗道进入南亚后的交通枢纽婆栗阇国。因此,我们完全有理由相信这五位西国(也即婆栗阇国)婆罗门是随王玄策等人来唐的。换言之,王玄策使印促进了天竺幻术在唐朝的传播。

---

① 夏广兴:《佛教与隋唐五代小说——隋唐五代佛教之流布与汉译佛典对小说创作之影响》,陕西人民出版社2004年版,第357页。
② 冯承钧:《王玄策事辑》,见氏著《西域南海史地考证论著汇编》,中华书局1957年版,第102—128页。
③ 《法苑珠林校注》卷二十九《伽蓝篇·圣迹部》,第2册,第911页。
④ 李宗俊:《唐敕使王玄策使印度事迹新探》,《西域研究》2010年第4期。

第十一章　王玄策使印与天竺幻术在唐朝的传播

关于天竺幻术入唐，季羡林先生曾说："在有关唐代的典籍中，有时候可以找到印度杂技和幻术传入中国的记载。……印度的杂技和幻术在初唐曾传入中国。"① 为了证明这一点，季先生还引证了王玄策在婆栗阇国观赏天竺幻术的史料。美国著名汉学家谢弗（Edwar H. Schafer）在《撒马尔罕的金桃——唐朝的舶来品研究》（*The Golden Peaches of Samarkand, A study of Tang Exotics*，汉译本改称《唐代的外来文明》）中也说："幻人、走绳伎、柔软伎、吞火者以及侏儒伎等，各种各样的艺人的表演都被称作'散乐'。许多散乐艺人都是从突厥斯坦和印度进入唐朝各地的城市中的。"②

不过，从相关记载来看，印度幻术很早就开始传入中国了。据十六国时期前秦人王嘉《拾遗记》载：

> （周成王）七年，南陲之南，有扶娄之国。其人善能机巧变化，易形改服。大则兴云起雾，小则入于纤毫之里。缀金玉毛羽为衣裳。能吐云喷火，鼓腹则如雷霆之声。或化为犀、象、狮子、龙、蛇、犬、马之状，或变为虎、兕，口中生人，备百戏之乐，宛转屈曲于指掌间。人形或长数分，或复数寸，神怪欻忽，衒丽于时。乐府皆传此伎，代代不绝，故俗谓婆候伎。③

又据《列子·周穆王篇》记载：

> 周穆王时，西极之国有化人来，入水火，贯金石，反山川，移城邑，乘虚不坠，触实不硋。千变万化，不可穷极。④

"化人"即"幻人"，汉代又称之为"眩人"，也即善变奇幻之人。这两

---

① 季羡林：《中印文化交流简史》，见氏著《佛教与中印文化交流史》，江西人民出版社1990年版，第179页。
② ［美］谢弗：《唐代的外来文明》，吴玉贵译，中国社会科学出版社1995年版，第114页。
③ （前秦）王嘉撰，（梁）萧绮录、王根林校点：《拾遗记》卷二，见《汉魏六朝笔记小说大观》，上海古籍出版社1999年版，第506—507页。
④ 杨伯峻撰：《列子集释》，中华书局1979年版，第91页。

条记载中的幻术表演者都是来自外域,一个是南来的"扶娄国",另一个是西来的"西极国"。关于"扶娄国",据谢光先生考证,大约是位于今泰国春武里和巴真武里一带的3000年前的古国。① 又有人认为扶娄国即印度,因其在南陲之南,其伎又称"婆候伎",与"婆罗伎"音相近。② 关于西极之国,钱钟书先生曾引南宋时人叶大庆《考古质疑》卷六以"化人"来自"西极",又厌憎王之"宫室"、"厨馔"、"嫔御",乃揣度曰:"其佛欤?与宣律师《传》所谓周穆王时,佛法至中国之说吻合。"因此他也认为是印度③。无论如何,此二国与后来印度幻术入华的南北两条路线——南方海上丝绸之路与西北陆上丝绸之路——的方向正好吻合。此二国幻人所表演的"易形改服"、"兴云起雾"、"吐云喷火"、"变人为兽"、"入水火"、"贯金石"、"反山川"、"移城邑"、"乘虚不坠"、"触实不硋"等节目,正是传统印度幻术的一些内容。这说明,中国幻术从一开始就受到了外来文化的影响。

到秦汉时期,随着丝绸之路的开通和佛教的东来,印度幻术开始正式传入中国。据《旧唐书·音乐志》载:

> 大抵"散乐"杂戏多幻术,幻术皆出西域,天竺尤甚。汉武帝通西域,始以善幻人至中国。安帝时,天竺献伎,能自断手足,刳剔肠胃,自是历代有之。④

"断手足"、"剔肠胃"是中古时期非常流行的两个著名的苦刑幻术。此外,还有吞刀、吐火、屠人、杀马、自支解、种瓜、水人弄蛇等幻术,大都来自于南亚的印度。⑤ 东汉时期还有一个"鱼龙变"(又称"激水化鱼龙"或"黄龙变")的幻术,据《晋书·乐志》记载:"后汉正旦,天子临幸德阳殿受朝贺。舍利从西方来,戏于殿前,激水化成比目鱼,跳跃漱

---

① 谢光:《扶娄国考——春武里和巴真武里三千年前的古国》,载氏著《泰国与东南亚古代史地丛考》,中国华侨出版社1997年版,第3—13页。
② 傅起凤、傅起龙:《中国杂技史》,上海人民出版社2004年版,第152页。
③ 钱钟书:《管锥篇》第二册《列子张湛注九则》四,中华书局1979年版,第488页。
④ 《旧唐书》卷二十九《音乐志》二,中华书局1975年版,第4册,第1073页。
⑤ 傅起凤、傅起龙著:《中国杂技史》,上海人民出版社2004年版,第61—62页。

水，作雾翳日。毕，又化成龙，长八九丈，出水游戏，炫耀日光。"① 这个从西方来的"舍利"，单从名字来看，就带有浓厚的印度佛教的特色。因此，这个幻术应该也是来自于印度。另外，还有一个称"曼延"（也作"漫衍"、"曼衍"、"蔓延"或"蝫蜒"）的幻术，是由一系列鸟兽变幻组成的综合性幻术，有"白象行孕"、"舍利颭颭"、"水人弄蛇"等许多环节，"奇幻倏忽，易貌分形"②。这个幻术也是来自印度。由于这两个幻术的内容相近，经常在一起表演，所以合称"鱼龙曼延"③。

到魏晋南北朝时期，随着佛教大举进入内地并得到广泛的传播，印度幻术也源源不断地传入中国。《搜神记》卷二《天竺胡人》条就记载了一个来自印度的幻师在江南流浪作艺的神奇经历：

> 晋永嘉中（307—313 年），有天竺胡人，来渡江南。其人有数术，能断舌复续、吐火，所在人士聚观。将断时，先以舌吐示宾客，然后刀截，血流覆地。乃取置器中，传以示人。视之，舌头半舌犹在。既而还取，含续之，坐有顷，坐人见舌则如故，不知其实断否。其续断，取绢布，与人各执一头，对剪，中断之。已而取两段合视，绢布还连续，无异故体。时人多疑以为幻，阴乃试之，真断绢也。其吐火，先有药在器中，取火一片，与黍糖合之，再三吹呼，已而张口，火满口中，因就蓺取以饮，则火也。又取书纸及绳缕之属投火中，众共视之，见其烧蓺了尽。乃拨灰中，举而出之，故向物也。④

这个故事描述了"天竺胡人"所表演的四个魔术节目：断舌再续、断绢复连、焚物复故、吐火。这些节目延续了古印度幻术的传统风格，而又有所发展，其表演手法与现代魔术有许多相似之处，对中夏幻术产生了很大的影响。西晋末年来华的印度高僧佛图澄（232—348 年）也是一位幻术

---

① 《晋书》卷二十三《乐志》下，中华书局1974年版，第3册，第718页。又据《通典》卷七十《礼典·嘉礼》引汉蔡质《汉仪》作"舍利兽"，中华书局1988年版，第2册，第1928页。

② （东汉）张衡：《西京赋》，见《文选》卷二，岳麓书社2002年版，上册，第37页。

③ 参见王永平《游戏、竞技与娱乐——中古社会生活透视》，中华书局2010年版，第102页。

④ （晋）干宝撰，汪绍楹校注：《搜神记》卷二，中华书局1979年版，第23页。

大师，后赵主石勒召见他时，他为了向石勒宣传佛教，曾从钵中变出青莲花。① 十六国后秦时来华的另一位印度高僧鸠摩罗什（344—413年）也是一位幻术大师，他为了说服僧众遵守戒律，曾当众表演吞针幻术；为了揭露外国道人骗取病人钱财的行径，他又将烧成灰烬的五色丝绳投入水中复原如初。② 这些印度幻术的传入，不仅有助于佛教的传播，也使中国人大开眼界。

到唐代，随着唐初王玄策数度使印，开启了中印文化大交流时代的到来。王玄策在西国婆栗阇国观赏到的天竺幻术，诸如"五女戏"、绳技、截舌、抽肠、自缚自解等，纷纷传入唐朝，名闻中夏。

五女戏，"其五女传弄三刀，加至十刀"。这是一个类似于中国古代的"弄丸、跳剑"类的集体抛掷杂耍节目。唐代被归于宫廷乐舞立部伎中，白居易的讽喻诗《立部伎》就说："立部伎，鼓笛喧。舞双剑，跳七丸。"③ 元稹在同名诗题《立部伎》中称为"胡部新声锦筵坐"，"《法曲》胡音忽相和"④。法曲，又名法乐，因用于佛教法会而得名，原为含有外来音乐成分的西域各族音乐。大约是在表演"弄丸、跳剑"类节目时的伴奏音乐，这说明此类杂戏仍然保留了一些外来文化影响的痕迹。

绳技，"腾空走索，履屐绳行，男女相避，歌戏如常。或有女人手弄三伎（仗）刀矟（楯）枪等，掷空手接，绳走不落"。绳技是一种在高空绳索上表演各种平衡腾跃等惊险动作的杂技项目。绳技早在汉代就传入中国，到唐代时特别流行。每逢重大节日或朝会，朝廷通常都要举行包括绳技在内的幻术、百戏表演。汉唐时期流行的绳技，据《隋书·音乐志》载："以绳系两柱，相去十丈，遣二倡女，对舞绳上，相逢切肩而过，歌

---

① （梁）释慧皎撰，汤用彤校注：《高僧传》卷五《佛图澄传》，中华书局1992年版，第346页。

② 罗什吞针，见《晋书》卷九十三《艺术传·鸠摩罗什传》载：后秦主姚兴以伎女十人，逼令罗什受之，"尔后不住僧坊，别立解舍，诸僧多效之。什乃聚针盈钵，引诸僧谓之曰：'若能见效食此者，乃可畜室耳。'因举匕进针，与常食不别，诸僧愧服乃止"。中华书局1974年版，第8册，第2502页。五色丝复原，见《高僧传》卷二《鸠摩罗什传》："（罗什）乃以五色系作绳结，烧为灰末，投水中，……须臾，灰聚浮出，复原本形。"第51页。

③ （唐）白居易著，朱金城笺校：《白居易集笺校》卷三，上海古籍出版社1988年版，第1册，第150页。

④ （唐）元稹撰，冀勤点校：《元稹集》卷二十四，中华书局1982年版，上册，第284页。

舞不辍。"① 唐代诗人刘言史《观绳伎》诗也描写道:"重肩接立三四层,著屐背行仍应节。两边丸剑渐相迎,侧身交步何轻盈。闪然欲落却收得,万人肉上寒毛生。危机险势无不有,倒挂纤腰学垂柳。"② 综合这两段资料,可以看出表演者在绳上一边不停地歌舞,一边表演各种高难度动作,他们一会儿相向而来,侧身而过,一会儿又在绳上倒立、叠罗汉达"三四层"之多,甚至穿木屐倒行等;难度最大的是在绳上弄丸、跳剑,只见两个表演者在绳上边走边手抛丸、剑,相向而来,侧身而过,似乎在一闪身之间就要跌落下来,又忽然收起,表演丝毫也没有受到影响,倒是将观众吓得寒毛直竖。这样惊险的表演,既保留了印度绳技的特点和内容,又反映了唐代绳技艺术的高超水平。

截舌、抽肠为虐刑幻术,属于此类幻术的还有断头、断手足以及上刀山、下火海之类,等等。就在王玄策第二次使印归来后不久,此类幻术就出现在唐朝的节庆表演活动中。显庆元年(656年)正月,唐高宗登临安福门楼观看大酺,有天竺艺人表演以剑刺肚和以刀割舌等幻术,高宗不忍,乃下诏曰:"如闻在外有婆罗门胡等,每于戏处,乃将剑刺肚,以刀割舌,幻惑百姓,极非道理。宜并发遣还蕃,勿令久住。仍约束边州,若更有此色,并不须遣入朝。"③ 但是,这道诏令并没有能够阻止住此类天竺幻术的传入。"睿宗时,婆罗门献乐,舞人倒行,而以足舞于极铦刀锋,倒植于地,低目就刃,以历脸中,又植于背下,吹筚篥者立其腹上,终曲而亦无伤。又伏其手,两人蹑之,旋身绕手,百转无已。"④ 德宗时,张延赏任剑南节度使(779—785年),有一个从天竺来的游方僧人难陀,据说得如幻三昧,能入水火,贯金石而不伤,变化无穷。他能将筇竹杖化为女尼,含睇调笑,逸态绝世,并能饮酒踏歌,徐进对舞,曳绪回雪,迅赴摩跌,技艺绝伦。他还在酒宴上表演断头术,将自己的头颅割下钉在屋柱上,而身体仍坐饮不辍,将酒直接倒入腔腹,"面赤而歌,手复抵节"。饮毕,自起取头颅安于腔上,头颅完好如初,了无痕迹。他还能预言吉凶,当他要离开成都时,百姓闭门苦留,他遂走入墙角,"百姓遽牵,渐

---

① 《隋书》卷十五《音乐志》下,中华书局1973年版,第380页。
② 《全唐诗》卷四六八,中华书局1960年版,第14册,第5323页。
③ 《册府元龟》卷一五九《帝王部·革弊一》,中华书局1960年影印版,第2册,第1921页上栏。
④ 《旧唐书》卷二十九《音乐志》二,第3册,第1073页。

入,唯余袈裟角,顷亦不见"①。在这段传说中,这位天竺僧人精通多种幻术,如入水火、贯金石、化竹为尼、断首再续、隐身术,等等。此类胡僧在唐时多有所见,如唐末蜀将王宗信携妓十余人,于禅院占据僧房寝息。时有胡僧通幻术,将诸姬一一提入炉中,"宛转于炽炭之上,宗信忙遽救之。及离火,衣服并不焦灼。又一姬飞入如前,又救之。顷之,诸妓或出或入,各迷闷失音。有亲吏隔驿墙,告都招讨使王宗俦。宗俦至,则徐入,一一提臂而出。视之,衣裾纤毫不毁,但惊悸不寐。讯之,云:'被胡僧提入火中。'所见皆同"②。这种俗称"入火海"的幻术,大概是因为胡僧不满这些男男女女们霸占僧房,而用幻术和他们开了一个玩笑。

自缚自解幻术最早见于鱼豢《魏略》:"大秦国俗多奇幻,口中出火,自缚自解,跳十二丸,巧妙非常。"③ 大秦一般认为是指罗马帝国,但冯承钧先生认为这里所说的大秦是指《新唐书·地理志》引贾耽入四夷道中所记的"大秦婆罗门国"④。又据唐人樊绰《蛮书》卷十载:"大秦婆罗门国,在永昌西北,正东与弥诺江安西城楼接界。"⑤ 其地或以为在今印度东北部的曼尼普尔(Manipur)一带,或以为在今阿萨姆(Assam)北部以西以至于恒河流域,为古代东西交通要道。所以冯承钧先生认为这些幻人也都是从印度来的。⑥

关于吐火术从印度传入中国,初唐即有记载,据李冗《独异志》述:"高祖时有西国胡僧,能口吐火,以威胁众。"⑦《旧唐书·武宗纪》也载

---

① (唐)段成式撰,方南生点校:《酉阳杂俎》前集卷五《怪术》,中华书局1981年版,第54页。
② 《太平广记》卷三六六《王宗信》引《王氏见闻》,中华书局1961年版,第8册,第2912—2913页。
③ 《后汉书》卷八十八《西域传·大秦国》注引,中华书局1965年版,第10册,第2920页。
④ 《新唐书》卷四十三下《地理志》七下,第4册,第1152页。
⑤ (唐)樊绰著,赵吕甫校释:《云南志校释》卷十《南蛮疆界接连诸番夷国名》,中国社会科学出版社1985年版,第321—323页。
⑥ 冯承钧:《王玄策事辑》,见氏著《西域南海史地考证论著汇编》,中华书局1957年版,第102—128页。
⑦ (唐)李冗撰,萧逸校点:《独异志》卷上,见《唐五代笔记小说大观》,上海古籍出版社2000年版,上册,第921页。

史臣言："身毒西来之教，……以吐火吞刀之戏，乍观便以为神。"① 唐末王棨曾作有《吞刀吐火赋》，描述了天竺艺人表演吞刀吐火术时的情形："吞刀之术斯妙，吐火之能又玄。咽却锋铓，不患乎洞胸达腋；嘘成赩赫，俄惊其飞焰浮烟。原夫自天竺来时，当西京暇日。骋不测之神变，有非常之妙术。……于是叱咤神厉，舒气恣。旁驾肩而孰不观也。忽攘臂而人皆异之。俄而精钢充腹，炽烈交颐。罔有剖心之患，曾无烂额之疑。寂影灭以光沈，霜锋尽处；炯霞舒而血喷，朱焰生时。素刈兮倏去于手，红光兮遽腾其口。"作者惊叹此术"道冠幻人，名倾术士"。甚至于连传统的吞针、噀酒等幻术都不及它精彩。② 由此可以看出，天竺艺人的表演给唐人留下了非常深刻的印象。

古代印度还有一种变人为兽、变兽为人的幻术，是利用道具进行表演的。此类幻术往往带有非常浓厚的神秘色彩，在印度神话中经常有通过咒术将人变形为畜的故事，这在佛典中经常可以见到。如后秦竺佛念译《出曜经》卷十五《利养品》下就记载了这样一个故事：从前有一个侨居在南天竺的人，他的同伴和一个被下了婆罗门咒术的女人私通，结果变成了驴，想回家也不能。幸得同伴指点，食用了一种生长在南山顶的遮罗波罗草，才变还人形。精通此类幻术的婆罗门僧也来到唐朝，将这类幻术传入。如唐代宗时，监察御史柳并到岭南办案，遇一胡僧，"投皮与僧衣之，便作虎状，哮吼怒目，光如电掣，跳跃掰扯。良久，复为人形"③。类似的人化为兽、兽化为人的故事在唐人志怪小说中还有许多，其情节非常离奇，大约都是利用了道具表演的一种幻术。

小　结

印度幻术历史悠久，内容丰富，很早就开始传入中国。秦汉时期，随着丝绸之路的正式开通和佛教的东传，印度幻术就已经来到中夏。唐代是中西交通空前畅通和中外文化交流异常繁荣的重要时期，唐初敕使王玄策数度使印，曾先后取道"吐蕃—泥婆罗—印度道"，成为开通该道的先

---

① 《旧唐书》卷十八上《武宗纪》，第2册，第611页。
② 《全唐文》卷七七〇，中华书局1983年影印版，第8册，第8021—8022页。
③ 《太平广记》卷四三三《柳并》引《原化记》，第9册，第3511页。

驱。他在印度不但受到西国（婆栗阇国）的热情接待，观赏了精彩的天竺幻术，而且还促进了印度幻术在唐朝的传播。就在他使印之后不久，天竺幻术就开始源源不断地大举传入内地，对中国乃至整个东亚的幻术都产生了很大的影响。天竺幻术在传入唐朝以后，经过艺术家们的照搬、吸收和改造，又加入了中国本民族的艺术特色，然后东传朝鲜、日本等国，对世界文化的传播和发展做出了重要的贡献。

第十二章

印度长生术与长生药的东传
——以唐初二帝服饵丹药为中心

在中古史上，唐代诸帝多饵丹药，是一个产生了重大社会影响的历史文化现象。清人赵翼在《廿二史札记》中曾专列一条目予以评述，① 今人也发表了许多很好的见解。② 传统观点大都认为，唐代诸帝服食丹药的原因主要是迷信道教长生服饵之说，"初唐诸帝之中，以太宗、高宗为最"③。然而考诸史籍，这种观点却大有可商榷之处。笔者也曾讨论过唐代诸帝服饵丹药之事，指出来自印度的那罗迩娑婆和卢伽阿逸多，为太宗、高宗炼制长生延年药的史实④；其后，又有学者相继进行了发微，肯定了唐初二帝所迷恋的丹药与印度长生药之间的密切关系⑤。笔者拟在此基础之上，

---

① （清）赵翼著，王树民校证：《廿二史札记校证》卷十九《唐诸帝多饵丹药》，中华书局1984年版，上册，第398页。

② 李斌诚先生对此问题发表过许多论著，主要有：《唐人的神仙信仰》，中国唐史学会第五届年会论文，1993年；《唐人的道教生活》，见《春史卞麟锡教授还历纪念唐史论丛》，庆北大丘图书出版社1995年版。

③ 任继愈主编：《中国道教史》，上海人民出版社1990年版，第425页。又参见卿希泰主编《中国道教史》第二卷，四川人民出版社1992年版，第54—61页。

④ 笔者早在1995年完成的博士学位论文《道教与唐代政治》（首都师范大学）中就对此问题进行过阐述（第150—160页），其后又在《历史研究》1999年第4期发表的《试释唐代诸帝多饵丹药之谜》作了进一步的论述，到2002年出版《道教与唐代社会》（首都师范大学出版社）一书，也对这一问题进行了深入的探讨（第414—431页）。

⑤ 黄心川：《唐孝敬皇帝之死与印度顺世论的关系——唐初朝廷向印度寻求长生不死之药史迹考》，见白化文等编《周绍良先生欣开九秩庆寿文集》，中华书局1997年版，第59—63页。孙修身：《印度方士那罗迩娑婆寐合长生药事》、《婆罗门卢迦溢多合药事考证》，见氏著《王玄策事迹钩沉》，新疆人民出版社1998年版，第241—248页。陈明：《仙药长命——西域长年方与唐代长年婆罗门的制药》，见氏著《殊方异药：出土文书与西域医学》第六章，北京大学出版社2005年版，第107—125页。葛承雍：《唐长安印度人之研究》，见《唐韵胡音与外来文明》，中华书局2006年版，第112—129页。

作进一步的深入探讨,以期揭示印度长生术与长生药的东传对唐代服饵术的影响。

第一节 唐太宗与那罗迩娑婆

那罗迩娑婆（又作那罗迩娑婆寐,梵文 Narayanasvamin）是一位来自印度的长年婆罗门僧,正是他为唐太宗炼制的延年药,致使太宗服食之后不治身亡。据《旧唐书》卷三《太宗纪》下贞观二十二年（648年）载:

> 五月庚子,右卫率长史王玄策击帝那伏帝国,大破之,获其王阿罗那顺及王妃、子等,虏男女万二千人、牛马二万余以诣阙。使方士那罗迩娑婆于金飚门造延年之药。

王玄策是唐代杰出的外交家,唐初曾数度敕使印度而建功异域。这次俘获帝那伏帝国王阿罗那顺是在他第二次出使时发生的事情,那罗迩娑婆也是这次随唐使入华的。[①]

唐太宗本来不相信神仙之说,他曾嘲笑秦皇、汉武的求仙举动。贞观元年（627年）十二月壬午,他对大臣说:"神仙事本是虚妄,空有其名。秦始皇非分爱好,遂为方士所诈,乃遣童男童女数千人,随徐福入海求仙药。方士避秦苛虐,因留不归。始皇犹海侧踟蹰以待之,还至沙丘而死。汉武帝为求仙,乃将女嫁道术人,事既无验,便行诛戮。据此二事,神仙不烦妄求也。"[②] 他还曾说:"忠良可接,何必海上神仙。"[③] 可见他对长生求仙之事的虚妄性是有较为清醒的认识的。但是,由于长期的戎马征战和国事操劳,极大地损害了他的健康,加之李唐皇室可能还有一种家族遗传疾患"气疾"或"风疾"[④],导致太宗很早就出现了疾病缠身的状况。具体情况见下表6。

---

① 孙修身:《印度方士那罗迩娑婆寐合长生药事》,见氏著《王玄策事迹钩沉》,新疆人民出版社1998年版,第241页。

② 《旧唐书》卷二《太宗纪》上,中华书局1975年版,第1册,第33页。又据吴兢《贞观政要》卷六《慎所好》作贞观二年,上海古籍出版社1978年版,第196页。

③ 《全唐诗》卷一唐太宗《帝京篇》十首序,中华书局1960年版,第1册,第1页。

④ 参见王永平《试释唐代诸帝多饵丹药之谜》,《历史研究》1999年第4期。

表 6　　唐太宗疾病缠身情况

年　代	病　情	出　处
贞观二年 （628年）	八月癸巳，公卿建议："依礼，季夏之月，可以居台榭。今隆暑未退，秋霖方始，宫中卑湿，请营一阁以居之。"太宗不许，曰："朕有气病，岂宜下湿？若遂来请，糜费良多。……岂谓为民父母之道也"。	《旧唐书》卷二《太宗纪》上
六年 （632年）	正月，将幸九成宫，姚思廉进谏，太宗曰："朕有气疾，暑辄顿剧，往避之耳"。	《资治通鉴》卷一九四。又据《贞观政要》卷二《纳谏》作贞观七年
十年 （636年）	上得疾，累年不愈，后（长孙皇后）侍奉，昼夜不离侧。常系毒药于衣带，曰："若有不讳，义不独生。"后素有气疾，……由是疾遂甚。	《资治通鉴》卷一九四太宗贞观十年六月条
十一年 （637年）	二月丁巳，太宗下诏，谈到了生死问题以及对后事的安排，告诫子孙"务从节俭"。	《旧唐书》卷三《太宗纪》下
十九年 （645年）	十二月，太宗东征高丽失败，班师还朝。在途中，"上病痈，御步辇而行。戊申，至并州，太子为上吮痈，扶辇步从者数日"。	《资治通鉴》卷一九八
二十年 （646年）	三月，还至京师，"上疾未全平，欲专保养"。诏军国机务并委皇太子处决。太子于听政之余，入侍药膳，不离左右。其后，病情有所好转，又于八月行幸灵州，招抚漠北铁勒诸部。十月，还京，"上以幸灵州往还，冒寒疲顿，欲于岁前专事保摄"。	《资治通鉴》卷一九八
二十一年 （647年）	三月，"上得风疾，苦京师盛暑"。四月，公卿上言请修终南山太和废宫以清暑。手诏曰："比者风虚颇积，为弊至深，况复炎景蒸时，温风铿节，沉疴属此，理所不堪，久欲追凉，恐成劳扰。今卿等有请，即相机行。"因改为翠微宫。七月，又以翠微宫险隘，不能容百官，诏更营玉华宫于坊州宜君县之凤凰谷，"意在清凉，务从俭约"。他在诏书中说明建理由时曰："频年已来，忧劳烦结，暨于兹岁，风疾弥时。嗟乎！济世之心，患攒躬而靡制；摩天之力，痛沉已而难移。重以景炽流金，风扬海暑，遵回几席，旭暮增烦，俯仰岩廊，寝兴添弊，唯冀廓景延凉，荡兹虚惫。"	《资治通鉴》卷一九八；《唐会要》卷三十《太和宫、玉华宫》；《唐大诏令集》卷一〇八《建玉华宫于宜君县凤凰谷诏》

续表

年 代	病 情	出 处
二十二年（648年）	二月，"亟犯风霜，疾缠于腠理。每至隆曦届候，大火摘芒。虽对寒泉，如升头痛之阪；或居珍簟，若涉炎火之林。""当时以为清凉胜于九成宫"。	《唐大诏令集》卷一〇八《玉华宫成曲赦宜君县制》，《元和郡县图志》卷三《关内道三·坊州宜君县》
二十三年（649年）	四月乙亥，行幸翠微宫，"上苦利增剧，太子昼夜不离侧。"己巳，上崩。	《资治通鉴》卷一九九

由表6可知，太宗早在30岁左右时，就已经罹患"气疾"，而且在贞观十年（636年）前后其病情可能曾一度非常危重，以至长孙皇后都感到非常绝望；到晚年又转成严重的"风疾"。其症状是畏暑怕热，喜清凉。所以，至晚从贞观七年（633年）开始，太宗就已经注意服食养生。具体情况见表7所示。

表7　　　　　　　　唐太宗服食养生情况

年代	养生内容	出处
贞观七年（633年）	河南府颍阳县，"倚箔山有钟乳，贞观七年采"。	《新唐书》卷三十八《地理志》
十七年（643年）	诏洞庭山道士胡隐遥入内殿，"问摄生之道"；幸名医甄权家，"视其饮食，访以药性"，权善治各种风疾。	《历世真仙体道通鉴》卷二十九，《旧唐书》卷一九一《方伎·甄权传》
二十一年（647年）	正月，高士廉卒，太宗欲亲临吊丧，"房玄龄以帝饵金石，谏不宜近丧"。	《新唐书》卷九十五《高俭传》
二十二年（648年）	是时（王玄策）就其国得方士那罗迩娑婆寐，自言寿二百岁，云有长生之术。太宗深加礼敬，馆之于金飚门内，造延年之药。令兵部尚书崔敦礼监主之，发使天下，采诸奇药异石，不可称数。延历岁月，药成，服竟不效，后放还本国。	《旧唐书》卷一九八《西戎传·天竺国》
贞观中	上以气痢久未瘥，服名医药不应，因诏访求其方。有卫士进黄牛乳煎荜茇方，御用有效。	《本草纲目》卷十四"荜茇"条云：宋人苏颂引《唐太宗实录》言

由表 7 可知，太宗早在贞观七年（633 年）36 岁时，就命人在河南府颍阳县（今河南省登封市颍阳镇）采钟乳，以为贡品。此举显然是为了满足太宗服食养生之需。据说此地所产钟乳品质甚佳，在隋朝时就是贡品。① 十七年（643 年），又以太子右庶子高季辅上疏切谏时政得失，特赐钟乳一剂，曰："（卿）进药石之言，故以药石相报。"而高季辅也正是因为身患风疾，而于高宗永徽二年（651 年）废疾于家，最后病卒的。②

钟乳，又名石钟乳，向来为道家和养生家所重视，被视作药石中之上品。据孙思邈《千金翼方》言："石钟乳，味甘，温，无毒。主咳逆上气，明目益精，安五脏，通百节，利九窍，下乳汁，益气，补虚损，疗脚弱疼冷，下焦肠竭，强阴。久服延年益寿，好颜色，不老，令人有子。不炼，服之令人淋。一名公乳，一名芦石，一名夏石。生少室山谷及太山，采无时。"③ 太宗下令进贡钟乳的颍阳县就位于嵩岳少室山范围之内。孙氏在书中还专设有《飞炼》一卷，首列"飞炼研煮钟乳及和草药服疗"六首：一曰炼钟乳法，可镇心益气；二曰研钟乳法，丸散任意服之；三曰崔尚书乳煎钟乳，主治积冷上气，坐卧不得，并疗风虚劳损，腰脚弱，补益充悦强气力方，纳牛乳一大升煎之；四曰服钟乳酒方；五曰草钟乳丸方，曹公方主五劳七伤，损肺气急，主疗丈夫衰老，阳气绝，手足冷，心中少气，髓虚腰疼脚痹，身烦口干，不能食。服之安五脏，补肠胃，能息万病，下气消食，长肌和中方，炼蜜丸服用；六曰服软生乳方，此乳力减者倍服之，永不发。④ 又《千金要方》卷二十七《养性·服食法》记有："钟乳散，治虚羸不足，六十以上人瘦弱不能食者，百病方"；又同书同卷《房中补益》说："人年四十以下多有放恣，四十以上即顿觉气力一时

---

① （唐）李吉甫撰，黄次君点校：《元和郡县图志》卷五《河南道·河南府颍阳县》，中华书局 1983 年版，上册，第 138 页。
② 《旧唐书》卷七十八《高季辅传》，中华书局 1975 年版，第 8 册，第 2703 页。
③ （唐）孙思邈撰，朱邦贤等校注：《千金翼方校注》卷二《本草上·玉石部上品》，上海古籍出版社 1999 年版，第 30 页。
④ （唐）孙思邈撰，朱邦贤等校注：《千金翼方校注》卷二十二《飞炼》，上海古籍出版社 1999 年版，第 605—606 页。

衰退。……人年四十以上，常服钟乳散不绝，可以不老。"① 虽然不知太宗所服食的钟乳为何方，但据其所患气疾、风疾之症状来看，采用第三、五方的可能性较大。有论者以为，中医草药多用水来煎服，印度用药特点则多用牛乳、蜜、酥等为主而水为辅来煎煮，② 这正是此二方炼制的特点，看来太宗所采用的这两个方子显然有受来自印度的制药之法的影响。并且在他服食钟乳之后，大概还是产生了一定的效果的，所以他才会将钟乳当作养生佳品赏赐给大臣。③

还有论者根据太宗气痢久未痊愈而采用黄牛乳煎荜茇方的记载，考证出其方实际上也是来源于印度。④ 据《酉阳杂俎》载："荜拨，出摩伽陀国，呼为荜拨梨，拂林国呼为阿梨诃咃。苗长三四尺，茎细如箸，叶似蕺叶，子似桑椹，八月采。"⑤ 荜茇（梵语 pippali），即长胡椒。在印度，用作治疗腹泻、痢疾有着悠久的历史，许多梵文医典，如《鲍威尔写本》、《医理精华》和于阗出土的梵语于阗语双语医典《耆婆书》中都有记载。⑥ 此方也见于《千金翼方》卷十二《养性·养老食疗》："服牛乳补虚破气方。牛乳三升，毕拨半两，末之绵裹。上二味，铜器中取三升水，和乳合，煎取三升，空肚，顿服之，日一。二七日，除一切气。慎面、

---

① （唐）孙思邈著，李景荣等校释：《备急千金要方校释》卷二十七《养性·服食法、房中补益》，人民卫生出版社 1998 年版，第 587—589 页。又同书卷二十四《解毒并杂治·解五石毒》曰："人不服石，庶事不佳，恶疮疥癣，瘟疫疟疾，年年常患，寝食不安，兴居常恶，非止己事不康，生子难育。所以石在身中，万事休养，要不可服五石也。人年三十以上，可服石药，若素肥充，亦勿妄服；四十以上，必须服之；五十以上，三年可服一剂；六十以上，二年可服一剂；七十以上，一年可服一剂。又曰：人年五十以上，精华消歇，服石犹得其力；六十以上转恶，服石难得力。所以常须服石，令人手足温暖，骨髓充实，能消生冷，举措轻便，复耐寒暑，不著诸病，是以大须服。"第 518 页。
② 邓来送：《论佛教医药对中医药的影响》，《五台山研究》2005 年第 1 期。
③ 孙思邈曾以自己的亲身体验，说明服食钟乳的益处，曰："石药为益，善不可加。余年三十八九尝服五六两乳，自是以来深深体悉，至于将息节度，颇识其性，养生之士宜留意详情。"见孙思邈著，李景荣等校释《备急千金要方校释》卷二十四《解毒并杂治·解五石毒》，人民卫生出版社 1998 年版，第 518—519 页。
④ 温翠芳：《唐太宗治气痢方与印度医学之关系》，《中国文化研究》2006 年秋之卷。
⑤ （唐）段成式撰，方南生点校：《酉阳杂俎》前集卷十八《木篇》，中华书局 1981 年版，第 179 页。
⑥ 陈明：《仙药长命——西域长年方与唐代长年婆罗门的制药》，见氏著《殊方异药：出土文书与西域医学》第六章，北京大学出版社 2005 年版，第 107—125 页。

第十二章 印度长生术与长生药的东传　　　　　　　　　　　289

猪、鱼、鸡、蒜、生冷。张澹云：波斯国及大秦甚重此法，谓之悖散汤。"① 看来这是一个非常著名的印度药方，通过丝绸之路，向东传到唐朝，向西传到波斯、大秦。

有人根据高丽方面的史料，认为唐太宗在贞观十九年（645年）征辽，攻打安市城（今辽宁海城南）时中了靺鞨士兵的箭伤，所以后来才有太宗让那罗迩婆婆造延年药之事，原是想治疗自己的箭疮；② 更有人据此"大胆"推定，太宗中的还是毒箭。③ 其实，所谓高丽史料中有关此一时期的记载，大多是其后人根据中国方面的史料演绎加工而成的，尤其是在为了表现其民族的"英勇"时，更是不惜歪曲史料，甚至将唐太宗描写成被射成独眼龙的惨相，因此其真实性已大打折扣，本不足为信。另外，单从太宗在贞观七年（633年）就因为身体健康原因开始服食"延年益寿"的金石钟乳来看，其推定也就不攻自破了。至于太宗在征辽归途中所得"痈疽"，则是因为在长期服食钟乳的过程中出现的毒副作用。据孙思邈《千金要方》卷二十二《痈疽》载："凡发背，皆因服食五石寒食更生散所致，亦有单服钟乳而发者。"④ 所谓五石散的主要成分也有钟乳，其他为紫石英、白石英、石硫黄、赤石脂等，主要功效是壮阳、强体力、治阳痿。但该药的毒性很大，服食不当常会引发"痈疮陷背"、"脊肉乱

---

① （唐）孙思邈撰，朱邦贤等校注：《千金翼方校注》卷十二《养老食疗》，上海古籍出版社1999年版，第605—606页。
② 周策纵：《原族》，《读书》2003年第2期。
③ 王纪潮：《唐太宗与箭毒》，《读书》2003年第6期。
④ （唐）孙思邈著，李景荣等校释：《备急千金要方校释》卷二十二《痈疽》，人民卫生出版社1998年版，第482页。又孙思邈撰，朱邦贤等校注《千金翼方校注》卷二十二有"五石更生散"、"五石护命散"，其主要成分都是钟乳、紫石英、白石英、石硫黄、赤石脂等五种矿物质，故名。又有三石散，以紫石英、钟乳、白石英为主，故名。还有更生散，以钟乳、白石英、赤石脂为主，服后令人"手足烦热"。又曰："今之世人，多有单服钟乳、矾石、桃花石、紫石，亦有合和草药服之，此等虽非五石，亦是五石之例。"中古时期，人们普遍认为服食五石散有治疗"气疾"和"风疾"之功效，据《周书》卷四十七《艺术·姚僧垣传》曰："大将军襄乐公贺兰隆，先有气疾，加以水肿，喘息奔急，坐卧不安。或有劝其服决命大散者。"据余嘉锡考证："凡五石散皆谓之大散，决命大散，盖即五石护命散也。"见氏著《寒食散考》，收入《余嘉锡文史论集》，岳麓书社1997年版，第166—209页。

溃"的副作用。① 类似的例子其实还有很多，如《北史·长孙道生传》载：长孙道生之孙子彦（道生之孙），"末年石发，举体生疮，虽亲戚兄弟以为恶疾"②。晚唐时期的宣宗，也是在服食丹药后，出现中毒症状，"疽发于背"而驾崩的。③ 又据《册府元龟》卷四十六《帝王部·智识》载：显庆二年（657年），王玄策再次向唐高宗举荐那罗迩娑婆时，遭到拒绝，高宗对侍臣说："朕观其狼戾猖急，恐竟无益。口云合药成，欲服时，须断食三日，服药令吐后，还断食服药遭三利（痢），令人极瘦困，然后与药，即换肌肉，始得长生。"④ 这也是服食长生药后产生的毒副作用的一种反应。如唐武宗也迷信服饵术，他在服食长生药后，也出现类似的症状，据《新唐书》卷七十七《后妃·武宗王贤妃传》载："帝稍惑方士说，欲饵药长年，后寝不豫。才人每谓亲近曰：'陛下日燎丹，言我取不死。肤泽消槁，吾独忧之。'俄而疾侵，才人侍左右，帝熟视曰：'吾气奄奄，情虑耗尽，顾与汝辞。'"⑤《资治通鉴》卷二四八武宗会昌五年（845年）九月条也载："上饵方士金丹，性加躁急，喜怒不常"；"上自

---

① （隋）巢元方著，丁光迪等校注：《诸病源候论校注》卷六《寒食散发候》，人民卫生出版社1991年版，第167—207页。又孙思邈撰，朱邦贤等校注《千金翼方校注》卷二十二云：五石更生散，"其年少不识事，不可妄服之；明于治理，能得药适可服之；年三十勿服"。服食后令人"发热烦闷，可冷水洗面及手足身体，亦可浑身洗。若热，欲去石硫黄、赤石脂，即名三石更生。一方言是寒食散，方出何侯（魏晋时何晏）"。五石护命散，"此药虽良，令人气力兼倍，然其难将适。大要在善将息节度，专心侯按，不可失意，当绝人事。惟久病著床，医所不治，患厌病精意者，乃可服耳。小病不能自劳者，必废失节度，慎勿服之"。又曰："凡是五石散先名寒食散者，言此散宜寒食、冷水洗。……不尔，即百病生焉。"又孙思邈著，李景荣等校释《备急千金要方校释》卷二十四《解毒并杂治·解五石毒》曰："要不可服五石也。……寒食五石更生散方，旧说此药方上古名贤无此，汉末有何侯者行用，自皇甫士安以降有进饵者，无不发背解体而取颠覆。余自有识性以来，亲见朝野仕人遭者不一，所以宁食野葛，不服五石，明其大大猛毒，不可不慎也。有识者遇此方，即须焚之，勿久留也。"人民卫生出版社1998年版，第518—519页。

② 《北史》卷二十二《长孙道生传附孙子彦传》，中华书局1974年版，第3册，第815页。

③ 《资治通鉴》卷二四九宣宗大中十三年六月条，中华书局1956年版，第17册，第8075页。

④ 《册府元龟》卷四十六《帝王部·智识》，中华书局1960年影印版，第1册，第525页上栏。

⑤ 《新唐书》卷七十七《后妃·武宗王贤妃传》，中华书局1975年版，第11册，第3509—3510页。

第十二章　印度长生术与长生药的东传　　291

秋冬以来，觉有疾，而道士以为换骨"①。无论是王才人所说的"肤泽消槁"，还是唐武宗自述的"气（息）奄奄，情虑耗尽"，抑或是道士骗他"以为换骨"，都与高宗所说服药之后，"令人极瘦困"、"换肌肉"之类的说法近似。笔者以为，正是因为服药之后产生了慢性中毒症状，导致"肤泽消槁"，"极（度）瘦困"，以致出现了"痈疽"（大概就是"换肌肉"、"换骨"）的症状，这才是太宗相信并服食那罗迩娑婆造延年药的真正原因，而不是什么毫无根据的"箭伤"或"箭疮"。

　　笔者认为，太宗晚年之所以相信从印度来的方士那罗迩娑婆，主要是在"崇外"心态的作怪下，迷信外来的和尚会念经。唐代是中国古代历史上一个空前开放与兼收并蓄的伟大时代，外来文明对唐人的社会生活产生了很大的影响，向达先生就曾说过："长安胡化盛极一时，此种胡化大率为西域风之好尚：服饰、饮食、宫室、乐舞、绘画，竞事纷泊，其极社会各方面，隐约皆有所化，好之者盖不仅帝王及一二贵戚达官而已也。"②由于太宗从贞观七年（633年）开始就留意服食养生，历十余年而未见奇效，随着健康状况每况愈下，就不免对这位外来的婆罗门产生幻想；另外，太宗被这位外来方士的自我吹诩给蒙骗了。那罗迩娑婆"自言寿二百，有不死术"，引起了太宗的极大好奇，这才开始让他造长生之药。从实际情况来看，太宗对此事的态度也是非常认真的，他"命兵部尚书崔敦礼护视，使者驰天下，采怪药异石，又使者走婆罗门诸国（求药）"③。最后历年炼制而成的延年药，太宗服食之后，不但毫无"异效"，而且还引起了严重的毒物反应，"苦痢剧增"，结果在弥留之际，连当时的名医都束手无策。④ 这也可算是古代因"崇洋"而引发的一个悲剧！不过，那罗迩娑婆在为太宗炼制延年药的过程中，所提到的一种婆罗门国药物"畔茶佉水"⑤，则可能是首次发现并提及了一种类似于后代阿拉伯化学中

---

① 《资治通鉴》卷二四八武宗会昌五年九月条，中华书局1956年版，第17册，第8020—8021页。
② 向达：《唐代长安与西域文明》，生活·读书·新知三联书店1957年版，第41页。
③ 《新唐书》卷二二一上《西域传上·天竺国》，中华书局1975年版，第20册，第6238页。
④ 《旧唐书》卷八十四《郝处俊传》，中华书局1975年版，第8册，第2799页。
⑤ （唐）段成式撰，方南生点校：《酉阳杂俎》前集卷七《医》，中华书局1981年版，第74页。又见《新唐书》卷二二一上《西域传上·天竺国》，中华书局1975年版，第20册，第6238页。

的万能溶剂（alkahest）的无机酸。①

第二节　唐高宗与卢迦逸多

卢迦逸多（又作卢伽阿逸多、卢迦溢多，梵文 Lakayata 或 Lokaditya）也是一位来自印度的长年婆罗门僧。僧人玄照曾奉敕前往天竺访求卢迦逸多，卢迦逸多随唐使而入华。据义净《大唐西域求法高僧传》卷上载：

> 沙门玄照法师者，太州仙掌（华州华阴）人也。……于时麟德年中（664—665 年），驾幸东洛。奉谒阙庭，遂蒙敕旨，令往羯湿弥啰国，取长年婆罗门卢迦溢多。……行至北印度界，见唐使人引卢迦溢多于路相遇。卢伽溢多复令玄照及使傔人向西印度罗荼国取长年药。……复过信度国，方达罗荼矣。蒙王礼敬，安居四载，转历南天。将诸杂药，望归东夏。……但以泥波罗道土蕃拥塞不通，迦毕试途多氏（大食）捉而难度，遂且栖志鹫峰，沉情竹苑。……在中印度菴摩罗跋国遘疾而卒。②

唐高宗最初也不相信神仙之说。高宗即位以后，曾有人建议杀掉那罗迩娑婆，"又恐取笑夷狄"，最终还是将他放还本国。不久，那罗迩娑婆重新回到长安，又遭遣返。王玄策上奏说："此婆罗门实能合长年药，自诡必成，今遣归，可惜失之。"高宗对侍臣说："自古安有神仙！秦始皇、汉武帝求之，疲弊生民，卒无所成，果有不死之人，今皆安在！"李勣对曰："诚如圣言，此婆罗门今兹再来，容发衰白，已改于前，何能长生！

---

① ［英］李约瑟：《中国科学技术史》第一卷"导论"，袁翰青等译，科学出版社、上海古籍出版社 1990 年版，第 220 页。

② （唐）义净著，王邦维校注：《大唐西域求法高僧传校注》卷上《太州玄照法师》，中华书局 1988 年版，第 10—35 页。羯湿弥啰国（Kasmira），又译作箇失蜜、迦失弭等，即今克什米尔；罗荼国（Lata），又作罗荼，其地在今印度古吉拉特（Gujarat）马希河（Mhai R.）与基姆河（Kim R.）两河之间的地区；信度国（Sindhu），其地在今巴基斯坦印度河中下游一带；迦毕氏国（Kapisa），其地约相当于今阿富汗西部兴都库什山以南喀布尔河谷一带，故城一般认为在今喀布尔北 60 余公里处的 Begram，已发掘；菴摩罗跋国（疑即 Amrava 或 Amarava），其地在中印度弶伽河（Ganga）北，地似在今比哈尔邦一带。

陛下遣之，内外皆喜。"最后，那罗迩娑婆竟客死于长安。① 此事发生在显庆二年（657年）七月。

但高宗的体质一直较弱，也是在30岁以后就开始出现"风疾"症状。此后，高宗就一直疾病缠身，而且越来越严重。见下表8所示。

表8 　　　　　唐高宗身患"风疾"疾病缠身情况

时间	症状	出处
显庆五年（660年）	十月，上初苦风眩头重，目不能视，百司奏事，上或使皇后决之	《资治通鉴》卷二百
龙朔二年（662年）	四月辛巳，作蓬莱宫。蓬莱宫即大明宫，在龙首山上。太宗初于此地营永安宫，以备太上皇（唐高祖）清暑。高宗苦风痹，恶太极宫卑下湫湿，命扩建之，改名蓬莱宫	《资治通鉴》卷二百
咸亨四年（673年）	八月辛丑，上痁疾，令太子受诸司启事	《旧唐书》卷五《高宗纪》下
上元二年（675年）	三月，时帝风疹，不能听朝，政事皆决于天后	《旧唐书》卷五《高宗纪》下
	三月，上苦风眩甚，议使天后摄知国政	《资治通鉴》卷二百二
永淳二年（683年）	十一月癸亥，幸奉天宫。上苦头重不可忍，召侍医秦鸣鹤以针刺头出血，上曰："吾眼明矣"	《旧唐书》卷五《高宗纪》下
	十一月丁未，上疾甚，宰臣已下并不得谒见	
弘道元年（683年）	十二月丁巳，改元弘道，赦天下。上欲御则天门楼宣赦，气逆不能乘马，召百姓入殿前宣之。是夜，召裴炎入，受遗诏辅政，上崩于贞观殿	《资治通鉴》卷二百三

由表8可知，高宗至晚在显庆五年（660年）十月，就开始出现了"风眩头重，目不能视"的症状。这种病情显然与其家族遗传有关，因为他的生母长孙皇后就是死于严重的"气疾"②，他的父亲太宗得的也是"气疾"，后又转成"风疾"，甚至他的爷爷高祖也是死于"风疾"，其后

---

① 《资治通鉴》卷二百高宗显庆二年七月条，中华书局1956年版，第14册，第6303页。
② 《资治通鉴》卷一九四太宗贞观十年六月条，中华书局1956年版，第13册，第6120页。

代子孙中明确记载罹患"风疾"者有顺宗、穆宗、文宗、宣宗诸帝,他们大多相信服饵养生。① 从太宗畏暑怕热、喜清凉这一点来看,高宗亦然;太宗服饵后产生"气痢"(即腹泻)现象,高宗所得"痁疾",也是一种腹泻性疟疾,而早在此之前十余年高宗就开始派人去印度及南海各地求医寻药,而且还不止一批人。麟德年间(664—665年),僧人玄照奉敕赴印,"取长年婆罗门卢迦溢多",当他"行至北印度界,见唐使人引卢迦溢多于路相遇"。显然这是高宗派出的另一批使人,已经捷足先登访求到了卢迦溢多。

其实,早在显庆元年(656年),高宗就派中印度僧人那提(梵名"布如乌伐邪",梵文 Punyopaya,唐曰"福生")前往南海昆仑诸国,"采取异药",龙朔三年(663年)返回长安。当年,又奉敕前往南海真腊国采药。② 敦煌 P. 2263 文书《佛说大辩邪正经》尾题:"玄奘及长年师及邪奢等,于如来七宝窟中,得此如来大辩邪正甚深密藏经一卷。"③ 其中提到的"长年师",笔者推测就是那提。据《续高僧传》卷四《译经篇·京大慈恩寺梵僧那提传》载:"那提三藏,唐曰福生。具依梵言,则云布如乌伐邪,以言烦多故,此但讹略而云那提也。本中印度人。……乃搜集大小乘经律论五百余夹合一千五百余部,于永徽六年(655年)到达京师,有敕令于慈恩安置,所司供给。时玄奘法师,当途翻译,声华腾蔚。……所赍诸经,并为奘将北出。……那提三藏,乃龙树之门人也。"龙树是印度著名的精通长生术者,玄奘在《大唐西域记》卷十中说:"龙猛菩萨善闲药术,飡饵养生,寿年数百,志貌不衰。"④ 龙猛(梵文 Nagarjuna),即龙树,印度大乘佛教中观派的创立者,活动时间约在2世纪末3世纪初。传说他擅长医术,能长生不老。其门徒号"龙树宗",以长生为其要术。据志磐《佛祖统纪》卷二十九载:"师(玄奘)至天竺,遇龙树宗,

---

① 参见王永平《试释唐代诸帝多饵丹药之谜》,《历史研究》1999年第4期。
② (唐)道宣:《续高僧传》卷四《梵僧那提传》。
③ 《大正新修大藏经》第85册,台北新文丰出版社1985年版,第1410—1413页。敦煌出土了一批中世纪佛经写卷,日本学者将其收于《大正藏》第85册古逸部疑似部。今所见该经主要有5个卷号,分藏于法国巴黎 P. 2263、3137、4689,北京丽10,散116(见刘滌凡《敦煌写卷中土造经的救赎思想——以〈大正藏〉第85册为例》,《中华佛学学报》2001年第14期,台北中华佛学研究所,第231—266页)。
④ (唐)玄奘、辩机原著,季羡林等校注:《大唐西域记校注》卷十《憍萨罗国·龙猛自刎故事》,中华书局2000年版,第827页。

欲从其学。其徒令服药求长生，方可穷研究旨。师自念，本欲求经，恐仙术不就，有负宿愿。遂学法相于戒贤，传唯识宗。贤时年一百三岁，蒙文殊付托，忍死以迟奘。"① 又据义净《南海寄归内法传》卷一记载："朝嚼齿木"为龙树长年术之一，"每日旦朝，须嚼齿木。……其木条以苦涩辛辣者为佳，嚼头成絮者为最。麁胡叶根，极为精也。即苍耳根并截取入地二寸。坚齿口香，消食去癊。用之半月，口气顿除。牙疼齿蠹，三旬即愈。要须熟嚼净揩，令涎瘾流出，多水净漱，斯其法也。次后若能鼻中饮水一抄，此是龙树长年之术。必其鼻中不惯，口饮亦佳。久而用之，便少疾病"②。隋唐时期译出的印度医书，常有托名龙树所著者。那提既然是龙树之门人，自然也应该通晓长生术。加之那提携带大批经卷来唐时，正好被安置在大慈恩寺玄奘组织的译场，如此看来，《大邪辩证经》尾题与玄奘并列的这位"长生师"应该就是那提无疑。正是有显庆元年（656年）高宗派遣印度僧人那提寻求"异药"之事作背景，这样也就好理解为什么在次年，王玄策会向高宗再次举荐那罗迩娑婆之事。虽然高宗拒绝了此事，但他一直都比较注意服食养生则是不争的事实。见下表9所示。

表9　　　　　　　　唐高宗服食养生情况表

时　间	养生内容	出　处
显庆元年—龙朔三年（656—663年）	中印度僧人那提奉敕前往南海昆仑诸国，"采取异药"，龙朔三年，返回长安。当年，又奉敕前往南海真腊国采药	《续高僧传》卷四《梵僧那提传》
显庆中（656—661年）	高宗闻叶法善之名，征诣京师。时高宗令广征诸方道术之士，合炼黄白。法善上言："金丹难就，徒费财物，有亏政理，请覆其真伪。"帝然其言，因令法善试之，由是乃出九十余人，因一切罢之	《旧唐书》卷一九一《方伎·叶法善传》
麟德年间（664—665年）	僧人玄照奉敕赴印，"取长年婆罗门卢迦溢多"，"行至北印界界，见唐使人引卢迦溢多于路相遇。卢伽溢多复令玄照及使傔人向西印度罗荼国取长年药"	《大唐西域求法高僧传》卷上《太州玄照法师》

---

① （宋）志磐：《佛祖统纪》卷二十九《诸宗立教志·慈恩宗教》。
② （唐）义净著，王邦维校注：《南海寄归内法传校注》卷一，中华书局1995年版，第44—45页。

续表

时　间	养生内容	出　处
麟德之初（664年）	师（狮）子国长季（年）沙门释迦弥多罗（梵语Sakyamitra）者，第三果人也，此土云"能友"。麟德之初，来仪震旦。高宗天皇，甚所尊重，请在蓬莱宫，与长年真人怀化大将军（卢迦逸多）同处禁中，岁余供养。多罗请寻圣迹，遍历名山。乃求往代州清凉山，礼敬文殊师利	法藏：《华严经传记》卷四
麟德元年（664年）	硝石，今乌长（苌）国者良。近唐麟德年甲子岁，有中人婆罗门支法林，负梵甲（筴）来此翻译。请往五台山巡礼，行到汾州灵石县，问云："此大有哨石，何不采用？"当时有赵如珪、杜法亮等一十二人，随梵僧共采，试用全不堪，不如乌长者。又行至泽州，见山茂秀。又云："此亦有硝石，岂能还不堪用。"故将汉僧灵悟共采之，得而烧之，紫烟烽烟。曰："此之灵药，能变五金，众石得之，尽变成水"	《金石簿五九数诀》，《道藏》第19册，第104页
总章初（668年）	法藏就婆罗门长年，请授菩萨戒	崔致远《唐大荐福寺故寺主翻经大德法藏和尚传》
总章元年（668年）	十月戊午，以乌荼国婆罗门卢迦逸多为怀化大将军。逸多自言能合不死药，上将饵之。东台侍郎郝处俊谏止	《资治通鉴》卷二百一
乾封二年（667年）	九月庚申，以饵药，皇太子监国	《新唐书》卷三《高宗纪》
咸亨中（670—674年）	高宗又令道士刘道合合还丹，丹成而上之。咸亨中卒。帝曰："刘师为我合丹，自服仙。其所进者，亦无异焉"	《旧唐书》卷一九二《隐逸·刘道合传》
永隆二年（681年）	闰七月庚申，上以服饵，令皇太子监国	《旧唐书》卷五《高宗纪》下
不详	释慧智者，其父印度人，婆罗门种。天皇（高宗）时，从长年婆罗门僧，奉敕度为弟子	《宋高僧传》卷二《周洛京佛授记寺慧智传》

由表9可知，当时有一批来自印度的长年婆罗门活动在宫廷内外。其中提到的法藏请求授菩萨戒的长年婆罗门，和来自师（狮）子国的释迦弥多罗与在灵石和泽州采硝石的婆罗门支法林，据富安敦（Antoninon Forte）研究是同一个人。释迦弥多罗曾经与卢伽逸多一起被安置在蓬莱宫（大明宫）中，法藏当时也是他们在宫中制药活动的参与者。[1] 而奉敕为慧智剃度的长年婆罗门僧，"应该也是活动于高宗宫廷，精通长生不老之术的印度僧人"[2]。武则天延载元年（694年），"又有老胡亦自言五百岁"，而容貌甚少，深得武后信重。[3] 这位"老胡"虽然不清楚来自何方，"但他既以长寿著称，则应该也与求长生不老有关"[4]。而唐初为帝室服务的这些胡人长生师，大都来自印度，所以此"老胡"大概也是来自该国。由此可见，印度长生术和长生药的东传，在唐初曾形成过一个高潮。

第三节　印度长生药和长生术的东传

中国和印度之间的接触与交往源远流长。早在先秦时期，中印之间就有交通和交流的迹象。[5] 到汉代，随着张骞通西域了解到身毒之后，中印之间的文化交流就源源不断地开展起来。尤其是随着佛教的东传，印度文明对于中华文明的发展更是产生了极其深远的影响。[6] 印度文明对于中华文明的影响是全方位、多角度的，其中印度医学对于中国医学的影响就非

---

[1] 参见陈明在《仙药长命——西域长年方与唐代长年婆罗门的制药》中的相关引述和论证，见氏著《殊方异药：出土文书与西域医学》第六章，北京大学出版社2005年版，第107—125页。

[2] 李斌城主编：《唐代文化》，中国社会科学出版社2002年版，下册，第1851页。

[3] 《资治通鉴》卷二百五则天后延载元年六月条，中华书局1956年版，第14册，第6494页。

[4] 李斌城主编：《唐代文化》，中国社会科学出版社2002年版，下册，第1851页。

[5] 参见石云涛《早期中西交通与交流史稿》，学苑出版社2003年版，第112—115页。

[6] 参见季羡林《中印文化关系史论文集》，生活·读书·新知三联书店1982年版；《佛教与中印文化交流》，江西人民出版社1990年版；《中印文化交流史》，新华出版社1993年版。许崇灏：《中印历代关系史略》，独立出版社1942年版。金克木：《中印人民友谊史话》，中国青年出版社1957年版。王树英主编：《中印文化交流与比较》，中国华侨出版社1994年版。薛克翘：《中印文化交流史话》，商务印书馆1998年版。《中国印度文化交流史》，昆仑出版社2008年版。崔连仲、武文：《古代印度文明与中国》，岳麓书社2007年版。[印度] 谭中、耿引曾：《印度与中国——两大文明的交往与激荡》，商务印书馆2008年版。

常显著。① 印度长生术作为印度医学中的一朵奇葩，在传入中国之后，与本土固有的长生思想和实践活动相结合，产生了特别巨大的社会影响。

在世界文明史发展的进程中，人类一直致力于延年益寿和生命永恒的理想追求。中国和印度都是历史悠久的文明古国，很早以前就都出现和形成了关于长生不死的观念与实践活动。中国早在先秦时期就出现了有关神仙和长生不老的思想，从战国到秦汉时期，还先后形成了几次求仙和寻找长生不老药的高潮。②

印度也在很早以前就出现了有关长生和长生不老药的传说。H. J. J. 温特博士说：在印度早期文明莫亨焦—达罗（约公元前 2400—前 1700 年）遗址中发现，"拥有古代东方最好的卫生设施，它可以为其浴室和排水系统而自夸，并且无疑影响到个人卫生。守护长生不老药的万丹塔里神，成了求得男性生殖力、长寿以及保证得到它们的医疗术的智慧源泉。他以妙闻的形象，作为医药的神圣权威而赫赫有名"。③

印度著名科技史学家苏巴拉亚巴（B. V. Subbalayappa）教授也说：在印度早期经典《梨俱吠陀》（*Rgveda*）中至少有 120 首赞美诗中提到了一种"不老药"或"不死草"soma（音译为苏摩，或须摩），这种长生不老草在波斯古经《阿维斯塔》中也有 5 处描写到，称为 hama（音译为豪摩，或胡姆）。这种长生不老药的使用，起源于印度和波斯。它可能是一种生长在山区、茎部多汁的植物，与牛奶混在一起，会成为兴奋性饮料；它也可能是一种具有致幻作用的蘑菇。④

---

① 参见刘成基《中印历史中的医药关系》，《中医杂志》1958 年第 4 期；房定亚等：《从〈外台秘要〉看印度医学对我国医学的影响》，《南亚研究》1984 年第 2 期；蔡景峰：《唐以前的中印医学交流》，《中国科技史料》1986 年第 6 期；史旺成：《略论佛教医学对中医药学的影响》，《五台山研究》1992 年第 3 期；薛克翘：《印度佛教与中国古代汉地医药学》，《佛学研究》1997 年第 6 期；邓来送：《论佛教医药对中医药的影响》，《五台山研究》2005 年第 1 期；刘家瑛、杨德利：《浅析中印传统医学的交互影响》，《世界中医药》2008 年第 4 期；马伯英等：《中外医学文化交流史——中外医学跨文化传通》第五章有关中印医学交流部分的论述，文汇出版社 1993 年版，第 113—183 页。李经纬主编：《中外医学交流史》有关中印医学交流部分的论述，湖南教育出版社 1998 年版。

② 参见张文安《周秦两汉神仙信仰研究》，郑州大学博士论文，2005 年。

③ ［澳大利亚］A. L. 巴沙姆（A. L. Basham）主编：《印度文化史》，闵光沛等译，商务印书馆 1997 年版，第 216 页。

④ ［印度］苏巴拉亚巴（B. V. Subbalayappa）：《李约瑟视野中的印度科学》，石欣、宁小玉译，《世界汉学》2003 年第 2 期。

伊朗学者贾利尔·杜斯特哈赫也说：Haoma，印度人称之为苏摩（Soma），是一种从同名药草中榨取的汁液，在宗教节日和致祭行礼时供人饮用。"祛除死亡的"或"延年益寿的"是它的固定修饰语。人们像崇拜神灵一样地向豪麻（胡姆）祈求佑助。在波斯古经《阿维斯塔》第一卷《伽萨》中，琐罗亚斯德贬责这种饮料，但在第二卷《亚斯纳》中，胡姆（Haoma）却受到礼赞。这种变化无疑是受雅利安人传统习俗的影响所致，在教主琐罗亚斯德死后，逐渐渗透到琐罗亚斯德教义理之中。[①]

巫白慧先生认为，苏摩是一种树名，即著名的苏摩树；神格化后，成为"苏摩树神"。苏摩树汁是醉人的酒，通常称之为 madhu（蜜味的饮料），但人们最喜欢叫的名字是 insu（晶莹的密滴）。苏摩汁令人饮后产生兴奋的力量导致它被看作是一种能让人获得长生不死的神圣饮料。因此，它被誉为"不死甘露"（amrta），所有的神性生物都爱饮它，藉以求得永存不死的境界。它不仅把长生不死赐给神仙，而且也授予凡人。苏摩还有治病的力量，不论什么病，他（人格化的苏摩）都能医治。人们压榨苏摩（豪摩）树茎取汁，其汁黄色，和以牛奶。在《梨俱吠陀》第四章"地界神曲·苏摩树神赞"中有许多祈祷和赞美苏摩的诗句，如：

"吾人饮苏摩，成为不死者，到达光天界，礼见众天神。"
"苏摩，伏祈佑吾人，生活寿长留！"
"伏祈苏摩王，延长我寿年。"
"苏摩，吾人身体保护神！"
"是此苏摩汁，储存在我处；帝释我近事，求延我寿限。"
"疲劳已消失，疾病均速离；黑暗恶势力，亦已被吓退。苏摩以威力，扶持护我等，到达此境界，寿限得长延。"
"苏摩树蜜滴，我等心中饮，不死者进入，有死者吾人。我等备

[①] ［伊朗］贾利尔·杜斯特哈赫：《阿维斯塔——琐罗亚斯德教圣书》，元文琪译，商务印书馆2005年版，第24页。

祭品，上供苏摩神。"①

姜伯勤先生曾考证出在隋朝虞弘墓图像石棺壁浮雕之五《天宫祭袄图像》中，右边有一女神，头上有光环，手持植物枝条，当为阿梅雷达特（Ameretat）女神，意即"长寿"或"不死"，为植物之保护神。他还引用James Darmesteter为《闻迪达德》撰写的"导言"中对豪摩的介绍说：

> 豪摩（hama），在印度是苏摩（soma），是一种醉人的植物。信徒为使自己蒙恩和他的神受益而饮用豪摩汁。它构成了植物王国里的所有生命的强力。
>
> 有两种豪摩：一种是黄豪摩或金豪摩，这是早期的豪摩，当用于祭祀时，它是能治百病的植物。另一种是白豪摩（the white Haoma）或Qaokerera，生长在Vouru-kasha海的中部，被一万能治病的植物环绕着。饮用了白豪摩的人，当即复活，成为永生不死者。②

印度传统医学阿育吠陀（Ayurveda），意即"长生之术"，又称生命吠陀或寿命吠陀。据陈明教授研究，"长年方"（或为"长生方"）为生命吠陀的"八支"（astanga）之一，原词词源为"味、汁"，即指soma所榨出的汁，等同于甘露（a-mrta，不死药）。在生命吠陀医籍《妙闻本集》第29章中，还重点讲述了苏摩（soma）的使用、苏摩植物与众不同的特色及其产地。③

英国著名中国科技史学家李约瑟先生分析，按照赞美诗的用词来说，此种植物的液汁，据信可以医治身体和精神上的百病而致永生。他还引用美国汉学家德效骞（H. H. Dubs）的研究说，可能是月氏民族通过陆路，将这种被印度人称作苏摩（soma），波斯人称作豪麻（haoma）的不死植物或不死观念传布到中国，从而把它和长寿法中的金丹联系在一起，促使

---

① 巫白慧译解：《〈梨俱吠陀〉神曲选》第四章"地界神曲·苏摩（Soma，苏摩树神）、苏摩树神赞"，商务印书馆2010年版，第198—210页。
② 姜伯勤：《中国袄教艺术史》，生活·读书·新知三联书店2004年版，第141—143页。
③ 陈明：《仙药长命——西域长年方与唐代长年婆罗门的制药》，见《殊方异药：出土文书与西域医学》第六章，北京大学出版社2005年版，第107—125页。

中国人产生了寻找长生不老药的念头。①

饶宗颐先生在 20 世纪 70 年代也撰文指出，战国时期燕齐地区出现的长生不死、羽人神仙等观念，可能与印度《吠陀》中的 a-mrta（不死）观念和长生不死之汁 soma 息息相关；② 到 21 世纪初，他又进一步提出，波斯《火教经》的 haoma 即是梵文《吠陀》的 soma。从字根来讲，Av. 的 hau-，梵文作 su-，是榨（汁）的（press）意思。因为 soma 是从植物榨出的汁，饮之令人精神旺盛，是一种兴奋剂，可以长生不死。自波斯大流士（公元前 521—前 486 年）时代以来，塞种（Saka）有善饮 haoma（soma）之一族，曾散居于中国西北的西王母之地，可能是他们将不死之药传入中国。南朝陈时，真谛译数论经典《金七十论》中云："四违陀中说言：我昔饮须摩味故成不死，得入光天。"这是最早出现的汉译，称为"须摩"，饮之不死。他还在该文补记中指出，在北周萨宝安伽墓刻在墓门额上的图像，作璀璨辉煌的圣火坛，祭桌上面，瓶中有豪摩叶及豪摩，盛以豪摩汁，这是 Haoma 在入华粟特人墓葬石刻上的表现。另外，唐初为太宗合长年药的印度婆罗门那罗迩娑婆，"深明 Soma 之义，故敢以长生不死药进"，王玄策又向高宗推举，"可见唐初一般人确有承认婆罗门的 Soma 为不死药之事"③。

汉唐时期，有关印度医疗、养生、保健等方面的药方和药物被大量介绍和翻译到中国。仅在《隋书·经籍志》中就记载了译自印度的医书 12 种：《释僧匡铖灸经》1 卷、《龙树菩萨药方》4 卷、《西域诸仙所说药方》23 卷、《西域波罗仙人方》3 卷、《西域名医所集要方》4 卷、《婆罗门诸仙药方》20 卷、《婆罗门药方》5 卷、《耆婆所述仙人命论方》2 卷、《乾陀利治鬼方》10 卷、《新录乾陀利治鬼方》4 卷、《龙树

---

① ［英］李约瑟：《中国科学技术史》第五卷《化学及相关技术》第二分册《炼丹术的发现和发明：金丹与长生》，周曾雄等译，科学出版社、上海古籍出版社 2010 年版，第 111—125 页。

② 饶宗颐：《不死（a-mrta）观念与齐学》，收入《梵学集》，上海古籍出版社 1993 年版，第 51—60 页。

③ 饶宗颐：《塞种与 Soma（须摩）——不死药的来源探索》，收入《饶宗颐二十世纪学术文集》第十册《中外关系史论集》，台北新文丰出版有限公司 2003 年版，第 152—166 页。按：在《金七十论》还有两处提到"须摩"："一切饮须摩"，"我今行大施作大祠天事，今饮须摩味，于后世间我应受乐因"。

菩萨和香法》2卷、《龙树菩萨养性方》1卷。① 这些医书虽然已经全都散佚，但还有一些零散方剂保留在后代医书之中。据范行准先生在20世纪30年代统计，这些散见于诸书中的印度医方大约有40多首，其中在孙思邈的《千金要方》和《千金翼方》中收录有17首，王焘的《外台秘要》中收录有22首。② 龙树已见前述，耆婆（Jivaka，又作耆婆伽、只婆、时婆、耆域、时缚迦），为佛陀时代之名医，有"医王"之称。曾为摩揭陀国瓶沙王（频毗娑罗王，Bimbisara）的御医，其名声可与我国战国时代之扁鹊相媲美，孙思邈称赞他为"天竺大医"③。因此，在古代印度主流医学体系"生命吠陀"医典中，常把一些医药方挂在他的名下。④

在《千金方》中录有许多挂名耆婆的医药方：耆婆汤、耆婆大士治五脏六腑内万病及补益长年不老方、耆婆治恶病方（阿魏雷丸散方、苦参硝石酒方、大白膏方、大黑膏方、浸酒法等五方）、耆婆万病丸等；⑤此外，还有阿伽陀丸、服菖蒲方等也是来自印度。其中许多方剂都有延年益寿、治疗气疾、风疾等功效。如：

耆婆汤，"主大虚冷风，羸弱无颜色方。一云酥蜜汤"。用酥一斤，炼，白蜜一斤，油一升，糖一升等，内铜器中，煮令匀沸。⑥ 这是一个养老食疗的方子。

耆婆万病丸，治7种癖块，5种癫病，10种疰忤，7种飞尸，12种蛊毒，5种黄病，12种疟疾，10种水病，8种大风，12种痹病，并风入头，眼暗漠漠，及上气咳嗽，喉中如水鸡声，不得眠卧，饮食不作肌肤，五脏滞气，积聚不消，拥闭不通，心腹胀满及连胸背，鼓气坚结，流入四肢，或复又心膈气满，时定时发，10年、20年不瘥……病。此药以三丸为一剂，服药不过三剂，万病悉除，说无穷尽，故称万病丸，以其牛黄为主，

---

① 《隋书》卷三十四《经籍志》三，中华书局1973年版，第4册，第1047—1049页。
② 范行准：《胡方考》，《中华医学杂志》第二十二卷第十二期，1936年。
③ （唐）孙思邈撰，朱邦贤等校注：《千金翼方校注》卷一《药录纂要·药名》，上海古籍出版社1999年版，第6页。
④ 陈明：《印度古代医典中的耆婆方》，《中华医史杂志》2001年第4期。
⑤ 陈明：《〈千金方〉中的耆婆医药方》，《北京理工大学学报（社会科学版）》2003年第2期。
⑥ （唐）孙思邈撰，朱邦贤等校注：《千金翼方校注》卷十二《养性·养老食疗》，上海古籍出版社1999年版，第368页。

故一名牛黄丸，以耆婆良医，故名耆婆丸方。① 此方所治八种大风及一些症状，与太宗、高宗所患"风疾"颇有对症之处。

耆婆大士治五脏六腑内万病及补益长年不老方，用紫石英、白茯苓、麦门冬、防风、芍药、甘草等。"酒服七丸，日二服。服之一年，万病皆愈；二年骨髓满实；三年筋化为骨，肉变为筋，身轻目明，除风去冷，辟鬼神良；服之不绝，则寿年千岁，不老不衰而致神仙。然服忌慎，须持五戒、十善，行慈悲心，救护一切，乃可长生。"② 其药虽无特异之处，但既托名"耆婆"，又引"五戒"、"慈悲"等佛家语，其受印度长生方之影响显而易见。

服菖蒲方，"天竺摩揭陀国王舍城邑陀寺三藏法师跋摩米帝，以大业八年（612年）与突厥使主，至武德六年（623年）七月二十三日，为洛州大德护法师净土寺主矩师笔译出"。其方"延年益寿"、"聪明益智"，"又令人肤体肥充，老者光泽，发白更黑，面不皱，身轻目明，行疾如风，填骨髓，益精气。服一剂寿百岁"③。这显然也是一个传自印度的长生方。

阿伽陀丸，主万病。主诸种病及将息服法，久服益人神色，无诸病方。④ 阿伽陀，梵文为 agada，又译阿揭陀、阿竭陀等，意为长生不死、无病、健康、无价等，后转作药物名称，尤指解毒类药。因为此药灵奇，价值无量，服之能普去众疾，故又称不死药、丸药。慧琳《一切经音义》卷二十五曰："阿竭陀药：'阿'云'普'，'竭陀'云'去'，言服此药，普去众疾。又'阿'言者'无'，'竭陀'云'价'，谓此药功高，价直无量。"⑤ 于阗僧人实叉难陀（梵语 Siksananda）译《华严经》卷十五《菩萨问明品》也曰："阿揭陀药，能疗一切毒。"⑥ 关于此药的制法，中

---

① （唐）孙思邈著，李景荣等校释：《备急千金要方校释》卷十二，人民卫生出版社1998年版，第276页。

② （唐）孙思邈撰，朱邦贤等校注：《千金翼方校注》卷二十二《飞炼》，上海古籍出版社1999年版，第611页。

③ （唐）孙思邈撰，朱邦贤等校注：《千金翼方校注》卷十二《养性·养性服饵》，上海古籍出版社1999年版，第363页。

④ （唐）孙思邈撰，朱邦贤等校注：《千金翼方校注》卷二十一《万病》，上海古籍出版社1999年版，第587页。

⑤ （唐）慧琳《一切经音义》卷二十五。

⑥ ［古代于阗］实叉难陀译：《华严经》卷十五《菩萨问明品》。

印度僧人阿地瞿多（梵文 Adikuta）译《陀罗尼集经》卷八云："取啰娑善那，人苋菜根，各取二两，粳米泔汁及蜜共和为丸讫，诵前心咒二十一遍，分为小丸，大如梧子，如法服之，其病即差。此名阿伽陀药。"① 天竺僧人菩提流志（梵文 Bodhiruci）译《不空罥索神变真言经》中，有《莲花顶阿伽陀药品》、《普遍轮转王阿伽陀药品》、《如意阿伽陀药品》、《广大明王阿伽陀药品》、《神变阿伽陀药品》等诸品，都说阿伽陀是真言加持的灵药，并述及其药味、药法及德益②。

浸酒方，"青消石者，至神大药，出在乌场国，石孔中自然流出，气至恶，大臭，蜂蛇飞虫皆共宗之，其气杀虫。消石与苦参酒相入，治热至良，去风至速，方稀有，用时乃胜于白消石"。"黄、青、白消石等是百药之王，能杀诸虫，可以长生，出自乌场国，采无时。此方出《耆婆医方·论治疾风品法》中。"③ 唐代道经《金石簿五九数诀》也曰："硝石，今乌长国者良。"④ 乌场国，一作乌苌国、乌长国、乌荼国，又作乌仗那国，梵名 Udyana, Uddiyana, Odiyana, Oddiyana 等。⑤ 据《新唐书》卷二二一上《西域传上》："乌茶（荼）者，一曰乌伏（仗）那，亦曰乌苌，直天竺南。地广五千里，东距勃律六百里，西属宾四百里。……人柔诈，善禁架术。国无杀刑，抵死者放之穷山。罪有疑，饮以药，视溲清浊而决轻重。"⑥ 为高宗炼制延年药的卢伽逸多就是东天竺乌荼国人。

又有天竺国按摩，是婆罗门法。一共十八势，"但是老人日别能依此三遍者，一月后百病除，行及奔马，补益延年，能食，眼明轻健，不复疲乏"⑦。这是一个来自古印度的养生术。

---

① （唐）阿地瞿多译：《陀罗尼集经》卷八。
② ［古印度］菩提流志译：《不空罥索神变真言经》。
③ （唐）孙思邈撰，朱邦贤等校注：《千金翼方校注》卷二十一《万病》，上海古籍出版社1999年版，第596页。
④ 见《道藏》第19册，文物出版社、上海书店、天津古籍出版社1988年版，第104页。
⑤ （唐）玄奘、辩机原著，季羡林等校注：《大唐西域记校注》卷三《乌仗那国》，中华书局2000年版，上册，第271页。
⑥ 《新唐书》卷二二一上《西域传》上，中华书局1975年版，第20册，第6239—6240页。
⑦ （唐）孙思邈著，李景荣等校释：《备急千金要方校释》卷二十七《养性·按摩法》，人民卫生出版社1998年版，第580页。

在《外台秘要》中录有酪酥煎丸、治肺病方、气上方、上气咳方、久患风赤眼方、硝石膏方、吃力伽丸、莲子草膏等印度方剂。① 这些方剂许多也都与延年益寿、治疗风疾、气疾以及由此引起的一些并发症有关。如：酪酥煎丸，"深师疗天行热盛，口中生疮"②。此方是一个养生方，既云引自深师，这无疑应是一位僧人；炮制方法是用酪酥、蜜、大青合煎而成，显然是印度制药方法。又治疗天热生疮，与唐太宗畏暑生痈疮也颇有对症之处。

崔氏疗鬼气、辟邪恶，阿魏药安息香方。"阿魏药即《涅槃经》云'央匮'是也。"该方以阿魏与安息香分别用熟牛乳调服，是礼部孙侍郎从梁汉间（今陕西汉中一带）来人口中访求得之。③ 又有"阿魏散"及"阿魏丸方"，引自《集验方》，"疗一切疟劳，疟无问年月深远"④。又有"阿魏煎方"，引自《广济方》，用阿魏、诃黎勒、白蜜等煎服，解毒益寿。⑤ 阿魏来自印度，在当地一般用作调味品，"在药物学上，这东西是当作兴奋剂防痉挛之用"⑥。据义净《南海寄归内法传》卷三载："西边则阿魏丰饶"，"凡是菜茹，皆须烂煮，加阿魏、酥油及诸香和，然后方噉"⑦。《酉阳杂俎》也载："阿魏，出伽阇那国，即北天竺也。伽阇那呼为形虞，亦出波斯国，波斯呼为阿虞截。树长八九丈，皮色青黄，三月生叶，叶似鼠耳，无花实。断其枝，汁出如饴，久乃坚凝，名阿魏。拂林国僧鸾所说同。摩伽陀国僧提婆言，取其汁和米豆屑，合成阿魏。"⑧ 据唐《新修本草》卷九《草部》中品之下载："阿魏，味辛，平，无毒。主杀

---

① 房定亚、耿引循、耿引曾：《从〈外台秘要〉看印度医学对我国医学的影响》，《南亚研究》1984 年第 2 期。
② （唐）王焘：《外台秘要》卷三《天行衄血方》，人民卫生出版社 1955 年影印版，第 118 页。
③ （唐）王焘：《外台秘要》卷十三《鬼气方》，人民卫生出版社 1955 年影印版，第 366 页。
④ （唐）王焘：《外台秘要》卷五《久虐方》，人民卫生出版社 1955 年影印版，第 164 页。此方范行准先生判作波斯方，见氏著《胡方考》。
⑤ （唐）王焘：《外台秘要》卷三十一《诸家丸散》，人民卫生出版社 1955 年影印版，第 851 页。此方范行准先生判作波斯方，见氏著《胡方考》。
⑥ [美] 劳费尔：《中国伊朗编》，林筠因译，商务印书馆 1964 年版，第 179 页。
⑦ （唐）义净撰，王邦维校注：《南海寄归内法传校注》卷三，中华书局 1995 年版，第 153、162 页。
⑧ （唐）段成式撰，方南生点校：《酉阳杂俎》前集卷十八《木篇》，中华书局 1981 年版，第 178 页。又据《隋书》卷八十三《西域·漕国传》：漕国，在葱岭之北，汉时罽宾国也。土产有朱砂、青黛、安息、青木等香和阿魏、没药、白附子等。中华书局 1973 年版，第 5 册，第 1857 页。

诸小虫,去臭气,破癥积,下恶气,除邪鬼蛊毒。生西蕃及昆仑。"① 看来这是一味在印度、波斯、东罗马帝国和中国都很有名的药材。据《千金翼方》载有"阿魏药"和"阿魏雷丸散方"两首,一为治恶气,一为疗风疾。② 其中"阿魏药"和"阿魏散"、"阿魏丸方"的服食法有近似之处,前者以"阿魏药三两碎之如麻子大。以馄饨面裹半两,熟煮吞之,日三服之,服满二七日永差"。后二者以"阿魏、安息香、萝卜子各二两,芜荑一合,捣筛为散,以缓水服半钱。如不能散服,蜜丸热水下三十丸。须臾吐,忌冷水。如吐不止,吃蒜虀馎饦"。这几首有关阿魏的方剂都与治疗太宗、高宗所患之气疾、风疾有关。

吃力伽丸,引自《广济方》。吃力伽为西域叫法,即白术。该方多用诃黎勒、荜拨、犀角及龙脑香、安悉(息)香等诸外来香药,治肺痿、鬼气、心痛、吐痢等疾病③。有人据此判定其为印度方,是有道理的④。荜拨来自印度,已见前述。诃黎勒(梵文 haritaki,简称诃子)也来自印度,被视作诸仙饮用的不死之药——甘露滴到地上长出来的药物,因而可以包治百病(主治各种气疾、风疾、腹痛、心痛等),延年益寿。义净在《南海寄归内法传》卷三中说:"西方则多足诃黎勒","诃黎勒若能每日嚼一颗咽汁,亦终身无病"⑤。印度人认为由诃子、余甘子(庵摩勒)、毗醯(梨)勒组成的三果药,几乎无病不克,它被广泛应用于治疗风热、眼病、咳嗽、皮肤病、黄疸病、呕吐等疾病,还可用作长生药,令白发变黑。而此三种原料都原产于印度。其中余甘子(庵摩勒)是西域诸胡国向唐朝皇帝所进贡之长生药品;毗醯(梨)勒作浆服用,可使白发变黑,青春永驻。而波斯人还用这三种著名的印度香药,制作了驰名唐土的三勒

---

① (唐)苏敬等撰,尚志钧辑校:《新修本草》卷九《草部》中品之下,安徽科学技术出版社2004年版,第139页。

② (唐)孙思邈撰,朱邦贤等校注:《千金翼方校注》卷二十《杂病》下、卷二十一《万病》,上海古籍出版社1999年版,第551、593页。

③ (唐)王焘:《外台秘要》卷十三《鬼气方》,人民卫生出版社1955年影印版,第367页。

④ 马伯英等:《中外医学文化交流史——中外医学跨文化传通》,文汇出版社1993年版,第148页。范行准先生认为这是一个波斯方,见氏著《胡方考》。

⑤ (唐)义净撰,王邦维校注:《南海寄归内法传校注》卷三,中华书局1995年版,第153、160页。

浆酒。① 据唐人李肇《唐国史补》卷下云："又有三勒浆类酒，法出波斯。三勒者，谓菴摩勒、毗黎勒、诃黎勒。"② 笔者认为三勒浆酒之所以受到唐人的热烈追捧，也与其所具有的养生功效有关。

婆罗门僧疗大风疾，并压丹石热毒、热风手脚不随方。此方引自《近效（方）》，用消石一大升及乌麻油二大升，内铛中，用温火慢煎之③。印度诸方中惯用消石治诸风病，前引《千金翼方》消石浸酒方也是如此，只是炮制之法稍有不同。

莲子草膏，引自《近效方》曰："疗一切风，耳聋眼暗，生发变白，坚齿延年，本是婆罗门方。"本方用莲子草汁三升、生巨胜油一升、生乳一升、甘草一大两，和于锅中缓火煎之。还要添加青莲蕊六分、龙脑花三分、郁金香二分。④ 其煎法和部分药物显然受印度方之影响。其功效能使"白发尽黑，秃处并出"，属于长生延年之方。其"疗一切风，耳聋眼暗"，则与治疗高宗所患症状有关。

在一些翻译过来的佛教经典中也保留了许多印度古代的医学理论、医方和药物等内容。⑤ 另外，在新疆库车发现的《鲍威尔写本》(The Bower Manuscript)、敦煌藏经洞发现的于阗文《医理精华》（梵文 Siddahasara，音译《悉昙娑罗》）残卷以及梵文于阗文双语医典《耆婆书》(Jwakapustaka，音译《时缚迦书》)、吐鲁番发现的一件回鹘语文书（原编号为 T. IIIM. 66，拉合买提编号为 22）中，都有关于长生药和长年方的记载。这些发现都说明印度生命吠陀医典曾经在我国西北地区广泛流传并产生较大影响。⑥ 陈国符先生早就注意到"我国与西域长生药术之关系"，认为"是时中西交通颇为频繁，故外丹黄白，常由西域输入之药物"⑦。李约瑟先生也提到：在古代世界有一条长生不老思想西

---

① 温翠芳：《汉唐时代印度香药入华史研究》，《全球史评论》第三辑，中国社会科学出版社 2010 年版，第 223—246 页。
② （唐）李肇：《唐国史补》卷下，上海古籍出版社 1979 年版，第 60 页。
③ （唐）王焘：《外台秘要》卷三十，人民卫生出版社 1955 年影印本，第 809 页。
④ （唐）王焘：《外台秘要》卷三十一，人民卫生出版社 1955 年影印本，第 851 页。
⑤ 薛克翘：《印度佛教与中国古代汉地医药学》，《佛学研究》1997 年第 6 期。
⑥ 陈明：《印度梵文医典〈医理精华〉研究》，中华书局 2002 年版，第 9—66 页。
⑦ 陈国符：《道藏源流考》，中华书局 1992 年版，下册，第 396—397 页。

传的中转线,即由波斯和阿拉伯居中传递到西方的路线。[①] 反之,印度的长生术和长生药也正是循此路线而东传入华,并对唐代的养生延年思想产生了巨大的影响。

第四节 印度长生师入华

汉唐时期,还有许多来自印度的医师、长生师入华,带来了印度的各种医术、养生术和长生术,他们利用自己所掌握的各种医学知识在各地行医治病,救治众生。其中有许多是僧人,他们大都是为了传播宗教的目的而来。见表10。

表10　　　　　　　汉至唐初印度长生师、医师入华情况

姓名	年代	国家	出身	事迹	出处
耆域	晋惠帝末（306年）	天竺		时衡阳太守滕永文得病,经年不差,两脚挛屈,不能起行,经他诊治,即起行步如故。	《高僧传》卷九
佛图澄	晋怀帝永嘉四年（310年）	西域		九岁在乌苌国出家,两度到罽宾学法。善医术,时有痼疾世莫能治者,澄为之医疗,应时疗损,阴施默益者,不可胜记。	《高僧传》卷九。
		天竺		少学道,妙通玄术。自云百有余岁,常服气自养,能积日不食。后赵石勒爱子斌暴病死,将殡,救活之。	《晋书》卷九十五《艺术·佛图澄传》

[①] ［英］李约瑟:《中国古代科学》,李彦译,贵州人民出版社2009年版,第83—120页。该书为1979年李约瑟博士应邀在香港主讲新亚书院主办之"钱宾四先生学术文化讲座"的讲稿辑录而成。该观点出自该书第三章《长寿之道的对比研究》。

续表

姓名	年代	国家	出身	事迹	出处
竺佛调	约后赵（319—351年）	天竺		事佛图澄为师。住常山寺积年。常山有奉法者，兄弟二人，居去寺百里。兄妇疾笃，载到寺侧，以近医药。	《高僧传》卷九
涉公	前秦苻坚建元十二年（376年）	西域		虚靖服气，不食五谷，是能行五百里。能以秘咒，咒下神龙。	《高僧传》卷十
鸠摩罗什（Kumārajīva,童寿）	后秦姚兴弘始三年（401年）	天竺		博览《四围陀》典及《五明》诸论。	《高僧传》卷二
佛陀耶舍（觉明）	后秦姚兴（394—416年）	罽宾	婆罗门种	从其舅学五明诸论，用药水加咒为弟子洗足，并令其能疾行。	《高僧传》卷二
求那跋摩（功德铠）	宋元嘉八年（431年）	罽宾	刹帝利种	善医，曾在阇婆国（今印尼爪哇）两度为当地国王医治脚伤。	《高僧传》卷三
求那跋陀罗（功德贤）	宋元嘉十二年（435年）	中天竺	婆罗门种	幼学《五明》诸论，博通医方咒术。	《高僧传》卷三
勒那漫提	北魏	天竺		住洛京永宁寺。善《五明》，工道术。	《续高僧传》卷二十六上
攘那跋陀罗（智贤）	周文帝二年（约西魏时，宇文泰追尊曰文帝）	波头摩国	律师	共耶舍崛多等，译《五明论》，谓声医工术及符印等。	《续高僧传》卷一
阇那崛多（Jnanagupt,贤豆、因陀罗婆陀那）	北周明帝武成年（559—560年）	揵陀啰国	刹帝利种	遍学《五明》，兼闲世论。	《续高僧传》卷二

姓名	年代	国家	出身	事迹	出处
阇提斯那	隋文帝仁寿二年（602年）	中天竺摩揭提国		学兼群藏，艺术异能通练于世。隋文帝问曰："天花何似？"答曰："似薄云母。或飞不委地，虽委地而光明奇胜。"帝密以好云母及所献天花各一箱，用示诸人，无有别者，恰以问那，那识天花而退云母。	《续高僧传》卷二十八
波罗颇迦罗蜜多罗（Prabhakar-amitra，波颇，明知识，光智）	唐武德九年（626年）	中天竺	刹帝利种	贞观六年，太子患病，众治无效，太宗下敕迎波颇入内，在宫里住了一百多天，给太子治病。	《续高僧传》卷三

所谓"五明"是指古代印度的五种知识体系，全称"五明处"（梵文Pancavidya）。据玄奘《大唐西域记》卷二《印度总述·教育》中说：

> 开蒙诱进，先导十二章。七岁之后，渐授五明大论。一曰声明（sabdavidya），释诂训字，诠目流别；二工巧明（silpasthanavidya），伎术机关，阴阳历数；三医方明（cikitsavidya），禁咒闲邪，药石针艾；四谓因明（hetuvidya），考定正邪，研覈真伪；五曰内明（adhyatmavidya），究畅五乘，因果妙理。①

其中第三"医方明"，据义净《南海寄归内法传》卷三说：

> 西方五明论中，其医明曰：先当察声色，然后行八医，如不解斯妙，求顺反成违。言八医者，一论所在诸疮，二论针刺首疾，三论身

---

① （唐）玄奘、辩机原著，季羡林等校注：《大唐西域记校注》卷二《印度总述·教育》，中华书局2000年版，上册，第185—186页。

患，四论鬼瘴，五论恶揭陀药，六论童子病，七论长年方，八论足身力。言疮事兼内外。首疾但目在头。齐咽已下，名为身患。鬼瘴谓是邪魅。恶揭陀遍治诸毒。童子始从胎内至年十六。长年则延身久存。足力乃身体强健。斯之八术，先为八部，近日有人略为一夹。五天之地，咸悉遵修，但令解者无不食禄。由是西国大贵医人，兼重商客，为无杀害，自益济他。①

义净所说的西方"医明八医"，即印度传统医学阿育吠陀（梵文Ayurveda，又称生命吠陀或寿命吠陀）的八大分支（astanga）：内科学（Kayachikitsa）、头颈及五官科学（Shalakya Tantra）、外科学（Shalya Tantra）、毒物学（Agada Tantra）、精神病学（Bhuta Vidya）、儿科学（Kaumarabhritya）、老年养生学（Rasayana）、生育学（Vajikarana）。这八大分支的医学门类最初出现在《阿提耶集》（Atreya Samhita）中。② 据印度古代医学经典《妙闻集》（*Susruta-samhita*）第 1 卷第 1 章曰：

> 此处所谓阿输吠陀，实乃阿闼婆吠陀的分支，当人类尚未被创造之时，梵天创造了百章、十万诗颂。然见人类寿命短暂、理解力匮乏，故减缩其为以下之八科学：（1）一般外科学，（2）特殊外科学，（3）体疗法，（4）鬼神学，（5）小儿科学，（6）毒物学，（7）不老长生学，（8）强精学。……不老长生学，为返老还童、保持长寿、健脑、强壮、祛病之法。强精学，讲述通过使精液量微者充足、质恶者变纯净、凋萎者增殖、微力者育成，而使性欲旺盛之法。……"阿输"（ayus）为生命、寿命、健康之意，"吠陀"（Veda）的语根"vid"为"懂""得"之意；阿输吠陀（ayurveda）为生命的学问，或由此而得健康、长寿的路径也，故如此名之。③

大乘佛教主张积极利益众生，以"五明"为学人所必学的内容，并

---

① （唐）义净撰，王邦维校注：《南海寄归内法传校注》卷三，中华书局 1995 年版，第 151—152 页。
② 阿兰达：《印度的古代医学》，《佛教文化》2005 年第 5 期。
③ 参见廖育群《阿输吠陀中的"妙闻之论"——印度传统医学经典介绍》，《中国科技史料》2000 年第 4 期。

认为它是圆成佛果的"大智资粮"。据唐初天竺僧波颇译出的《大乘庄严经论》卷五《述求品》说:"若不勤学'五明',不得一切种智故。"① 所以在古代印度,医学教育已经成为寺院教育的一部分。② 据《大慈恩寺三藏法师传》卷三载:玄奘去印度取经时,在著名的那烂陀寺,"僧徒主客常有万人,并学大乘兼十八部,爰至俗典《吠陀》等书,因明、声明、医方、术数亦俱研习"③。因此,在来华的僧人中有许多精通养生和医道者也就不足为奇了。

其实,在来华的这些印度医师、长生师中,不只是有佛教僧人,而且还有其他各种身份的人。陈寅恪先生早在20世纪30年代就曾撰文考证,东汉末年的"神医"华佗可能也是一位来自印度的名医,他的姓名出自梵语"agada",乃药之义,旧译为"阿伽陀"或"阿羯陀",后省去阿字,就成了"华佗",就好像"阿罗汉"仅称"罗汉"一样。④ 后来,林梅村又进一步发挥了陈先生的观点,认为:"agada"在梵语中的实际含义是"解毒剂",多指丸药,华佗发明的麻沸散实为天竺胡药"曼陀罗花"(mandara-puspa)。⑤ 此外,华佗还是一位精通长生术的养生大师,据说他还发明了可以延年、益气、除百病的"五禽戏",许多人通过炼此法,得以强身健体、祛病长寿,⑥ 由于他"晓养性之术,年且百岁而犹有壮容,时人以为仙"⑦。这说明来自印度的养生延年术,很早以来就对中夏之人产生了巨大的吸引力。

关于唐初来华分别为太宗和高宗合延年药的胡僧卢迦逸多和那罗迩娑婆的身份,论者也众说纷纭。黄心川认为"卢迦溢多"是梵文"Lokaya-

---

① [印度]波颇译:《大乘庄严经论》卷五《述求品》:"明处有五:一内明、二因明、三声明、四医明、五巧明。菩萨学此'五明',总意为求一切种智。若不勤习五明,不得一切种智故。……'内明'为求自解学,'因明'为伏外执学,'声明'为令他信学,'医明'为所治方学,'巧明'为摄一切众生。已说求明处,次说求长养善根。"

② 陈明:《古印度佛教医学教育略论》,《法音》2000年第4期。

③ (唐)慧立、彦悰著,孙毓棠、谢方点校:《大慈恩寺三藏法师传》卷三,中华书局2000年版,第69页。

④ 陈寅恪:《三国志曹冲华佗传与佛教故事》,载《寒柳堂集》,上海古籍出版社1980年版,第157—161页。

⑤ 林梅村:《麻沸散与汉代方术之外来因素》,载《汉唐西域与中国文明》,文物出版社1998年版,第322—342页。

⑥ (南朝)陶弘景:《养性延命录》卷下《导引按摩篇》,《道藏》第18册,第483页。

⑦ 《后汉书》卷八十三下《方术·华佗传》,中华书局1965年版,第10册,第2736页。

ta"，意即"顺世论"、"世间行"，即"流行在世间或人民中间的观点"，是古代印度唯物主义者的一个派别，而非为印度婆罗门僧个人的名字。[1] 据唐僧慧琳《一切经音义》卷二十七解释："路伽耶陀：先译云恶答对者。逆路伽耶陀：先译云恶惩问者。初正梵云路迦也底迦。言顺世外道，执计随顺世间所说之法外道。后正梵云缚摩路迦也。底迦云左顺外道。执计，不顺世间所说，与前执乖，名左顺世外道。"[2] 印度学者恰托巴底亚耶也解释说："Lokesu ayatah Lokayata：它之所以称为顺世论，因为它普遍流行（ayatah）于人民群众（lokesu）之中。"另一位印度学者穆克吉（P. K. Mukherji）也认为"卢迦溢多"是印度古代的"唯物主义者"[3]。美国学者戴尔·列柏（Dale Reip）则把"卢迦溢多"解释为"明显地从事炼金术等类事情"的自然主义者。[4] 王邦维则认为其名可意译为"世日"，与顺世外道并无关系。[5] 严耀中则认为他们是婆罗门教僧人。[6] 从相关记载来看，对此二人多称为"方士"或"术士"，这是一种中国式的泛泛称谓，偶尔也称为"长年真人"，这也是一种中国式的称谓；还有的称他们为"婆罗门"、"婆罗门僧"、"长年婆罗门"或"胡僧"，这里面包含有他们的国籍、种姓、信仰以及特长等信息内容，因此其身份比较复杂，很难断定他们究竟是属于婆罗门教徒、佛教徒，抑或其他派别。见表11所示。

---

[1] 黄心川：《唐孝敬皇帝之死与印度顺世论的关系——唐初朝廷向印度寻求长生不死之药史迹考》，见白化文等编《周绍良先生欣开九秩庆寿文集》，中华书局1997年版，第59—63页。

[2] （唐）慧琳：《一切经音义》卷二十七，见徐时仪校注《一切经音义三种校本合刊》，上海古籍出版社2008年版，中册，第987页下栏。

[3] Probhat K. Mukherji: *Indian literature in China and the Far East*（《印度文献在中国和远东》），Calcutta: Greater India Society, 1931, p. 276.

[4] Dale Reip: *India naturalist tradition*（《印度自然主义传统》），University of Washington press, 1961, p. 52.

[5] （唐）义净著，王邦维校注：《大唐西域求法高僧传校注》卷上《太州玄照法师》，中华书局1988年版，第29页。持同样观点的还有陈明，见氏著《仙药长命——西域长年方与唐代长年婆罗门的制药》，《殊方异药：出土文书与西域医学》第六章，北京大学出版社2005年版，第107—125页。

[6] 严耀中：《唐代的婆罗门僧与婆罗门教》，《史林》2009年第3期。

表 11　　　　　　　　唐初来华的两个婆罗门情况

名字	称谓	出处
那罗迩娑婆	方士	《旧唐书》卷一九八《西戎传·天竺国》、《新唐书》卷二二一上《西域传上·天竺国》、《唐会要》卷八十二《医术》、《资治通鉴》卷二百高宗显庆二年七月条
	术士	《酉阳杂俎》前集卷七《医》
	婆罗门	《资治通鉴》卷二百高宗显庆二年七月条
	婆罗门僧	《旧唐书》卷八十四《郝处俊传》
卢迦逸多	婆罗门	《资治通鉴》卷二百一高宗总章元年十月条
	长年婆罗门	《大唐西域求法高僧传校注》卷上《太州玄照法师》
	胡僧	《旧唐书》卷八十四《郝处俊传》
	长年真人	《华严经传记》卷四

美国著名汉学家谢弗（Edward H. Schafer）曾说："与唐朝之前的六朝相比，唐代对外国药品的需求量非常巨大。……既然唐朝人大量需要外来的药物，当然同时也需要外来的药剂师。所以唐朝的贵族阶层，狂热地崇拜来自天竺的奇人异士，法术精深的瑜珈师以及善能密咒总持的僧人。这样一来，通过一种混合了许多宗教因素的，与时代风气（虽然在汉代已经有例在先）臭味相投的，想入非非的炼丹术，那些携带仙丹妙药的佛教徒和湿婆教徒，就都被看成了与唐朝本土的炼丹术士、服食药饵者相类的外来的奇人异士。"[①] 由此可见，汉唐时期，来华的印度医师、长生师的身份非常复杂，正是他们将印度（也有波斯）的各种医术、长生术和长生药物传入中国，对唐代社会上盛行的求仙学道之风起了一定的影响和促进作用。

小　结

在世界文明发展史中，追求健康长寿和生命的永恒是人类最朴素、最

[①] ［美］谢弗：《唐代的外来文明》（The Golden Peaches of Samarkand, A study of Tang Exotics,《撒马尔罕的金桃——唐朝的舶来品研究》），吴玉贵译，中国社会科学出版社1995年版，第395页。

古老的思想之一。这种思想在世界几大主要文明区域，如古代埃及、印度、波斯、古希腊和罗马都曾出现过，中国作为世界文明古国也不例外。在中古史上，长生术和服饵术的起源甚早。早在战国时期，方士们就宣扬神仙之说，认为人们通过服食可以达到长生不死、甚至成仙的理想境界。道教兴起以后，吸纳了神仙方术思想，使之成为其最基本的信仰与特征。汉唐时期，随着道教的盛行，服饵求仙术大盛，成为一个产生了重大影响的社会文化现象。唐代诸帝多饵丹药，除了受到道教思想的影响之外，还有外来文化的影响。特别是随着中印文化的互动与交流日益频繁，印度的长生师纷纷入华，传来了印度的长生术、长生药与长生思想，对中国的服饵术产生了重要的影响。

附录二

从"天下"到"世界"
——全球史观在中国古代史教学中的应用

在中国的大学历史教学中，中国史与世界史是截然分开的两个学科和专业。世界史是排除了中国史之外的各国历史的相加和汇总，而中国史则主要是以王朝兴衰和社会变迁为线索的断代史和专题史的分解与整合。虽然在大学历史教学中，许多学校在本科教育阶段基本上不明确划分中国史和世界史专业，但是在我们的大学课程设置和实际的教学实践中，世界史与中国史课程的设置与划分还是泾渭分明的。具体到我们学院来说，世界史与中国史已经分别发展成为两个独立的学科和专业，无论是从招生，还是在课程设置上，都是自成体系，形成了各自的学科专业特点。这样设置的好处是学生在一入学就明确了自己的专业方向，并可以根据自己的兴趣爱好来选择和规划未来的发展道路；不利之处往往是割裂了中国史与世界史的普遍联系，造成了世界史专业的学生不大了解中国史，而中国史专业的学生也不太熟悉世界史的状况。学生们的学术视野狭窄，要不就是言必称希腊、罗马，再不就是只知有汉唐而无论世界，所谓培养学贯中西的通识型人才的目标往往流于空谈。因此，无论是世界史的教学，还是中国史的教学中，如何培养学生具有一种全球史的眼界就显得尤为重要。本文试图以中国古代史课程为例，谈谈如何在教学中贯彻和应用全球史观的理念和方法，以期为中国古代史的教学与改革提供一点不成熟的想法。不当之处，敬祈方家指正。

一 破除"中国中心观"

全球史（Global History）兴起于20世纪下半叶，"全球史观"旨在突破传统历史研究中的"欧洲中心论"，建立一种超越狭隘民族和国家界限，公正地评价各个时代和各个地区的一切民族的建树的整体历史观。首倡"全球史观"的英国历史学家巴勒克拉夫（Geoffery Barraclough）认为："世界上每个地区的各个民族和各个文明都处在平等的地位上，都有权利要求对自己进行同等的思考和考察，不允许将任何民族或任何文明的经历只当作边缘的无意义的东西加以排斥。"① 在经过半个多世纪以来各国学者的共同努力，"欧洲中心论"基本上已经从学理上遭到彻底颠覆。但是在第二次世界大战之后，伴随着亚非拉各国民族独立运动的蓬勃开展，在世界上又兴起了一种狭隘的民族国家中心观。

中国由于从近代以来就饱受西方列强的侵略与蹂躏，所以当新中国建立以后，国家和民族的自豪感空前高涨，反映在学术研究中，就是在否定"欧洲中心论"和批判"中国文化西来说"的同时，自觉不自觉地流露出来了一种非常浓厚的"中国中心观"。从20世纪八九十年代以来，国内持续高涨的"李约瑟热"，到热捧美国学者柯文撰写的《在中国发现历史——中国中心观在美国的兴起》一书，都是这种思维的反映。具体到中国古代史的教学中，教师通常也会在不经意间贯彻这种历史观。如过分强调中华文明的独立发展道路和在东亚文明的中心地位，陶醉于中国古代的各种发明创造和在世界上的领先地位，动辄就以"我们古已有之"来回应世界新生事物的诞生与出现，而忽视域外文明的存在及其影响，结果导致盲目排外与妄自尊大情节在社会上时有泛滥。笔者是在20世纪80年代初上的大学，记得当时正值改革开放的初期，一度在社会上的青年人中非常流行"喇叭裤"，当时就有一些研究和讲授中国古代史的老师说："喇叭裤"我们古已有之，君不见在敦煌壁画中就有这样的装束。甚至，我们可以把美国航天飞机的发明，上溯到晋朝葛洪关于成仙飞升之类的奇思妙想，把明代万虎当作现代火箭技术的鼻祖和空中飞行试验的开拓者，等等，不一而足。这样就很容易给学生造成一种"中华文明优越论"的感觉。

当然，这样一种"中国中心观"的思想在历史上很早就出现了。早在先秦时期，中国就形成了以自我为中心的"天下观"。这种对世界的认识是建立在一个"华夏居中，蛮、夷、戎、狄居四方"的"华夷"五方格局基础之上的，它强调的是以中原王朝（或曰正统王朝）为中

---

① ［英］巴勒克拉夫：《当代史学主要趋势》，杨豫译，上海译文出版社1987年版，第158页。

心向边缘扩散的差序格局,也可以称之为"华夷秩序"①。这样就构成了当时人们眼中的"四夷"环绕"中华"的世界图景。在这种"华夷观"下,强调华夏文化的优越正统地位,蛮夷文化的落后附属地位。"华夏"和"夷狄"之分既非建立在征服的基础之上,亦不在于种族之分,而是建立在文化优劣之分上的。不仅"夷狄"接受了"华夏"文化就是华夏,而且"华夏"失去了自己的文化也会沦为"夷狄"。由此还形成了传统文化中根深蒂固的"贵中华、贱夷狄"的思维范式,这也成为古代中国史书编撰的基本标准。著名全球史学家皮特·N.斯特恩斯(Peter N. Steams)就曾说过:"几千年来中国人把中国内地以西和以北大草原上放牧牛羊的游牧民族看做与自己不同的蛮族。对于中国人来说,文明开化与否是从文化上来看的,而不是从生理或种族角度来看。如果蛮族学会了中国的语言,采用了中国的衣着和食物等生活方式,那么他们就被认为是文明人了。……(20世纪以来),中国人越来越欣赏自己的文明成就,在判断谁是文明的和谁是不文明的社会理论中保持着一种民族优越感。"②

这样一种理念在我们的大学历史教学中也有体现,如在中国古代史的教学中,我们往往津津乐道于少数民族("四夷")的汉化,即华夏文化"和合"与"同化"周边"四夷"的模式(如北魏孝文帝的改革、辽金元清的汉化),过分强调中原王朝对少数民族的征服和统治(如汉对匈奴、唐对突厥、明对蒙古的战争),甚至非常憧憬蒙古帝国三次西征横扫欧亚大陆的所谓"壮举"。

其实,无论是"欧洲中心论",还是"中国中心观",都是一种有失偏颇的狭隘历史观。我们只有在中国古代史的教学中,将中国历史放在全球史的大背景之下来把握,才能更好地理解不同时期中国历史进程和世界其他地区历史进程的相互联系和区别,也才能更为正确地理解中华文明在世界文明史中的地位和作用。

---

① 关于"华夷"秩序的论述可参见何芳川《"华夷秩序"论》,《北京大学学报》1998年第6期。
② [美]皮特·N.斯特恩斯等:《全球文明史》(第三版,上册),赵轶峰等译,中华书局2006年版,第16—17页。

二 贯彻"互动"理念

"互动"是全球史观的核心理念。全球史观认为"互动"是人类社会组织的存在形式,任何人类社会组织都不是封闭的和孤立的,它们必然存在于与外界的交往当中,彼此形成一个互相关联的体系或网络,并在该体系和网络内部相互影响。"互动"也是世界历史发展的动力。全球史学家借鉴人类学家的研究成果,指出社会发展源自变化,而变化的起点是接触外来新事物。对新事物的取舍过程就是传统的蜕变过程,尽管社会对新事物通常并不抱欢迎态度,但抵制新事物的结果同样导致社会变化。正因为如此,全球史学主张,历史学家应对不同文化的"相遇"(encouter)保持足够的敏感[1]。

在中国历史发展的进程中,"互动"也是中国社会发生变化与进步的动力。长期以来,我们在中国古代史的教学中较多地强调东亚地理环境的相对封闭和中华文明的独立发展道路,以致给学生造成了一个只有在汉代张骞通西域之后中国才和世界发生联系的错觉。著名全球史学家杰里·本特利(Jerry Bentley)教授曾经指出:"尽管在中国和印度、西南亚之间存在高山和沙漠的阻隔,贸易网络还是早在公元前3千纪的时候就把中国与西方和南方的大陆连接起来了。……古代中国也是在一个彼此影响、彼此交流的世界大背景下发展起来的。贸易、移民和中国农业社会的扩大,促进了东亚和中亚各民族彼此之间正常关系的发展。"[2] 也就是说中华文明早在5000年前就与世界上的其他文明发生了联系,张骞通西域只不过是古代中国开始大规模地探索与了解世界的一大壮举。

然而,长期以来在中国古代史的教学中,国内外学者在论及丝绸之路的开通时,大多只强调张骞西域之行的贡献。其实,在世界古代文明史上,这也并不是一件完全孤立的历史事件,早在此之前约200年,希腊—马其顿国王亚历山大发动的东征,就到达了中亚的巴克特里亚(大夏)和南亚的印度河流域——这些地区是张骞后来才到达的。也就是说,"就

---

[1] 刘新成:《互动:全球史观的核心理念》,《全球史评论》第2辑,中国社会科学出版社2009年版,第3—12页。

[2] [美]杰里·本特利、赫伯特·齐格勒:《新全球史》(第三版),魏凤莲等译,北京大学出版社2007年版,上册,第128—135页。

丝绸之路的全线贯通而言,亚历山大东征和张骞通西域都发挥了同样的历史作用"①。假如我们在中国古代史的教学中,能够将张骞通西域与亚历山大东征联系起来,就能让学生更好地理解这一时期在世界范围内出现的不同人群之间渴望"相遇"及其所产生的文化影响,这也正是全球史学家所要表达的一种"互动模式"。

在中国古代史的教学中,佛教的东传也是一件大事。佛教大约是在两汉之际从印度传入中国的"新事物",由于佛教是一种外来的异质文化,它在初传入华时,曾经产生过严重的水土不服现象,受到本土文化的强力排拒,甚至酿成"三武一宗灭佛"的激烈冲突。尽管中国社会对佛教这一外来的"新事物"并不抱欢迎态度,但抵制它的结果同样导致中国社会发生了变化。佛教为了尽快在中国落地生根、开花结果,开始了中国化或本土化的过程。经过与本土文化的排拒、吸纳、依附、融汇,最终演化为中国化的佛教,成为中国传统文化的重要组成部分。在唐宋巨变中,理学的兴起与道教的变化就都受到了佛教的影响。因此,中国社会对佛教这一外来"新事物"的吸收、取舍过程本身也就是中国传统社会的一个蜕变过程。

另外,在中国古代史的教学中,还有一个非常容易被忽视的历史现象,就是"胡化"问题。在我们的教学中,一提到少数民族的"汉化"问题,通常就会大讲特讲,认为这是一种社会进步的现象;反之,一提到"胡化"问题,就会有意回避或者干脆不提,认为它与历史的"倒退"、野蛮、甚至落后相联系。其实,这完全是一种误解与偏见。全球史学家认为,文明的"互动"是相互的和双向的,世界上每个地区的各个民族和各个文明都处在平等的地位上,都有平等对话和互相交流的权利。在中国古代历史上,"汉化"固然是历史发展的主旋律,但"胡化"也不容忽视,它曾经对中国历史和社会的发展与进步产生过重大影响,如越王灵王胡服骑射、汉唐社会胡气氤氲——胡服、胡食、胡音、胡乐、胡舞、胡骑、胡俗——盛极一时。这种"胡化"现象甚至在今天的中国社会中还有反映。假如我们在中国古代史的教学中,能够将"汉化"与"胡化"现象结合起来讲授,就能让学生更好地理解中华文明多元一体、兼收并蓄、共生共存的包容格局。

---

① 杨巨平:《亚历山大东征与丝绸之路的开通》,《历史研究》2007年第4期。

总之，全球史观给我们提供了一种视野空前开阔、思维空前开放的看待历史的全新视角与方法，它所致力于通过跨学科、长时段、全方位地探讨和关注人类生活层面的相互联系与互动，尤其是关注跨越地域和种族的互动与交流，诸如人口的迁移、疾病的传播、帝国的扩张、生物的交流、技术的转移、思想、观念和信仰的传播以及自然生态环境的变迁等等问题，都是我们在以往的中国古代史教学中所忽略的一些重要历史现象。如果我们能够真正将全球史观应用和贯穿到中国古代史的教学与研究当中，这将为我们的教学与研究模式带来重大的改观、开辟更大的领域。

参考文献

一 古籍

1. （西汉）司马迁：《史记》，中华书局1982年第2版。
2. （东汉）班固：《汉书》，中华书局1962年版。
3. （南朝宋）范晔：《后汉书》，中华书局1965年版。
4. （西晋）陈寿：《三国志》，中华书局1982年第2版。
5. （唐）房玄龄：《晋书》，中华书局1974年版。
6. （南朝梁）沈约：《宋书》，中华书局1974年版。
7. （南朝梁）萧子显：《南齐书》，中华书局1972年版。
8. （唐）姚思廉：《梁书》，中华书局1973年版。
9. （北齐）魏收：《魏书》，中华书局1974年版。
10. （唐）令狐德棻：《周书》，中华书局1971年版。
11. （唐）李百药：《北齐书》，中华书局1972年版。
12. （唐）李延寿：《北史》，中华书局1974年版。
13. （唐）李延寿：《南史》，中华书局1975年版。
14. （唐）魏徵：《隋书》，中华书局1973年版。
15. （后晋）刘昫：《旧唐书》，中华书局1975年版。
16. （北宋）欧阳修、宋祁：《新唐书》，中华书局1975年版。
17. （北宋）薛居正：《旧五代史》，中华书局1976年版。
18. （北宋）欧阳修：《新五代史》，中华书局1974年版。
19. （元）脱脱：《宋史》，中华书局1977年版。
20. （元）脱脱：《辽史》，中华书局1974年版。
21. （北宋）司马光：《资治通鉴》，中华书局1956年版。
22. （清）毕沅：《续资治通鉴》，中华书局1957年版。

23. （唐）杜佑撰，王文锦等点校：《通典》，中华书局1988年版。

24. （唐）欧阳询撰，汪绍楹校：《艺文类聚》，上海古籍出版社1999年版。

25. （唐）徐坚等辑，韩放主校点：《初学记》，京华出版社2000年版。

26. （唐）李林甫等撰，陈仲夫点校：《唐六典》，中华书局1992年版。

27. （唐）李吉甫撰，黄次君点校：《元和郡县图志》，中华书局1983年版。

28. （元）马端临：《文献通考》，中华书局1986年影印版。

29. 江灏、钱宗武译注：《今古文尚书全译》（修订版），贵州人民出版社2009年版。

30. 王文锦撰：《礼记译解》，中华书局2001年版。

31. 杨天宇撰：《周礼译注》，上海古籍出版社2004年版。

32. 程俊英、蒋见元注：《诗经注析》，中华书局1991年版。

33. 袁珂：《山海经校注》，上海古籍出版社1980年版。

34. 蒋天枢校释：《楚辞校释》，上海古籍出版社1989年版。

35. 杨伯峻编注：《春秋左传注》（修订本），中华书局1990年版。

36. 徐元诰撰，王树民、沈长云点校：《国语集解》，中华书局2002年版。

37. 何建章注释：《战国策注释》，中华书局1990年版。

38. 吴毓江撰，孙启治点校：《墨子校注》，中华书局1993年版。

39. （战国）孟轲著，杨伯峻译注：《孟子译注》，中华书局2005年版。

40. （清）焦循撰，沈文倬点校：《孟子正义》，中华书局1987年版。

41. 许维遹撰，梁运华整理：《吕氏春秋集释》，中华书局2009年版。

42. （战国）韩非著，陈奇猷校注：《韩非子新校注》，上海古籍出版社2000年版。

43. （清）王先慎撰，钟哲点校：《韩非子集解》，中华书局1998年版。

44. 杨伯峻撰：《列子集释》，中华书局1979年版。

45. （西汉）刘歆撰，（晋）葛洪集，王根林校点：《西京杂记》，见

《汉魏六朝笔记小说大观》，上海古籍出版社 1999 年版。

46. （东汉）王充著，黄晖校释：《论衡校释》，中华书局 1990 年版。

47. 佚名撰，（晋）郭璞注，王根林校点：《穆天子传》，见《汉魏六朝笔记小说大观》，上海古籍出版社 1999 年版。

48. （晋）张华撰，范宁校证：《博物志校正》，中华书局 1980 年版。

49. （晋）干宝撰，汪绍楹校注：《搜神记》，中华书局 1979 年版。

50. （东晋）法显撰，章巽校注：《法显传校注》，中华书局 2008 年版。

51. （前秦）王嘉撰，（梁）萧绮录，王根林校点：《拾遗记》，见《汉魏六朝笔记小说大观》，上海古籍出版社 1999 年版。

52. （北魏）郦道元著，陈桥驿校证：《水经注校证》，中华书局 2007 年版。

53. （北魏）杨衒之著，杨勇校笺：《洛阳伽蓝记校笺》，中华书局 2006 年版。

54. （梁）释慧皎撰，汤用彤校注：《高僧传》，中华书局 1992 年版。

55. （梁）释僧祐编：《弘明集》，上海古籍出版社 1991 年影印版。

56. （梁）释僧祐撰，苏晋仁、萧鍊子点校：《出三藏记集》，中华书局 1995 年版。

57. （梁）萧统编，（唐）李善注：《文选》，岳麓书社 2002 年版。

58. （梁）宗懔撰，（隋）杜公赡注，黄益元校点：《荆楚岁时记》，见《汉魏六朝笔记小说大观》，上海古籍出版社 1998 年版。

59. （梁）陶弘景：《养性延命录》，见《道藏》第 18 册。

60. （隋）巢元方著，丁光迪等校注：《诸病源候论校注》，人民卫生出版社 1991 年版。

61. （唐）孙思邈撰，朱邦贤等校注：《千金翼方校注》，上海古籍出版社 1999 年版。

62. （唐）孙思邈著，李景荣等校释：《备急千金要方校释》，人民卫生出版社 1998 年版。

63. （唐）苏敬等撰，尚志钧辑校：《新修本草》，安徽科学技术出版社 2004 年版。

64. （唐）释道宣：《续高僧传》，见《中华大藏经》（汉文部分），中华书局 1993 年版。

65. （唐）玄奘、辨机原著，季羡林等校注：《大唐西域记校注》，中华书局 2000 年版。

66. （唐）道宣著，范祥雍点校：《释迦方志》，中华书局 2000 年版。

67. （唐）释道世撰，周叔迦、苏晋仁校注：《法苑珠林校注》，中华书局 2003 年版。

68. （唐）义净著，王邦维校注：《大唐西域求法高僧传校注》，中华书局 1988 年版。

69. （唐）慧立、彦悰著，孙毓棠、谢方点校：《大慈恩寺三藏法师传》，中华书局 2000 年版。

70. （唐）释慧超著，张毅笺释：《往五天竺国传笺释》，中华书局 2000 年版。

71. （唐）杜环著，张一纯笺注：《经行记笺注》，中华书局 2000 年版。

72. （唐）樊绰著，赵吕甫校释：《云南志校释》，中国社会科学出版社 1985 年版。

73. （唐）刘恂：《岭表录异》，见《中国风土志丛刊》第 61 册，广陵书社 2003 年版。

74. （唐）吴兢：《贞观政要》，上海古籍出版社 1978 年版。

75. （唐）刘餗撰，程毅中点校：《隋唐嘉话》，中华书局 1979 年版。

76. （唐）李肇：《唐国史补》，上海古籍出版社 1979 年版。

77. （唐）段成式撰，方南生点校：《酉阳杂俎》，中华书局 1981 年版。

78. （唐）姚汝能撰，曾贻芬校点：《安禄山事迹》，上海古籍出版社 1983 年版。

79. （唐）封演撰，赵贞信校注：《封氏闻见记校注》，中华书局 2005 年版。

80. （唐）牛僧孺、程毅中点校：《玄怪录》，中华书局 2006 年版。

81. （唐）李冗撰，萧逸点校：《独异志》，见《唐五代笔记小说大观》，上海古籍出版社 2000 年版。

82. （唐）郑处海、田廷柱点校：《明皇杂录》卷下，中华书局 1994 年版。

83. （唐）范摅撰，阳羡生校点：《云溪友议》，见《唐五代笔记小说大观》，上海古籍出版社 2000 年版。

84．（唐）崔令钦撰，吴企明点校：《教坊记》，中华书局 2012 年版。

85．（唐）孙棨：《北里志》，见《丛书集成初编》本，中华书局 1985 年版。

86．（唐）张彦远著，［日］冈村繁译注，俞慰刚译：《历代名画记译注》卷六，王元化主编《冈村繁全集》第六卷，上海古籍出版社 2002 年版。

87．（唐）沈佺期撰，陶敏、易淑琼校注：《沈佺期集校注》，中华书局 2001 年版。

88．（唐）李白著，瞿蜕园、朱金城校注：《李白集校注》，上海古籍出版社 1980 年版。

89．（唐）岑参著，陈铁民、侯忠义校注：《岑参集校注》，上海古籍出版社 2004 年版。

90．（唐）白居易著，朱金诚笺校：《白居易集笺校》，上海古籍出版社 1988 年版。

91．（唐）元稹著，冀勤点校：《元稹集》，中华书局 1980 年版。

92．（唐）韩愈著，钱仲联集释：《韩昌黎诗系年集释》，上海古籍出版社 1994 年版。

93．（唐）柳宗元著，王国安笺释：《柳宗元诗笺释》，上海古籍出版社 1993 年版。

94．（唐）薛涛撰，张蓬舟笺：《薛涛诗笺》，人民文学出版社 1983 年版。

95．（唐）刘禹锡著，瞿蜕园笺证：《刘禹锡集笺证》，上海古籍出版社 1989 年版。

96．（唐）李商隐著，（清）冯浩笺注，蒋同凡校点：《玉谿生诗集笺注》，上海古籍出版社 1998 年版。

97．（唐）李德裕著，傅璇琮、周建国校笺：《李德裕文集校笺》，河北教育出版社 2000 年版。

98．（唐）温庭筠著，（清）曾益等笺注：《温飞卿诗集》，上海古籍出版社 1998 年版。

99．（五代）王仁裕撰，曾贻芬点校：《开元天宝遗事》，中华书局 2006 年版。

100. （五代）王定保撰，黄寿成点校：《唐摭言》，三秦出版社 2011 年版。

101. （后蜀）赵崇祚编，徐国良、方红芹注析：《花间集》，武汉出版社 1995 年版。

102. （后蜀）何光远撰，郑星亮、邬宗玲、杨梅校注：《鉴诫录校注》，巴蜀书社 2011 年版。

103. （宋）王溥：《唐会要》，上海古籍出版社 1991 年版。

104. （宋）李昉等编：《太平广记》，中华书局 1961 年版。

105. （宋）李昉等编：《太平御览》，中华书局 1960 年影印版。

106. （宋）李昉等编：《文苑英华》，中华书局 1966 年影印版。

107. （宋）王钦若等编：《册府元龟》，中华书局 1960 年影印版。

108. （宋）计有功撰，王仲镛校笺：《唐诗纪事校笺》，中华书局 2007 年版。

109. （宋）郭茂倩编：《乐府诗集》，中华书局 1979 年版。

110. （宋）王应麟辑：《玉海》，江苏古籍出版社、上海书店 1987 年版。

111. （宋）乐史撰：《杨太真外传》，见丁如明辑校《开元天宝遗事十种》，上海古籍出版社 1985 年版。

112. （宋）钱易撰，黄寿成点校：《南部新书》，中华书局 2002 年版。

113. （宋）范成大撰，严沛校注：《桂海虞衡志校注》，广西人民出版社 1986 年版。

114. （宋）王铚撰，朱杰人点校：《默记》，中华书局 1981 年版。

115. （宋）志磐撰，释道法校注：《佛祖统纪校注》，上海古籍出版社 2012 年版。

116. （元）汪大渊著，苏继庼校释：《岛夷志略校释》，中华书局 1981 年版。

117. （元）贡师泰：《玩斋集》，见《四库全书》，上海古籍出版社 1987 年版，第 1215 册。

118. （元）迺贤：《金台集》，见《四库全书》，上海古籍出版社 1987 年版，第 1215 册。

119. （元）袁桷：《清容居士集》，见《四库全书》，上海古籍出版社1987年版，第1203册。

120. （元）辛文房著，王大安校订：《唐才子传》，黑龙江人民出版社1986年版。

121. （明）陶宗仪撰，武克忠、尹贵友校点：《南村辍耕录》，齐鲁书社2007年版。

122. （明）陶宗仪：《说郛三种》，上海古籍出版社1988年版。

123. （明）马欢著，冯承钧校注：《瀛涯胜览校注》，中华书局1955年版。

124. （明）陈诚著，周连宽点校：《西域番国志》，中华书局2000年版。

125. （明）钱希言：《狯园》，《续修四库全书》，上海古籍出版社2002年版，第1267册。

126. （清）彭定球等编：《全唐诗》，中华书局1960年版。

127. （清）董诰等编：《全唐文》，中华书局1983年影印版。

128. （清）永瑢等撰：《四库全书总目》，中华书局1965年影印版。

129. （清）徐松撰；赵守俨点校：《登科记考》，中华书局1984年版。

130. （清）蒲松龄著，朱其铠等校注：《全本新注聊斋志异》，人民文学出版社1989年版。

131. （清）赵翼著，王树民校证：《廿二史札记校证》，中华书局1984年版。

132. 《道藏》，文物出版社、上海书店、天津古籍出版社1988年版。

133. 曾昭岷等编著：《全唐五代词》，中华书局1999年版。

134. 逯钦立辑校：《先秦汉魏晋南北朝诗》，中华书局1983年版。

135. 周绍良主编：《唐代墓志汇编》，上海古籍出版社1992年版。

136. 王重民等编：《敦煌变文集》，人民文学出版社1957年版。

137. 潘重规：《敦煌变文集新书》，台北：文津出版社1994年版。

138. 张涌泉、黄征校注：《敦煌变文校注》，中华书局1997年版。

139. 郝春文主编：《英藏敦煌社会历史文献释录》第五卷，社会科学文献出版社2006年版。

140. 徐时仪校注：《一切经音义三种校本合刊》，上海古籍出版社2008年版。

141. 袁珂：《中国古代神话》，中华书局1960年版。

142. 俞伟超主编：《中国画像石全集》第3卷《山东画像石》，山东美术出版社2000年版。

143. 俞伟超主编：《中国画像石全集》第5卷《陕西、山西汉画像石》，山东美术出版社2000年版。

144. 王建中、闪修山：《南阳两汉画像石》，文物出版社1990年版。

145. 盖山林：《和林格尔汉墓壁画》，内蒙古人民出版社1977年版。

146. 新疆维吾尔自治区博物馆编：《新疆出土文物》，文物出版社1975年版。

147. 新疆维吾尔自治区博物馆编：《新疆维吾尔自治区博物馆》，文物出版社1991年版。

148. 中国历史博物馆、新疆维吾尔自治区文物局编辑：《天山古道东西风——新疆丝绸之路文物特辑》，中国社会科学出版社2002年版。

149. 马建华主编：《甘肃敦煌佛爷庙湾魏晋墓彩绘砖》，重庆出版社2000年版。

150. 周天游主编：《章怀太子墓壁画》，文物出版社2002年版。

151. 吴广孝：《集安高句丽壁画》，山东画报出版社2006年版。

152. [日本]《续日本纪》，吉川弘文馆1968年版。

153. [日本]《日本后纪》，吉川弘文馆1982年版。

154. [日本]《三代实录》，吉川弘文馆1966年版。

155. [日本]《类聚三代格》，吉川弘文馆1965年版。

156. [朝鲜]郑麟趾撰：《高丽史》，见《四库全书存目丛书》，齐鲁书社1996年版，史部第160册。

二 论著

1. 郝更生：《中国体育概论》，上海商务印书馆1926年版。
2. 罗振玉：《殷墟书契考释》，东方学会石印增订本1927年版。
3. 温雄飞：《南洋华侨通史》，上海东方印书馆1929年版。
4. 许崇灏：《中印历代关系史略》，独立出版社1942年版。
5. 罗香林：《唐代文化史研究》，商务印书馆1946年版。
6. 胡厚宣：《殷墟发掘》，学习出版社1955年版。
7. 胡厚宣：《甲骨学商史论丛初集》，河北教育出版社2002年版。

8. 贺昌群：《古代西域交通与法显印度巡礼》，湖北人民出版社 1956 年版。

9. 齐思和：《中国与拜占庭帝国的关系》，上海人民出版社 1956 年版。

10. 向达：《唐代长安与西域文明》，生活·读书·新知三联书店 1957 年版。

11. 冯承钧：《西域南海史地考证论著汇编》，中华书局 1957 年版。

12. 金克木：《中印人民友谊史话》，中国青年出版社 1957 年版。

13. 裴文中等：《山西襄汾县丁村旧石器时代遗址发掘报告》，科学出版社 1958 年版。

14. 陈国符：《道藏源流考》，中华书局 1963 年版。

15. 钱钟书：《管锥篇》，中华书局 1979 年版。

16. 陈直：《汉书新证》，天津人民出版社 1979 年版。

17. 郑文光：《中国天文学源流》，科学出版社 1979 年版。

18. 陈寅恪：《寒柳堂集》，上海古籍出版社 1980 年版。

19. 陈寅恪：《元白诗笺证稿》，生活·读书·新知三联书店 2001 年版。

20. 陈寅恪：《陈寅恪诗集》，生活·读书·新知三联书店 2001 年版。

21. 季羡林：《中印文化关系史论文集》，生活·读书·新知三联书店 1982 年版。

22. 季羡林：《佛教与中印文化交流史》，江西人民出版社 1990 年版。

23. 季羡林：《中印文化交流史》，新华出版社 1993 年版。

24. 白寿彝：《中国伊斯兰教史存稿》，宁夏人民出版社 1983 年版。

25. 常任侠：《中国舞蹈史话》，上海文艺出版社 1983 年版。

26. 孙景琛：《中国舞蹈史》（先秦部分），文化艺术出版社 1983 年版。

27. 《中国大百科全书·音乐、舞蹈卷》，中国大百科全书出版社 1983 年版。

28. 李季芳、周西宽、徐永昌主编：《中国古代体育简史》，人民体育出版社 1984 年版。

29. 章巽：《我国古代的海上交通》，商务印书馆 1985 年版。

30. 陈佳荣、谢方、陆峻岭：《古代南海地名汇释》，中华书局 1986 年版。

31. 余太山：《嚈哒史研究》，齐鲁书社 1986 年版。

32. 余太山：《塞种史研究》，中国社会科学出版社 1992 年版。

33. 余太山：《两汉魏晋南北朝与西域关系史研究》，中国社会科学出版社 1995 年版。

34. 余太山：《两汉魏晋南北朝正史西域传要注》，中华书局 2005 年版。

35. 方豪：《中西交通史》，岳麓书社 1987 年版。

36. 王克芬：《中国舞蹈史》（隋唐五代部分），文化艺术出版社 1987 年版。

37. 王克芬：《中国舞蹈发展史》，上海人民出版社 1989 年版。

38. 任继愈主编：《中国道教史》，上海人民出版社 1990 年版。

39. 马雍：《西域史地文物丛考》，文物出版社 1990 年版。

40. 刘欣如：《印度古代社会史》，中国社会科学出版社 1990 年版。

41. 丁福保：《佛学大辞典》，上海书店 1991 年版。

42. 中外关系史学会编：《中外关系史论丛》第 3 辑，世界知识出版社 1991 年版。

43. 内蒙古社科院历史所：《蒙古族通史》，民族出版社 1991 年版。

44. 卿希泰主编：《中国道教史》第二卷，四川人民出版社 1992 年版。

45. 王小甫：《唐、吐蕃、大食政治关系史》，北京大学出版社 1992 年版。

46. 韩振华：《中国与东南亚关系史研究》，广西人民出版社 1992 年版。

47. 饶宗颐：《梵学集》，上海古籍出版社 1993 年版。

48. 马伯英等：《中外医学文化交流史——中外医学跨文化传通》，文汇出版社 1993 年版。

49. 何业恒：《中国珍稀兽类的历史变迁》，湖南科学技术出版社 1993 年版。

50. 吕一飞：《胡族习俗与隋唐风韵——魏晋北朝北方少数民族社会风俗及其对隋唐的影响》，书目文献出版社 1994 年版。

51. 吴于廑、齐世荣主编：《世界史：古代史编》，高等教育出版社 1994 年版。

52. 王尧：《西藏文史考信集》，中国藏学出版社 1994 年版。

53. 王树英主编：《中印文化交流与比较》，中国华侨出版社 1994 年版。

54. 金庸：《三十三剑客图》，见氏著《侠客行》下集第 3 册附录，生活·读书·新知三联书店 1994 年版。

55. 姜伯勤：《敦煌吐鲁番文书与丝绸之路》，文物出版社 1994 年版。

56. 姜伯勤：《中国祆教艺术史研究》，生活·读书·新知三联书店 2004 年版。

57. 林梅村：《西域文明——考古、民族、语言和宗教新论》，东方出版社 1995 年版。

58. 林梅村：《汉唐西域与中国文明》，文物出版社 1998 年版。

59. 林梅村：《古道西风——考古新发现所见中西文化交流》，生活·读书·新知三联书店 2000 年版。

60. 高峻、史炎均：《万物和谐地球村——自然与人类的故事》，上海科学普及出版社 1996 年版。

61. 余嘉锡：《余嘉锡文史论集》，岳麓书社 1997 年版。

62. 谢光：《泰国与东南亚古代史地丛考》，中国华侨出版社 1997 年版。

63. 蔡鸿生：《唐代九姓胡与突厥文化》，中华书局 1998 年版。

64. 沈福伟：《中国与西亚非洲文化交流志》，上海人民出版社 1998 年版。

65. 孙修身：《王玄策事迹钩沉》，新疆人民出版社 1998 年版。

66. 史念海：《唐代历史地理研究》，中国社会科学出版社 1998 年版。

67. 李经纬主编：《中外医学交流史》，湖南教育出版社 1998 年版。

68. 王亭之：《方术纪异》，台北远景出版社 1998 年版。

69. 顾颉刚：《顾颉刚民俗学论集》，上海文艺出版社 1998 年版。

70. 顾颉刚：《古史辨自序》，河北教育出版社 2000 年版。

71. 薛克翘：《中印文化交流史话》，商务印书馆 1998 年版。

72. 薛克翘：《中国印度文化交流史》，昆仑出版社 2008 年版。

73. 哈全安：《古典伊斯兰世界》，中国青年出版社 1999 年版。

74. 杨鸿年：《隋唐两京坊里谱》，上海古籍出版社 1999 年版。

75. 谭其骧：《长水粹编》，河北教育出版社 2000 年版。

76. 陈桥驿：《郦学札记》，上海书店出版社 2000 年版。

77. 陈恒：《失落的文明：古希腊》，华东师范大学出版社 2001 年版。

78. 陈晓红、毛锐：《失落的文明：巴比伦》，华东师范大学出版社 2001 年版。

79. 荣新江：《中古中国与外来文明》，生活·读书·新知三联书店 2001 年版。

80. 荣新江、李孝聪主编：《中外关系史：新史料与新问题》，科学出版社 2004 年版。

81. 荣新江等主编：《粟特人在中国——历史、考古、语言的新探索》，中华书局 2005 年版。

82. 李斌城主编：《唐代文化》，中国社会科学出版社 2002 年版。

83. 郑岩：《魏晋南北朝壁画墓研究》，文物出版社 2002 年版。

84. 陈明：《印度梵文医典〈医理精华〉研究》，中华书局 2002 年版。

85. 陈明：《殊方异药：出土文书与西域医学》，北京大学出版社 2005 年版。

86. 王永平：《道教与唐代社会》，首都师范大学出版社 2002 年版。

87. 王永平：《游戏、竞技与娱乐——中古社会生活透视》，中华书局 2010 年版。

88. 张星烺：《中古交通史料汇编》，中华书局 2003 年版。

89. 赵树贤：《巴比伦：沉睡文明的梦与醒》，世界知识出版社 2003 年版。

90. 陕西省考古研究所编著：《西安北周安伽墓》，文物出版社 2003 年版。

91. 林悟殊：《唐代景教再研究》，中国社会科学出版社 2003 年版。

92. 林悟殊：《中古三夷教辨证》，中华书局 2005 年版。

93. 王治来：《中亚通史》（古代卷），新疆人民出版社 2004 年版。

94. 傅起凤、傅起龙：《中国杂技史》，上海人民出版社 2004 年版。

95. 夏广兴：《佛教与隋唐五代小说——隋唐五代佛教之流布与汉译佛典对小说创作之影响》，陕西人民出版社 2004 年版。

96. 刘焱：《儿童游戏通论》，北京师范大学出版社 2004 年版。

97. 石云涛：《早期中西交通与交流史稿》，学苑出版社 2004 年版。

98. 石云涛：《三到六世纪丝绸之路的变迁》，文化艺术出版社 2007

年版。

99. 兰州理工大学丝绸之路文史研究所编著：《丝绸之路体育文化论集》，中华书局 2005 年版。

100. 太原市文物考古研究所编：《隋代虞弘墓》，文物出版社 2005 年版。

101. 赵汀阳：《"天下体系"：世界制度哲学导论》，江苏教育出版社 2005 年版。

102. 任半塘：《唐声诗》，上海古籍出版社 2006 年版。

103. 任半塘：《唐戏弄》，上海古籍出版社 2006 年版。

104. 葛承雍：《唐韵胡音与外来文明》，中华书局 2006 年版。

105. 林英：《唐代拂菻丛说》，中华书局 2006 年版。

106. 卢英：《葛洪评传》，南京大学出版社 2006 年版。

107. 王青：《西域文化影响下的中古小说》，中国社会科学出版社 2006 年版。

108. 刘宗迪：《失落的天书——〈山海经〉与古代华夏世界观》，商务印书馆 2006 年版。

109. 张庆捷、李书吉、李钢主编：《4—6 世纪的北中国与欧亚大陆》，科学出版社 2006 年版。

110. 谭蝉雪：《敦煌民俗——丝路明珠传风情》，甘肃教育出版社 2006 年版。

111. 陈序经：《匈奴史稿》，中国人民大学出版社 2007 年版。

112. 崔连仲、武文：《古代印度文明与中国》，岳麓书社 2007 年版。

113. 丘进：《中国与罗马——汉代中西关系研究》，黄山书社 2008 年版。

114. 何方耀：《晋唐时期南海求法高僧群体研究》，宗教文化出版社 2008 年版。

115. 高明士：《天下秩序与文化圈的探索——以东亚古代的政治与教育为中心》，上海古籍出版社 2008 年版。

116. 李重申、李金梅：《丝绸之路体育图录》，甘肃教育出版社 2008 年版。

117. 李重申、李金梅、夏阳著：《中国马球史》，甘肃教育出版社 2009 年版。

118. 方汉文：《比较文明史——新石器时代至公元 5 世纪》，东方出版中心 2009 年版。

119. 杨共乐：《早期丝绸之路探微》，北京师范大学出版社 2011 年版。

120. 葛兆光：《宅兹中国——重建有关"中国"的历史论述》，中华书局 2011 年版。

121. 张绪山：《中国与拜占庭帝国关系研究》，中华书局 2012 年版。

三 译著

1. ［古希腊］希罗多德：《历史》，王以铸译，商务印书馆 1959 年版。

2. ［古希腊］阿里安：《亚历山大远征记》，李活译，商务印书馆 1979 年版。

3. ［古希腊］亚里士多德：《动物志》，颜一译，苗力田主编《亚里士多德全德》第 4 卷，中国人民大学出版社 1996 年版。

4. ［古希腊］亚里士多德：《论动物的生成》，崔延强译，苗力田主编《亚里士多德全集》第 5 卷，中国人民大学出版社 1997 年版。

5. ［古罗马］塔西佗：《阿古利可拉传·日耳曼尼亚志》，马雍、傅正元译，商务印书馆 1959 年版。

6. ［古罗马］M. T. 瓦罗：《论农业》，王家绶译，商务印书馆 1981 年版。

7. ［古罗马］M. P. 加图：《农业志》，马雪香、王阁森译，商务印书馆 1986 年版。

8. ［古印度］跋达罗衍那：《梵经》，姚卫群编译：《古印度六派哲学经典》，商务印书馆 2003 年版。

9. ［古印度］巫白慧译解，《〈梨俱吠陀〉神曲选》，商务印书馆 2010 年版。

10. ［印度］R. 塔帕尔：《印度古代文明》，林太译，浙江人民出版社 1990 年版。

11. ［印度］谭中、耿引曾：《印度与中国——两大文明的交往与激荡》，商务印书馆 2008 年版。

12. ［古代波斯］菲尔多斯：《列王纪选》，张鸿年译，人民文学出版社 1991 年版。

13. ［伊朗］贾利尔·杜斯特哈赫：《阿维斯塔——琐罗亚斯德教圣书》，元文琪译，商务印书馆 2005 年版。

14. ［古代阿拉伯］《中国印度见闻录》，穆根来、汶江、黄倬汉译，中华书局 1983 年版。

15. ［古代阿拉伯］伊本·白图泰：《伊本·白图泰游记》，马金鹏译，宁夏人民出版社 1985 年版。

16. ［古代阿拉伯］伊本·胡尔达兹比赫：《道里邦国志》，宋岘译注，中华书局 1991 年版。

17. ［古代阿拉伯］雅古特：《地名词典》，贝鲁特萨迪尔书局 1995 年版。

18. ［古代阿拉伯］马苏第著：《黄金草原》，青海人民出版社 1998 年版。

19. ［古代阿拉伯］《古兰经》，马坚译，中国社会科学出版社 2003 年版。

20. ［叙利亚］穆罕默德·艾哈迈德·贾德·毛拉：《古兰经故事》，关偁、安国章、顾正龙、赵竹修、王永方译，新华出版社 1983 年版。

21. ［埃及］艾哈迈德·艾敏：《阿拉伯—伊斯兰文化史》，朱凯、史希同译，商务印书馆 1990 年版。

22. ［苏联］阿甫基耶夫：《古代东方史》，王以哲译，生活·读书·新知三联书店 1956 年版。

23. ［法］戈岱司编：《希腊拉丁作家远东文献辑录》，耿昇译，中华书局 1987 年版。

24. ［法］费琅编：《阿拉伯波斯突厥人东方文献辑注》，耿昇、穆根来译，中华书局 1989 年版。

25. ［英］裕尔撰，［法］考迪埃修订：《东域纪程录丛——古代中国闻见录》，张绪山译，中华书局 2008 年版。

26. ［美］W. M. 麦高文：《中亚古国史》，章巽译，中华书局 1958 年版。

27. ［美］劳费尔：《中国伊朗编》，林筠因译，商务印书馆 1964 年版。

28. ［美］劳费尔：《藏语中的借词》，赵衍荪译，中国社会科学院民族研究所少数民族语言研究室编印，1981年。

29. ［美］希提：《阿拉伯通史》，马坚译，商务印书馆1990年版。

30. ［美］谢弗：《唐代的外来文明》，吴玉贵译，中国社会科学出版社1995年版。

31. ［美］爱德华·W. 萨义德：《东方学》，王宇根译，生活·读书·新知三联书店1999年版。

32. ［美］乔纳森·马克·基诺耶：《走近古印度城》，张春旭译，浙江人民出版社2000年版。

33. ［美］费正清：《中国：传统与变迁》，张沛译，世界知识出版社2002年版。

34. ［美］皮特·N. 斯特恩斯等：《全球文明史》（第三版），赵轶峰等译，中华书局2006年版。

35. ［美］费正清：《中国的世界秩序——传统中国的对外关系》，杜继东译，中国社会科学出版社2010年版。

36. ［美］杰里·本特利、赫伯特·齐格勒：《新全球史》（第三版），魏凤莲等译，北京大学出版社2007年版。

37. ［美］芮乐伟·韩森：《开放的帝国：1600年前的中国历史》，梁侃、邹劲风译，江苏人民出版社2007年版。

38. ［美］费雷德里克·J. 梯加特：《罗马与中国——历史事件的关系研究》，丘进译，大象出版社2009年版。

39. ［美］拉铁摩尔：《中国的亚洲内陆边疆》，唐晓峰译，江苏人民出版社2010年版。

40. ［英］斯坦因：《斯坦因西域考古记》，向达译，中华书局1936年版。

41. ［英］理查德·温斯泰德：《马来亚史》，姚梓良译，商务印书馆1974年版。

42. ［英］D. G. E. 霍尔：《东南亚史》，中山大学东南亚历史研究所译，商务印书馆1982年版。

43. ［英］阿·克·穆尔：《一五五〇年前的中国基督教史》，郝镇华译，蒋本良校，中华书局1984年版。

44. ［英］巴勒克拉夫：《当代史学主要趋势》，杨豫译，上海译文出版社1987年版。

45. ［英］李约瑟:《中国科学技术史》第一卷《导论》,袁翰青等译,科学出版社、上海古籍出版社 1990 年版。

46. ［英］李约瑟:《中国科学技术史》第五卷《化学及相关技术》第二分册《炼丹术的发现和发明:金丹与长生》,周曾雄等译,科学出版社、上海古籍出版社 2010 年版。

47. ［英］李约瑟:《中国古代科学》,李彦译,贵州人民出版社 2009 年版。

48. ［英］G. F. 赫德逊:《欧洲与中国》,王遵仲、李申、张毅译,中华书局 1995 年版。

49. ［英］弗兰克·威廉·沃尔班克:《希腊化世界》,陈恒、茹倩译,上海人民出版社 2009 年版。

50. ［法］勒内·格鲁塞:《草原帝国》,蓝琪译,商务印书馆 1998 年版。

51. ［法］Jean-Pierre Drège:《丝绸之路——东方与西方的交流传奇》,吴岳添译,上海书店出版社 1998 年版。

52. ［法］安田朴:《中国文化西传欧洲史》,耿昇译,中华书局 2000 年版。

53. ［法］布尔努瓦:《丝绸之路》,耿昇译,山东画报出版社 2001 年版。

54. ［法］费琅:《昆仑及南海古代航行考》,冯承钧译,中华书局 2002 年版。

55. ［法］雅克·布罗斯:《发现中国》,耿昇译,山东画报出版社 2002 年版。

56. ［法］A. H. 丹尼、V. M. 马松主编:《中亚文明史》第 1 卷,芮传明译,中国对外翻译出版公司 2002 年版。

57. ［法］张日铭:《唐代中国与大食穆斯林》,姚继德、沙德珍译,宁夏人民出版社 2002 年版。

58. ［法］伯希和:《交广印度两道考》,冯承钧译,中华书局 2003 年版。

59. ［法］让—诺埃尔·罗伯特:《从罗马到中国:恺撒大帝时代的丝绸之路》,马军、宋敏生译,广西师范大学出版社 2005 年版。

60. ［德］勒科克:《高昌——吐鲁番古代艺术珍品》,赵崇民译,吉宝航校，新疆人民出版社1998年版。

61. ［德］夏德：《大秦国全录》，朱杰勤译，大象出版社2009年版。

62. ［瑞典］斯文·赫定：《丝绸之路》，江红、李佩娟译，新疆人民出版社1996年版。

63. ［匈牙利］哈尔马塔主编：《中亚文明史》第2卷，徐文堪译，中国对外翻译出版公司2002年版。

64. ［俄］B. A. 李特文斯基主编：《中亚文明史》第3卷，马小鹤译，中国对外翻译出版公司2003年版。

65. ［澳大利亚］A. L. 巴沙姆（A. L. Basham）主编：《印度文化史》，闵光沛等译，商务印书馆1997年版。

66. ［日］藤田丰八：《中国南海古代交通丛考》，何健民译，商务印书馆1936年版。

67. ［日］长泽俊和：《丝绸之路史研究》，钟美珠译，天津古籍出版社1990年版。

68. ［日］崛敏一：《隋唐帝国与东亚》，韩昇、刘建英译，云南人民出版社2002年版。

69. ［日］羽田亨：《西域文明史概论（外一种）》，耿世民译，中华书局2005年版。

70. ［日］沟口雄三、小岛毅主编：《中国的思维世界》，孙歌等译，江苏人民出版社2006年版。

四 外文论著

1. ［日］安部介夫：《中国人の天下观念——政治思想史的试论》，京都：燕京·同志社·东方文化讲座委员会1956年版。后收入氏著《元代史の研究》，东京：创文社1972年版。

2. ［日］渡边幸一郎：《中国古代の王权と天下秩序：日中比较史の视点かろ》，东京：校仓书房2003年版。中译本为徐冲译《中国古代的王权与天下秩序——从日中比较史的视角出发》，中华书局2008年版。

3. Abdullah Al-Mamun Al-Suhrawardy, *The Sayings of Muhammad*. London：John Murray Publishers Ltd. , 1941.

4. Mark Elvin, *The Retreat of the Elephants：An Envionmental History of China*, London：Yale University Press, 2004.

5. В. А. Шишкин, Вархша. Москва, 1963.

6. V. W. F. Collier, *Dogs of China and Japan in Nature and Art*, New York: Frederick A. Stokes Company, 1921.

7. Otto Keller, *Die antike Tierwelt* (The ancient animal world), Leipzig: W. Engelmann, 1909.

8. Darab Dastur Peshotan Sanjana, *The Kárnám i Astaukhshir Pápakán* (Bumbay: Education Society's Steam Press), 1896.

9. Jamshedji Manechji Unvala, *Der Pahluvi Text 'Der Kamg Hasru And sein Kmahe'*, Vienna : Adolf Holzhaurcr, 1917.

10. Robert Dankolf (ed. And trans), *Evliya Celebi in Bislie*, Leiden: brill, 1990.

11. ahir muzaffar al-Amid, The Abbusid Architecture of Samarra in thr Reign of Both al-Mu'tasim and al-Mutawakkil, Baghdad: Al-Ma'aref Press, 1973.

12. Kai Kā'ūs ihn Jskandar, *A Mirror for Princer*: *The Qābūs Nēnia*, trans. Reuben Levy, London: Cresser Press, 1951.

13. Richard N. Frye, *Bukhara*: *The Medieval achievement*, *Cosat Mesa*, *CA*: *Mazad*, 1997.

14. *The Oxford Dictionary of Byeantium*, New York: Oxford University Press, 1991.

15. Berthold Laufer, *Loan-words in Tibetan*. Leiden: Brill, 1918.

16. Probhat K. Mukherji: *Indian literature in China and the Far East*, Calcutta: Greater India Society, 1931.

17. Dale Reip: *India naturalist tradition*, University of Washington press, 1961.

五　论文

1. 柳诒徵：《王玄策事辑》，《学衡》1925年第39期。

2. 范行准：《胡方考》，《中华医学杂志》第二十二卷第十二期，1936年。

3. 向达：《唐代长安与西域文明·长安打球小考》，《燕京学报》专号之二，1941年，后收入氏著《唐代长安与西域文明》，生活·读书·新知三联书店 1957 年版。

4. 罗香林：《唐代波罗球戏考》，《亚洲文化论丛》1942 年第 1 期，后收入氏著《唐代文化史研究》，商务印书馆 1946 年版。

5. 郑师许：《王玄策使印度及其勋业》，《东方杂志》第 40 卷第 19 期，1944 年。

6. 劳幹：《论汉代之陆运与水运》，载《历史语言研究所集刊》，第 16 册，1948 年。

7. 许云樵：《古代南海航程中的地峡与地极》，《南洋学报》第 5 卷第 2 辑，1948 年。

8. 韩槐准：《旧柔佛之研究》，《南洋学报》第 5 卷第 2 辑，1948 年。

9. 苏继顾：《〈汉书·地理志〉已程不国即锡兰说》，《南洋学报》第 5 卷第 2 辑，1948 年。

10. 苏继顾：《黄支国究在南海何处？》，载《南洋学报》第 7 卷第 2 辑，1951 年。

11. 谭彼岸：《汉代与南海黄支国的交通》，《社会经济学报》1951 年第 2 期。

12. 唐豪：《试考我国隋唐以前的马球》，载《中国体育史参考资料》第 2 辑，人民体育出版社 1957 年版。

13. 冯承钧：《王玄策事辑》，载《西域南海史地考证论著汇编》，中华书局 1957 年版。

14. 韩振华：《公元前 2 世纪至公元 1 世纪间中国与印度东南亚的海上交通——〈汉书·地理志〉粤地条末段考释》，《厦门大学学报》1957 年第 2 期。

15. 韩振华：《魏晋南北朝时期海上丝绸之路的航线研究——兼论横越泰南、马来半岛的路线》，载联合国教科文组织海上丝绸之路综合考察泉州国际学术讨论会论文集《中国与海上丝绸之路》，福建人民出版社 1991 年版。

16. 袁鹤寿：《新出土的唐代宫廷马球场碑刻》，载《中国体育史参考资料》第 5 辑，人民体育出版社 1958 年版。

17. 刘成基：《中印历史中的医药关系》，《中医杂志》1958 年第 4 期。

18. 岑仲勉：《黎轩、大秦与拂菻之语义及范围》，载氏著《西突厥史料补阙及考证》，中华书局 1958 年版。

19. 岑仲勉：《西汉对南洋的海路交通》，载氏著《中外史地考证》，中华书局 1962 年版。

20. 岑仲勉：《南海昆仑与昆仑山最初译名及其附近诸国》，载氏著《中外史地考证》，中华书局 1962 年版。

21. 岑仲勉：《王玄策〈中天竺国行记〉》，载氏著《中外史地考证》，中华书局 1962 年版。

22. 岑仲勉：《自波斯湾头至东非中部之唐人航线》，载氏著《中外史地考证》，中华书局 1962 年版。

23. 阴法鲁：《唐代西藏马球戏传入长安》，《历史研究》1959 年第 6 期。

24. 若思：《关于"波罗球"一词的商榷》，《历史研究》1959 年第 8 期。

25. 陈国符：《中国外丹黄白术考论略稿》，载氏著《道藏源流考》附录五，中华书局 1963 年版。

26. 金维诺、卫边：《唐代西州墓中的绢画》，《文物》1975 年第 10 期。

27. 李玉昆：《龙门石窟新发现王玄策造像题记》，《文物》1976 年第 11 期。

28. 青海省文物管理处考古队发掘报告：《青海大通县上孙家寨出土的舞蹈纹彩陶盆》，《文物》1978 年第 3 期。

29. 陈佳荣：《朱应、康泰出使扶南和〈吴时外国传〉考略》，《中央民族学院学报》1978 年第 4 期。

30. 《牵缰施新技，巧打珠球飞——初唐马球盛会记述》，《体育报》1979 年 1 月 23 日。

31. 师培业：《唐代长安球场小考》，《成都体育学院学报》1980 年第 2 期。

32. 贾兰坡等：《桑干河阳原县丁家堡水库全新统中的动物化石》，《古脊椎动物与古人类》1980 年第 4 期。

33. 盖山林：《内蒙阴山山脉狼山地区岩画》，《文物》1980 年第 6 期。

34. 陈寅恪：《论唐高祖称臣于突厥事》，载氏著《寒柳堂集》，上海古籍出版社 1980 年版。

35. 陈寅恪：《三国志曹冲华佗传与佛教故事》，载氏著《寒柳堂集》，上海古籍出版社 1980 年版。

36. 周连宽、张荣芳：《汉代我国与东南亚国家的海上交通和贸易关系》，《文史》第 9 辑，中华书局 1980 年版。

37. 林思桐：《唐含光殿球场考》，《体育资料》1981 年第 1 期。

38. 居史戎：《驯象·宫廷象仪》，《故宫博物院院刊》1981 年第 4 期。

39. 《敦煌马圈湾汉代烽燧遗址发掘简报》，《文物》1981 年第 10 期。

40. 贾峨：《说汉唐百戏中的"象舞"——兼谈"象舞"与佛教"行像"活动及海上丝路的关系》，《文物》1982 年第 9 期。

41. 何业恒：《黄河下游古代的野象》，《湖南师范学院学报》（自然科学版）1982 年第 1 期。

42. 王增明：《唐代长安的球场》，《体育资料》1982 年第 3 期。

43. 刘秉果：《唐含光殿球场考》，《体育教学与训练》1982 年第 1 期。

44. 徐寿彭：《唐代马球考略——藏族人民在体育上的贡献》，《中央民族学院学报》1982 年第 2 期。

45. 刘念兹：《敦煌发现唐朝的赛球辞》，《四川体育科学学报》1982 年第 3 期。

46. 李松福：《我国古代马球是唐初从波斯传来的吗?》，《体育文史》1983 年第 1 期。

47. 李国华：《唐代的两首马球诗》，《体育文史》1983 年第 4 期。

48. 国忠《渤海马球考略》，《黑龙江文史丛刊》1983 年第 4 期。

49. 《唐代的月灯阁球会》，《体育文史》1983 年第 3 期。

50. 《华清宫畔的唐代球场》，《体育文史》1983 年第 4 期。

51. 赵康民：《唐代打马球小考》，《人文杂志》1983 年第 3 期。

52. 胡文和：《前后蜀的击球游戏》，《历史知识》1983 年第 3 期。

53. 夏忠润：《山东济宁县发现一组汉画像石》，《文物》1983 年第 5 期。

54. 杨宪益：《大秦异名考》，载氏著《译余偶拾》，生活·读书·新知三联书店 1983 年版。

55. 白寿彝：《中国回教小史》，载氏著《中国伊斯兰教史存稿》，宁夏人民出版社1983年版。

56. 白寿彝：《从怛逻斯战役说到伊斯兰教之最早的华文记录》，载氏著《中国伊斯兰教史存稿》，宁夏人民出版社1983年版。

57. 陈公元：《从贾耽的"通海夷道"看唐代中非关系》，《西亚非洲》1983年第3期。

58. 朱杰勤：《汉代中国与东南亚和南亚海上交通线初探》，《中外关系史论文集》，河南人民出版社1984年版。

59. 陆庆夫：《论王玄策对中印交通的贡献》，《敦煌学辑刊》1984年第1期。

60. 陆庆夫：《关于王玄策研究的几点商榷》，《敦煌研究》1995年第4期。

61. 房定亚、耿引循、耿引曾：《从〈外台秘要〉看印度医学对我国医学的影响》，《南亚研究》1984年第2期。

62. 林思桐：《对章怀太子墓壁画〈马球图〉的初步研究》，《体育文史》1985年第2期。

63. 林思桐：《唐代马球探微》，《哈尔滨体育学院学报》1985年第2期。

64. 张世彦：《唐人马球图的构图处理》，《美术研究》1985年第2期。

65. 杨增硕：《唐代皇帝的马球热》，《体育文史》1985年第3期。

66. 夏名采：《益都北齐石室墓线刻画像》，《文物》1985年第10期。

67. 夏名采：《青州傅家北齐线刻画像补遗》，《文物》2001年第5期。

68. 沈福伟：《两汉三国时期的印度洋航业》，《文史》第26辑，中华书局1986年版。

69. 沈福伟：《说〈山海经〉是中国第一部地理志结集》，黄留珠主编：《周秦汉唐文化研究》第2辑，三秦出版社2003年版。

70. 蔡景峰：《唐以前的中印医学交流》，《中国科技史料》1986年第6期。

71. 余太山：《董琬、高明西使考》，载《嚈哒史研究》附录三，齐鲁书社1986年版。

72. 余太山：《条枝、黎轩和大秦》，见《塞种史研究》附录，中国社会科学出版社 1992 年版。

73. 李昆声：《权杖·驯象长钩·图腾柱——云南考古三题》，《云南师范大学学报》1987 年第 5 期。

74. 中国社会科学院考古研究所安阳工作队：《安阳武官村北地商代祭祀坑的发掘》，《考古》1987 年第 12 期。

75. 李尤白：《唐代长安梨园中的马球、足球、抛球及拔河运动述略》，《陕西地方志通讯》1987 年第 1 期。

76. 中国古代体育史讲座编写小组：《唐代的马球运动》，《体育文史》1987 年第 6 期。

77. 马小鹤：《米国钵息德城考》，载《中亚学刊》第 2 辑，中华书局 1987 年版。

78. 马雍：《巴基斯坦北部所见"大魏"使者的岩刻题记》，载《西域史地文物丛考》，文物出版社 1990 年版。

79. 马小鹤：《唐代波斯国大酋长阿罗憾墓志考》，载荣新江、李孝聪主编《中外关系史：新史料与新问题》，科学出版社 2004 年版。

80. 谢光：《都元国考》，《世界历史》1988 年第 6 期。

81. 阴松生：《王玄策出使印度及尼泊尔诸问题》，《南亚研究》1990 年第 2 期。

82. 张演生：《唐代帝王爱击鞠》，《文史杂志》1990 年第 3 期。

83. 蒋述卓：《佛教对艺术真实论的影响》，《文艺理论研究》1991 年第 1 期。

84. 龚方震：《古代阿拉伯人记中国》，载《中外关系史论丛》第 3 辑，世界知识出版社 1991 年版。

85. 莫任南：《王玄策第二次奉使印度考辨》，《南亚研究》1991 年第 3 期。

86. 莫任南：《汉代有罗马人迁来河西吗——骊靬县的起源问题》，载《中外关系史论丛》第 3 辑，世界知识出版社 1991 年版。

87. 林梅村：《公元 100 年罗马商团的中国之行》，《中国社会科学》1991 年第 4 期。

88. 林梅村：《洛阳出土唐代犹太侨民阿罗撼墓志跋》，载《西域文明——考古、民族、语言和宗教新论》，东方出版社 1995 年版。

89. 林梅村：《开拓丝绸之路的先驱——吐火罗人》，载氏著《西域文明——考古、民族、语言和宗教新论》，东方出版社 1995 年版。

90. 林梅村：《〈大唐天竺使出铭〉校释》，载氏著《汉唐西域与中国文明》，文物出版社 1998 年版。

91. 林梅村：《中国与罗马的海上交通》，载氏著《汉唐西域与中国文明》，文物出版社 1998 年版。

92. 林梅村：《〈大唐天竺使出铭〉校释》，载《汉唐西域与中国文明》，文物出版社 1998 年版。

93. 林梅村：《麻沸散与汉代方术之外来因素》，载《汉唐西域与中国文明》，文物出版社 1998 年版。

94. 林梅村：《吐火罗人与龙部落》，载氏著《汉唐中国与西域文明》，文物出版社 1998 年版。

95. 林梅村：《西京新记——汉长安城所见中西文化交流》，载氏著《古道西风——考古新发现所见中西文化交流》，生活·读书·新知三联书店 2000 年版。

96. 林梅村：《青铜时代的造车工具与中国战车的起源》，载氏著《古道西风——考古新发现所见中西文化交流》，生活·读书·新知三联书店 2000 年版。

97. 许永璋：《三兰国考》，《西亚非洲》1992 年第 1 期。

98. 史旺成：《略论佛教医学对中医药学的影响》，《五台山研究》1992 年第 3 期。

99. 孟楠：《中原西行求法第一人——朱士行》，《新疆大学学报》1993 年第 1 期。

100. 王赛时：《唐代马球综考》，载《中国唐史学会论文集》，三秦出版社 1993 年版。

101. 李斌诚：《唐人的神仙信仰》，中国唐史学会第五届年会论文，1993 年。

102. 李斌诚：《唐人的道教生活》，见《春史卞麟锡教授还历纪念唐史论丛》，[韩] 庆北大丘图书出版 1995 年版。

103. 饶宗颐：《不死（a-mrta）观念与齐学》，收入《梵学集》，上海古籍出版社 1993 年版。

104. 饶宗颐：《〈太清金液神丹经〉（卷下）与南海地理》，载氏著《饶宗熙二十世纪学术文集》第十册，第七卷《中外关系史》，台北新文丰出版有限公司 2003 年版。

105. 饶宗颐：《塞种与 Soma（须摩）——不死药的来源探索》，载氏著《饶宗颐二十世纪学术文集》第十册《中外关系史论集》，台北新文丰出版有限公司 2003 年版。

106. 冯汉镛：《葛洪曾去印支考》，载《文史》第 39 辑，中华书局 1994 年版。

107. 程爱勤：《西汉时期南海中西航线之我见》，《社会科学战线》1994 年第 6 期。

108. 周士奇：《我国古代的养象驯象》，《大自然》1994 年第 4 期。

109. 王尧：《马球（polo）新证》，《西藏文史考信集》，中国藏学出版社 1994 年版。

110. 赵加令：《全唐诗里的球类游戏》，《北方论丛》1994 年第 2 期。

111. 王仲尧：《论佛图澄及其社会政治实践——兼及佛教在中国的政治适应性问题》，《法音》1994 年第 7 期。

112. 孙修身：《唐朝杰出外交活动家王玄策史迹研究》，《敦煌研究》1994 年第 3 期。

113. 孙修身：《唐朝外交家王玄策事迹钩沉——罽宾国汉寺新考与研究》，《北朝研究》1994 年第 4 期。

114. 孙修身：《唐敕使王玄策使印度路线再考》，《中国历史地理论丛》1997 年第 2 期。

115. 孙修身：《王玄策在中西交通中的贡献》，《法门寺文化研究通讯》1998 年总第 10 期。

116. 孙修身：《印度方士那罗迩娑婆寐合长生药事》，见氏著《王玄策事迹钩沉》，新疆人民出版社 1998 年版。

117. 孙修身：《婆罗门卢迦溢多合药事考证》，见氏著《王玄策事迹钩沉》，新疆人民出版社 1998 年版。

118. 孙修身：《王玄策出使印度的次数》，载氏著《王玄策事迹钩沉》，新疆人民出版社 1998 年版。

119. 孙修身：《大唐天竺使出铭》，载氏著《王玄策事迹钩沉》，新疆人民出版社 1998 年版。

120. 西藏文管会文物普查队：《西藏吉隆县发现唐显庆三年〈大唐天竺使出铭〉》，《考古》1994 年第 7 期。

121. 霍巍：《〈大唐天竺使出铭〉及其相关问题的研究》，《东方学报》（京都），第 66 册，1994 年。

122. 霍巍：《西藏吉隆县发现唐显庆三年〈大唐天竺使出铭〉》，《考古》1994 年第 7 期。

123. 霍巍：《王玄策和蕃尼古道》，《中国藏学》2000 年第 2 期。

124. 霍巍：《〈大唐天竺使出铭〉相关问题再探》，《中国藏学》2001 年第 1 期。

125. 艾祉源、叶立赢译：《印度神奇绳技》，《杂技与魔术》1995 年第 4 期。

126. 吴宏歧、党安荣：《唐都长安的驯象及其所反映的气候状况》，《中国历史地理论丛》1996 年第 4 辑。

127. 黄心川：《唐孝敬皇帝之死与印度顺世论的关系——唐初朝廷向印度寻求长生不死之药史迹考》，见白化文等编《周绍良先生欣开九秩庆寿文集》，中华书局 1997 年版。

128. 余嘉锡：《寒食散考》，收入《余嘉锡文史论集》，岳麓书社 1997 年版。

129. 薛克翘：《印度佛教与中国古代汉地医药学》，《佛学研究》1997 年第 6 期。

130. 苏振兴：《古代的象战》，《中学历史教学参考》1997 年第 8 期。

131. 谢光：《扶娄国考——春武里和巴真武里三千年前的古国》，载氏著《泰国与东南亚古代史地丛考》，中国华侨出版社 1997 年版。

132. 赵维平：《奈良、平安期的日本是如何接受、同化中国踏歌的？》，《中日音乐比较研究国际学术会议论文集》，1997 年。

133. 宋岘：《唐代中国文化与巴格达城的兴建——（唐）杜环〈经行记〉新证之一》，《海交史研究》1998 年第 1 期。

134. 何芳川《"华夷秩序"论》，《北京大学学报》1998 年第 6 期。

135. 史念海：《隋唐时期域外地理的探索及世界认识的再扩大》，载氏著《唐代历史地理研究》，中国社会科学出版社 1998 年版。

136. 黄盛璋：《西藏吉隆县新发现王玄策〈大唐天竺使出铭〉主要问题考辨》，《故宫学术季刊》1998 年第 4 期。

137. 顾颉刚：《〈穆天子传〉及其著作年代》，载氏著《顾颉刚民俗学论集》，上海文艺出版社 1998 年版。

138. 顾颉刚：《昆仑传说与羌戎文化》，载氏著《古史辨自序》，河北教育出版社 2000 年版。

139. 张世民：《中国古代最早下西洋的外交使节杨良瑶》，载《唐史论丛》第 7 辑，陕西师范大学出版社 1998 年版。

140. 张世民：《杨良瑶：中国最早航海下西洋的外交使节》，《咸阳师范学院学报》2005 年第 3 期。

141. 王永平：《试释唐代诸帝多饵丹药之谜》，《历史研究》1999 年第 4 期。

142. 王开文：《中外象战奇观》，《军事历史》1999 年第 5 期。

143. 安介生：《"华夷"五方格局论之历史渊源与蜕变》，《历史教学问题》2000 年第 4 期。

144. 廖育群：《阿输吠陀中的"妙闻之论"——印度传统医学经典介绍》，《中国科技史料》2000 年第 4 期。

145. 陈桥驿：《梵语地名》，见氏著《郦学札记》，上海书店出版社 2000 年版。

146. 张绪山：《三世纪以前希腊—罗马世界与中国在欧亚草原之路上的交流》，《清华大学学报》2000 年第 5 期。

147. 张绪山：《罗马帝国沿海路向东方的探索》，《史学月刊》2001 年第 1 期。

148. 张绪山：《我国境内发现的拜占庭金币及其相关问题》，载彭小瑜、张绪山主编《西学研究》第 1 辑，商务印书馆 2003 年版。

149. 张绪山：《关于"公元 100 年罗马商团到达中国"问题的一点思考》，《世界历史》2004 年第 2 期。

150. 张绪山：《近百年来黎轩、大秦问题研究综述》，《中国史研究动态》2005 年第 3 期。

151. 张绪山：《整体历史视野中的中国与希腊——罗马世界》，《全球史评论》第一辑，商务印书馆 2008 年版。

152. 张绪山：《"拂菻"名称语源研究述评》，《历史研究》2009 年第 5 期。

153. 张绪山：《唐代拜占庭帝国遣使中国考略》，《世界历史》2010 年第 1 期。

154. 陈明：《古印度佛教医学教育略论》，《法音》2000 年第 4 期。

155. 陈明：《印度古代医典中的耆婆方》，《中华医史杂志》2001 年第 4 期。

156. 陈明：《〈千金方〉中的耆婆医药方》，《北京理工大学学报（社会科学版）》2003 年第 2 期。

157. 谭其骧：《论〈五藏山经〉的地域范围》，载氏著《长水粹编》，河北教育出版社 2000 年版。

158. 刘滌凡：《敦煌写卷中土造经的救赎思想——以〈大正藏〉第 85 册为例》，《中华佛学学报》第 14 期，台北中华佛学研究所 2001 年版。

159. 李秀梅、章莺：《对我国古代马球起源的分析》，《体育文史》2001 年第 4 期。

160. 许序雅：《〈新唐书·西域传〉所记中亚宗教考辨》，《世界宗教研究》2002 年第 4 期。

161. 龚缨晏：《20 世纪黎轩、条枝和大秦研究述评》，《中国史研究动态》2002 年第 8 期。

162. 胡厚宣：《甲骨文四方风名考证》，载氏著《甲骨学商史论丛初集》，河北教育出版社 2002 年版。

163. 李并成：《有关王玄策事迹的一条新史料》，《敦煌研究》2003 年第 3 期。

164. 周策纵：《原族》，《读书》2003 年第 2 期。

165. 王纪潮：《唐太宗与箭毒》，《读书》2003 年第 6 期。

166. 王尔敏：《"中国"名称溯源及其近代诠释》，载氏著《中国近代思想史论》，社会科学文献出版社 2003 年版。

167. 佟柱臣：《大唐王玄策天竺使出铭考》，霍巍等主编《西藏考古与艺术：国际学术讨论会论文集》，四川人民出版社 2004 年版。

168. 郭声波：《〈大唐天竺使出铭〉之文献学识》，《中国藏学》2004 年第 3 期。

169. （维吾尔族）热依汗·卡德尔：《析"双角王"类型故事的母题演变》，《民族文学研究》2004 年第 4 期。

170. 西安市文物保护考古所：《西安市北周史君石椁墓》，《考古》2004 年第 7 期。

171. 林吾殊：《敦煌汉文景教写经研究述评》，载氏著《中古三夷教辨证》，中华书局 2005 年版。

172. 郑炳林、魏迎春:《俄藏敦煌写本王玄策〈中天竺国行记〉残卷考释》,《敦煌学辑刊》2005 年第 2 期。

173. 廖祖桂:《〈大唐天竺使出铭〉词语释读辨析》,《中国藏学》2005 年第 2 期。

174. 张虹萍:《开创对外文化交流的第一汉僧——朱士行》,《烟台师范学院学报》2005 年第 2 期。

175. 朱彦民:《关于商代中原地区野生动物诸问题的考察》,《殷都学刊》2005 年第 3 期。

176. 阿兰达:《印度的古代医学》,《佛教文化》2005 年第 5 期。

177.《敦煌马球史料探析》,收入兰州理工大学丝绸之路文史研究所编著的《丝绸之路体育文化论集》,中华书局 2005 年版。

178.《古代马球器械考析》,收入兰州理工大学丝绸之路文史研究所编著的《丝绸之路体育文化论集》,中华书局 2005 年版。

179. 邓来送:《论佛教医药对中医药的影响》,《五台山研究》2005 年第 1 期。

180. 葛承雍:《唐长安印度人之研究》,见氏著《唐韵胡音与外来文明》,中华书局 2006 年版。

181. 蒋国学:《〈汉书·地理志〉中的都元国应在越南俄厄》,《东南亚研究》2006 年第 6 期。

182. 彭杰:《"舞象"小史》,《西域文史》第 1 辑,科学出版社 2006 年版。

183. 温翠芳:《唐太宗治气痢方与印度医学之关系》,《中国文化研究》2006 年秋之卷。

184. 温翠芳:《汉唐时代印度香药入华史研究》,《全球史评论》第三辑,中国社会科学出版社 2010 年版。

185. 黄洋:《古代希腊罗马文明的"东方"想象》,《历史研究》2006 年第 1 期。

186. 黄洋:《希罗多德:历史学的开创与异域文明的话语》,《世界历史》2008 年第 4 期。

187. 江林昌:《五帝时代中华文明的重心不在中原——兼谈传世先秦秦汉文献的某些说偏见》,《东岳论丛》2007 年第 2 期。

188. 刘晓峰:《中日踏歌考——兼论古代正月十五节俗及其对日本的

影响》,《文史》2007 年第 3 辑。

189. 詹杭伦、沈时蓉:《〈越人献驯象赋〉与杜甫关系献疑》,《杜甫研究学刊》2007 年第 4 期。

190. 杨巨平:《亚历山大的东征与丝绸之路的开通》,《历史研究》2007 年第 4 期。

191. 金寿福:《古代埃及人的外国观念》,《世界历史》2008 年第 4 期。

192. 谭世宝:《印度中天竺为世界和佛教中心的观念产生与改变新探》,《法音》2008 年第 2 期。

193. 李飞:《汉代"钩象"技术》,《四川文物》2008 年第 4 期。

194. 熊前、关键:《马尔济斯犬》,《养犬》2008 年第 4 期。

195. 刘家瑛、杨德利:《浅析中印传统医学的交互影响》,《世界中医药》2008 年第 4 期。

196. 刘新成:《互动:全球史观的核心理念》,《全球史评论》第二辑,中国社会科学出版社 2009 年版。

197. 许金花:《惊绪竟何如？梦丝不成绚——元稹爱情婚姻复杂心态别论》,《福建论坛》2009 年第 6 期。

198. 王邦维:《佛教的"中心观"对中国文化优越感的挑战》,载李景源等主编《东方哲学思想与文化精神》,中国社会科学出版社 2009 年版。

199. 李四龙:《论中国佛教的民族融合功能》,《中国宗教》2009 年第 6 期。

200. 严耀中:《唐代的婆罗门僧与婆罗门教》,《史林》2009 年第 3 期。

201. 李宗俊:《唐敕使王玄策使印度事迹新探》,《西域研究》2010 年第 4 期。

202. 郑红莉:《汉画像石"驯象图"试考》,《考古与文物》2010 年第 5 期。

203. 杨共乐:《张骞所访大夏考》,见氏著《早期丝绸之路探微》,北京师范大学出版社 2011 年版。

六 学位论文

1. 王永平：《道教与唐代政治》，首都师范大学，博士学位论文，1995年。

2. 张文安：《周秦两汉神仙信仰研究》，郑州大学，博士学位论文，2005年。

3. 黄思强：《大唐天竺使王玄策事迹研究》，广西师范大学，硕士学位论文，2008年。

4. 张其贤：《"中国"观念与"华夷"之辨的历史探讨》，台湾大学，博士学位论文，2009年。

5. 游逸飞：《四方、郡国与天下——周秦汉天下观的变革与发展》，台湾大学，硕士学位论文，2009年。

七 译文

1. ［美］德效骞：《古代中国的一座罗马人城市》，丘进译，《中外关系史译丛》第4辑，上海译文出版社1988年版。

2. ［美］杨联陞：《从历史看中国的世界秩序》，载氏著《国史探微》，新星出版社2005年版。

3. ［美］马克·曼考尔：《清代朝贡制度新解》，载［美］费正清编《中国的世界秩序——传统中国的对外关系》，杜继东译，中国社会科学出版社2010年版。

4. ［美］史华慈：《中国的世界秩序观：过去和现在》，载［美］费正清编《中国的世界秩序——传统中国的对外关系》，杜继东译，中国社会科学出版社2010年版。

5. ［美］费正清：《一种初步的构想》，载氏编《中国的世界秩序——传统中国的对外关系》，杜继东译，中国社会科学出版社2010年版。

6. ［法］沙畹：《宋云行记笺注》，冯承钧译：《西域南海史地考证译丛六编》，中华书局1956年版。

7. ［法］烈维：《王玄策使印度记》，冯承钧译：《西域南海史地考证译丛》第7编，中华书局1957年版。

8. ［法］伯希和：《黎轩为埃及亚历山大城说》，见冯承钧译《西域南海史地考证译丛》第 7 编，中华书局 1957 年版。

9. ［法］伯希和：《四天子说》，见冯承钧译《西域南海史地考证译丛三编》，商务印书馆 1962 年版。

10. ［法］哈密顿：《九姓乌古斯与十姓回鹘考》、耿昇译，《敦煌学辑刊》（创刊号）1983 年。

11. ［法］哈密顿：《九姓乌古斯与十姓回鹘考（续）》，耿昇译，《敦煌学辑刊》1984 年第 1 期。

12. ［法］葛乐耐（Frantz Grenet）著，毛民译：《粟特人的自画像》，载荣新江等主编《粟特人在中国——历史、考古、语言的新探索》，中华书局 2005 年版。

13. ［法］德凯琳（Catherine Delacour）、黎北岚（Pénélope Riboud），施纯琳译：《巴黎吉美博物馆展围屏石榻上刻绘的宴饮和宗教题材》，载张庆捷、李书吉、李钢主编《4—6 世纪的北中国与欧亚大陆》，科学出版社 2006 年版。

14. ［意］富安敦（Antonio Forte）撰，黄兰兰译：《所谓波斯亚伯拉罕——一例错误的比定》，载林悟殊著《唐代景教再研究》附录，中国社会科学出版社 2003 年版。

15. ［日］藤田丰八：《前汉时代西南海上交通之记录》，载氏著《中国南海古代交通丛考》，何健民译，商务印书馆 1936 年版。

16. ［日］藤田丰八：《象》，载氏著《中国南海古代交通丛考》，何健民译，商务印书馆 1936 年版。

17. ［日］白鸟库吉：《大秦国与拂菻国考》，见王古鲁译《塞外史地论文译丛》第一辑，商务印书馆 1939 年版。

18. ［日］内田吟风：《后魏宋云慧生西域求经记考证序说》，见《塚本博士颂寿纪念佛教史学论集》，京都：塚本博士颂寿纪念会 1961 年版。

19. ［日］长泽和俊：《法显之入竺求法行》，见氏著《丝绸之路史研究》，钟美珠译，天津古籍出版社 1990 年版。

20. ［日］长泽和俊：《释智猛之入竺求法行》，见氏著《丝绸之路史研究》，钟美珠译，天津古籍出版社 1990 年版。

21. ［日］长泽和俊：《论所谓的〈宋云行记〉》，见氏著《丝绸之路史研究》，钟美珠译，天津古籍出版社 1990 年版。

22. ［日］长泽和俊：《韦节、杜行满之出使西域》，见氏著《丝绸之路史研究》，钟美珠译，天津古籍出版社 1990 年版。

23. ［日］长泽和俊：《释悟空之入竺求法行》，见氏著《丝绸之路史研究》，钟美珠译，天津古籍出版社 1990 年版。

24. ［日］宫崎市定：《条支和大秦和西海》，载刘俊文主编《日本学者研究中国史论著选译》（第四卷），中华书局 1992 年版。

25. ［日］金子修一：《中国皇帝和周边诸国的秩序》，载沟口雄三、小岛毅主编《中国的思维世界》，孙歌等译，江苏人民出版社 2006 年版。

26. ［前苏联］C. N. 鲁金科：《论中国与阿尔泰部落的关系》，《考古学报》1957 年第 2 期。

27. ［印度］Haraprasad Ray 著，江玉祥译，曾媛媛校：《从中国至印度的南方丝绸之路——一篇来自印度的探讨》，载段渝主编《南方丝绸之路研究论集》，巴蜀书社 2008 年版。

28. ［印度］苏巴拉亚巴（B. V. Subbalayappa），石欣、宁小玉译：《李约瑟视野中的印度科学》，《世界汉学》2003 年第 2 期。

八　外文论文

1. ［日］榎一雄：《唐代の拂林国に關すゐ一问题（波斯国酋长阿罗憾丘铭中の拂林国）》，《北亚细亚学报》1943 年第 2 期。

2. ［日］家岛彦一：《南阿拉伯の东方贸易港》，《东方学》1965 年第 31 辑。

3. ［日］森安孝夫：《唐代にぉけゐ胡と佛教の世界地理》，《东洋史研究》第 66 卷第 3 号，2007 年。

4. ［日］山尾幸久：《古代国家と庶民の习俗》，收入田正昭编《古代の日本と东亚》，小学馆，1991 年。

5. ［德］Thomas O. Hollman（赫尔曼）. Chinese Rock Inscriptions in the Indus Valley（North Pakistan）（《印度河流域的汉字岩石碑文［北巴基斯坦］》），载《十世纪前的丝绸之路和东西方文化交流——沙漠路线考察乌鲁木齐国际讨论会（1990 年 8 月 19—21 日）》，新世界出版社 1996 年版。

6. Schafer, E. H., *War Elephants in Ancient and Medieval China*, Oriens, Vol. 10, 1959.

7. A. G. Hopkins（ed,）, *Globalization in World History*, Pimlico, 2002.

8. B. I. Marshak, V. I. Raspopova, "Wall Paintings from a House with a Granary. Panjikent, 1st Quarter of the Eighth Century A. D. " *Silk Road Art and Archaeology*, Vol. 1, 1990.

9. Hert A. Giles, "Footal and Polo in China", *The Nineteenth Century and After* (London), 59, 1906.

10. H. E. Chehabi and Allen Guttmann, "From Iran to All of Aisa: The Origin and Diffussion of Polo", *The International Journal of Hitory Sport*, 19, 2002.

11. John K. Fairbank ed. *The Chinese World Order: Traditional China's Foreign Relations.* Cambridge Mass, Harvard University Press, 1968.

九 网络文献

1. 百度文库·马尔济斯犬（http://wenku.baidu.com/view/6e95f7c5bb 4cf7ec4afed0ad.html）。

2. 追溯古老的玛马尔济斯犬的血统渊源（http://bbs.goumin.com/thread-518553-1-1.html）。

3. 马尔济斯犬之来历（http://www.petyoo.com/bbs/thread-65418-1-1.html）。

后 记

　　这本书是我近年来学习和运用全球史的理论和方法研究中国古代史的一点心得与体会。

　　全球史兴起于 20 世纪下半叶，目前已经在世界上产生了重要的影响。我国学术界也非常关注全球史，随着全球史观在国内的广泛传播，越来越多的学者开始自觉加入全球史研究的行列，使全球史研究在国内已经蔚为壮观。我校在著名历史学家刘新成教授的倡议与领导之下，于 2004 年建立起了国内首个全球史研究中心，并且打破了传统的中国史与世界史研究的学科划分界限，将中国史研究也纳入了全球史考察的视野与范畴，在具体实践中已经取得了良好的效果。大约在 2006 年前后，我受好友夏继果教授的影响，在一个偶然的机会参加了中心举行的一次活动，开始接触到了这种全新的历史学研究理念，很快就被它的巨大魅力所深深吸引。后来，在刘校长的鼓励与引领之下，我也加入了中心，并在自己的研究中有意尝试引入和借鉴全球史的理论与方法。2008 年，我参加了由刘校长主持的教育部哲学社会科学重大课题攻关项目"世界历史进程中多元文明互动与共生研究"（项目批准号 08JZD0037，合同号 08JZDH037），承担了其中的子课题"汉唐时期的中国与世界"的研究；2011 年，我又根据自己的研究内容，申报了北京市哲学社会科学"十二五"规划项目"从'天下'到'世界'——汉唐时期的域外探索及其对世界的认知"（项目编号：11LSB013）。本书就是这两个研究项目的最终成果。

　　过去我曾经长期从事中国古代史的教学与研究工作，尤其是偏重于汉唐时期的社会生活与社会文化史的研究。由于受传统历史学研究方法的熏陶，在研究中我已经逐渐形成了一套相对熟悉与固定的思维定式与模式，随着年龄与阅历的不断增长，我曾有过短暂的迷茫与困惑，也就是在一段时期内，老感觉自己在学术研究方面长进不大。究其原因，我认为主要还是在史学理论与方法的掌握与应用方面有些欠缺。自从接触到全球史之后，仿佛有豁然开朗之感觉，我在运用全球史的理论与方法来重新解读和剖析汉唐史的一些问题时，往往会有意想不到的收获。也许全球史的理论与方法还不是很成熟和严谨，但它毕竟为历史学的发展与进步提供了一种全新的思维理念，使得历史学研究的视野更加宽广与深远。史学大师陈寅恪先生曾经提倡在历史学的研究中要注意新史料与新方法的应用，关于新史料对历史学的推动作用已经是毋庸置疑的了，而对于新方法，则由于受习惯思维定式的影响，在起步阶段很多人对它不理解，甚至是误解，往往还充满了怀疑和拒斥。从全球史在中国的传播与发展历程来看，也难免如此。不要说在中国史研究领域，许多学者还把当它当作是一种世界史来看待，认为与自己的研究毫不相关，因此根本不予关心；就是在世界史领域，也有许多人还怀疑它存在的价值和意义。因此一种新的理论与方法要得到人们的普遍理解与认可，还是需要有相当长的路要走的。我不敢说自己对全球史观的理解与应用是否准确与到位，但我会继续在汉唐史的研究中进行实践与探索。

  本书是由十几篇相对独立而又有联系的论文组成的。原先在构思全书的整体框架时，我曾雄心勃勃地想把它写成一部有完整学术体系的著作，因此重点是想从宏观的角度来思考汉唐时期的中国是如何对世界进行探索与认知的。然而，随着研究的不断深入，我发现要想阐明一个宏大的主题，还离不开对具体的微观问题的解剖与分析。因此，我就将这几年来自己的一些思考与心得陆续写成系列论文，试图用全球史的理论与方法来解释汉唐时期的中外文明的互动与交流这样一个宏大主题。从全书的结构来看，上篇基本上是从宏观的角度来论述汉唐时期的中国对世界的探索与认知问题的，下编则是通过对一些具体的物种、技术、方法和社会风俗以及思想观念的交流与传播的解剖，来分析丝绸之路上多元文明的互动、交流与共生。

  在本课题的研究过程中，我指导的部分硕士、博士研究生赵一玮、李光宗、李丹丹、赵丽云也参加了一些工作，其中第四章就是根据赵丽云的同名论文修改而成的。我的好友夏继果教授和孙岳博士除了给我提供过一些相关的资料外，在其他方面对我的帮助也很大，我们经常就全球史的理论和方法及其发展前景进行讨论，他们的真知灼见往往在我思绪困顿之际有所启发。我永远不会忘记2010年6月底至7月初，我们三人共赴美国西南部美丽的太平洋沿岸城市圣迭戈（San Diego）参加第19届世界史学会（World History Association，简称 WHA）年会的情景。这次活动不但加深了我们之间的友谊，而且更加坚定了我应用全球史的理论和方法研究中古史的信心。我还要感谢全球史中心的其他同仁们，尤其要特别感谢的是国内全球史研究的先驱和倡导者刘新成校长，他不但不嫌弃我资质愚钝，引领我跨入了全球史研究的大门，而且对我的生活帮助也很大。

最后，我还要感谢我的家人和亲人们！在我进行本课题研究最为紧张的时候，我的爱人刘冬梅女士当时是高中三年级的教师，尽管她的工作也很忙，但她却无怨无悔地承担起了大量的家务劳动，不但免除了我的后顾之忧，而且还给予了我许多精神上的鼓励；我的爱女王思雯在经历了小升初的煎熬之后，也如愿进入了理想的中学，她的不断进步与成长，成为鞭策我努力工作的动力。我还要特别感谢我的岳父、岳母以及亲属郭瑞华先生和刘玉霞女士一家，他们在我家里有事而又分身乏术的关键时刻，也给予我很大的帮助，使我最终安心地完成了本课题的工作。

另外，需要说明的是，本书在写作过程中曾广泛参考了许多中外关系史、交通史的相关研究论著，为了避免掠人之美，我在行文过程中尽量注出，遗漏之处敬请谅解。由于本人的学识和能力有限，书中定有许多不足之处，敬祈大家批评指正。

王永平

2012 年 7 月于北京寓所